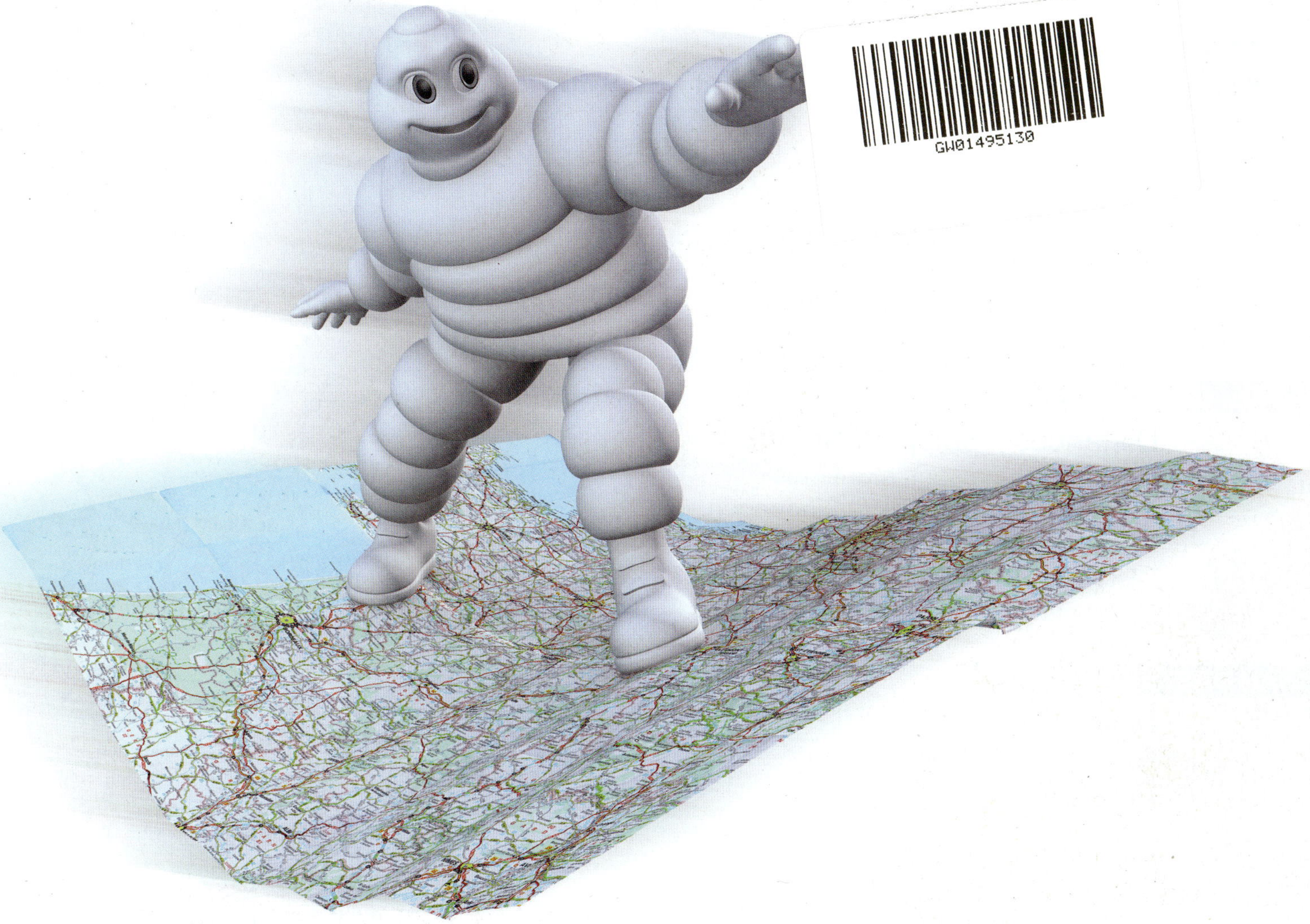

GREAT BRITAIN & IRELAND

TOURIST and MOTORING ATLAS
ATLAS ROUTIER et TOURISTIQUE
STRASSEN- und REISEATLAS
TOERISTISCHE WEGENATLAS
ATLANTE STRADALE e TURISTICO
ATLAS DE CARRETERAS y TURÍSTICO

Contents
Sommaire / Inhaltsübersicht / Inhoud / Sommario / Sumario

Inside front cover: Key to map pages
Intérieur de couverture : Tableau d'assemblage
Umschlaginnenseite: Übersicht
Binnenzijde van het omslag: Overzichtskaart
Copertina interna: Quadro d'insieme
Portada interior: Mapa índice

D - E

Distances - Shipping Services
Distances - Liaisons maritimes
Entfernungen - Schiffsverbindungen
Afstandstabel - Scheepvaartverbindingen
Distanze - Collegamenti marittimi
Distancias - Enlaces marítimos

AB - AS

Main road map
Grands axes routiers
Durchgangsstraßen
Grote verbindingswegen
Grandi arterie stradali
Carreteras principales
1 inch = 15.8 miles - 1:1 000 000 - 1 cm = 10 km

2 - 87

Great Britain
Grande-Bretagne
Großbritannien
Groot-Brittannië
Gran Bretagna
Gran Bretaña
1 inch = 4.75 miles - 1:300 000 - 1 cm = 3 km

88 - 119

Ireland
Irlande
Irland
Ierland
Irlanda
Irlanda
1 inch = 4.75 miles - 1:300 000 - 1 cm = 3 km

120 - 121

Greater London - 1 inch = 3.39 miles - 1: 215 000 - 1 cm = 2,15 km

C

122 - 161

Index Great Britain - 48 town plans
Index Grande-Bretagne - 48 plans de ville
Register Großbritannien - mit 48 Stadtplänen
Register Groot-Brittannië - 48 stadsplattegronden
Indice Gran Bretagna - 48 piante di città
Índice Gran Bretaña - 48 planos de ciudades

162 - 173

Index Ireland - 6 town plans
Index Irlande - 6 plans de ville
Register Irland - mit 6 Stadtplänen
Register Ierland - 6 stadsplattegronden
Indice Irlanda - 6 piante di città
Índice Irlanda - 6 planos de ciudades

174 - 180

Key
Légende
Zeichenerklärung
Verklaring van de tekens
Legenda
Signos convencionales

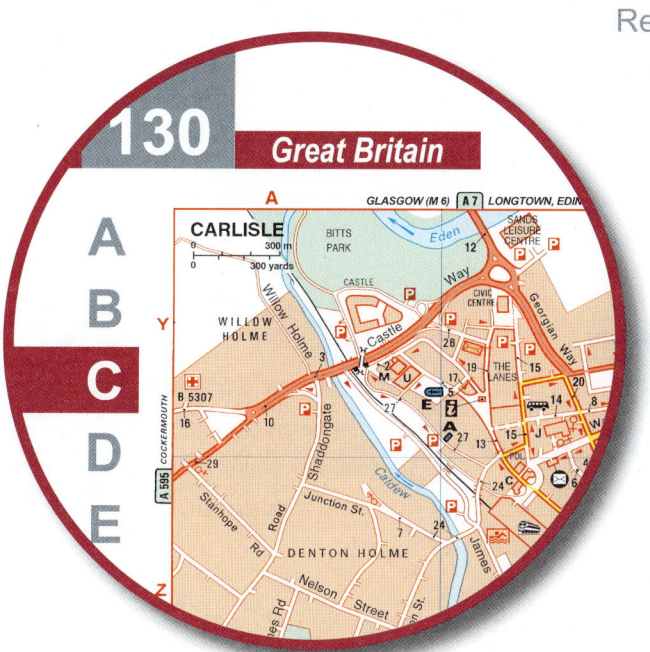

Town plans / Plans de ville / Stadtpläne / Stadsplattegronden / Piante di città / Planos de ciudades

GREAT BRITAIN

122 Aberdeen	133 Edinburgh area	150 Nottingham
123 Bath	133 Edinburgh	150 Oxford
124 Birmingham area	134 Exeter	151 Perth
125 Birmingham	136 Glasgow area	151 Plymouth
126 Blackpool	137 Glasgow	152 Portsmouth and Southsea
126 Bournemouth	139 Ipswish	153 Reading
127 Brighton and Hove	140 Kingston-upon-Hull	154 Sheffield
127 Bristol	141 Leeds area	154 Southampton
128 Cambridge	140 Leeds	155 Stirling
129 Canterbury	144 Leicester	155 Stoke-on-Trent area
129 Cardiff/Caerdydd	144 Lincoln	156 Stoke-on-Trent
130 Carlisle	145 Liverpool area	156 Stratford-upon-Avon
130 Chester	146 Liverpool	157 Swansea/Abertawe
131 Coventry	142 London	158 Warwick
131 Derby	147 Manchester area	159 Winchester
132 Dover	148 Manchester	159 Windsor
132 Dundee	148 Newcastle-upon-Tyne	160 Wolverhampton
132 Durham	149 Newport	161 York
	149 Norwich	

Channel Tunnel / Tunnel sous la Manche

135 Folkestone Terminal
134 Terminal de Calais (F)

IRELAND

163 Belfast area
162 Belfast
165 Cork/Corgaigh
166 Dublin area
167 Dublin/Baile Átha Cliath
168 Galway/Gaillimh
169 Killarney/Cill Airne
170 Limerick/Luimneach

Distances
Entfernungen / Afstandstabel / Distanze / Distancias

All distances are quoted in miles and kilometres
Les distances sont indiquées en miles et en kilomètres
Die Entfernungen sind in Meilen und in Kilometern angegeben

De afstanden zijn vermeld in mijl en in kilometer
Le distanze sono indicate in miglia e chilometri
Las distancias se indican en millas y en kilómetros

The driving time or distance (in miles and km) between two towns is given at the intersection of horizontal and vertical bands.
Le temps de parcours ou la distance entre deux localités est indiqué à l'intersection des bandes horizontales et verticales.
Die Fahrtzeit oder die Entfernung in zwischen zwei Städten ist an dem Schnittpunkt der waagerechten und der senkrechten Spalten in der Tabelle abzulesen.
De reistijd of afstand tussen twee steden vindt u op het snijpunt van de horizontale en verticale stroken.
Il tempo di percorenza o la distanza chilometrica tra due località è riportata all'incrocio della fascia orizzontale con quella verticale.
El tiempo de recorrido o la distancia kilométrica entre dos poblaciones resulta indicada en el cruce de la franja horizontal con aquella vertical.

Example
Exemple
Beispiel
Voorbeeld
Esempio :

Oxford - Killarney

Oxford - Fishguard 224 mi or 360 km
Rosslare - Killarney 174 mi or 280 km
　　　　　　　　　　 398 mi or 640 km

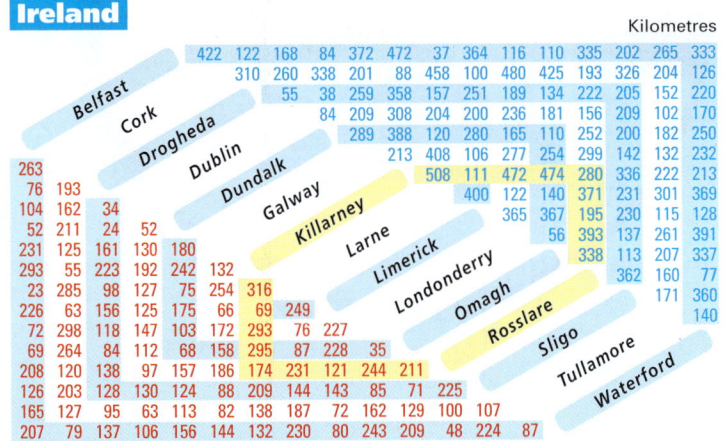

Ireland

Great Britain

Miles

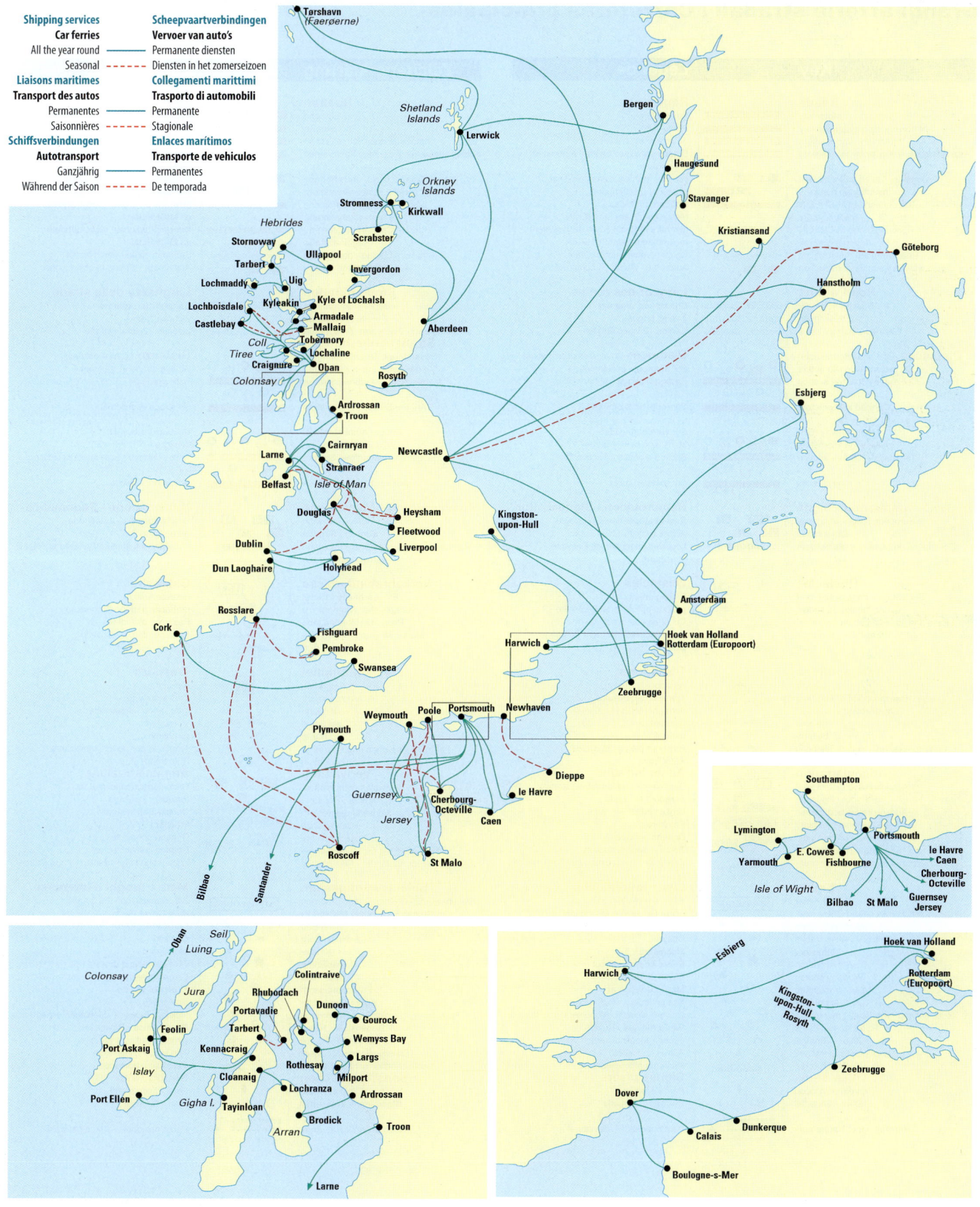

AB

Main road map
Grands axes routiers / Durchgangsstraßen / Grote verbindingswegen
Grandi arterie stradali / Carreteras principales

Key	Légende	Zeichenerklärung	Legenda
Roads	**Routes**	**Straßen**	**Strade**
Motorway	Autoroute	Autobahn	Autostrada
Motorway: single carriageway	Route-auto	Autostraße	Strada-auto
Motorway (unclassified)	Autoroute et assimilée	Autobahn oder Schnellstraße	Autostrada, strada di tipo autostradale
Dual carriageway with motorway characteristics	Double chaussée de type autoroutier	Schnellstraße mit getrennten Fahrbahnen	Doppia carreggiata di tipo autostradale
Interchanges: complete, limited, not specified	Échangeurs : complet, partiels, sans précision	Anschlussstellen: Voll- bzw. Teilanschluss, ohne Angabe	Svincoli: completo, parziale, imprecisato
Interchange numbers	Numéros d'échangeurs	Anschlussstellennummern	Svincoli numerati
Recommended MICHELIN main itinerary	Itinéraire principal recommandé par MICHELIN	Von MICHELIN empfohlene Hauptverkehrsstraße	Itinerario principale raccomandato da MICHELIN
Recommended MICHELIN regional itinerary	Itinéraire régional ou de dégagement recommandé par MICHELIN	Von MICHELIN empfohlene Regionalstraße	Itinerario regionale raccomandato da MICHELIN
Road surfaced - unsurfaced	Route revêtue - non revêtue	Straße mit Belag - ohne Belag	Strada rivestita - non rivestita
Motorway/Road under construction	Autoroute - Route en construction	Autobahn/Straße im Bau	Autostrada - Strada in costruzione
Road widths	**Largeur des routes**	**Straßenbreiten**	**Larghezza delle strade**
Dual carriageway	Chaussées séparées	Getrennte Fahrbahnen	Carreggiate separate
2 wide lanes	2 voies larges	2 breite Fahrspuren	2 corsie larghe
2 lanes - 2 narrow lanes	2 voies - 2 voies étroites	2 Fahrspuren - 2 schmale Fahrspuren	2 corsie - 2 corsie strette
Distances (total and intermediate)	**Distances** (totalisées et partielles)	**Straßenentfernungen** (Gesamt- und Teilentfernungen)	**Distanze** (totali e parziali)
On motorway in kilometers	Sur autoroute en kilomètres	Auf der Autobahn in Kilometern	Su autostrada in chilometri
Toll roads - Toll-free section	Section à péage - Section libre	Mautstrecke - Mautfreie Strecke	Tratto a pedaggio - Tratto esente da pedaggio
On road in kilometers	Sur route en kilomètres	Auf der Straße in Kilometern	Su strada in chilometri
On motorway (GB) in miles - in kilometers	Sur autoroute (GB) en miles - en kilomètres	Auf der Autobahn (GB) in Meilen - in Kilometern	Su autostrada (GB) in miglia - in chilometri
Toll roads - Toll-free section	Section à péage - Section libre	Mautstrecke - Mautfreie Strecke	Tratto a pedaggio - Tratto esente da pedaggio
On road in miles	Sur route en miles	Auf der Straße in Meilen	Su strada in miglia
Numbering - Signs	**Numérotation - Signalisation**	**Nummerierung - Wegweisung**	**Numerazione - Segnaletica**
European route - Motorway	Route européenne - Autoroute	Europastraße - Autobahn	Strada europea - Autostrada
Other roads	Autres routes	Sonstige Straßen	Altre strade
Destination on primary route network	Localités jalonnant les itinéraires principaux	Richtungshinweis auf der empfohlenen Fernverkehrsstraße	Località delimitanti gli itinerari principali
Obstacles	**Obstacles**	**Verkehrshindernisse**	**Ostacoli**
Snowbound, impassable road during the period shown	Enneigement : période probable de fermeture	Eingeschneite Straße: voraussichtl. Wintersperre	Innevamento: probabile periodo di chiusura
Pass and its height above sea level	Col et sa cote d'altitude	Pass mit Höhenangabe	Passo ed altitudine
Steep hill - Toll barrier	Forte déclivité - Barrière de péage	Starke Steigung - Mautstelle	Forte pendenza - Casello
Ford	Gué	Furt	Guado
Transportation	**Transports**	**Verkehrsmittel**	**Trasporti**
Airport	Aéroport	Flughafen	Aeroporto
Transportation of vehicles: year-round - seasonal	Transports des autos : permanente - saisonnière	Autotransport: ganzjährig - saisonbedingte Verbindung	Trasporto auto: tutto l'anno - stagionale
by boat	par bateau	per Schiff	su traghetto
by ferry	par bac	per Fähre	su chiatta
Ferry (passengers and cycles only)	Bac pour piétons et cycles	Fähre für Personen und Fahrräder	Traghetto per pedoni e biciclette
Motorail	Auto/Train	Autoreisezug	Auto/treno
Administration	**Administration**	**Verwaltung**	**Amministrazione**
Administrative district seat	Capitale de division administrative	Verwaltungshauptstadt	Capoluogo amministrativo
Parador / Pousada	Parador / Pousada	Parador / Pousada	Parador / Pousada
Administrative boundaries	Limites administratives	Verwaltungsgrenzen	Confini amministrativi
National boundary	Frontière	Staatsgrenze	Frontiera
Principal customs post	Douane principale	Hauptzollamt	Dogana principale
Secondary customs post	Douane avec restriction	Zollstation mit Einschränkungen	Dogana con limitazioni
Restricted area for foreigners / Military property	Zone interdite aux étrangers / Zone militaire	Sperrgebiet für Ausländer / Militärgebiet	Zona vietata agli stranieri / Zona militare
Sights	**Lieux touristiques**	**Sehenswürdigkeiten**	**Mete e luoghi d'interesse**
2- and 3-star MICHELIN Green Guide sites	Sites classés 2 et 3 étoiles par le Guide Vert MICHELIN	Sehenswürdigkeiten mit 2 und 3 Sternen im Grünen Reiseführer MICHELIN	Siti segnalati con 2 e 3 stelle dalla Guida Verde MICHELIN
Religious building	Édifice religieux	Sakral-Bau	Edificio religioso
Historic house, castle	Château	Schloss, Burg	Castello
Monastery	Monastère	Kloster	Monastero
Stave church	Église en bois debout	Stabkirche	Chiesa in legno di testa
Wooden church	Église en bois	Holzkirche	Chiesa in legno
Open air museum	Musée de plein air	Freilichtmuseum	Museo all'aperto
Antiquities	Site antique	Antike Fundstätte	Sito antico
Rock carving - Prehistoric monument	Gravure rupestre - Monument mégalithique	Felsbilder - Vorgeschichtliches Steindenkmal	Incisione rupestre - Monumento megalitico
Rune stone - Ruins	Pierre runique - Ruines	Runenstein - Ruine	Pietra runica - Rovine
Cave - Windmill	Grotte - Moulin à vent	Höhle - Windmühle	Grotta - Mulino a vento
Other places of interest	Autres curiosités	Sonstige Sehenswürdigkeit	Altri luoghi d'interesse
Scenic route	Parcours pittoresque	Landschaftlich schöne Strecke	Percorso pittoresco
Other signs	**Signes divers**	**Sonstige Zeichen**	**Simboli vari**
Recreation ground	Parc de loisirs	Erholungspark	Parco divertimenti
Dam - Waterfall	Barrage - Cascade	Staudamm - Wasserfall	Diga - Cascata
National park / Nature park	Parc national / Parc naturel	Nationalpark / Naturpark	Parco nazionale / Parco naturale

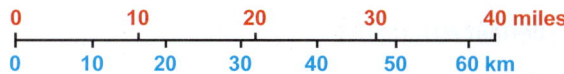

Signos Convencionales		Verklaring van de tekens
Carreteras		**Wegen**
Autopista		Autosnelweg
Carretera		Autoweg
Autopista, Autovía		Autosnelweg of gelijksoortige weg
Autovía		Gescheiden rijbanen van het type autosnelweg
Accesos: completo, parcial, sin precisar		Aansluitingen: volledig, gedeeltelijk, zonder aanduiding
Números de los accesos		Afritnummers
Itinerario principal recomendado por MICHELIN		Hoofdweg
Itinerario regional recomendado por MICHELIN		Regionale weg
Carretera asfaltada - sin asfaltar		Verharde weg - onverharde weg
Autopista - Carretera en construcción		Autosnelweg - Weg in aanleg
Ancho de las carreteras		**Breedte van de wegen**
Calzadas separadas		Gescheiden rijbanen
Dos carriles anchos		2 brede rijstroken
Dos carriles - Dos carriles estrechos		2 rijstroken - 2 smalle rijstroken
Distancias (totales y parciales)		**Afstanden** (totaal en gedeeltelijk)
En autopista en kilómetros		Op autosnelwegen in kilometers
Tramo de peaje - Tramo libre		Gedeelte met tol - Tolvrij gedeelte
En carretera en kilómetros		Op andere wegen in kilometers
En autopista (GB) en millas - en kilómetros		Op autosnelwegen (GB) in mijlen - in kilometers
Tramo de peaje - Tramo libre		Gedeelte met tol - Tolvrij gedeelte
En carretera en millas		Op andere wegen in mijlen
Numeración - Señalización		**Wegnummers - Bewegwijzering**
Carretera europea - Autopista		Europaweg - Autosnelweg
Otras carreteras		Andere wegen
Localidades situadas nos principais itinerários		Plaatsen langs een hoofdweg met bewegwijzering
Obstáculos		**Hindernissen**
Nevada: Período probable de cierre		Sneeuw: vermoedelijke sluitingsperiode
Puerto y su altitud		Bergpas en hoogte boven de zeespiegel
Pendiente Pronunciada - Barrera de peaje		Steile helling - Tol
Vado		Wad
Transportes		**Vervoer**
Aeropuerto		Luchthaven
Transporte de coches: todo el año - de temporada		Vervoer van auto's: het hele jaar - tijdens het seizoen
por barco		per boot
por barcaza		per veerpont
Barcaza para el paso de peatones y vehículos dos ruedas		Veerpont voor voetgangers en fietsers
Auto-tren		Autotrein
Administración		**Administratie**
Capital de división administrativa		Hoofdplaats van administratief gebied
Parador / Pousada		Parador / Pousada
Límites administrativos		Administratieve grenzen
Frontera		Staatsgrens
Aduana principal		Hoofddouanekantoor
Aduana con restricciones		Douanekantoor met beperkte bevoegdheden
Zona prohibida a los extranjeros / Propiedad militar		Terrein verboden voor buitenlanders / Militair gebied
Curiosidades		**Bezienswaardigheden**
Lugares clasificados con 2 y 3 estrellas por la Guía Verde MICHELIN		Locaties met 2 en 3 sterren volgens de Groene Gids van MICHELIN
Edificio religioso		Kerkelijk gebouw
Castillo		Kasteel
Monasterio		Klooster
Iglesia de madera		Stavkirke (houten kerk)
Iglesia de madera		Houten kerk
Museo al aire libre		Openluchtmuseum
Zona de vestigios antiguos		Overblijfsel uit de Oudheid
Grabado rupestre - Monumento megalítico		Rotstekening - Megaliet
Piedra rúnica - Ruinas		Runensteen - Ruïne
Cueva - Molino de viento		Grot - Molen
Otras curiosidades		Andere bezienswaardigheden
Recorrido pintoresco		Schilderachtig traject
Signos diversos		**Diverse tekens**
Zona recreativa		Recreatiepark
Presa - Cascada		Stuwdam - Waterval
Parque nacional / Parque natural		Nationaal park / Natuurpark

Republic of Ireland: All distances and speed limits are signed in kilometres.

République d'Irlande: Les distances et les limitations de vitesse sont exprimées en kilomètres.

Irland: Alle Entfernungsangaben und Geschwindigkeitsbegrenzungen in km.

Ierland: Alle afstanden en maximumsnelheden zijn uitsluitend in kilometers aangegeven.

Repubblica d'Irlanda: Distanze e limiti di velocità sono espressi soltanto in chilometri.

República de Irlanda: Distancias y límites de velocidad están expresadas sólo en kilómetros.

Key to 1:1 000 000 map pages
Légende des cartes au 1/1 000 000
Zeichenerklärung der Karten 1:1 000 000
Verklaring van de tekens voor kaarten met schaal 1:1 000 000
Legenda carte scala 1:1 000 000
Signos convencionales de los mapas a escala 1:1 000 000

 = **UNITARY AUTHORITIES**

ENGLAND

UNITARY AUTHORITIES

1	Bath and North East Somerset	43	North East Lincolnshire
	Bedford	44	North Lincolnshire
	Blackburn with Darwen	45	North Somerset
	Blackpool	46	North Yorkshire
	Bracknell Forest	47	Northamptonshire
	Brighton and Hove	48	Northumberland
7	Buckinghamshire	49	Nottinghamshire
8	Cambridgeshire		Nottingham
9	Central Bedfordshire	51	Oxfordshire
10	Cheshire East		Peterborough
11	Cheshire West and Chester		Plymouth
	City of Bristol		Portsmouth
13	Cornwall		Reading
14	Cumbria	56	Redcar and Cleveland
	Derby	57	Rutland
16	Derbyshire	58	Shropshire
17	Devon	59	Somerset
18	Dorset	60	South Gloucestershire
19	Durham	61	South Yorkshire
20	East Riding of Yorkshire		Southend-on-Sea
21	East Sussex	63	Staffordshire
22	Essex		Stockton-on-Tees
23	Gloucestershire		Stoke-on-Trent
	Greater London	66	Suffolk
	Greater Manchester	67	Surrey
26	Halton		Swindon
27	Hampshire	69	Telford and Wrekin
	Hartlepool	70	Thurrock
29	Herefordshire		Torbay
30	Hertfordshire	72	Tyne and Wear
31	Kent		Warrington
	Kingston-upon-Hull	74	Warwickshire
33	Lancashire	75	West Berkshire
	Leicester	76	West Midlands
35	Leicestershire	77	West Sussex
36	Lincolnshire	78	West Yorkshire
	Luton	79	Wiltshire
38	Medway		Windsor and Maidenhead
39	Merseyside		Wokingham
	Middlesbrough	82	Worcestershire
41	Milton Keynes		York
42	Norfolk		

SCOTLAND

UNITARY AUTHORITIES

1	Aberdeen City	17	Inverclyde
2	Aberdeenshire	18	Midlothian
3	Angus	19	Moray
4	Argyll and Bute	20	North Ayrshire
5	Clackmannanshire	21	North Lanarkshire
6	City of Edinburgh	22	Orkney Islands
7	City of Glasgow	23	Perthshire and Kinross
8	Dumfries and Galloway	24	Renfrewshire
9	Dundee City	25	Scottish Borders
10	East Ayrshire	26	Shetland Islands
11	East Dunbartonshire	27	South Ayrshire
12	East Lothian	28	South Lanarkshire
13	East Renfrewshire	29	Stirling
14	Falkirk	30	West Dunbartonshire
15	Fife	31	West Lothian
16	Highland	32	Western Isles

NORTHERN IRELAND

DISTRICT COUNCILS

1	Antrim	14	Down
2	Ards	15	Dungannon
3	Armagh	16	Fermanagh
4	Ballymena	17	Larne
5	Ballymoney	18	Limavady
6	Banbridge	19	Lisburn
7	Belfast	20	Magherafelt
8	Carrickfergus	21	Moyle
9	Castlereagh	22	Newry and Mourne
10	Coleraine	23	Newtownabbey
11	Cookstown	24	North Down
12	Craigavon	25	Omagh
13	Derry	26	Strabane

WALES

UNITARY AUTHORITIES

1	Anglesey/Sir Fôn	12	Merthyr Tydfil/Merthyr Tudful
2	Blaenau Gwent	13	Monmouthshire/Sir Fynwy
3	Bridgend/Pen-y-bont ar Ogwr	14	Neath Port Talbot/Castell-nedd Phort Talbot
4	Caerphilly/Caerffili	15	Newport/Casnewydd
5	Cardiff/Caerdydd	16	Pembrokeshire/Sir Benfro
6	Carmarthenshire/Sir Gaerfyrddin	17	Powys
7	Ceredigion	18	Rhondda Cynon Taff/Rhondda Cynon Taf
8	Conwy	19	Swansea/Abertawe
9	Denbighshire/Sir Ddinbych	20	Torfaen/Tor-faen
10	Flintshire/Sir y Fflint	21	Vale of Glamorgan/Bro Morgannwg
11	Gwynedd	22	Wrexham/Wrecsam

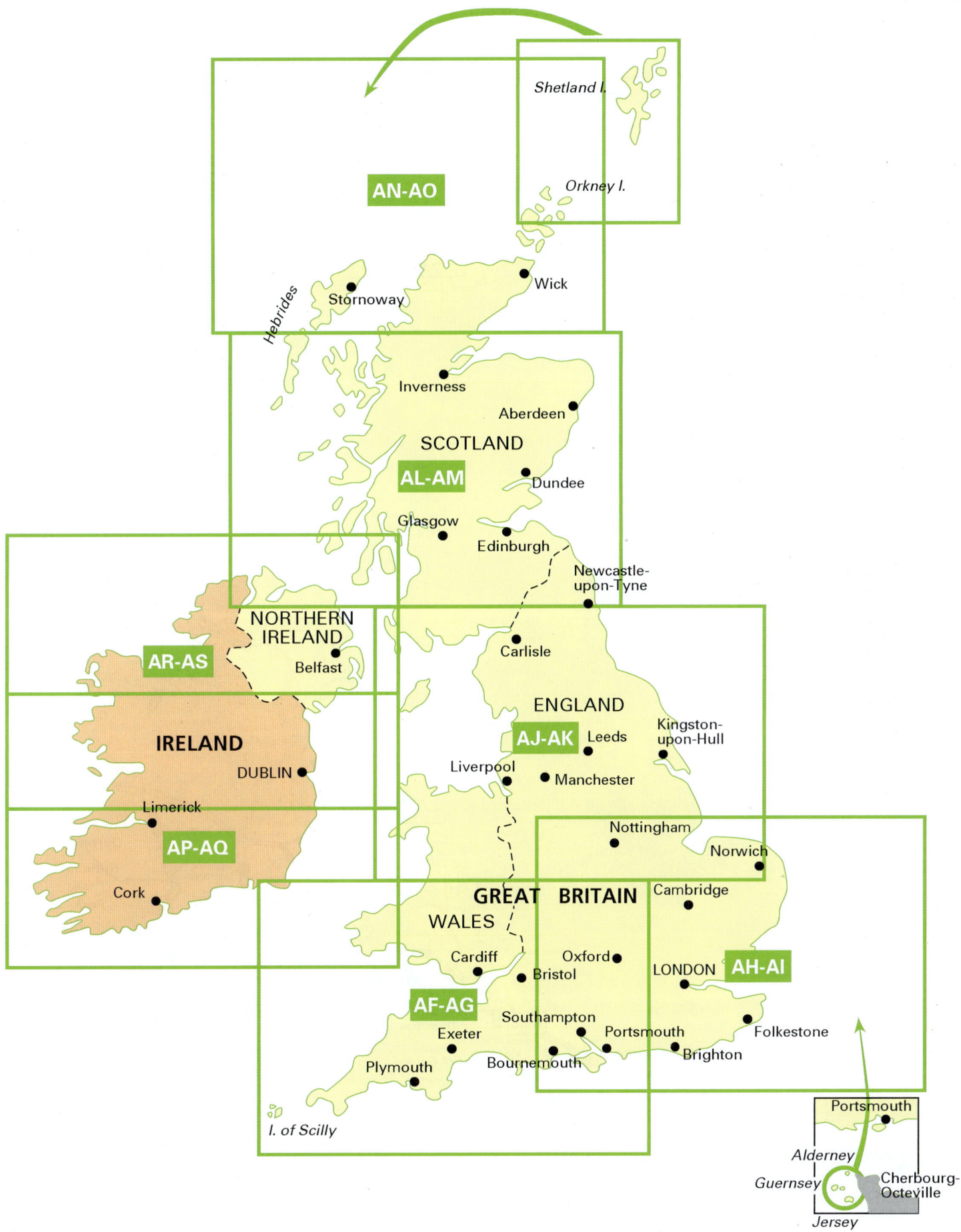

AF

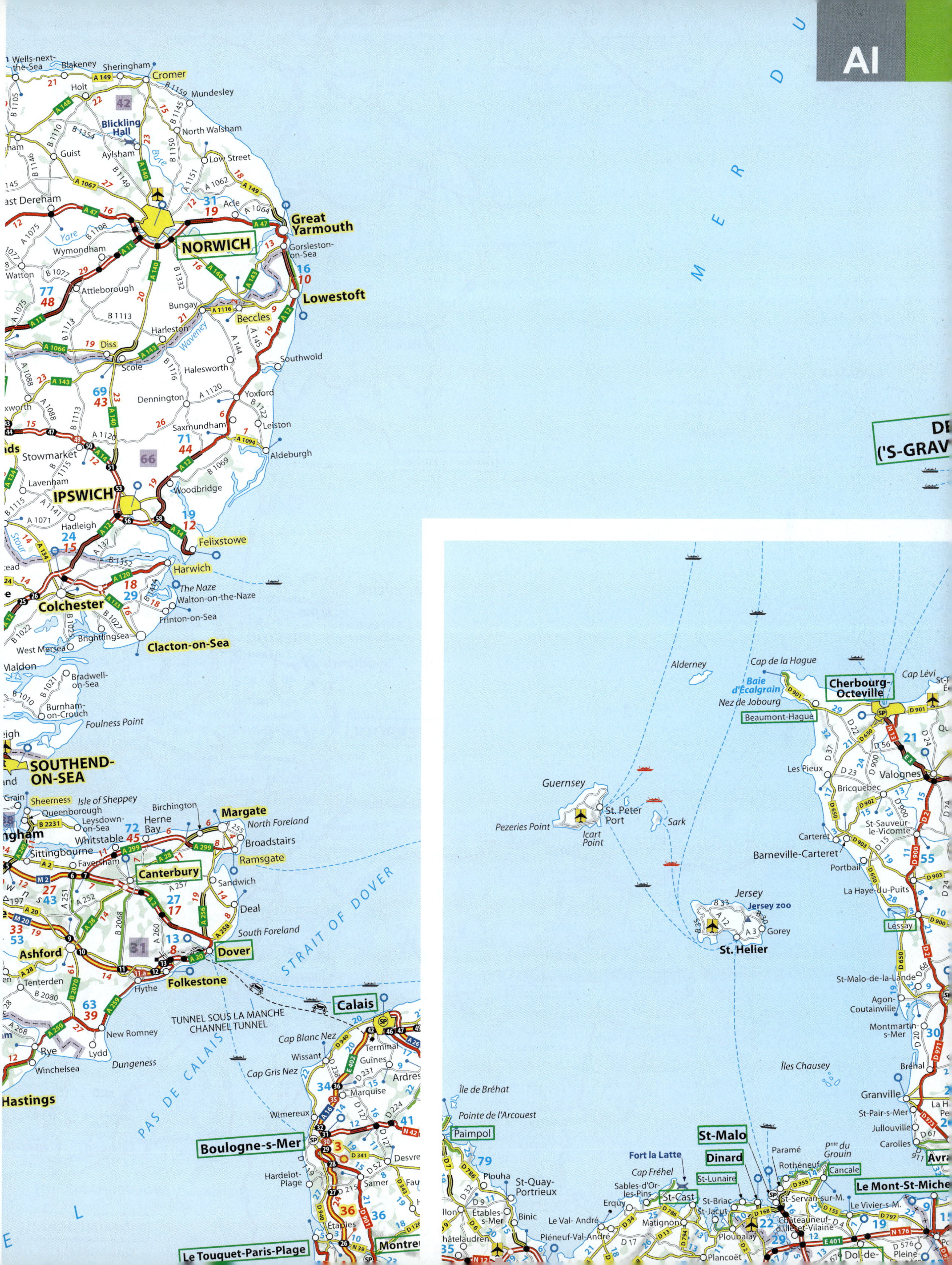

AK

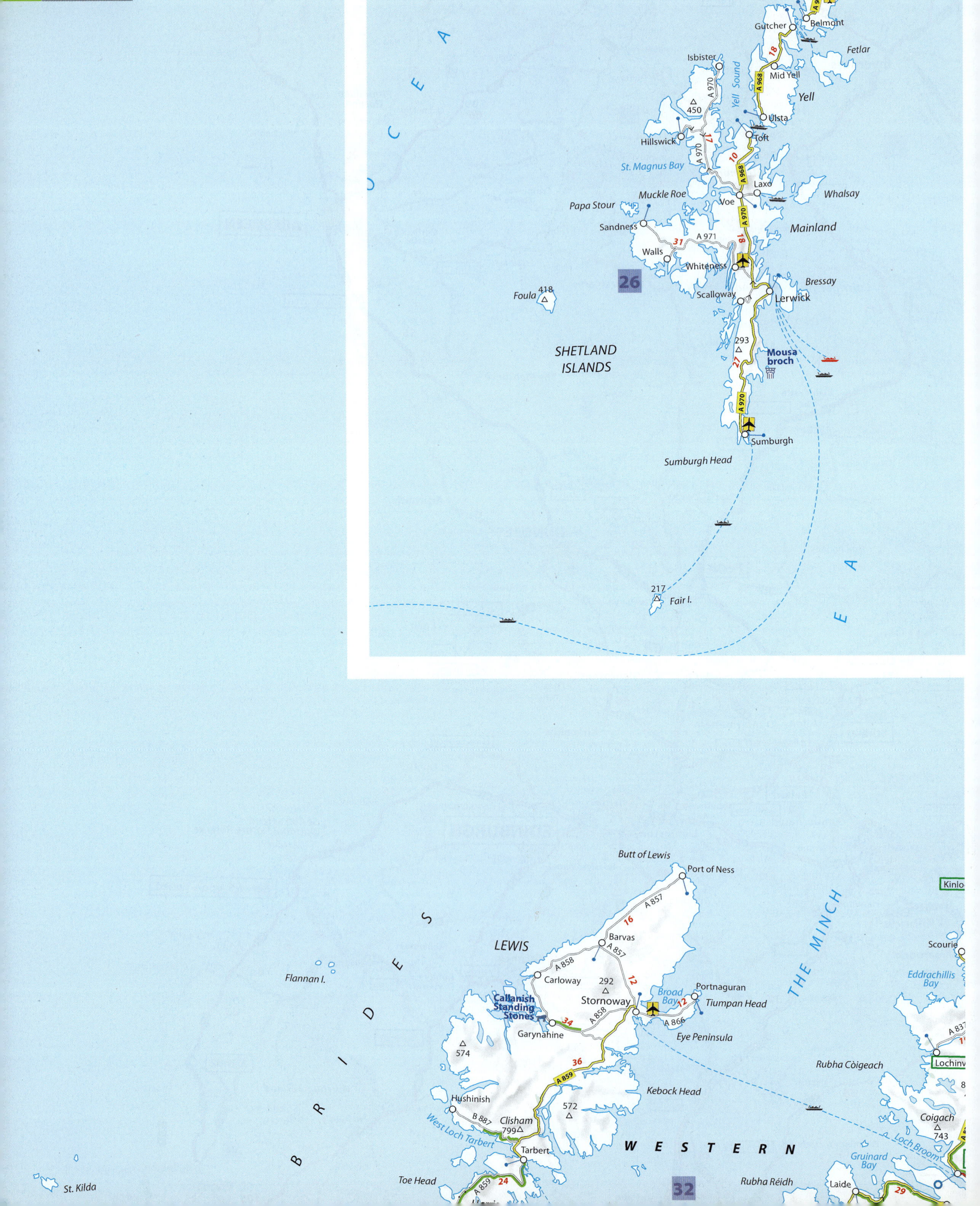
Herma Ness
Haroldswick
Unst
Belmont
Gutcher
Fetlar
Isbister
Mid Yell
Yell
Yell Sound
Ulsta
Toft
Hillswick
St. Magnus Bay
Laxo
Whalsay
Muckle Roe
Voe
Papa Stour
Sandness
Mainland
Walls
Whiteness
Bressay
Lerwick
Scalloway
Foula
SHETLAND ISLANDS
Mousa broch
Sumburgh
Sumburgh Head
Fair I.
O C E A N
E A
26
Butt of Lewis
Port of Ness
LEWIS
Barvas
Carloway
Flannan I.
Callanish Standing Stones
Stornoway
Broad Bay
Portnaguran
Tiumpan Head
Garynahine
Eye Peninsula
THE MINCH
Rubha Còigeach
Kebock Head
Hushinish
Clisham
West Loch Tarbert
Tarbert
Toe Head
St. Kilda
B R I D E S
W E S T E R N
32
Rubha Réidh
Gruinard Bay
Laide
Loch Broom
Coigach
Scourie
Eddrachillis Bay
Lochinv
Kinlo

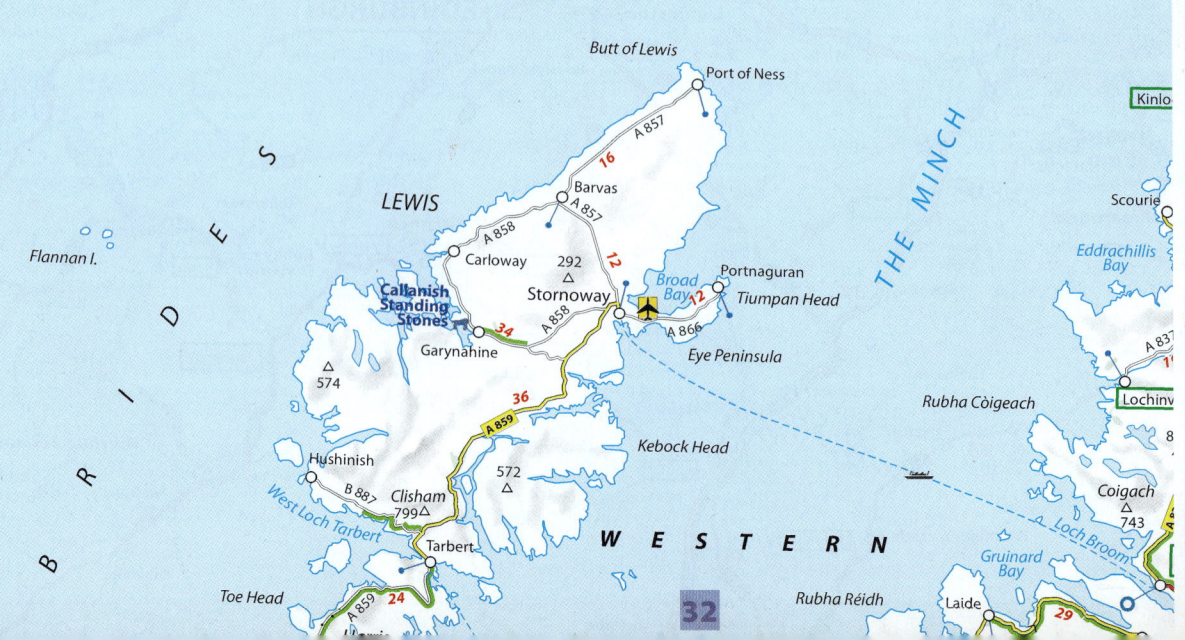

AQ

AR

Great Britain : Based upon Ordnance Survey of Great Britain with the permission of the Controller of Her Majesty's Stationery Office © Crown Copyright 100000247.

Northern Ireland : The material is Crown Copyright and is reproduced with the permission of Land and Property Services under delegated authority from the Controller of Her Majesty's Stationery Office. © Crown Copyright 2010. Permit number 120035.

Republic of Ireland : Based upon Ordnance Survey Ireland. Permit number 8698. © Ordnance Survey Ireland / Government of Ireland.

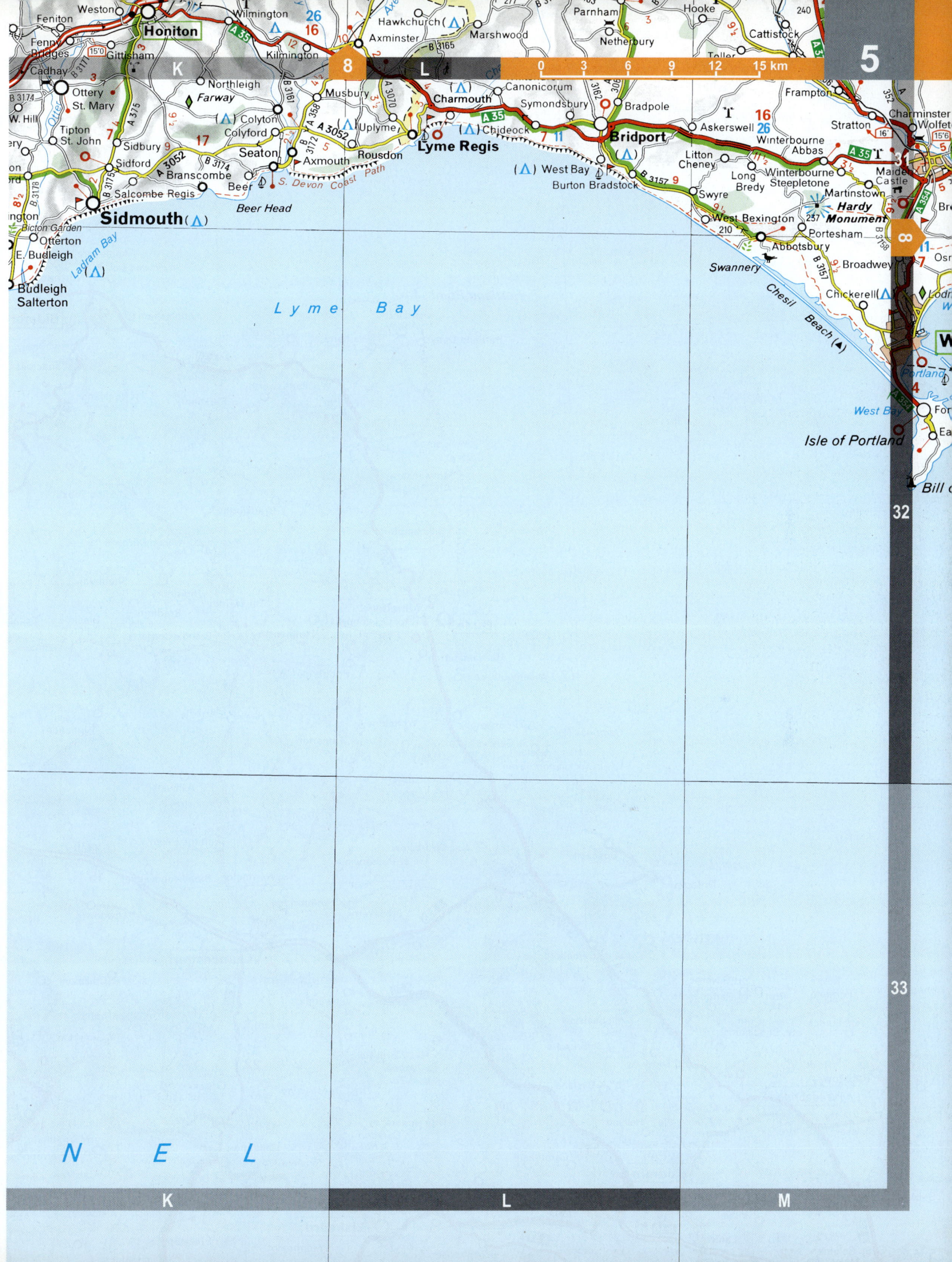

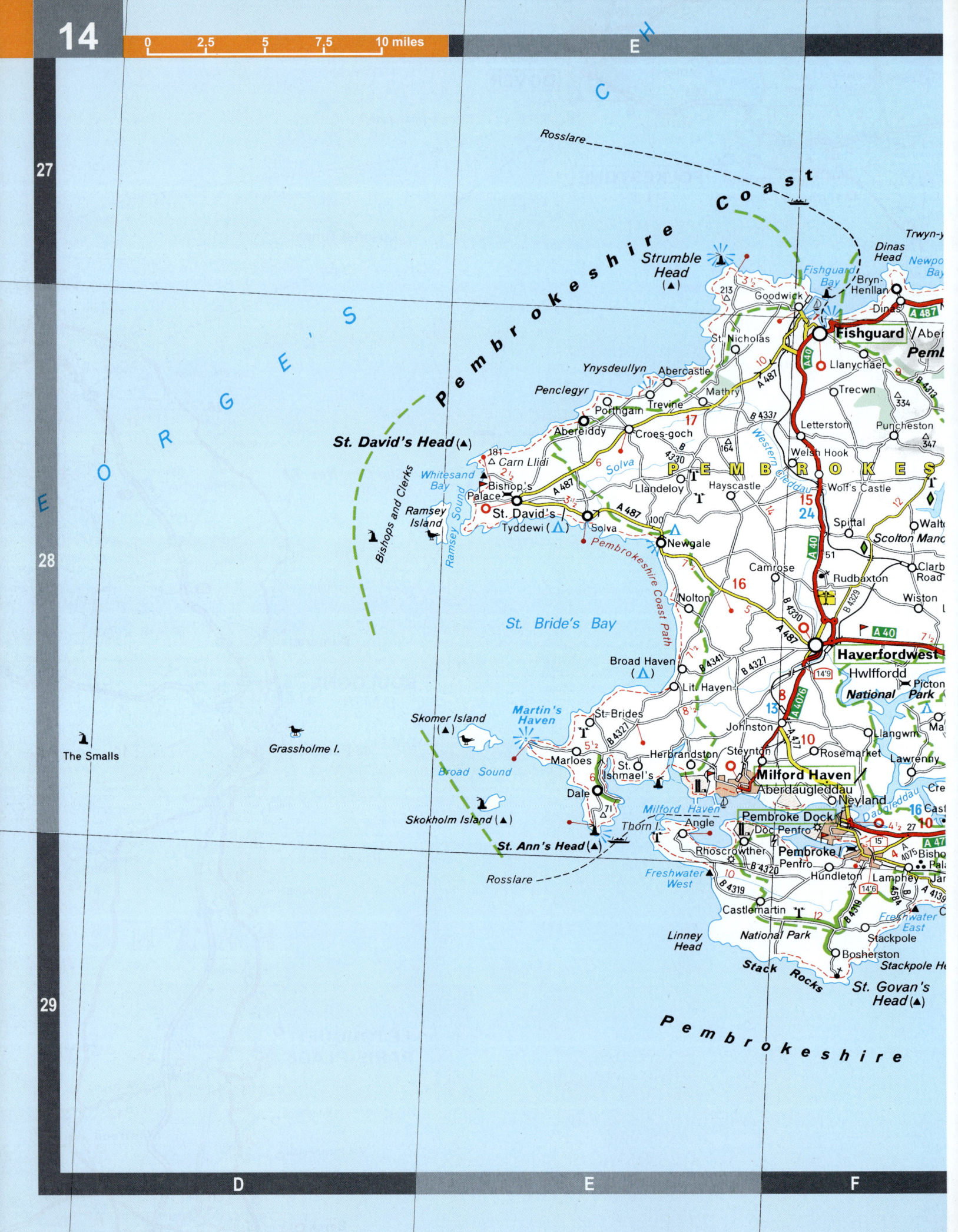

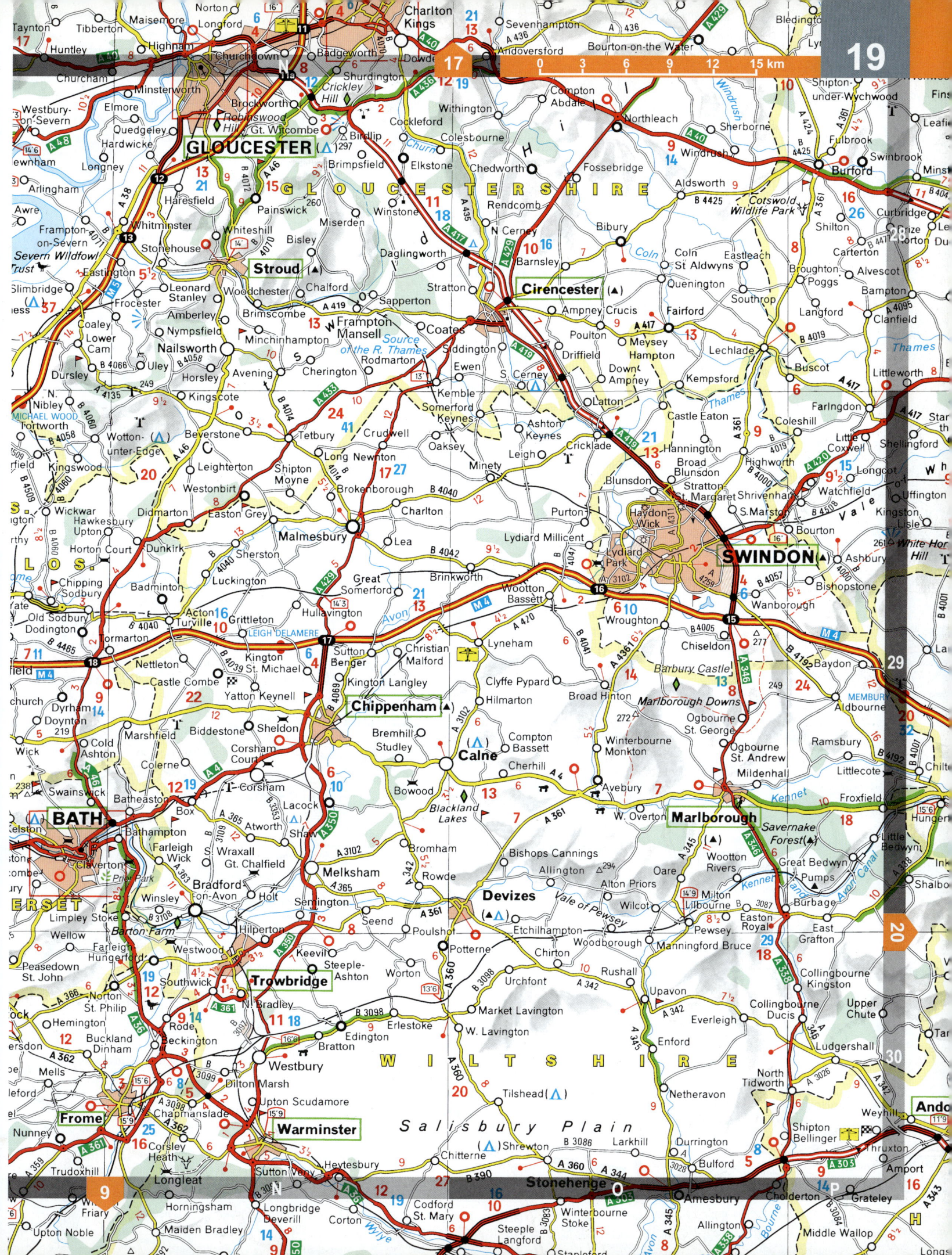

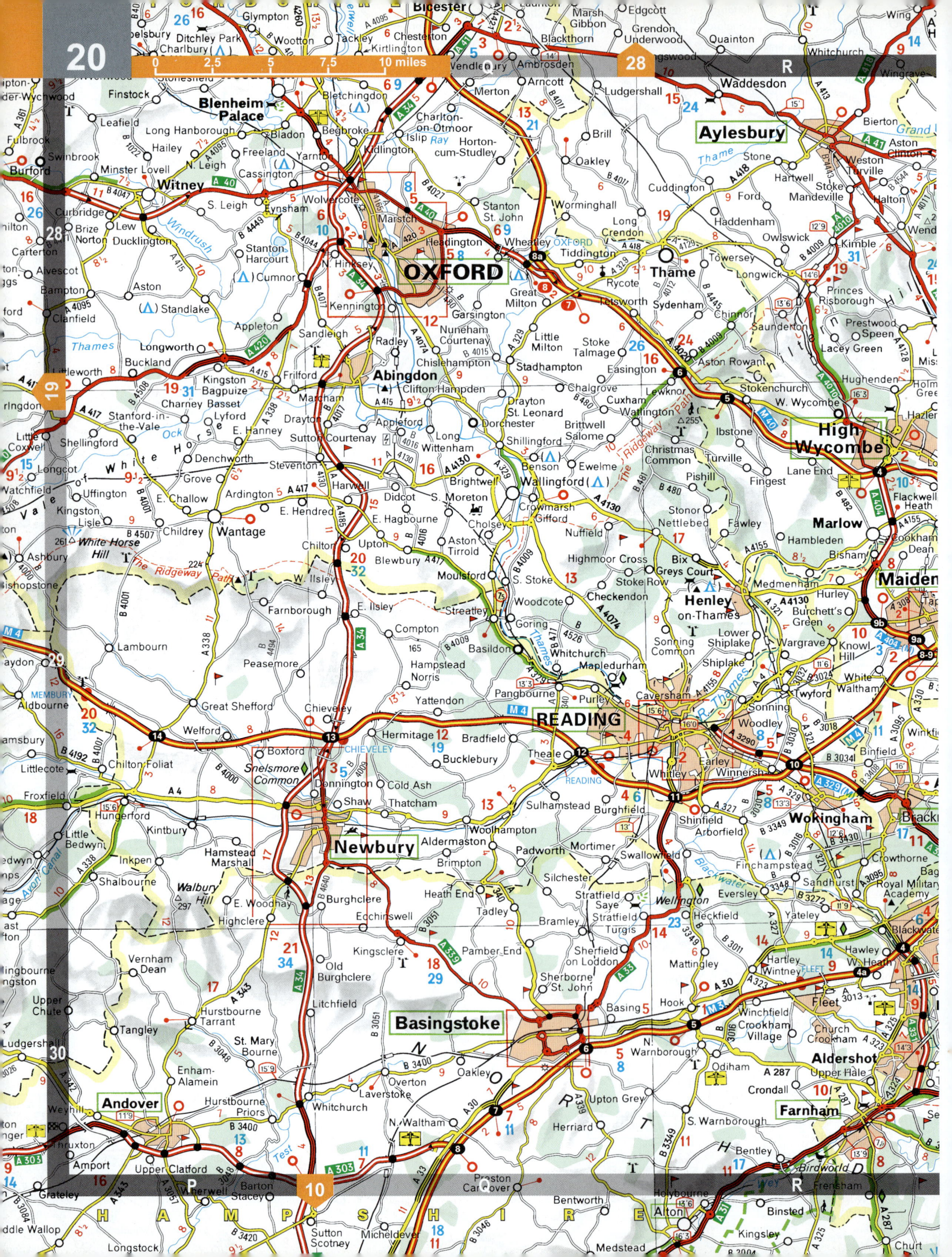

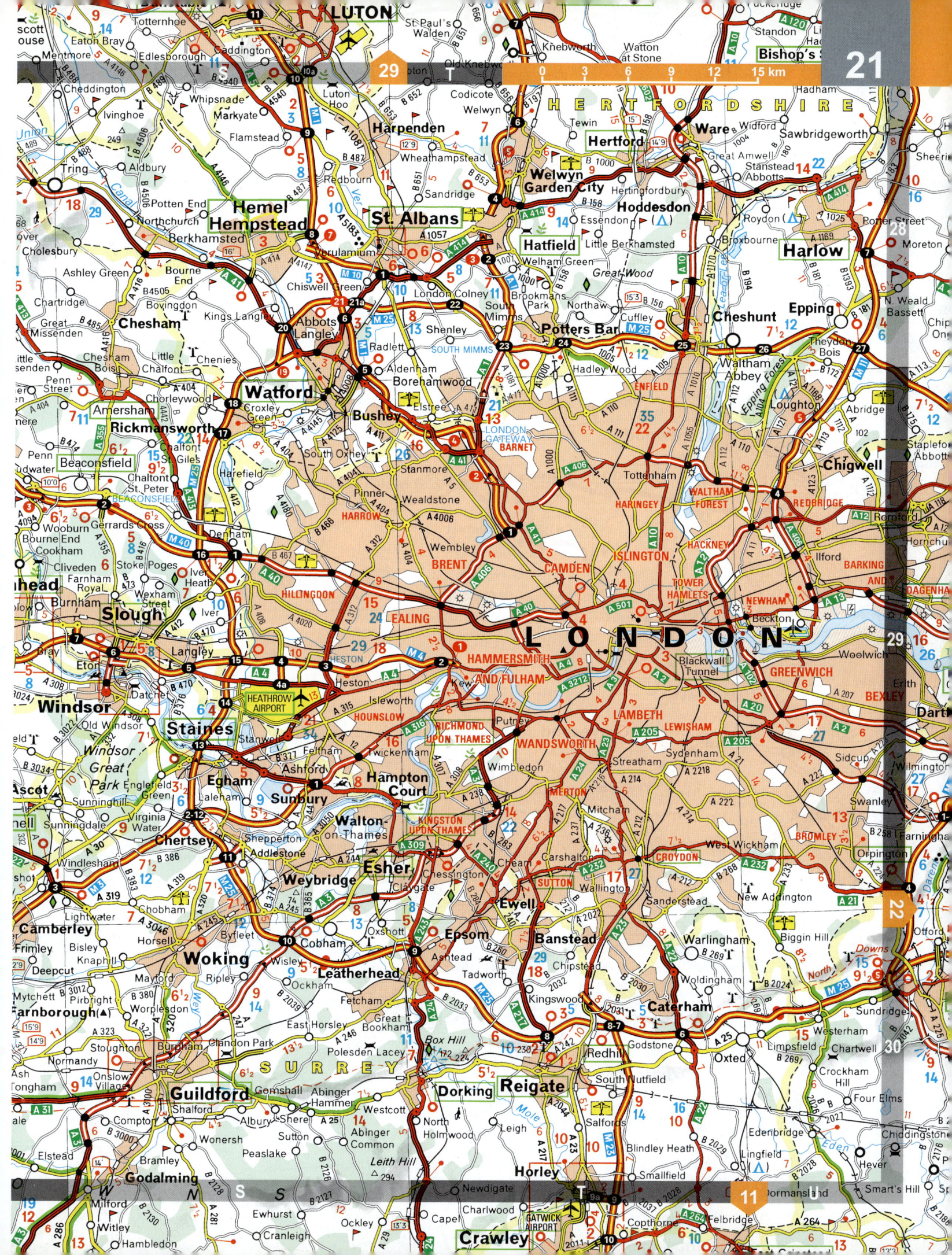

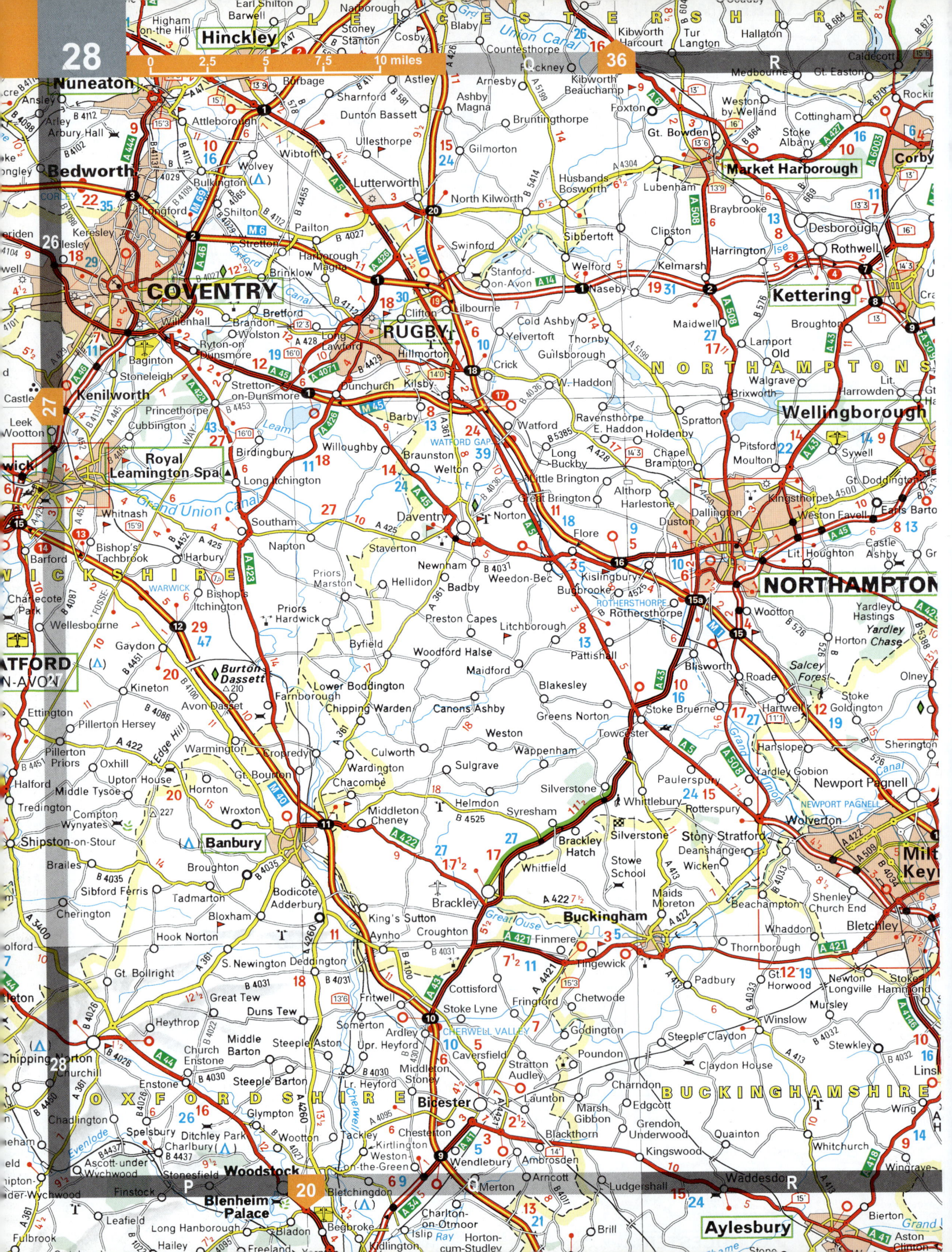

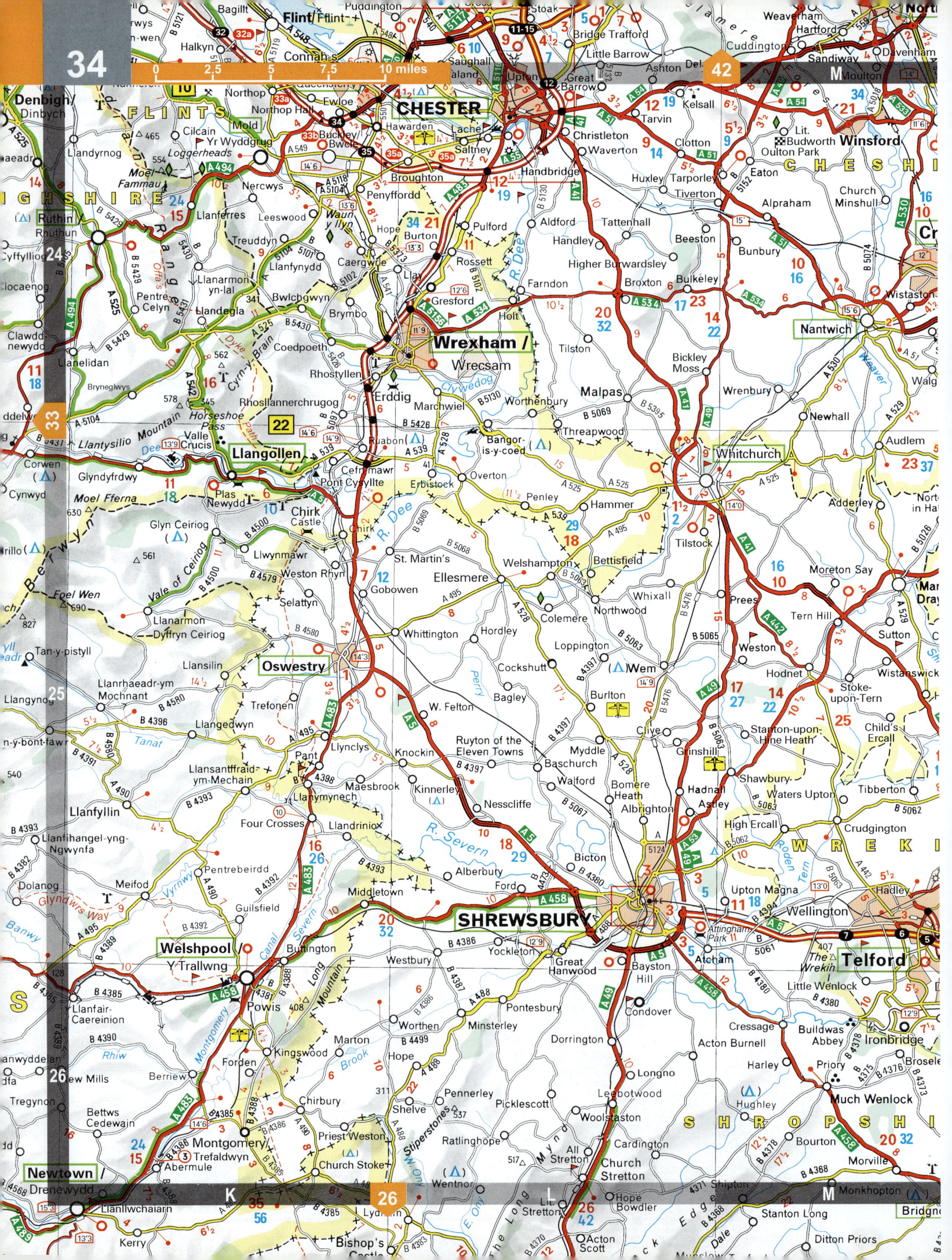

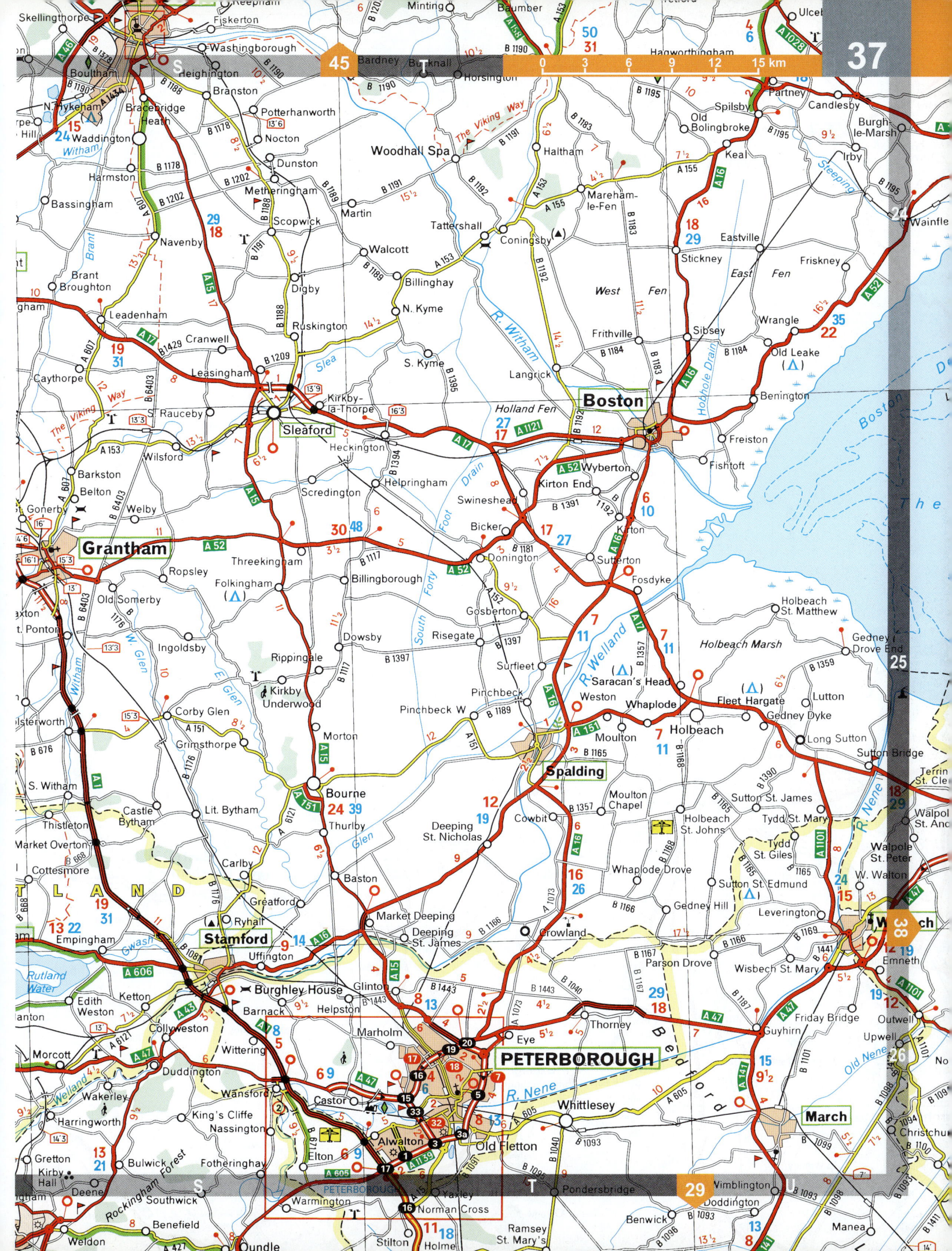

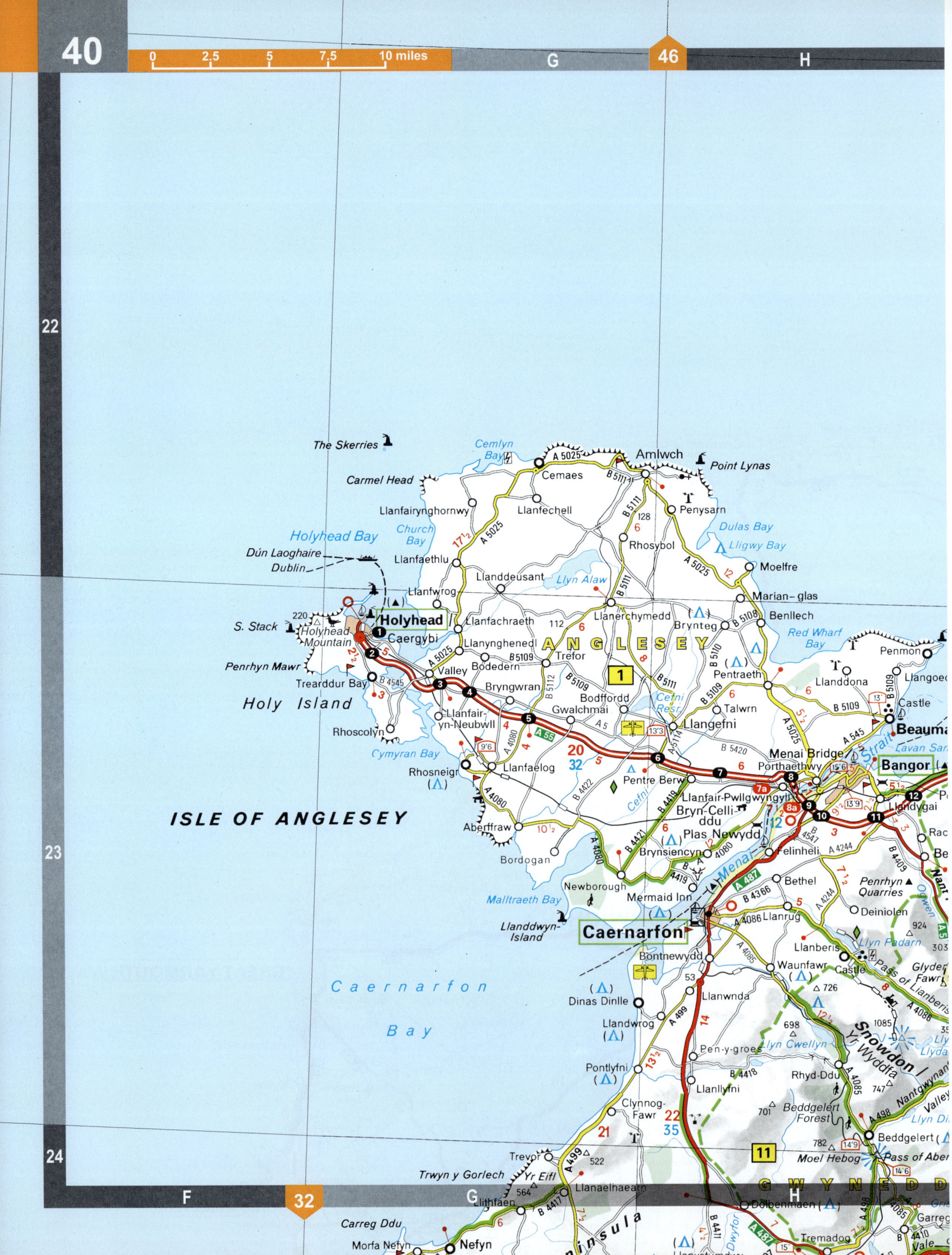

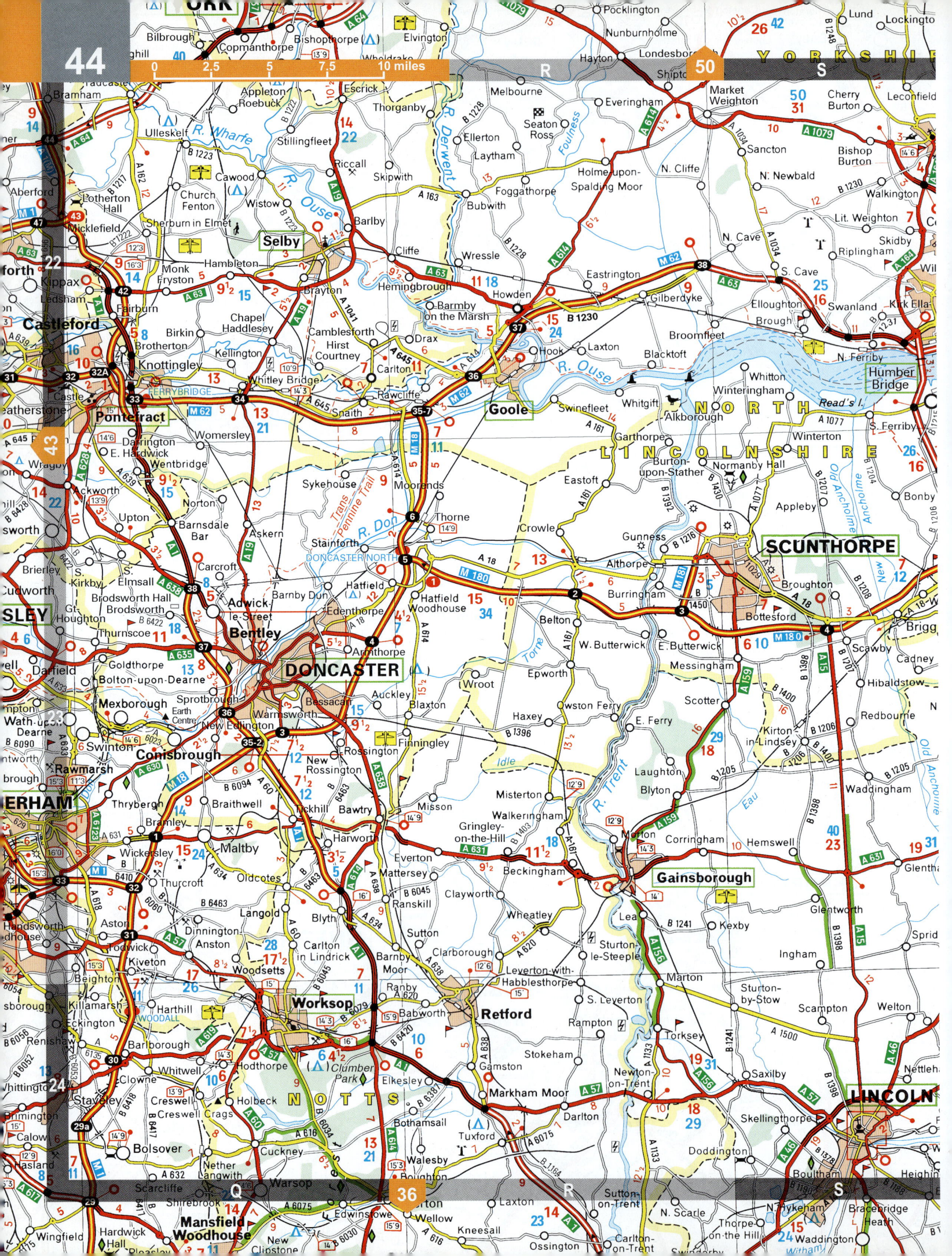

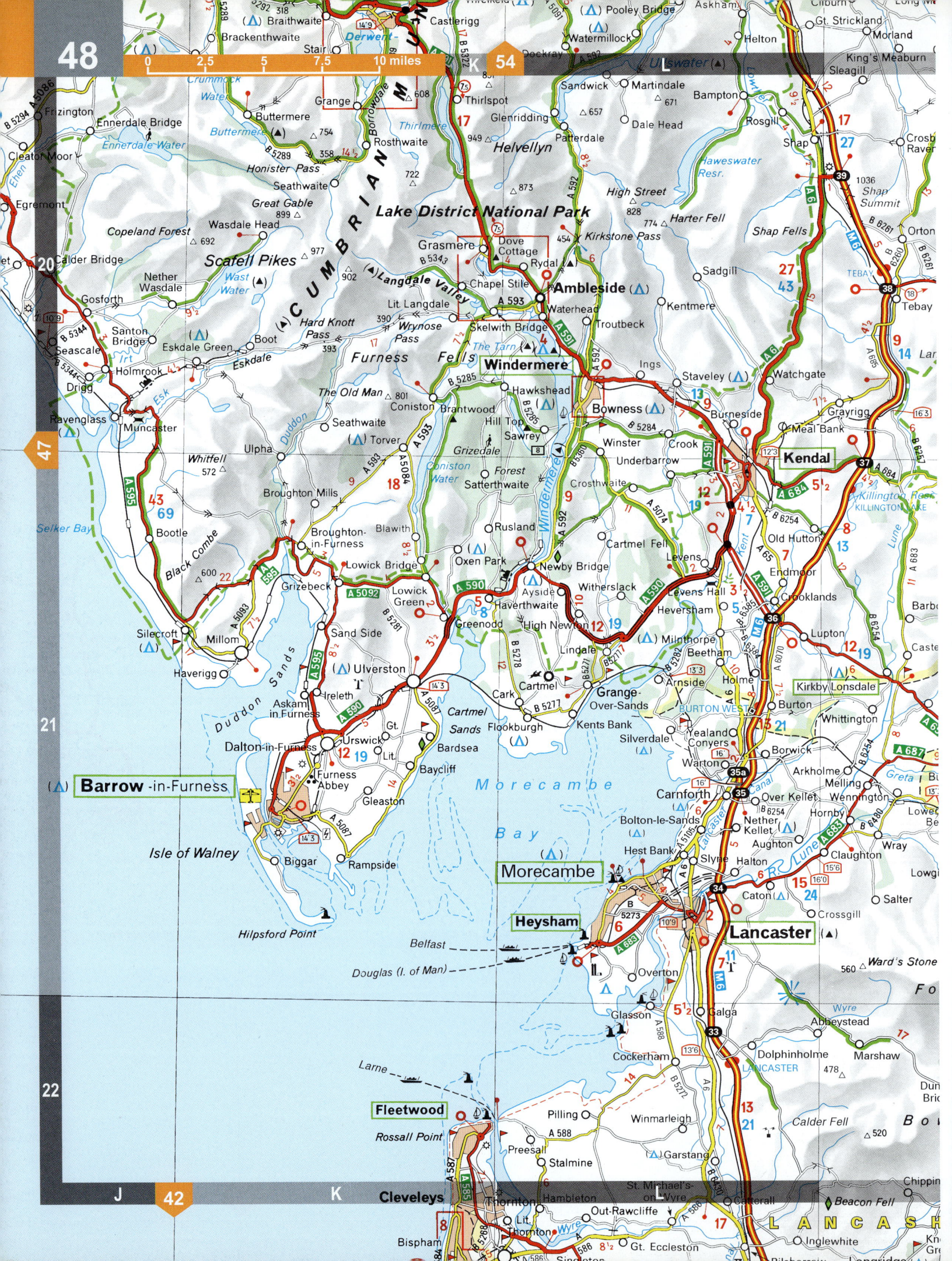

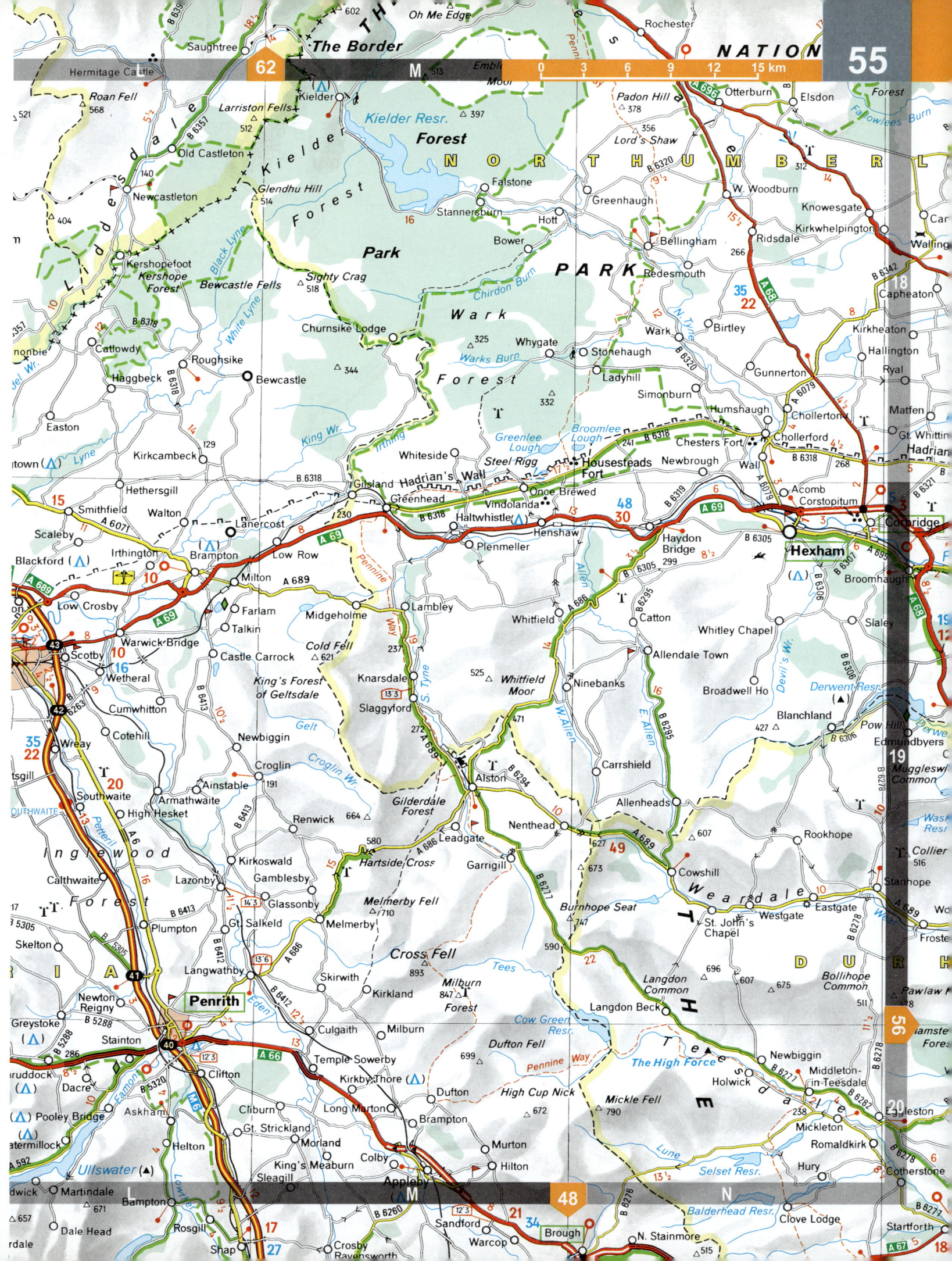

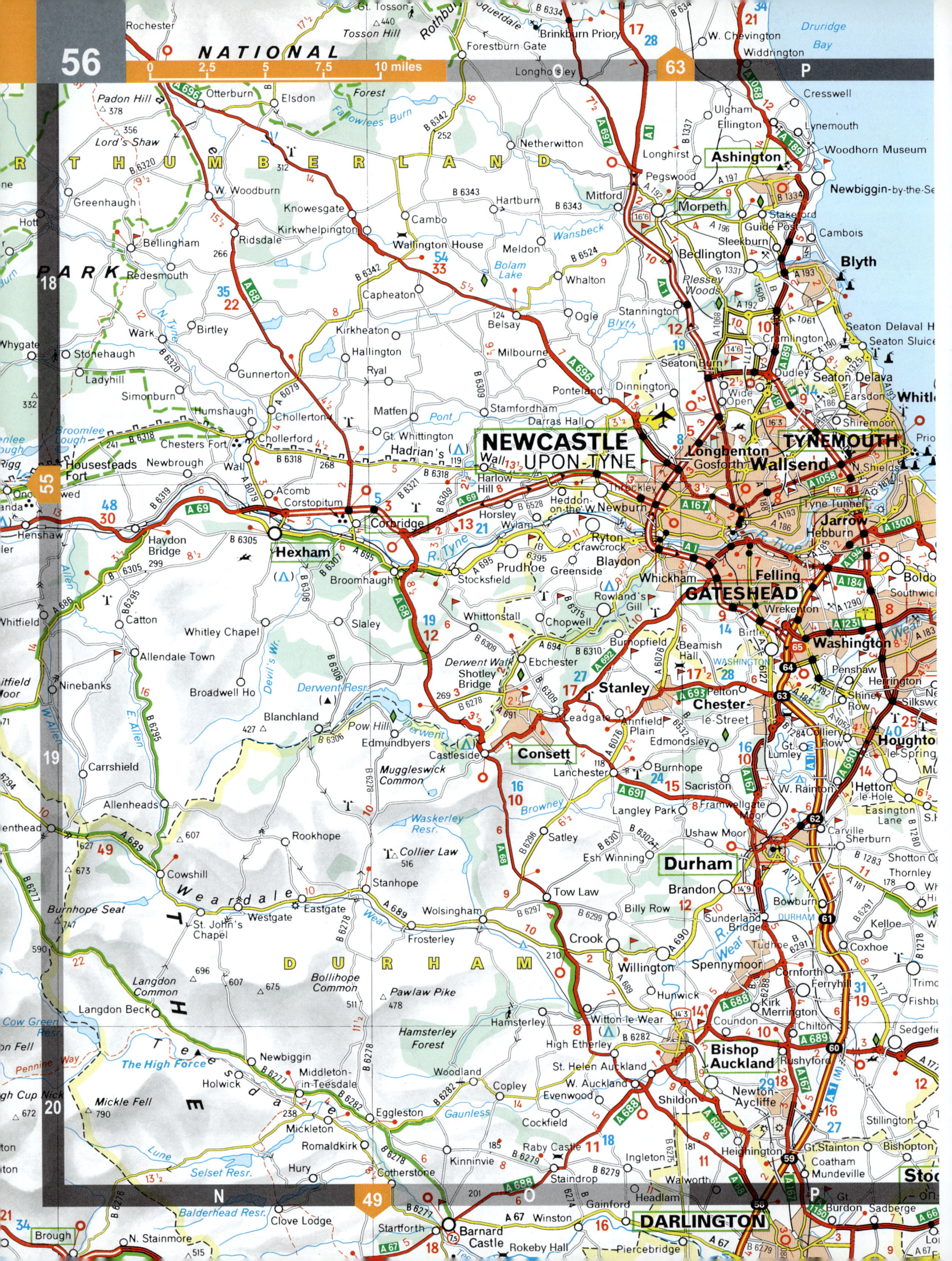

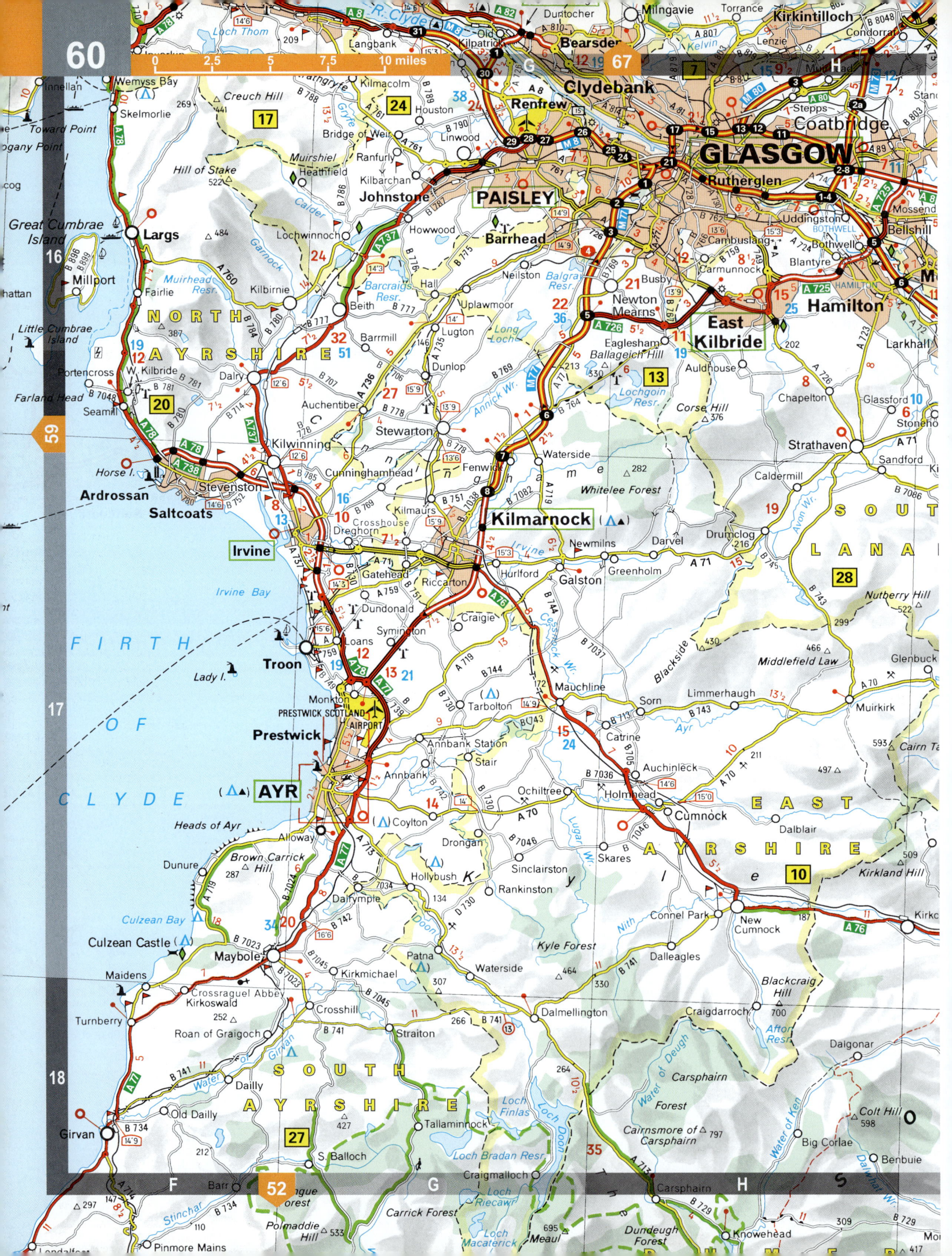

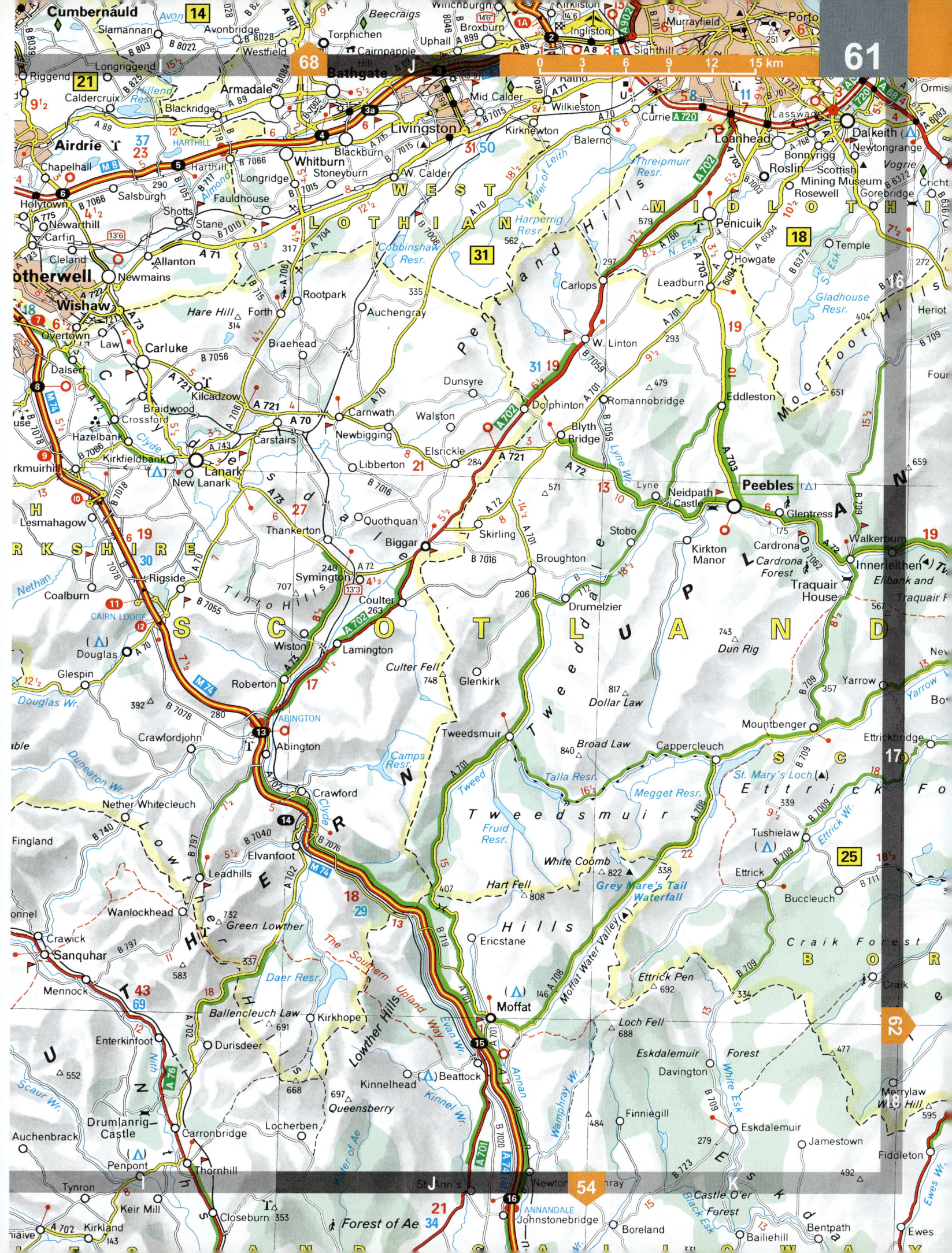

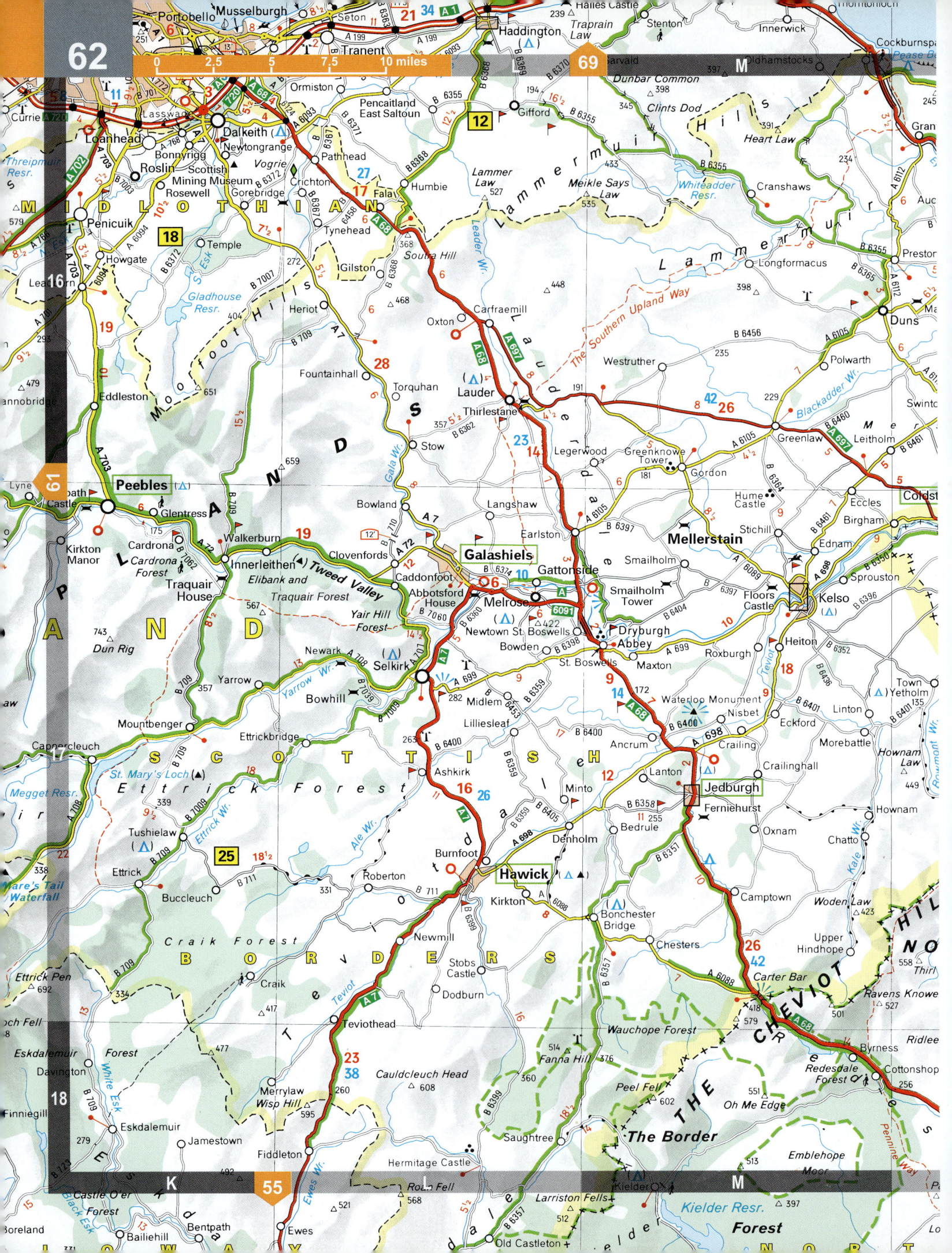

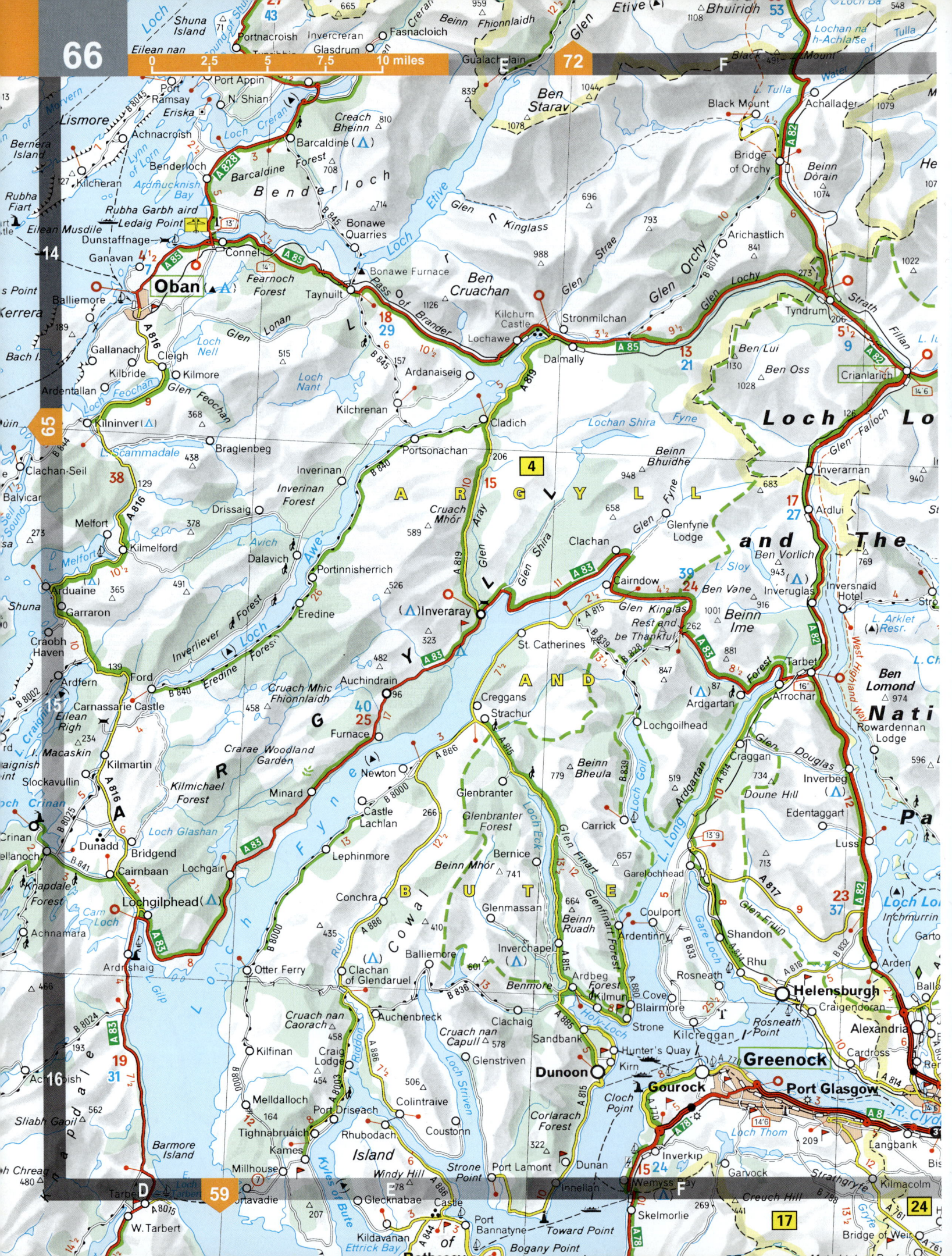

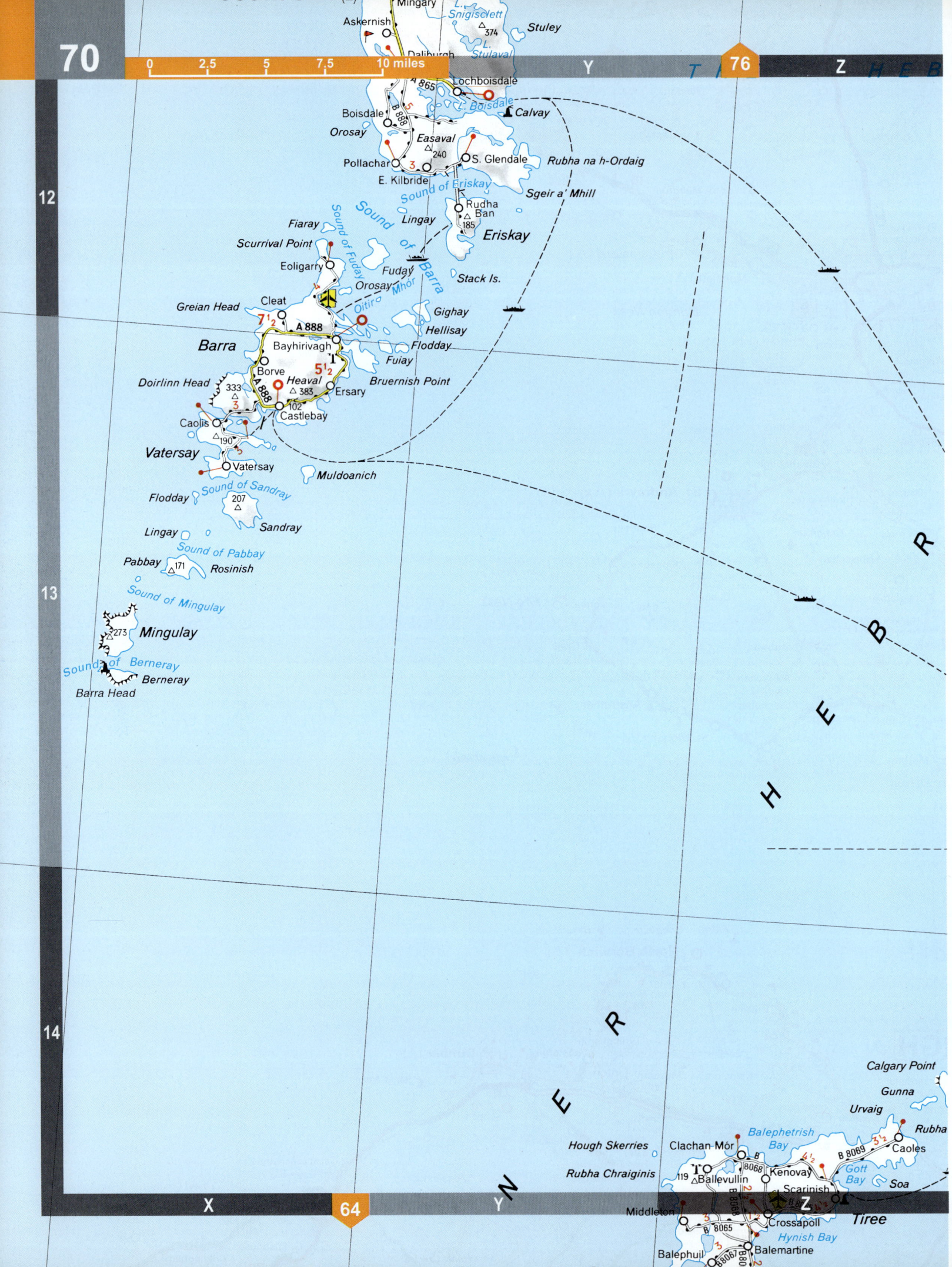

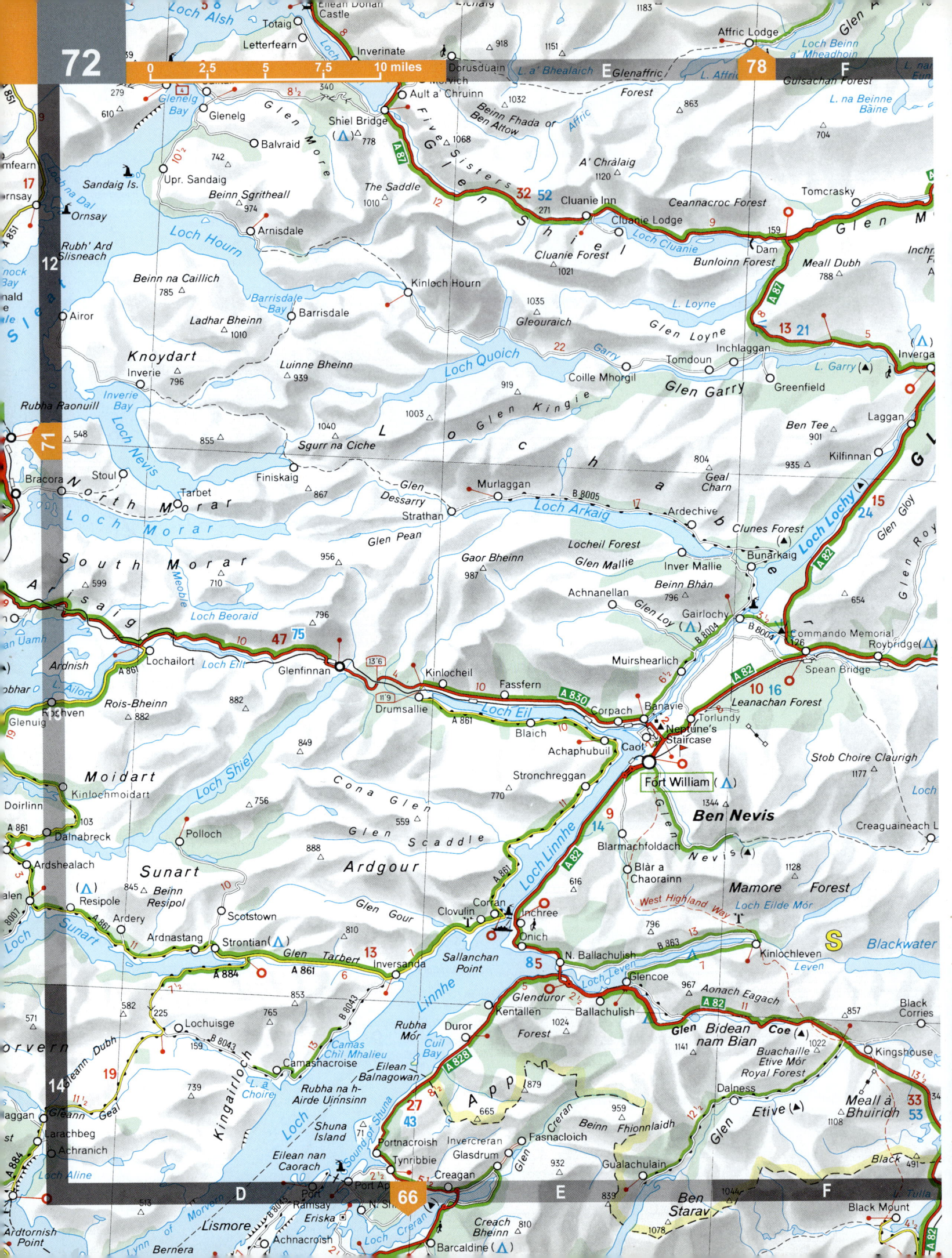

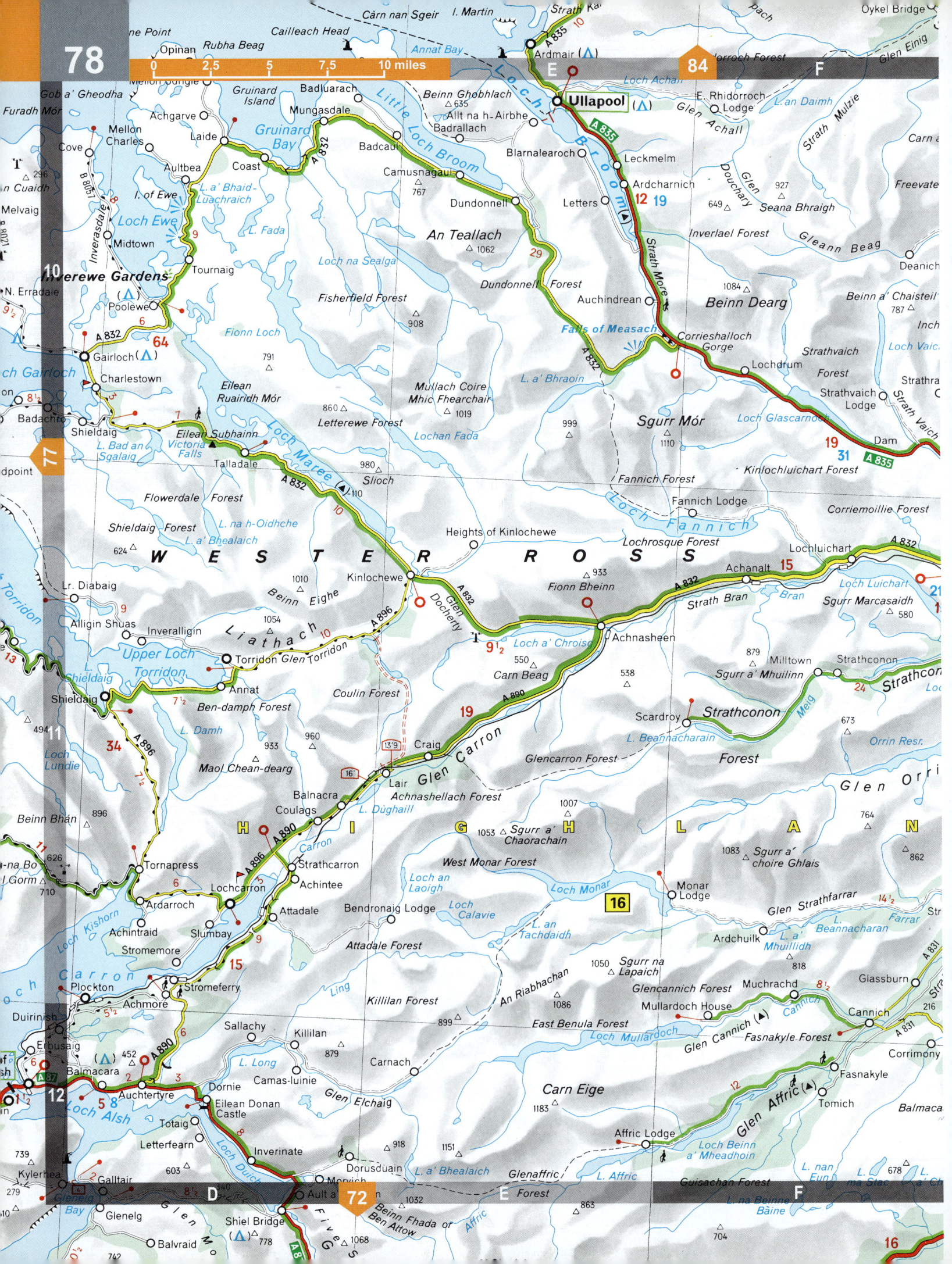

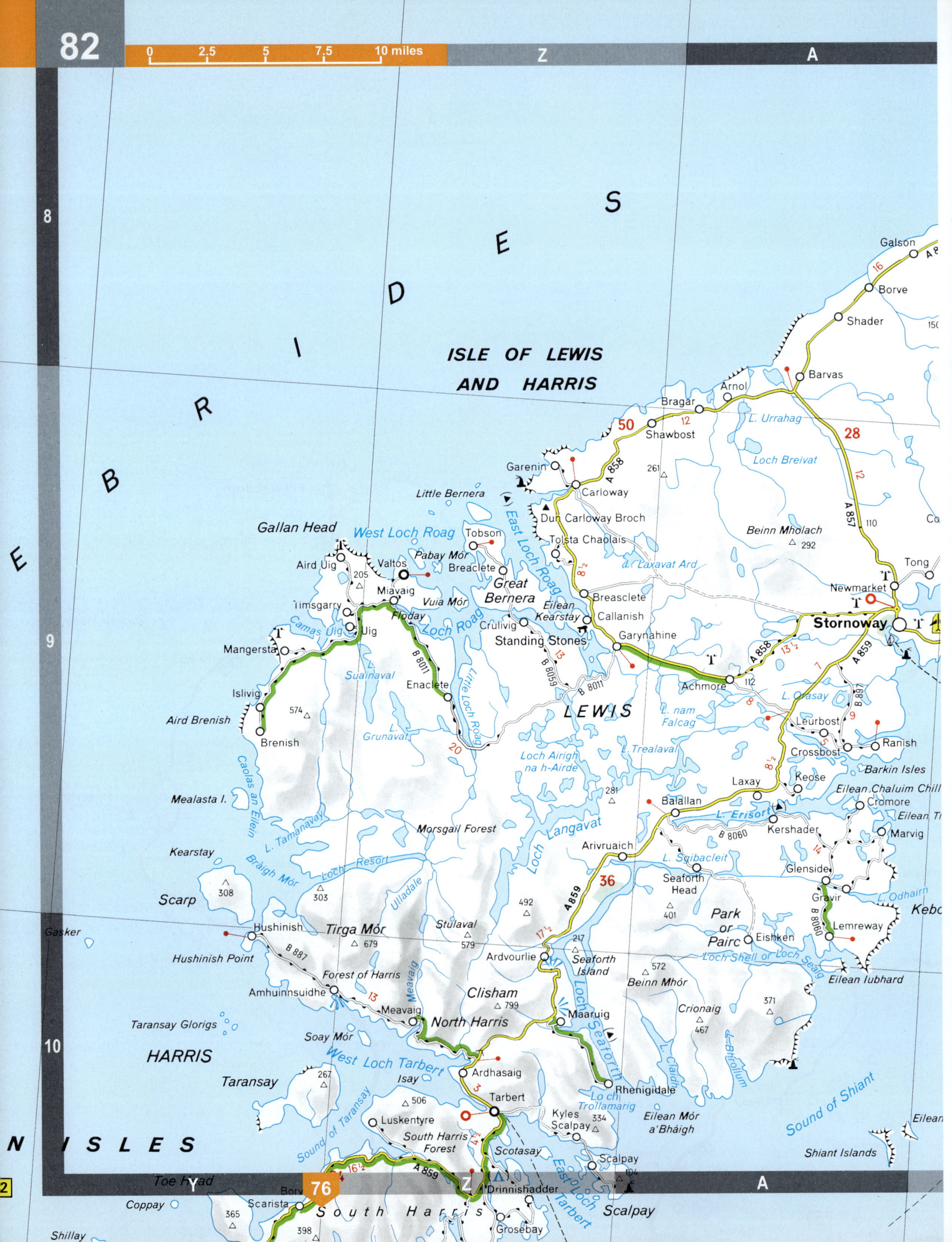

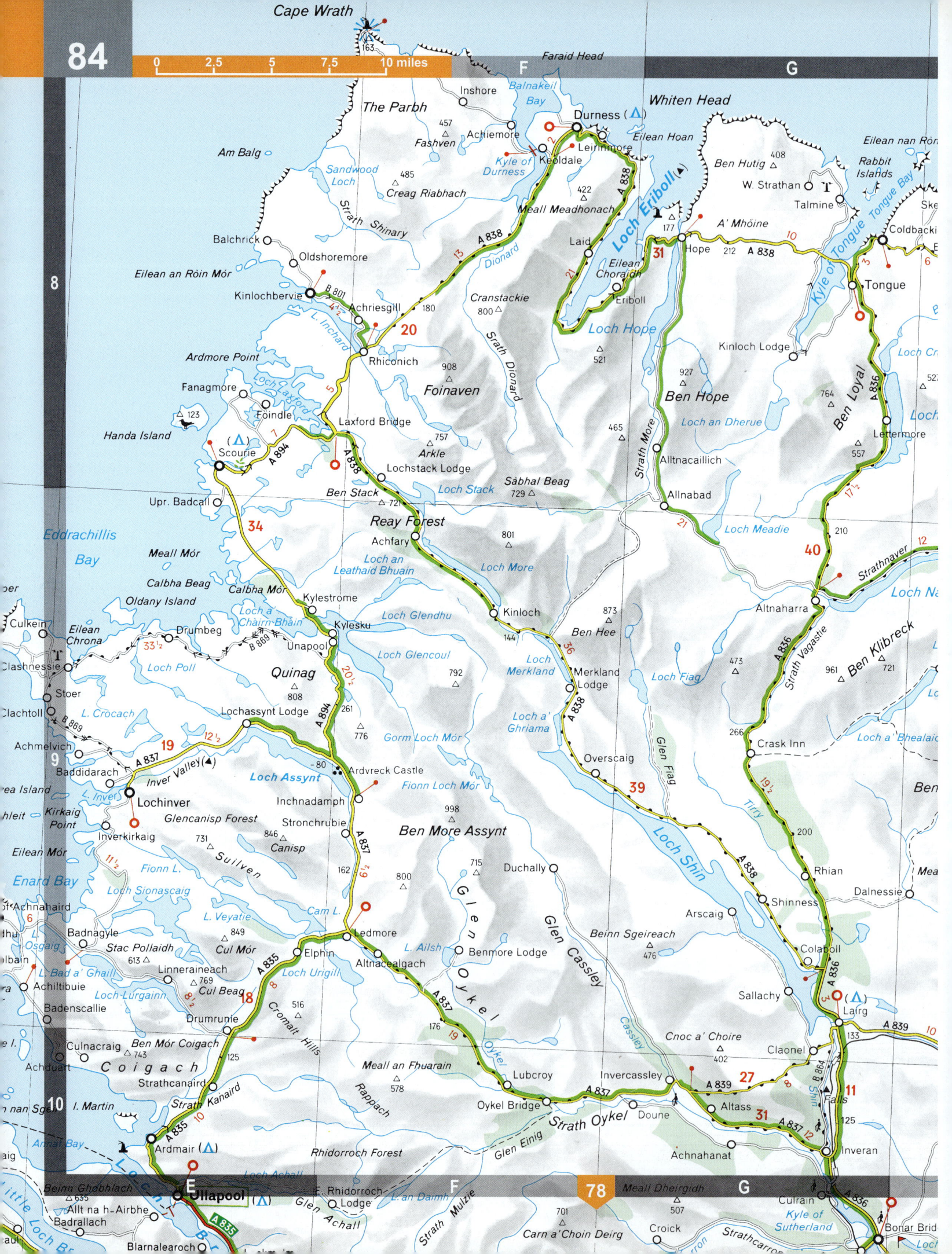

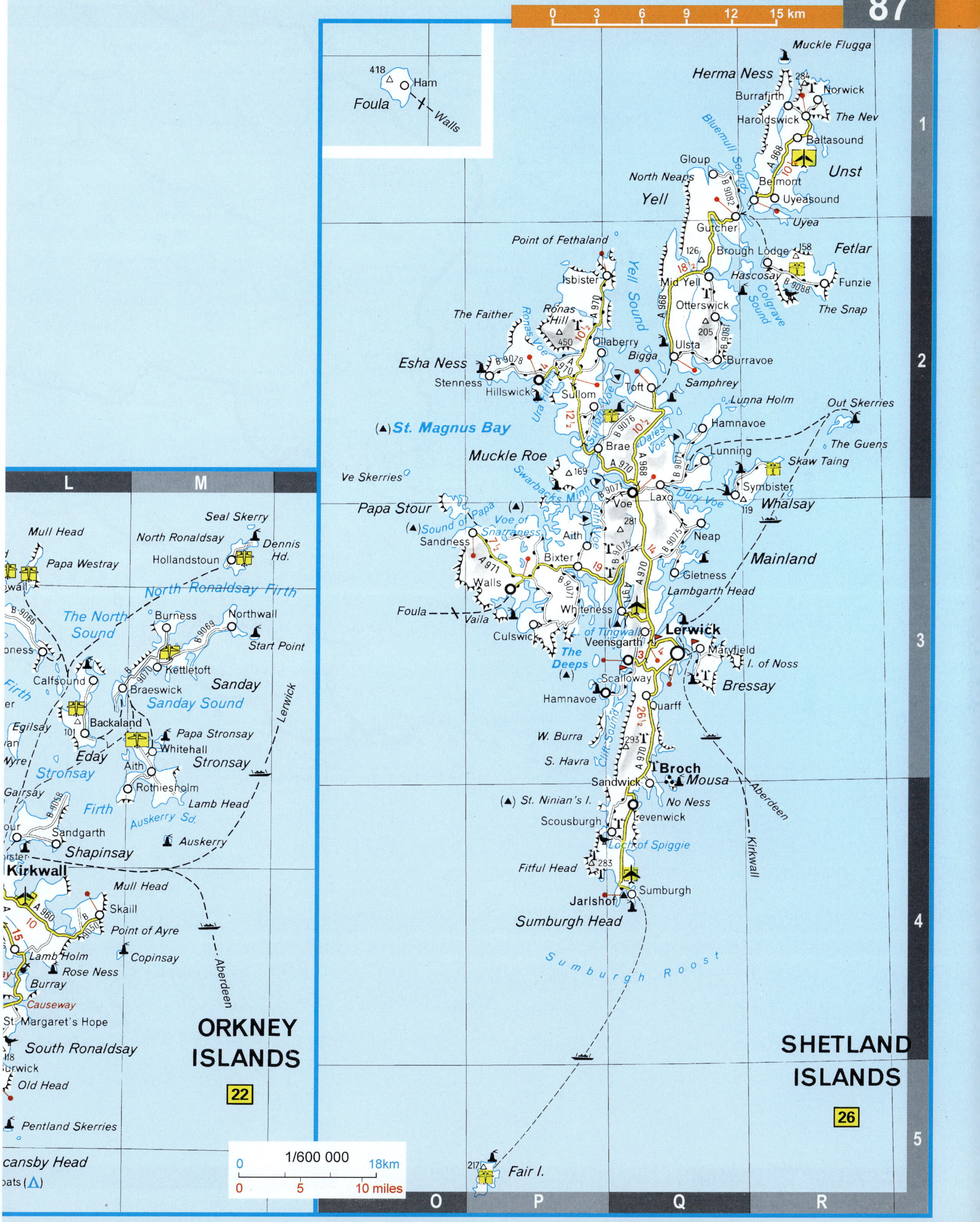

87

SHETLAND ISLANDS

Muckle Flugga
Herma Ness
Burrafirth — Norwick
Haroldswick — The Nev
Baltasound
Unst
Gloup
North Neaps — Belmont
Yell — Uyeasound
Uyea
Gutcher
Point of Fethaland — Brough Lodge
Fetlar
Isbister — Mid Yell — Hascosay — Funzie
The Faither — Ottersswick — The Snap
Rónas Hill — Ulsta
Esha Ness — Ollaberry — Bigga
Stenness — Hillswick — Sullom — Burravoe
Samphrey — Lunna Holm — Out Skerries
St. Magnus Bay — Toft — Hamnavoe — The Guens
Muckle Roe — Brae — Lunning — Skaw Taing
Ve Skerries — Voe — Laxo — Symbister
Papa Stour — Aith — Neap — Whalsay
Sandness — Bixter — Mainland
Walls — Gletness
Foula — Whiteness — Lambgarth Head
Vaila — Veensgarth — Lerwick — Maryfield
Culswick — The Deeps — I. of Noss
Scalloway — Bressay
Hamnavoe — Quarff
W. Burra
S. Havra — Broch — Mousa
Sandwick — Aberdeen
St. Ninian's I. — No Ness
Scousburgh — Levenwick — Kirkwall
Loch of Spiggie
Fitful Head — Sumburgh
Jarlshof
Sumburgh Head
Sumburgh Roost
Fair I.

ORKNEY ISLANDS

Seal Skerry
Mull Head — North Ronaldsay
Papa Westray — Hollandstoun — Dennis Hd.
North Ronaldsay Firth
The North Sound — Burness — Northwall
Calfsound — Kettletoft — Start Point
Braeswick — Sanday
Backaland — Sanday Sound
Egilsay — Papa Stronsay
Eday — Aith — Whitehall — Stronsay
Wyre — Rothiesholm
Gairsay — Lamb Head
Sandgarth — Stronsay Firth
Shapinsay — Auskerry Sd.
Auskerry
Kirkwall
Mull Head — Skaill
Point of Ayre
Lamb Holm — Copinsay
Rose Ness
Burray
Causeway
St. Margaret's Hope
South Ronaldsay
Burwick — Old Head
Pentland Skerries
Duncansby Head

Bluemull Sound, Yell Sound, Colgrave Sound

22 / 26

1/600 000 0 — 18km 0 — 5 — 10 miles
0 3 6 9 12 15 km

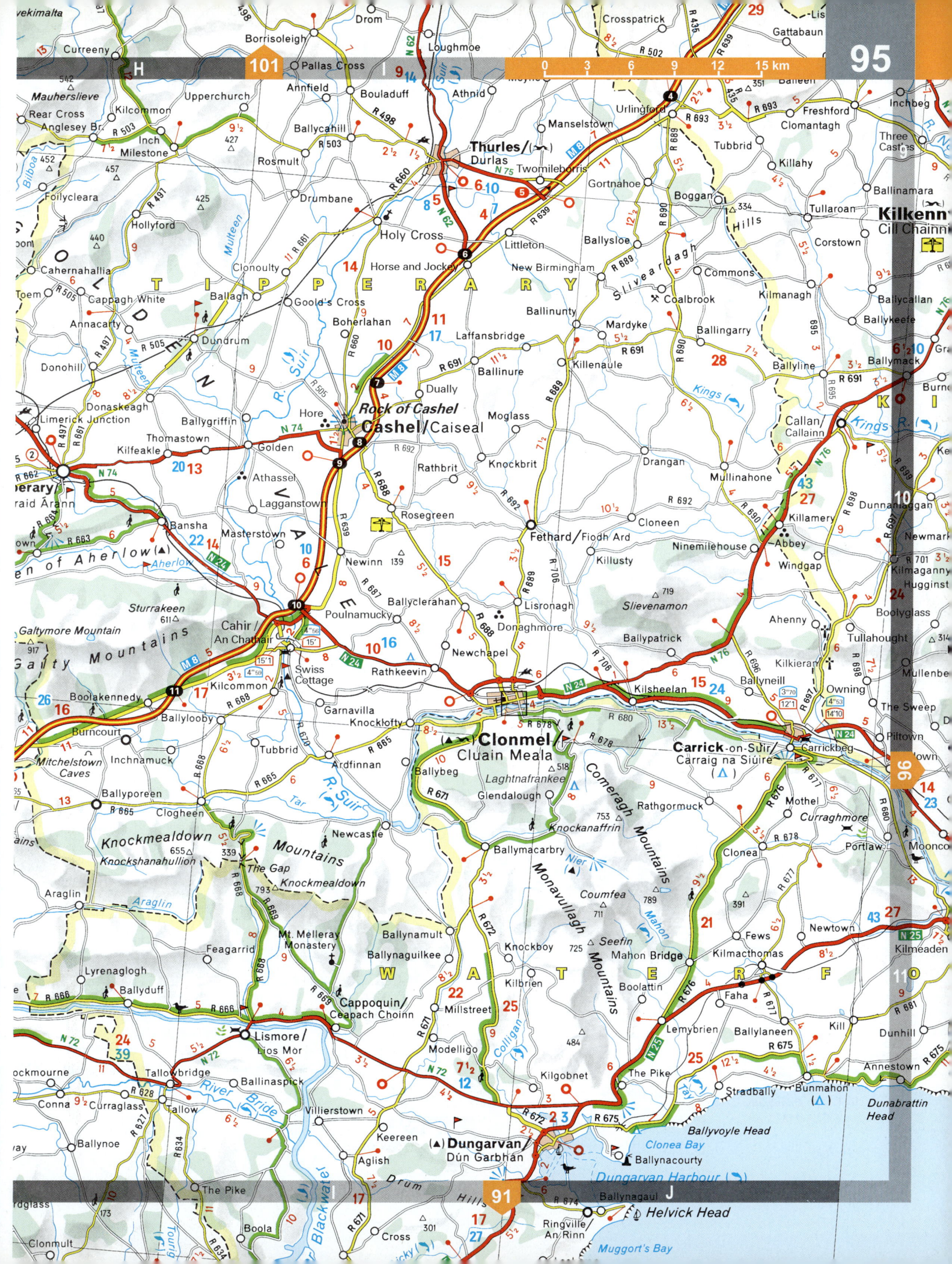

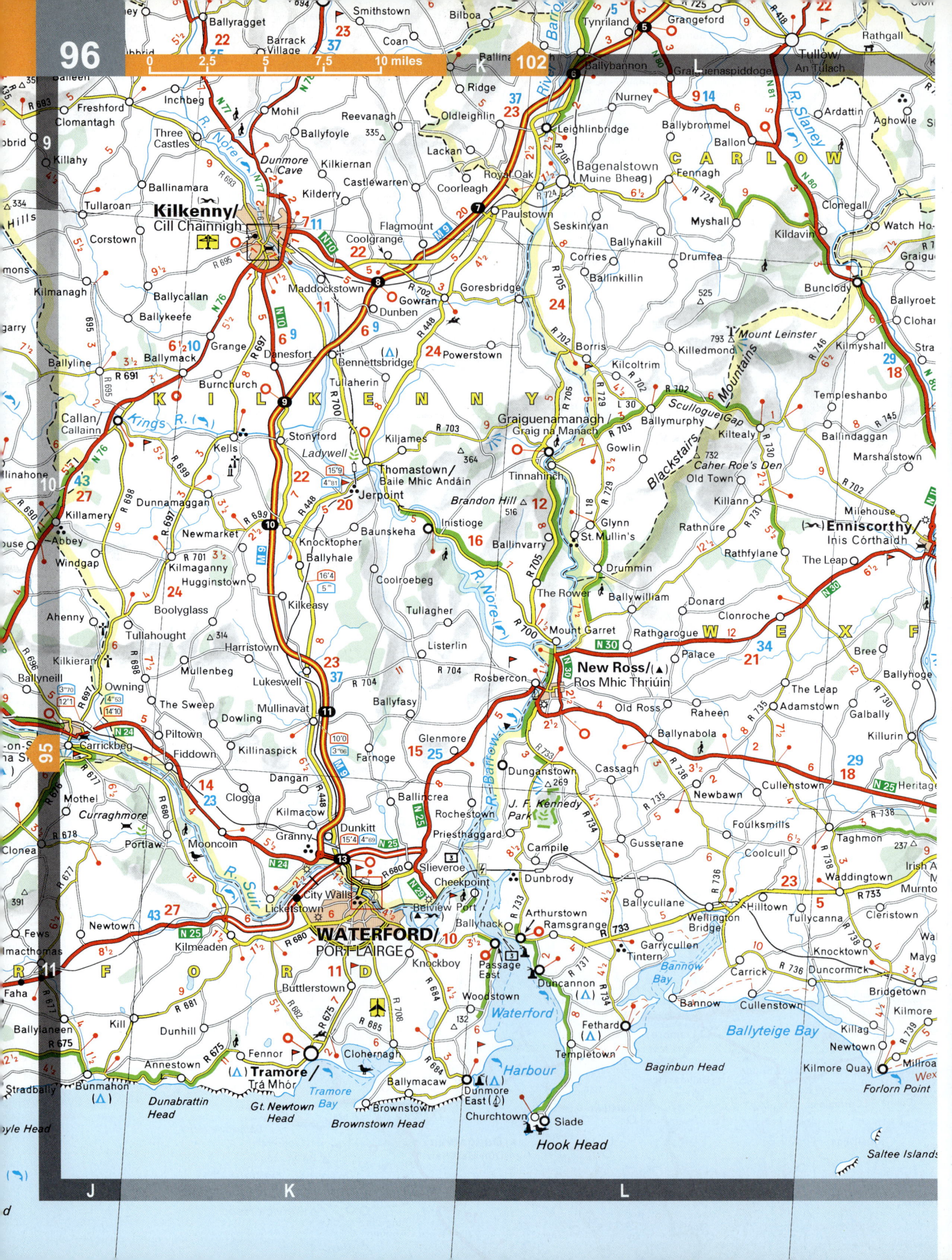

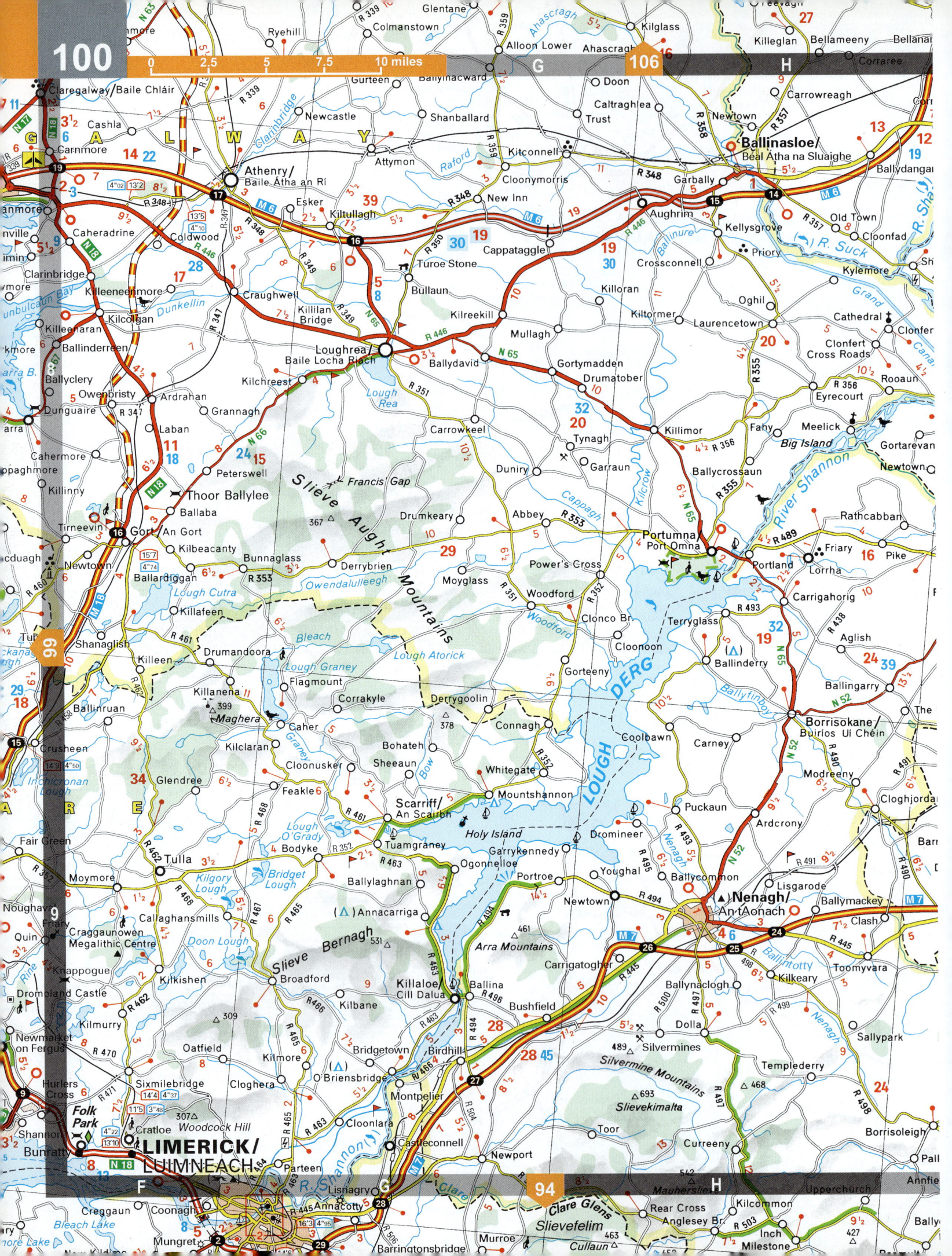

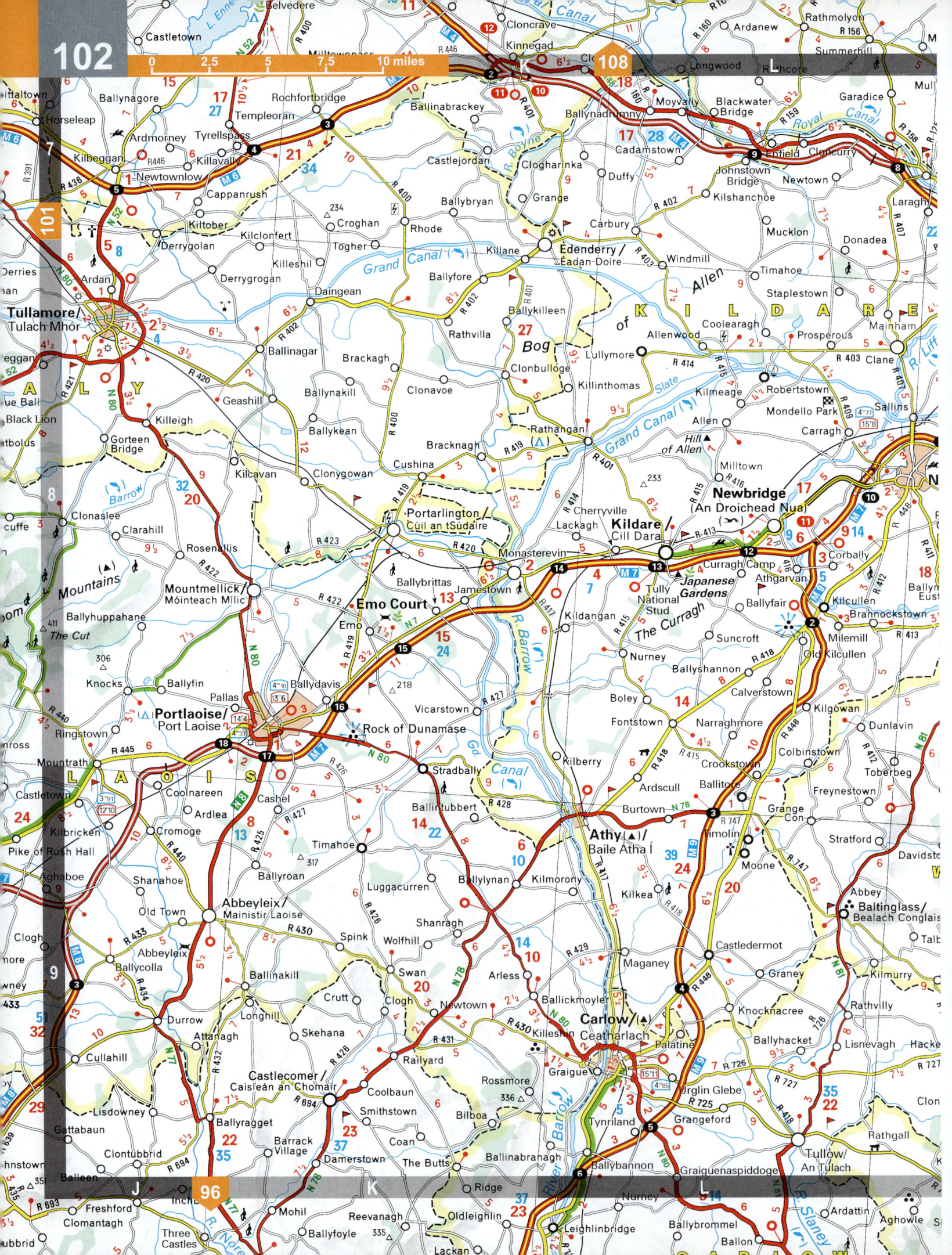

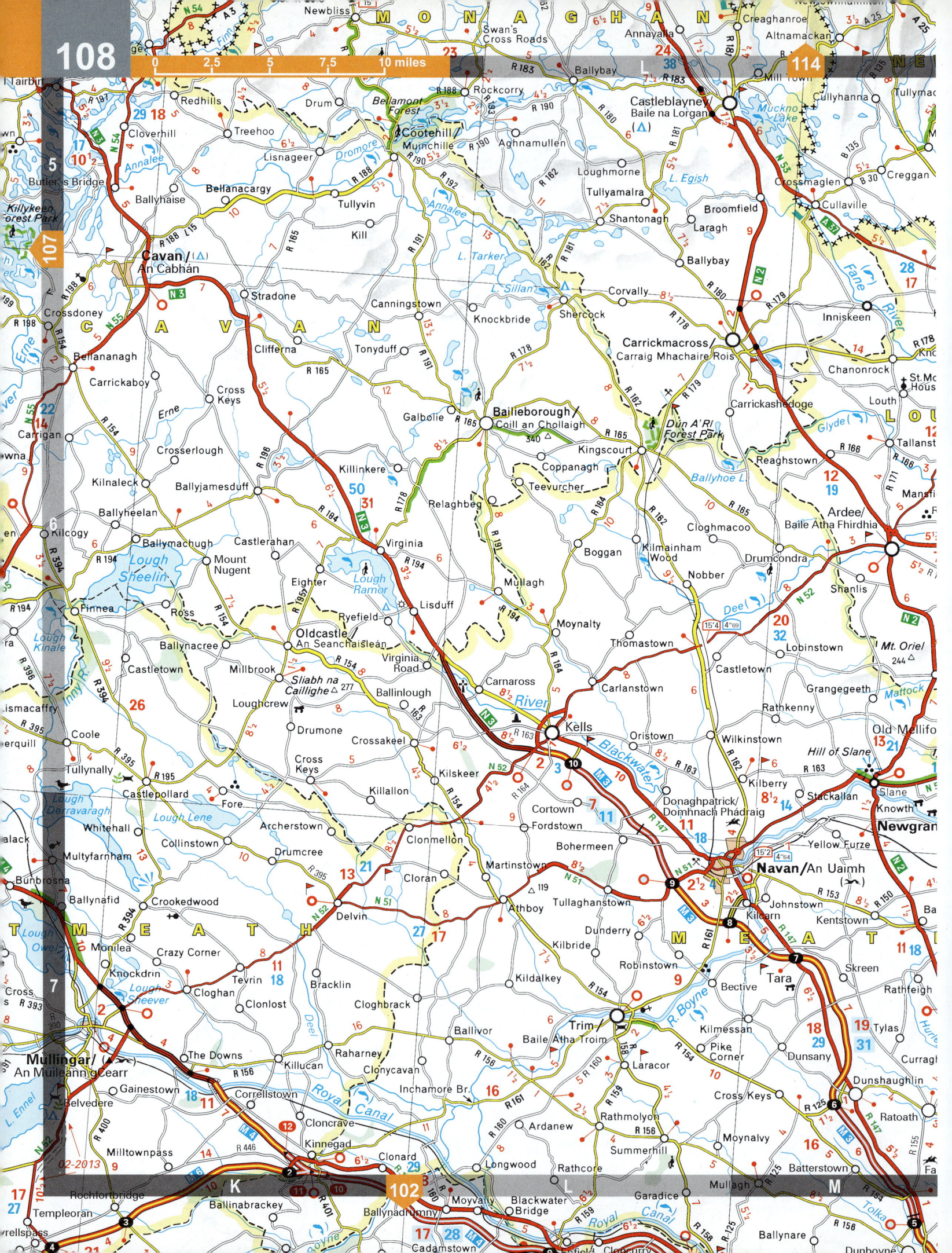

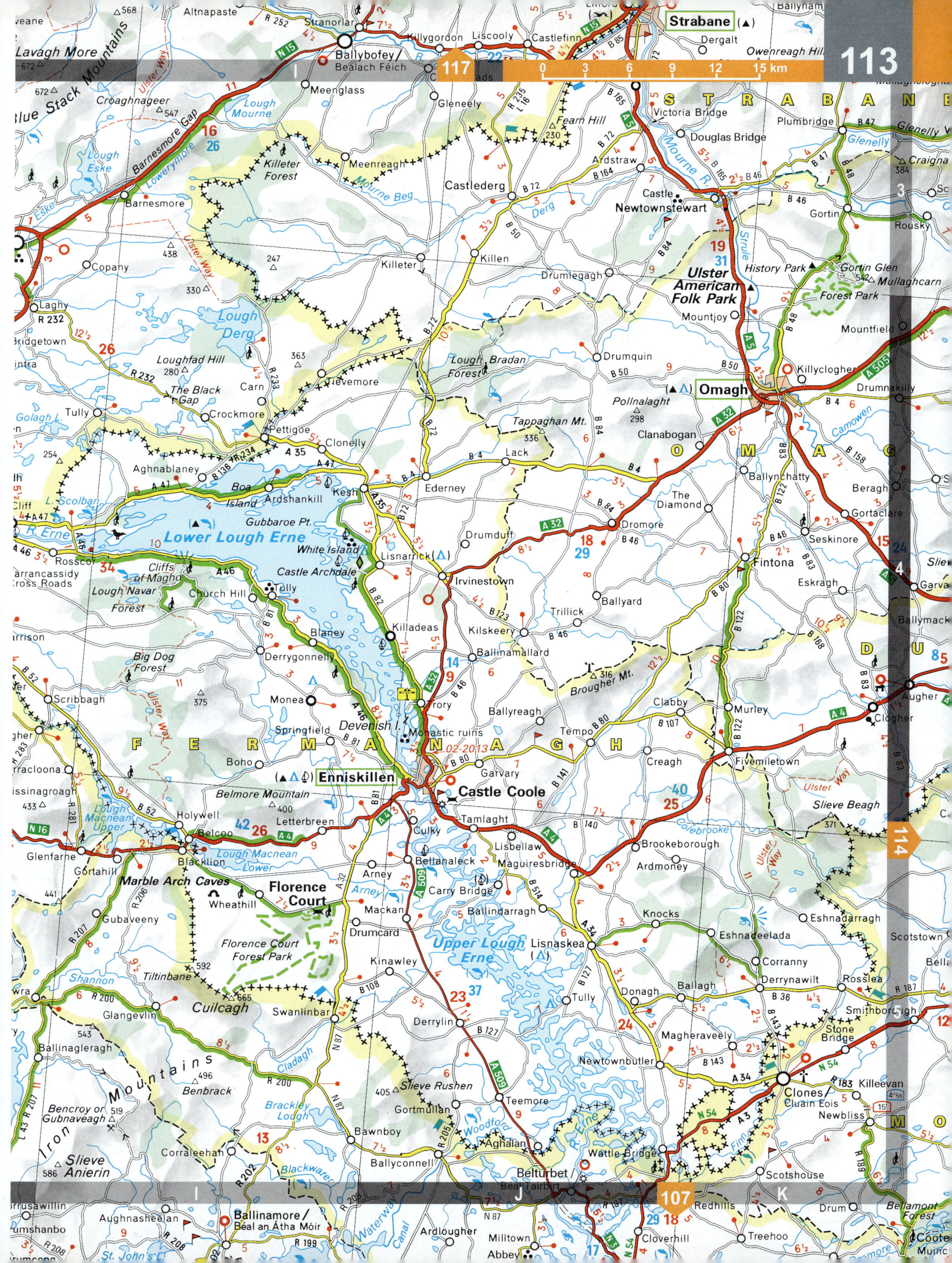

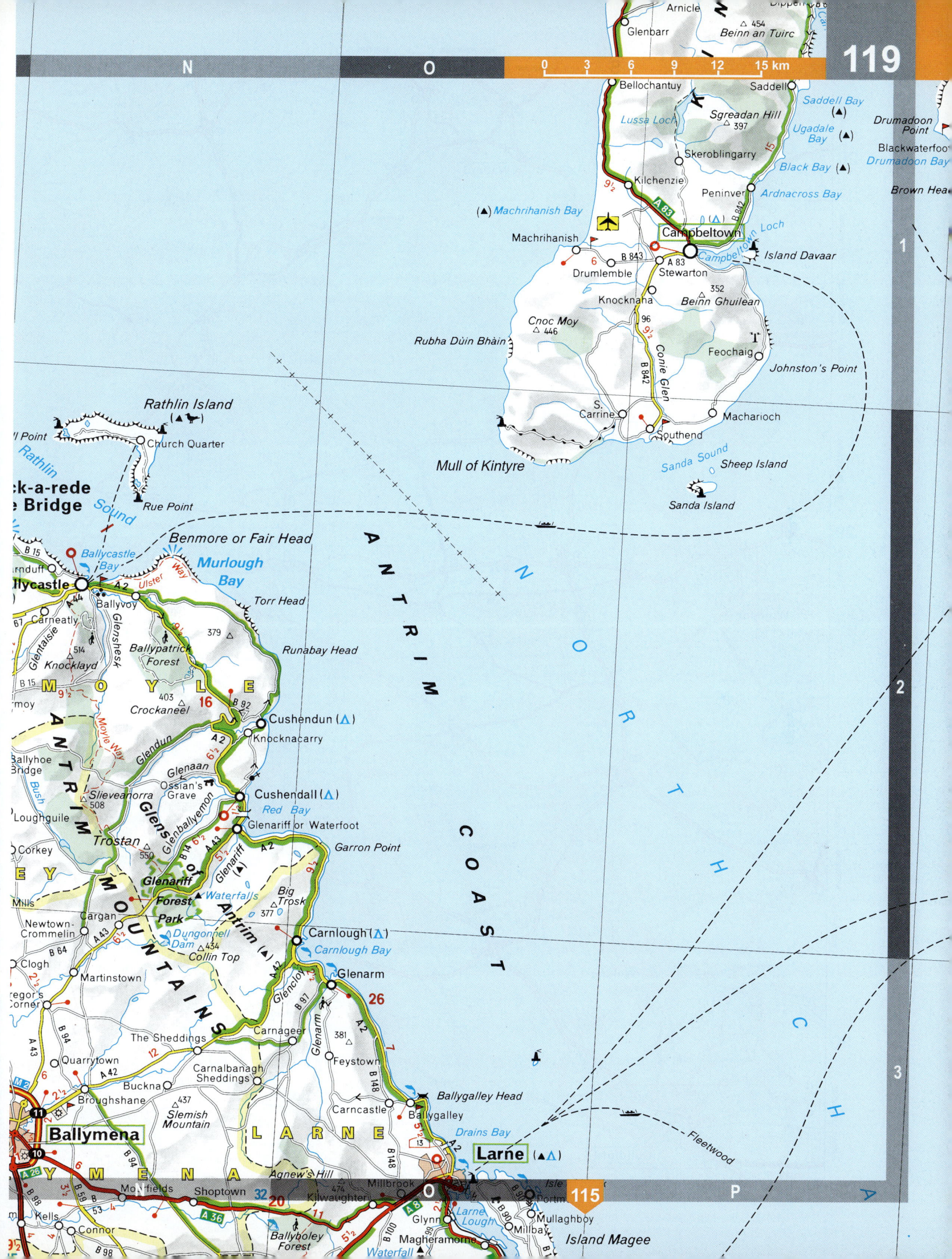

120 Greater London

121

Greater London

LAMBETH Borough
●—— Underground station

Greater London Boroughs

Barking and Dagenham	U 29
Barnet	T 29
Bexley	U 29
Brent	T 29
Bromley	U 29
Camden	T 29
City of London	T 29
Croydon	T 29
Ealing	T 29
Enfield	T 29
Greenwich	U 29
Hackney	T 29
Hammersmith and Fulham	T 29
Haringey	T 29
Harrow	S 29
Havering	U 29
Hillingdon	S 29
Hounslow	S 29
Islington	T 29
Kensington and Chelsea	T 29
Kingston-upon-Thames	T 29
Lambeth	T 29
Lewisham	T 29
Merton	T 29
Newham	U 29
Redbridge	U 29
Richmond-upon-Thames	T 29
Southwark	T 29
Sutton	T 29
Tower Hamlets	T 29
Waltham Forest	T 29
Wandsworth	T 29
Westminster	T 29

GREATER LONDON
1/215 000
0 1 2 3 4 5 6 km
0 1 2 3 4 miles

122 Great Britain

Place / Localité / Ort / Plaatsen / Località / Localidad → Achmelvich .... 84 E 9

Page number / Numéro de page / Seitenzahl / Paginanummer / Numero di pagina / Número de Página

Grid coordinates / Coordonnées de carroyage / Koordinatenangabe / Verwijstekens ruitsysteem / Coordinate riferite alla quadrettatura / Coordenadas en los mapas

A

Place	Page	Grid
A Chill	71	A 12
A La Ronde	4	J 32
Abbas Combe	9	M 30
Abberley	27	M 27
Abbey	23	X 30
Abbey Dore	26	L 28
Abbey Town	54	K 19
Abbeydale	43	P 23
Abbeystead	48	L 22
Abbots Bromley	35	O 25
Abbots Langley	21	S 28
Abbots Leigh	18	M 29
Abbots Ripton	29	T 26
Abbotsbury	5	M 32
Abbotsford House	62	L 17
Abbotskerswell	4	J 32
Aber Banc	15	G 27
Aberaeron	24	H 27
Aberaman	17	J 28
Aberangell	33	I 25
Abercarn	18	K 29
Abercastle	14	E 28
Aberchirder	81	M 11
Abercynon	17	J 29
Aberdâr / Aberdare	17	J 28
Aberdare / Aberdâr	17	J 28
Aberdaron	32	F 25
Aberdaugleddau / Milford Haven	14	E 28
Aberdeen	75	N 12
Aberdour	68	K 15
Aberdour Bay	81	N 10
Aberdovey / Aberdyfi	33	H 26
Aberdyfi / Aberdovey	33	H 26
Aberedw	25	J 27
Abereiddy	14	E 28
Aberfeldy	73	I 14
Aberffraw	32	G 24
Aberford	43	P 22
Aberfoyle	67	G 15
Abergavenny / Y-Fenni	18	K 28
Abergele	41	J 23
Abergolech	15	H 28
Abergwaun / Fishguard	24	F 28
Abergwesyn	25	I 27
Abergwili	15	H 28
Abergwynfi	17	J 29
Abergwyngregyn	41	H 23
Abergynolwyn	33	I 26
Aberhonddu / Brecon	25	J 28
Aberkenfig	17	J 29
Aberlady	69	L 15
Aberlemno	75	L 13
Aberlour	80	K 11
Abermaw / Barmouth	33	H 25
Abermule	34	K 26
Abernethy	68	K 15
Abernyte	68	K 14
Aberpennar / Mountain Ash	17	J 28
Aberporth	15	G 27
Abersoch	32	G 25
Abersychan	18	K 28
Abertawe / Swansea	17	I 29
Aberteifi / Cardigan	15	G 27
Abertillery	18	K 28
Aberuthven	67	J 15
Aberystwyth	25	H 26
Abingdon	20	Q 28
Abinger Common	21	S 30
Abinger Hammer	21	S 30
Abingto Cambs.	30	U 27
Abington South Lanarkshire	61	I 17
Aboyne	75	L 12
Abriachan	79	G 11
Abridge	21	U 29
Accrington	42	M 22
Achahoish	65	D 16
Achallader	66	F 14
Achanalt	78	F 11
Achaphubuil	72	E 13
Acharacle	71	C 13
Achargary	85	H 8
Acharn	67	H 14
Achduart	83	E 10
Achgarve	78	D 10
Achiemore	84	F 8
Achiltibuie	83	D 9
Achintee	78	D 11
Achintraid	78	D 11
Achlean	73	I 12
Achleck	64	B 14
Achmelvich	84	E 9
Achmore	78	D 11
Achnahanat	84	G 10
Achnamara	65	D 15
Achnanellan	72	E 13
Achnasheen	78	E 11
Achnashellach Forest	78	E 11
Achosnich	71	B 13
Achranich	71	C 14
Achray (Loch)	67	G 15
Achreamie	85	I 8
Achriesgill	84	F 8
Achtalean	77	B 11
Achvaich	79	H 10
Acklington	63	P 18
Ackworth	44	P 23
Acle	39	Y 26
Acomb	55	N 19
Acrise Place	13	X 30
Acton Burnell	34	L 26
Acton Scott	26	L 26
Acton Turville	19	N 29
Adbaston	35	M 25
Adderbury	28	Q 27
Adderley	34	M 25
Adderstone	63	O 17
Addingham	49	O 22
Addlestone	21	S 29
Adfa	33	J 26
Adlington	42	M 23
Alligin Shuas	78	D 11
Adlington Hall	43	N 24
Advie	80	J 11
Adwick-le-Street	44	Q 23
Ae (Forest of)	53	J 18
Ae Village	53	J 18
Afan Argoed	17	J 29
Affric (Glen)	78	F 12
Affric Lodge	78	E 12
Afon Dyfrdwy / Dee (River)	34	K 24
Afon Dyfrdwy (River) / Dee Wales	41	K 23
Afon-wen	41	K 23
Agneash	46	G 21
Aikton	54	K 19
Ailort (Loch)	72	C 13
Ailsa Craig	59	E 18
Ainderby Quernhow	50	P 21
Ainort (Loch)	77	B 12
Ainsdale	42	K 23
Air Uig	82	Y 9
Aird	65	D 15
Aird (The)	79	G 11
Aird of Sleat	71	C 12
Airdrie	61	I 16
Airigh na h-Airde (Loch)	82	Z 9
Airor	72	C 12
Airth	67	I 15
Airton	49	N 21
Aith Orkney Is.	87	M 6
Aith Shetland Is.	87	P 3
Aitnoch	80	I 11
Akeld	63	N 17
Albourne	11	T 31
Albrighton	35	N 26
Albyn or Mor (Glen)	73	F 12
Alcaig	79	G 11
Alcester	27	O 27
Alconbury	29	T 26
Aldborough	39	X 25
Aldbourne	19	P 29
Aldbrough	45	T 22
Aldbrough St. John	49	O 20
Aldbury	21	S 28
Alde (River)	31	Y 27
Aldeburgh	31	Y 27
Aldenham	21	S 28
Alderbury	9	O 30
Alderholt	9	O 31
Alderley Edge	43	N 24
Alderney Channel I.	5	
Aldershot	20	R 30
Alderton	27	N 28
Aldford	34	L 24
Aldingbourne	11	R 31
Aldingham	47	K 21
Aldridge	35	O 26
Aldringham	31	Y 27
Aldsworth	19	O 28
Aldunie	80	K 12
Aldwick	11	R 31
Alexandria	66	G 16
Alfold Crossways	11	S 30
Alford Aberdeenshire	75	L 12
Alford Lincs.	45	U 24
Alfreton	36	P 24
Alfrick	27	M 27
Alfriston	12	U 31
Aline (Loch)	65	C 14
Alkborough	44	S 22
Alkham	13	X 30
All Stretton	34	L 26
Allanaquoich	74	J 12
Allanton North Lanarkshire	61	I 16
Allanton Scottish Borders	63	N 16
Allendale Town	55	N 19
Allenheads	55	N 19
Allensmore	26	L 27
Allerford	17	J 30
Allerston	51	S 21
Allestree	36	P 25
Allhallows	22	V 29
Allington Kennet	19	O 29
Allington Salisbury	9	O 30
Allnabad	84	G 8
Alloa	67	I 15
Allonby	54	J 19
Alloway	60	G 17
Allt na h-Airbhe	78	E 10
Alltan Fhèarna (Loch an)	85	H 9
Alltnacaillich	84	G 8
Almond (Glen)	67	I 14
Almondbank	68	J 14
Almondsbury	18	M 29
Alness	79	H 10
Alnmouth	63	P 17
Alnwick	63	O 17
Alpheton	30	W 27
Alphington	4	J 31
Alpraham	34	M 24
Alresford	30	X 28
Alrewas	35	O 25
Alsager	35	N 24
Alsh (Loch)	78	D 12
Alston	55	M 19
Alstonefield	35	O 24
Alswear	7	I 31
Altandduin	85	H 9
Altandhu	83	D 9
Altarnun	3	G 32
Altass	84	G 10
Alternative Technology Centre	33	I 26
Altham	42	M 22
Althorne	22	W 29
Althorpe	44	R 23
Altnabreac Station	85	I 8
Altnacealgach	84	F 9
Altnaharra	84	G 9
Altrincham	42	M 23
Alum Bay	10	P 31
Alva	67	I 15
Alvaston	36	P 25
Alvechurch	27	O 26
Alvediston	9	N 30
Alves	80	J 11
Alvescot	19	P 28
Alvie	73	I 12
Alvingham	45	U 23
Alwinton	63	N 17
Alyth	74	K 14
Amberley	11	S 31
Amble	63	P 18
Amblecote	27	N 26
Ambleside	48	L 20
Ambrosden	28	Q 28
Amersham	21	S 29
Amesbury	9	O 30
Amhuinnsuidhe	82	Y 10
Amisfield	53	J 18
Amlwch	40	G 22
Ammanford / Rhydaman	15	I 28
Amotherby	50	R 21
Ampleforth	50	Q 21
Amport	20	P 30
Ampthill	29	S 27
Amroth	15	G 28
Amulree	67	I 14
An Riabhachan	78	E 11
An Socach	74	J 13
An Teallach	78	E 10
Anchor	26	K 26
Ancroft	63	O 16
Ancrum	62	M 17
Andover	20	P 30
Andoversford	27	O 28
Andreas	46	G 21
Angle	14	E 28
Anglesey (Isle of)	40	
Anglesey Abbey	30	U 27
Angmering	11	S 31
Annan	54	K 19
Annan (River)	61	J 18
Annat	78	D 11
Annat Bay	83	E 10
Annbank	60	G 17
Annbank Station	60	G 17
Anne Hathaway's Cottage	27	O 27
Annesley-Woodhouse	36	Q 24
Annfield Plain	56	O 19
Ansley	28	P 26
Anstey	36	Q 25
Anston	44	Q 23
Anstruther	69	L 15
Anthorn	54	K 19
Antony House	3	H 32
Appin	72	E 14
Appleby Eden	55	M 20
Appleby North Lincolnshire	44	S 23
Appleby Magna	36	P 25
Applecross	77	C 11
Appledore Devon	6	H 30
Appledore Kent	12	W 30
Appleford	20	Q 29
Appleton	20	P 28
Appleton Roebuck	44	Q 22
Appleton Wiske	50	P 20
Appletreewick	49	O 21
Aran Fawddwy	33	I 25
Arberth / Narberth	15	F 28
Arbigland	53	J 19
Arbirlot	69	M 14
Arbor Low	35	O 24
Arborfield	20	R 29
Arbroath	69	M 14
Arbury Hall	28	P 26
Arbuthnott	75	N 13
Archiestown	80	K 11
Ard (Loch)	67	G 15
Ardanaiseig	66	E 14
Ardarroch	78	D 11
Ardcharnich	78	E 10
Ardchiavaig	64	B 15
Ardchuilk	78	F 11
Ardchyle	67	G 14
Ardechive	72	E 13
Arden	66	G 15
Ardentallan	65	D 14
Ardeonaig	67	H 14
Ardersier	79	H 11
Ardery	72	C 13
Ardfern	65	D 15
Ardgartan	66	F 15
Ardgay	79	G 10
Ardgour	72	D 13
Ardhasaig	82	Z 10
Ardingly	11	T 30
Ardington	20	P 29
Ardivachar	76	X 11

ABERDEEN

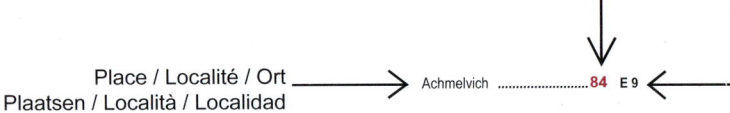

Bon Accord Centre .... Y
Broad St .... Y 6
Castle St .... Z 9
College St .... Z
Craigie Loanings .... YZ 12
Denburn Rd .... YZ 14
East North St .... Y 16
George St .... Y
Great Southern Rd .... Z
Guild St .... Z 19
Justice St .... Y 21
Art Gallery .... Y M
Marischal College .... Y U
Millburn St .... Z 23
Rosemount Terrace .... Y 25
Rosemount Viaduct .... Y
St Andrew St .... Y 27
St Nicholas Centre .... Y 29
St Nicholas St .... YZ 30
School Hill .... YZ 32
South Esplanade West ...... Z 33
South Mount St .... Y 34
Springbank Terrace .... Z 35
Maritime Museum .... Z M1
Mercat Cross .... Y B
Spring Garden .... Y 36
Trinity Centre .... Z 37
Trinity Quay .... Z
Union St .... Z
Union Terrace .... Z 39
Upperkirkgate .... Y 42
Victoria St .... Z 42
Waverley Pl .... Z 43
Wellington Pl .... Z 45
Woolmanhill .... Y 48
Provost Skene's House ..... Y E

Great Britain 123

Ardleigh 30 W 28
Ardley 28 Q 28
Ardlui 66 F 15
Ardlussa 65 C 15
Ardmair 84 E 10
Ardminish 58 C 16
Ardmore Point
Isle of Skye 77 A 11
Ardnacross 71 C 14
Ardnamurchan 71 B 13
Ardnastang 72 D 13
Ardnave 64 A 16
Ardnave Point 64 B 16
Ardpatrick 59 D 16
Ardrishaig 65 D 15
Ardrossan 59 F 17
Ardshealach 71 C 13
Ardslignish 71 C 13
Ardtalla 58 B 16
Ardtalnaig 67 H 14
Ardtoe 71 C 13
Ardvasar 71 C 12
Ardverikie Forest 73 G 13
Ardvorlich 67 H 14
Ardwell 52 F 19
Argyll 65 D 15
Argyll Forest Park 66 F 15
Arichastlich 66 F 14
Arienas (Loch) 71 C 14
Arileod 71 A 14
Arinacrinachd 77 C 11
Arinagour 71 A 14
Arisaig 71 C 13
Arivruaich 82 Z 9
Arkaig (Loch) 72 E 13
Arkendale 50 P 21
Arkengarthdale 49 O 20
Arkholme 48 M 21
Arklet (Loch) 66 G 15
Arley 27 P 26
Arlingham 19 M 28
Arlington Court 7 I 30
Armadale *Highland* 85 H 8
Armadale
West Lothian 61 I 16
Armadale Bay 71 C 12
Armitage 35 O 25
Armthorpe 44 Q 23
Arnabost 71 A 14
Arncliffe 49 N 21
Arncott 20 Q 28
Arncroach 69 L 15
Arne 9 N 31
Arnesby 28 Q 26
Arnicle 59 D 17
Arnisdale 72 D 12
Arnish 77 B 11
Arnol 82 A 8
Arnold 36 Q 25
Arnprior 67 H 15
Arnside 48 L 21
Aros 65 B 14
Arram 45 S 22
Arran (Isle of) 59 E 17
Arreton 10 Q 31
Arrochar 66 F 15
Arscaig 84 G 9
Arundel 11 S 31
Ascog 59 E 16
Ascot 21 R 29
Ascott House 29 R 28
Ascott-under-Wychwood 28 P 28
Ascrib Islands 77 A 11
Asfordby 36 R 25
Ash *Kent* 23 X 30
Ash *Surrey* 20 R 30
Ash Mill 7 I 31
Ashbourne 35 O 24
Ashburton 4 I 32
Ashbury 19 P 29
Ashby de la Zouch 36 P 25
Ashby Magna 28 Q 26
Ashcott 8 L 30
Ashdon 30 U 27
Ashford *Kent* 12 W 30
Ashford *Surrey* 21 S 29
Ashford-in-the-Water
Derbs. 43 O 24
Ashie (Loch) 79 H 11
Ashill *Breckland* 38 W 26
Ashill *South Somerset* 8 L 31
Ashingdon 22 W 29
Ashington *Northumb* 56 P 18
Ashington
West Sussex 11 S 31
Ashkirk 62 L 17
Ashleworth 27 N 28
Ashley
East Cambridgeshire 30 V 27
Ashley
Newcastle-under-Lyme 35 M 25
Ashley *Torridge* 7 I 31
Ashley Green 21 S 28
Ashmore 9 N 31
Ashover 36 P 24
Ashperton 26 M 27
Ashreigney 7 I 31
Ashtead 21 T 30
Ashton 34 L 24
Ashton-in-Makerfield 42 M 23
Ashton Keynes 19 O 29
Ashton-under-Lyne 43 N 23
Ashton-upon-Mersey 42 M 23
Ashurst 10 P 31
Ashwell
North Hertfordshire 29 T 27
Ashwell *Rutland* 36 R 25
Ashwellthorpe 39 X 26
Askam in Furness 47 K 21
Askern 44 Q 23
Askernish 76 X 12
Askerswell 5 L 31
Askham 55 L 20
Askrigg 49 N 21
Askwith 49 O 22
Aslacton 31 X 26
Aslockton 36 R 25
Aspatria 54 K 19
Aspley Guise 29 S 27
Assynt (Loch) 84 E 9
Astley 34 L 25
Aston *Vale Royal* 44 Q 23
Aston
West Oxfordshire 20 P 28
Aston Clinton 20 R 28
Aston Magna 27 O 27
Aston Rowant 20 R 28
Aston Tirrold 20 Q 29
Astwood Bank 27 O 27
Atcham 34 L 25
Athelhampton Hall 9 N 31
Athelney 8 L 30
Athelstaneford 69 L 16
Atherington 7 H 31
Athersley 43 P 23
Atherstone 36 P 26
Atherton 42 M 23
Atholl (Forest of) 73 H 13
Attadale 78 D 11
Attleborough *Breckland* 38 X 26
Attleborough
Nuneaton and Bedworth 28 P 26
Attlebridge 39 X 25
Atwick 51 T 22
Atworth 19 N 29
Aucharnie 81 M 11
Auchavan 74 K 13
Auchenblae 75 M 13
Auchenbowie 67 I 15
Auchenbrack 61 I 18
Auchenbreck 65 E 16
Auchencairn 53 I 19
Auchencrosh 52 F 18
Auchencrow 63 N 16
Auchengray 61 J 16
Auchenmalg 52 F 19
Auchentiber 60 G 16
Auchindrean 78 E 10
Auchinleck 60 H 17
Auchleven 81 M 12
Auchlyne 67 G 14
Auchnafree 67 I 14
Auchnagallin 80 J 11
Auchnagatt 81 N 11
Aucholzie 74 K 12
Auchronie 74 L 13
Auchterarder 67 I 15
Auchteraw 73 F 12
Auchterderran 68 K 15
Auchterhouse 68 K 14
Auchtermuchty 68 K 15
Auchtertyre 78 D 12
Auckengill 86 K 8
Auckley 44 Q 23
Audenshaw 43 N 23
Audlem 34 M 25
Audley 35 N 24
Audley End 30 U 27
Aughton *near Lancaster* 48 L 21
Aughton *near Ormskirk* 42 L 23
Auldearn 79 I 11
Auldgirth 53 I 18
Auldhouse 60 H 16
Ault a' Chruinn 72 D 12
Aultbea 78 D 10
Aust 18 M 29
Austrey 35 P 26
Austwick 49 M 21
Avebury 19 O 29
Aveley 22 U 29
Avening 19 N 28
Aveton Gifford 4 I 33
Aviemore 73 I 12
Avoch 79 H 11
Avon (Glen) 74 J 12
Avon (River) *R. Severn* 28 Q 26
Avon (River) *Wilts.* 9 O 31
Avonbridge 67 I 16
Avonmouth 18 L 29
Avonwick 4 I 32
Awe (Loch) 65 E 15
Awliscombe 8 K 31
Awre 19 M 28
Axbridge 18 L 30
Axminster 8 L 31
Axmouth 5 K 31
Aylburton 18 M 28
Aylesbury 20 R 28
Aylesford 22 V 30
Aylesham 23 X 30
Aylsham 39 X 25
Aylton 26 M 27
Aymestrey 26 L 27
Aynho 28 Q 28
Ayr 60 G 17
Aysgarth 49 O 21
Ayside 48 L 21
Ayton *Scarborough* 51 S 21
Ayton *Scottish Borders* 63 N 16

B

Bà (Loch) 65 C 14
Babbacombe Bay 4 J 32
Babcary 8 M 30
Babell 41 K 23
Babworth 44 R 24
Back 83 B 9
Backaland 87 L 6
Backmuir of New Gilston 69 L 15
Backwater Reservoir 74 K 13
Backwell West Town 18 L 29
Baconsthorpe 39 X 25
Bacton *Mid Suffolk* 30 X 27
Bacton *North Norfolk* 39 Y 25
Bacup 43 N 22
Bad a' Ghaill (Loch) 84 E 9
Bad an Sgalaig (Loch) 78 D 10
Badachro 77 C 10
Badanloch (Loch) 85 H 9
Badanloch Lodge 85 H 9
Badcaul 78 D 10
Baddesley Ensor 35 P 26
Baddidarach 84 E 9
Badenoch 73 H 13
Badenscallie 83 E 9
Badenyon 74 K 12
Badlipster 86 K 8
Badluarach 78 D 10
Badminton 19 N 29
Badrallach 78 E 10
Bae Colwyn /
Colwyn Bay 41 I 23
Bagh nam Faoileann 76 Y 11
Bagillt 41 K 23
Bagley 34 L 25
Bagshot 21 R 29
Bagworth 36 P 25
Bagwyllydiart 26 L 28
Baile Mór 64 A 15
Bailiehill 54 K 18
Bainbridge 49 N 21
Bainton 51 S 22
Bakewell 35 O 24
Bala 33 J 25
Balallan 82 A 9
Balbeggie 68 J 14
Balblair 79 H 10
Balcary Point 53 I 19
Balchrick 84 E 8
Balcombe 11 T 30
Balderton 36 R 24
Baldock 29 T 28
Baldrine 46 G 21
Baldwin 46 G 21
Balemartine 64 Z 14
Balephetrish Bay 70 Z 14
Balephuil 64 Z 14
Balephuil Bay 64 Z 14
Balerno 61 J 16
Baleshare 76 X 11
Balevulin 65 B 14
Balfour 87 L 6
Balfron 67 H 15
Balgray 69 L 14
Balintore *Angus* 74 K 13
Balintore *Highland* 79 I 10
Balivanich 76 X 11
Balk 50 Q 21
Ballabeg 46 F 21
Ballachulish 72 E 13
Ballajora 46 G 21
Ballamodha 46 G 21
Ballantrae 52 E 18
Ballasalla 46 G 21
Ballater 74 K 12
Ballaugh 46 G 21
Ballevullin 70 Z 14
Balliemore
near Dunoon 65 E 15
Balliemore
near Oban 65 D 14
Ballig 46 G 21
Ballingry 68 K 15
Ballinluig 74 J 14
Ballochan 75 L 12
Ballochroy 59 D 16
Ballyhaugh 71 A 14
Balmaclellan 53 H 18
Balmaha 67 G 15
Balmedie 75 N 12
Balminnoch 52 F 19
Balmoral Castle 74 K 12
Balmullo 69 L 14
Balnacra 78 D 11
Balnafoich 79 H 11
Balnaguard 74 I 14
Balnahard 64 B 14
Balnakeil Bay 84 F 8
Balnaknock 77 B 11
Balnapaling 79 H 10
Baltonsborough 8 M 30
Balvicar 65 D 15
Balvraid 72 D 12
Bamburgh Castle 63 O 17
Bamford 43 O 23
Bampton *Cumbria* 48 L 20
Bampton *Devon* 7 J 31
Bampton *Oxon.* 20 P 28
Banavie 72 E 13
Banbury 28 P 27
Banchory 75 M 12
Bancyfelin 15 G 28
Bandenscoth 81 M 11
Banff 81 M 10
Bangor 40 H 23
Bankend 53 J 18
Bankfoot 68 J 14
Bankhead 75 N 12
Banks 42 L 22
Bankshill 54 K 18
Banniskirk 85 J 8
Bannockburn 67 I 15
Banstead 21 T 30
Banwell 18 L 30
Bapchild 22 W 30
Bar Hill 29 U 27
Barbaraville 79 H 10
Barbon 48 M 21
Barcaldine 65 E 14
Barcombe Cross 11 U 31
Bardney 45 T 24
Bardsea 48 K 21
Bardsey 43 P 22
Bardsey Island 32 F 25
Barford 39 X 26
Barford-St. Martin 9 O 30
Barfreston 23 X 30
Bargoed 18 K 29
Bargrennan 52 G 18
Barham 23 X 30
Barking 30 X 27
Barking and Dagenham
London Borough 21 U 29
Barkston 37 S 25
Barkway 29 U 28
Barlaston 35 N 25
Barlborough 44 Q 24
Barlestone 36 P 26
Barley
North Hertfordshire 29 U 27
Barley *Pendle* 42 N 22
Barlow 43 P 24
Barmby on the Marsh 44 R 22
Barming 22 V 30
Barmouth / Abermaw 33 H 25
Barmouth Bay 33 H 25
Barmston 51 T 21
Barnack 37 S 26
Barnard Castle 49 O 20
Barnby Dun 44 Q 23
Barnby Moor
East Riding of Yorks. 50 R 22
Barnby Moor *Notts.* 44 Q 23
Barnet
London Borough 21 T 29
Barnetby-le-Wold 45 S 23
Barney 38 W 25
Barnham 30 W 26
Barnham Broom 38 X 26
Barnhill 80 J 11
Barnhills 52 E 18
Barningham 49 O 20
Barnoldswick 49 N 22
Barnsley 43 P 23
Barnstaple 7 H 30
Barnton 42 M 24
Barnwell 29 S 26
Barr 52 F 18
Barra 70 X 13
Barra (Sound of) 70 X 12
Barra Head 70 X 13
Barregarrow 46 G 21
Barrhead 60 G 16
Barrhill 52 F 18
Barri / Barry 18 K 29
Barrington 8 L 31
Barrisdale 72 D 12
Barrisdale Bay 72 D 12
Barrmill 60 G 16
Barrock 86 K 8
Barrow 30 V 27
Barrow Burn 63 N 17
Barrow Gurney 18 L 29
Barrow-in-Furness 47 K 21
Barrow-upon-Humber 45 S 22
Barrow-upon-Soar 36 Q 25

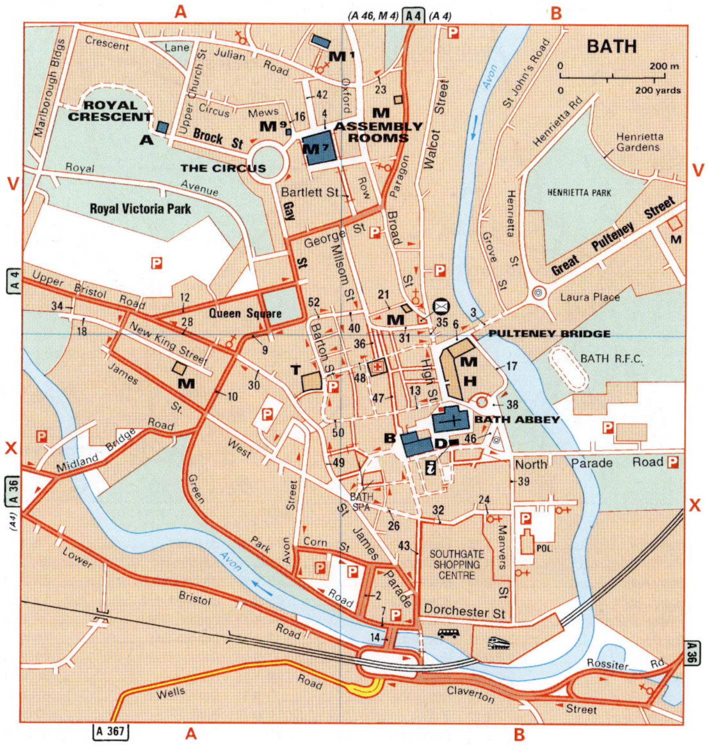

BATH
A
B
V
X
(A 46, M 4) A 4 (A 4)
A 4
A 36
A 367
ROYAL CRESCENT
THE CIRCUS
ASSEMBLY ROOMS
Royal Victoria Park
Queen Square
PULTENEY BRIDGE
BATH ABBEY
BATH R.F.C.
HENRIETTA PARK
Henrietta Gardens
SOUTHGATE SHOPPING CENTRE
Dorchester St
Great Pulteney Street
North Parade Road
Brock St
Upper Bristol Road
New King Street
Claverton Street
Rossiter Rd
Wells Road
Lower Bristol Road
Walcot Street
Milsom St
Gay St
200 m
200 yards

Ambury	BX	2	Great Stanhope St	AV	18	Orange Grove	BX	38
Argyle St	BV	3	Green St	BV	21	Pierrepont St	BX	39
Bennett St	AV	4	Guinea Lane	BV	23	Quiet St	BV	40
Bridge St	BVX	6	Henry St	BX	24	Russel St.	AV	42
Broad Quay	BX	7	Lower Borough Walls	BX	26	Southgate Shopping Centre	BX	
Chapel Row	AVX	9	Milsom St.	ABV		Southgate St	BX	43
Charles St	AX	10	Monmouth Pl.	AVX	28	Terrace Walk	BX	46
Charlotte St	AV	12	Monmouth St	AX	30	Union St	BX	47
Cheap St	BX	13	New Bond St	BV	31	Upper Borough Walls	BX	48
Churchill Bridge	BX	14	New Orchard St	BX	32	Westgate Buildings	AX	49
Circus Pl.	AV	16	Nile St	AV	34	Westgate St	ABX	50
Gay St	AV		Northgate St	BVX	35	Wood St	AV	52
Grand Parade	BX	17	Old Bond St	BX	36	York St	BX	53

Industrial Heritage Centre	AV	M1	Museum of East Asian Art	AV	M9	Pump Room	BX	B
Museum of Costume	AV	M7	No 1 Royal Crescent	AV	A	Roman Baths	BX	D

A B C D E F G H I J K L M N O P Q R S T U V W X Y Z

Great Britain

Name	Ref	Name	Ref	Name	Ref	Name	Ref	Name	Ref	Name	Ref
Barrowby	36 R 25	Basing	20 Q 30	Bayhead	76 X 11	Beaumont	54 K 19	Beeswing	53 I 18	Belmont	87 R 1
Barrowford	43 N 22	Basingstoke	20 Q 30	Bayston Hill	34 L 25	Beaupré Castle	17 J 29	Begdbroke	20 Q 28	Belnacraig	74 K 12
Barry Angus	69 L 14	Baslow	43 P 24	Beachampton	28 R 27	Bebington	42 L 23	Beguildy	26 K 26	Belnahua	65 C 15
Barry / Barri		Bass Rock	69 M 15	Beachy Head	12 U 31	Beccles	31 Y 26	Beighton	44 P 23	Belper	36 P 24
Vale of Glamorgan	18 K 29	Bassenthwaite	54 K 19	Beacon (The)	2 E 33	Beckfoot	54 J 19	Beinn a' Ghlò	74 I 13	Belsay	56 O 18
Barsham	31 Y 26	Bassingham	37 S 24	Beacon End	30 W 28	Beckingham	44 R 23	Beinn a' Mheadhoin (Loch)	78 F 12	Belstead	31 X 27
Barston	27 O 26	Baston	37 S 25	Beaconsfield	21 S 29	Beckington	19 N 30	Beinn Dearg		Belstone	4 I 31
Bartestree	26 M 27	Bastwick	39 Y 25	Beadlam	50 R 21	Beckley	12 V 31	Highland	78 F 10	Belton Lincs.	37 S 25
Barton Eden	49 P 20	Batcombe	8 M 31	Beadnell Bay	63 P 17	Beckton	21 U 29	Beinn Dearg		Belton Norfolk	39 Y 26
Barton Lancs.	42 L 22	Bath	19 M 29	Beaford	7 H 31	Bedale	50 P 21	Perthshire and Kinross	73 I 13	Belton North Lincs.	44 R 23
Barton-le-Clay	29 S 28	Bathampton	19 N 29	Beal	63 O 16	Beddau	17 J 29	Beinn Heasgarnich	67 G 14	Belton Rutland	36 R 26
Barton le Willows	50 R 21	Batheaston	19 N 29	Beaminster	8 L 31	Beddgelert	33 H 24	Beinn Ime	66 F 15	Belvoir	36 R 25
Barton Mills	30 V 26	Bathgate	61 J 16	Beamish Hall	56 P 19	Beddingham	11 U 31	Beith	60 G 16	Bembridge	10 Q 31
Barton-on-Sea	9 P 31	Batley	43 P 22	Beamsley	49 O 22	Bedford	29 S 27	Belbroughton	27 N 26	Bempton	51 T 21
Barton-under-Needwood	35 O 25	Battle	12 V 31	Bearsden	67 G 16	Bedgebury Pinetum	12 V 30	Belchford	45 T 24	Ben Alder	73 G 13
Barton-upon-Humber	44 S 22	Bawdeswell	38 X 25	Bearsted	22 V 30	Bedlington	56 P 18	Belford	63 O 17	Ben Alder Lodge	73 G 13
Barvas	82 A 8	Bawburgh	39 X 26	Beattock	61 J 18	Bedlinog	17 K 28	Belhelvie	75 N 12	Ben Armine Forest	85 H 9
Barwell	36 P 26	Bawtry	44 Q 23	Beauchief	43 P 24	Bedrule	62 M 17	Bellabeg	74 K 12	Ben Armine Lodge	85 H 9
Barwick-in-Elmet	43 P 22	Bawdsey	31 Y 27	Beaufort	18 K 28	Bedwas	18 K 29	Bellingham	55 N 18	Ben Chonzie	67 I 14
Baschurch	34 L 25	Bayble	83 B 9	Beaulieu	10 P 31	Bedworth	28 P 26	Bee (Loch)	76 X 11	Ben Cruachan	65 E 14
Bashall Eaves	42 M 22	Baycliff	48 K 21	Beauly	79 G 11	Berwick-upon-Tweed	63 O 17	Bellshill		Ben-damph Forest	78 D 11
Basildon Berks.	20 Q 29	Baydon	19 P 29	Beauly Firth	79 G 11	Beer	5 K 31	North Lanarkshire	60 H 16	Ben Hope	84 G 8
Basildon Essex	22 V 29			Beaumaris	40 H 23	Beeston	36 Q 25			Ben Klibreck	84 G 9

Great Britain — 125

Birmingham street index

Street	Ref
Albert St	MY 2
Bull Ring Centre	MZ
Bull St	MY 3
Cambridge St	KYZ 8
Chapel St	MY 30
Corporation St	MYZ
Dale End	MY 21
Edgbaston Shopping Centre	JZ
Fiveways Shopping Centre	KZ
George St West	JY 19
Great Tindal St	JZ 18
Hall St	KY 29
Holloway Circus	LZ 32
Horse Fair	LZ 28
Islington Row Middleway	KZ 34
James Watt Queensway	MY 35
Jennen's Rd	MY 36
King Edwards Rd	JY 98
Ladywell Walk	MZ 37
Lancaster Circus	MY 39
Lancaster St	MY 41
Legge Lane	KY 52
Lister St	LZ 49
Martineau Place Shopping Centre	MY
Minories Shopping Centre	MY
Moat Lane	MZ 44
Moor St Queensway	MYZ 46
Morville St	JZ 65
Navigation St	LZ 49
Newhall Hill	KY 69
Newton St	MY 53
New St	LMZ
Paradise Circus	LYZ 56
Paradise Forum Shopping Centre	LYZ
Priory Queensway	MY 59
St. Chads Queensway	MY 63
St Chads Circus	LY 62
St Martin's Circus	MZ 64
Shadwell St	LMY 70
Smallbrook Queensway	LMZ 71
Snow Hill Queensway	LMY 73
Summer Hill Rd	JKY 76
Summer Hill St	KY 93
Summer Row	KY 77
Temple Row	MY 80
Waterloo St	LY 84
Wheeley's Lane	KZ 88
William St	KZ 97

Museum and Art Gallery .. LY M²

Ben Lawers 67 H 14 · Ben Ledi 67 H 15 · Ben Lomond 66 G 15 · Ben Loyal 84 G 8 · Ben Macdui 74 I 12 · Ben More Argyll and Bute 65 B 14 · Ben More Stirling 67 G 14 · Ben More Assynt 84 F 9 · Ben Nevis 72 E 13 · Ben Starav 66 E 14 · Ben Vorlich 67 H 14 · Ben Wyvis 79 G 10 · Benbecula 76 X 11 · Benbuie 60 H 18 · Benderloch Argyll and Bute 65 D 14 · Benderloch Mountain 65 E 14 · Bendronaig Lodge 78 E 11 · Benenden 12 V 30 · Benfleet 22 V 29 · Benigton 37 U 25 · Benllech 40 H 23 · Benmore 67 G 14 · Benmore Lodge 84 F 9 · Benson 20 Q 29 · Bentley Doncaster 44 Q 23 · Bentley East Hampshire 20 R 30 · Bentpath 54 K 18 · Bentworth 10 Q 30 · Benwick 29 T 26 · Beoraid (Loch) 72 D 13 · Bere Alston 3 H 32 · Bere Ferrers 3 H 32 · Bere Regis 9 N 31

Berkeley 18 M 28 · Berkhamsted 21 S 28 · Berneray near Barra 70 X 13 · Berneray near North Uist 76 Y 10 · Bernice 66 E 15 · Bernisdale 77 B 11 · Berriew 34 K 26 · Berrington Hall 26 L 27 · Berrow 18 K 30 · Berry Head 4 J 32 · Berry Hill 18 M 28 · Berry Pomeroy 4 J 32 · Berrynarbor 17 H 30 · Bervie Bay 75 N 13 · Berwick-St. John 9 N 31 · Berwick-upon-Tweed 63 O 16 · Berwyn 33 J 25 · Bessacarr 44 Q 23 · Bethel 33 H 24 · Bethersden 12 W 30 · Bethesda 33 H 24 · Betley 35 M 24 · Bettisfield 34 L 25 · Bettws Cedewain 34 K 26 · Bettws Evan 15 G 27 · Bettws Gwerfil Goch 33 J 24 · Bettyhill 85 H 8 · Betws-y-Coed 33 I 24 · Betws yn Rhos 41 J 23 · Beulah near Cardigan 15 G 27 · Beulah near Llandrindod-Wells 25 J 27 · Beverley 45 S 22 · Beverstone 19 N 29 · Bewaldeth 54 K 19

Bewcastle 55 L 18 · Bewdley 27 N 26 · Bewholme 51 T 22 · Bexhill 12 V 31 · Bexley London Borough 21 U 29 · Beyton 30 W 27 · Bhaid-Luachraich (Loch) 78 D 10 · Bhealaich (Loch a') 84 G 9 · Bhraoin (Loch a') 78 E 10 · Bhrollum (Loch) 82 A 10 · Bibury 19 O 28 · Bicester 28 Q 28 · Bicker 37 T 25 · Bickington 4 I 32 · Bickleigh Mid Devon 7 J 31 · Bickleigh South Hams 4 H 32 · Bicton 34 L 25 · Bicton gardens 5 K 31 · Biddenden 12 V 30 · Biddenham 29 S 27 · Biddestone 19 N 29 · Biddulph 35 N 24 · Bidean nam Bian 72 E 14 · Bideford 6 H 30 · Bidford 27 O 27 · Bieldside 75 N 12 · Bierton 20 R 28 · Big Corlae 60 H 18 · Bigbury 4 I 33 · Bigbury-on-Sea 4 I 33 · Biggar Barrow-in-Furness 47 K 21 · Biggar South Lanarkshire 61 J 17

Biggin Hill 21 U 30 · Biggleswade 29 T 27 · Bignor 11 S 31 · Bildeston 30 W 27 · Bildsgreen 27 M 26 · Bill of Portland 8 M 32 · Billericay 22 V 29 · Billesdon 36 R 26 · Billingborough 37 S 25 · Billinge 42 L 23 · Billingham 57 Q 20 · Billinghay 37 T 24 · Billingshurst 11 S 30 · Billingsley 27 M 26 · Billington 42 M 22 · Billockby 39 Y 26 · Bilsington 12 W 30 · Bilsthorpe 36 Q 24 · Bilston 35 N 26 · Bilton 45 T 22 · Binbrook 45 T 23 · Binfield 20 R 29 · Bingham 36 R 25 · Bingley 43 O 22 · Binham 38 W 25 · near St. David's 14 E 28 · near Tenby 16 F 28 · Binns (The) 68 J 16 · Binsted 10 R 30 · Birchington 23 X 29 · Birdham 10 R 31 · Birdingbury 28 P 27 · Birdwell 43 P 23 · Birdworld 10 R 30 · Birgham 62 N 17 · Birkdale 42 K 23 · Birkenhead 42 K 23

Birkin 44 Q 22 · Birling Gap 12 U 31 · Birmingham 27 O 26 · Birnam 68 J 14 · Birsay 86 K 6 · Birsemore 75 L 12 · Birstall 36 Q 25 · Birtley Gateshead 56 P 19 · Birtley Tynedale 55 N 18 · Birtsmorton Court 27 N 27 · Bisham 20 R 29 · Bishop Auckland 56 P 19 · Bishop Burton 44 S 22 · Bishop Monkton 50 P 21 · Bishop Sutton 18 M 29 · Bishop Thornton 50 P 21 · Bishop Wilton 50 R 22 · Bishops Cannings 19 O 29 · Bishop's Castle 26 L 26 · Bishop's Caundle 9 M 31 · Bishop's Cleeve 27 N 28 · Bishop's Itchington 28 P 27 · Bishops Lydeard 8 K 30 · Bishop's Nympton 7 I 31 · Bishop's Palace near St. David's 14 E 28 · Bishop's Palace near Tenby 16 F 28 · Bishop's Stortford 30 U 28 · Bishop's Tachbrook 28 P 27 · Bishop's Tawton 7 H 30 · Bishop's Waltham 10 Q 31 · Bishopsteignton 4 J 32 · Bishopstocke 10 Q 31 · Bishopston 15 H 29 · Bishopstone Salisbury 9 O 30

Bishopstone Swindon 19 P 29 · Bishopthorpe 50 Q 22 · Bishopton Darlington 56 P 20 · Bishopton Renfrewshire 67 G 16 · Bishton 18 L 29 · Bisley 19 N 28 · Bispham 42 K 22 · Bix 20 R 29 · Bixter 87 P 3 · Blaby 36 Q 26 · Black Bay 59 D 17 · Black Corries 72 F 13 · Black Down Hills 8 K 31 · Black Isle 79 G 11 · Black Mount 66 F 14 · Black Mountain 25 I 28 · Black Mountains 26 K 28 · Black Notley 30 V 28 · Black Torrington 6 H 31 · Black Water Valley 78 F 11 · Blackawton 4 I 32 · Blackburn Aberdeenshire 75 N 12 · Blackburn Lancs. 42 M 22 · Blackburn West Lothian 61 J 16 · Blackfield 10 P 31 · Blackford Cumbria 54 L 19 · Blackford Perthshire and Kinross 67 I 15 · Blackhall 57 Q 19 · Blackhall Rocks 57 Q 19 · Blackhill Aberdeenshire 81 O 11 · Blackhill Highland 77 A 11

BLACKPOOL

Abingdon St.	AY	2
Adelaide St	AY	3
Caunce St	AY	7
Church St.	AY	
Clifton St	AY	12
Cookson St	AY	14
Deansgate	AY	15
George St	AY	17
Grosvenor St	AY	21
High St	AY	22
Hounds Hill Centre	AY	
King St	AY	23
Lark Hill St	AY	24
New Bonny St	AY	25
Pleasant St	AY	27
South King St	AY	35
Talbot Square	AY	39
Topping St	AY	40

BOURNEMOUTH

Branksome Wood Rd	CY	9
Commercial Rd	CY	13
Durley Rd	CZ	17
Exeter Rd	CDZ	20
Fir Vale Rd	DY	23
Gervis Pl.	DY	24
Hinton Rd.	DZ	27
Lansdowne Rd	DY	30
Lansdowne (The)	DY	28
Madeira Rd	DY	34
Manor Rd	EY	35
Meyrick Rd	EYZ	36
Old Christchurch Rd.	DY	
Post Office Rd.	CY	43
Priory Rd	CZ	45
Richmond Hill	CY	47
Russell Cotes Rd.	DZ	49
St Michael's Rd.	CZ	51
St Paul's Rd	EY	52
St Peter's Rd	DY	53
St Stephen's Rd	CY	55
St Swithuns Rd South	EY	56
Square (The)	CY	63
Suffolk Rd	CY	64
Triangle (The)	CY	67
Upper Hinton Rd.	DY	68
Westover Rd.	DZ	75
West Cliff Promenade	CZ	71

Blagdon	18	L 30
Blaich	72	E 13
Blaina	18	K 28
Blair Atholl	73	I 13
Blair Castle	73	I 13
Blairgowrie	68	J 14
Blairmore	66	F 16
Blakeney Glos.	18	M 28
Blakeney Norfolk	38	X 25
Blakesley	28	Q 27
Blamerino	68	K 14
Blandford Forum	9	N 31
Blanefield	67	H 16
Blàr a Chaorainn	72	E 13
Blarmachfoldach	72	E 13
Blarnalearoch	78	E 10
Blawith	48	K 21
Blaxton	44	R 23
Blaydon	56	O 19
Bleadon	18	L 30
Bleaklow Hill	43	O 23
Blean	23	X 30
Bleasby	36	R 24
Blenheim Palace	20	P 28
Bletchingdon	20	Q 28
Bletchley	28	R 27
Bletsoe	29	S 27
Blewbury	20	Q 29
Blickling	39	X 25
Blickling Hall	39	X 25
Blidworth	36	Q 24
Blindley Heath	21	T 30
Blisland	3	F 32
Blisworth	28	R 27
Blithe	35	O 23
Blithfield Hall	35	O 25
Blithfield Reservoir	35	O 25
Blockley	27	O 27
Blofield	39	Y 26
Bloxham	28	P 27
Blubberhouses	49	O 22
Blue John Cavern	43	O 23
Bluemull Sound	87	Q 1
Blundellsands	42	K 23
Blundeston	39	Z 26
Blyth Northumb.	56	P 18
Blyth Notts.	44	Q 23
Blythburgh	31	Y 27
Blythe Bridge	35	N 25
Blyton	44	R 23
Bo' Ness	68	J 15
Boarhills	69	L 15
Boat of Garten	74	I 12
Boathvic	79	G 10
Bocking Churchstreet	30	V 28
Boddam	81	O 11
Bodedern	40	G 23
Bodelwyddan	41	J 23
Bodenham	26	L 27
Bodfari	41	J 23
Bodfordd	40	G 23
Bodham Street	39	X 25
Bodiam Castle	12	V 30
Bodicote	28	Q 27
Bodmin	3	F 32
Bodmin Moor	3	G 32
Bodnant Garden	41	I 23
Bognor Regis	11	R 31
Bogue	53	H 18
Boisdale	70	X 12
Boisdale (Loch)	70	Y 12
Boldon	56	P 19
Bolham	7	J 31
Bollin (River)	42	N 23
Bollington	43	N 24
Bolney	11	T 31
Bolnhurst	29	S 27
Bolsover	44	Q 24
Boltby	50	Q 21
Bolton Alnwick	63	O 17
Bolton Bolton	42	M 23
Bolton Abbey	49	O 22
Bolton-by-Bowland	49	N 22
Bolton-le-Sands	48	L 21
Bolton on Swale	50	P 20
Bolton-upon-Dearne	44	Q 23
Bomere Heath	34	L 25
Bonar Bridge	79	G 10
Bonawe Quarries	65	E 14
Bonby	44	S 23
Boncath	15	G 27
Bonchester Bridge	62	M 17
Bonhill	66	G 16
Bonnybridge	67	I 16
Bonnyrigg	61	K 16
Bont-faen / Cowbridge	17	J 29
Bontgoch Elerch	25	I 26
Bontnewydd	32	H 24
Boosbeck	50	R 20
Boot	47	K 20
Bootle Cumbria	47	J 21
Bootle Merseyside	42	K 23
Border Forest Park (The)	55	M 18
Bordogan	32	G 24
Boreham	22	V 28
Boreham Street	12	V 31
Borehamwood	21	T 29
Boreland	54	K 18
Borgue		
Dumfries and Galloway	53	H 19
Borgue Highland	85	J 9
Borness	53	H 19
Borough Green	22	U 30
Boroughbridge	50	P 21
Borreraig	77	Z 11
Borrobol Forest	85	H 9
Borrowash	36	P 25
Borth	25	H 26
Borve Barra Isle	70	X 13
Borve Eilean Siar	76	A 11
Borve South Harris	76	Y 10
Borwick	48	L 21
Bosbury	26	M 27
Boscastle	6	F 31
Boscombe	9	O 31
Bosham	10	R 31
Bosherston	16	F 29
Bosley	35	N 24
Boston	37	T 25
Boston Spa	50	P 22
Boswinger	3	F 33
Botesdale	30	W 26
Bothamsall	44	R 24
Bothel	54	K 19
Bothwell	60	H 16
Botley	10	Q 31
Bottesfor Melton	36	R 25
Bottesford		
North Lincolnshire	44	S 23
Bottisham	30	U 27
Botwnnog	32	G 25
Boughton	36	Q 24
Boughton House	29	R 26
Boughton Street	22	W 30
Boulmer	63	P 17
Boultham	44	S 24
Bourn	29	T 27
Bourne	37	S 25
Bournemouth	9	O 31
Bourton		
North Dorset	9	N 30
Bourton		
Vale of White Horse	19	P 29
Bourton-on-the-Water	27	O 28
Bovey Tracey	4	I 32
Bovingdon	21	S 28
Bow	7	I 31
Bow Street	25	H 26
Bowden	62	L 17
Bower Highland	85	K 8
Bower Tynedale	55	M 18
Bowerchalke	9	O 30
Bowes	49	N 20
Bowhill	62	L 17
Bowland	62	L 17
Bowland (Forest of)	49	M 22
Bowmore	58	B 16
Bowness	48	L 20
Bowness-on-Solway	54	K 19
Bowood House	19	N 29
Box	19	N 29
Box Hill	21	T 30
Boxford		
West Berkshire	20	P 29
Boxford Suffolk	30	W 27
Boxley	22	V 30
Boxworth	29	T 27
Boyton	6	G 31
Bozeat	29	R 27
Braaid	46	G 21
Brabourne Lees	12	W 30
Bracadale (Loch)	77	A 12
Bracebridge Heath	37	S 24
Brackley	28	Q 27
Brackley Hatch	28	Q 27
Bracknell	20	R 29
Braco	67	I 15
Bracora	72	C 13
Bradan Resr (Loch)	60	G 18
Bradfield Sheffield	43	P 23
Bradfield		
West Berkshire	20	Q 29
Bradford Bradford	43	O 22
Bradford		
Taunton Deane	8	K 31
Bradford Abbas	8	M 31
Bradford-on-Avon	19	N 29
Bradninch	7	J 31
Bradpole	5	L 31
Bradwell	43	O 24
Bradwell-on-Sea	22	W 28
Bradworthy	6	G 31
Brae	87	P 2
Brae of Achnahaird	83	D 9
Brae Roy Lodge	73	F 13
Braeantra	79	G 10
Braedownie	74	K 13
Braehead	61	J 16
Braemar	74	J 12
Braemore	85	J 9
Braeriach	74	I 12
Braeswick	87	L 6
Brafferton Helperby	50	Q 21
Bragar	82	A 8
Braglenbeg	65	D 15
Braich y Pwll	32	F 25
Braidwood	61	I 16
Bràigh Mòr	82	Y 9
Brailes	28	P 27
Brailsford	35	P 25
Braintree	30	V 28
Braishfield	10	P 30
Braithwell	44	Q 23
Bramcote	36	Q 25
Bramfield	31	Y 27
Bramford	31	X 27
Bramhall	43	N 23
Bramham	43	P 22
Bramhope	43	P 22
Bramley		
Basingstoke and Deane	20	Q 30
Bramley		
South Yorks.	44	Q 23
Bramley Surrey	21	S 30
Brampton Cambs.	29	T 27
Brampton Cumbria	55	L 19
Brampton Eden	55	M 20
Brampton		
Rotherham.	43	P 23
Brampton Suffolk	31	Y 26
Brampton Bryan	26	L 26
Brancaster	38	V 25
Branderburgh	80	K 10
Brandesburton	51	T 22
Brandon Durham	56	P 19
Brandon Suffolk	30	V 26
Brandsby	50	Q 21
Branscombe	5	K 31
Bransgore	9	O 31
Branston	37	S 24
Brant Broughton	37	S 24
Brassington	35	P 24
Bratton	19	N 30
Bratton Clovelly	6	H 31
Bratton Fleming	7	I 30
Braughing	29	U 28
Braunston		
Daventry	28	Q 27
Braunston Rutland	36	R 26
Braunton	6	H 30
Bray-on-Thames	21	R 29
Bray Shop	3	G 32
Braybrooke	28	R 26
Brayford	7	I 30
Brayton	44	Q 22
Breaclete	82	Z 9
Breadalbane	67	G 14
Breage	2	D 33
Bream	18	M 28
Breamore House	9	O 31
Brean	18	K 30
Breasclete	82	Z 9
Breaston	36	Q 25
Brechin	75	M 13
Breckland	30	V 26
Brecon / Aberhonddu	25	J 28
Brecon Beacons		
National Park	25	J 28
Bredbury	43	N 23
Brede	12	V 31

Blackpool street list (lower)

Blacklunans	74	J 13
Blackmoor Gate	17	I 30
Blackmore	22	U 28
Blackness Castle	68	J 15
Blacko	43	N 22
Blackpool	42	K 22
Blackridge	61	I 16
Blackthorn	28	Q 28
Blacktoft	44	R 22
Blackwater Hart	20	R 30
Blackwater		
Isle of Wight	10	Q 31
Blackwater (River)	22	W 28
Blackwater Reservoir	72	F 13
Blackwaterfoot	59	D 17
Blackwell	50	P 20
Blackwood	18	K 29
Bladnoch	52	G 19
Bladon	20	P 28
Blaenannherch	15	G 27
Blaenau Ffestiniog	33	I 25
Blaenavon	18	K 28
Blaengarw	17	J 29
Blaengrwrach	17	J 28

Great Britain

BRIGHTON AND HOVE

Street	Grid	No.
Adelaide Crescent	AY	2
Brunswick Pl.	AY	3
Brunswick Square	AYZ	4
Chatham Pl.	BX	6
Churchill Square Shopping Centre	BYZ	
Denmark Rd	BY	7
East St	CZ	8
Gladstone Terrace	CX	12
Gloucester Pl.	CY	13
Gloucester Rd.	CY	14
Goldsmid Rd.	BX	15
Grand Junction Rd	CZ	16
London Rd	CX	
Marlborough Pl.	CY	21
Montpelier Pl.	BY	22
North St	CZ	23
Old Steine	CZ	
Pavillon Parade	CZ	26
Richmond Pl.	CY	27
Richmond Terrace	CX	28
St George's Pl.	CY	30
St Peter's Pl.	CX	31
Terminus Rd	BCX	32
Upper Lewes Rd	CX	33
Waterloo Pl.	CX	39
Western Rd	ABY	42
York Pl.	CY	42

Brighton Museum and Art Gallery . CY **M**
St Bartholomew's . . . . CX **B**

BRISTOL

Street	Grid	No.
Bedminster Parade	CZ	5
Broadmead	DY	
Broad Quay	CYZ	13
Broad St	CY	14
Cabot Circus Shopping Centre	DY	
College Green	CZ	30
College St	CYZ	32
Colston Ave.	CY	33
Fairfax St	CDY	35
Frog Lane	CY	37
Haymarket	DY	38
High St	CDY	39
Horse Fair (The)	DY	
Lower Castle St	DY	43
Mall (The)	DY	
Marlborough St	CDY	46
Merchant St	DY	47
Narrow Plain	DY	50
Nelson St	CY	51
New Foundland St	DY	85
North St	DY	52
Old Market St	DY	54
Park St	CY	
Passage St	DY	55
Quay St	CY	58
Queen Charlotte St	CZ	60
Redcliffe Mead Lane	DZ	61
Rupert St	CY	65
St Augustine's Parade	CY	66
Temple Gate	DZ	75
Trenchard St	CY	77
Wine St	DY	80

Council House . . . . CYZ **C**
Industrial Museum . . . . CZ **M³**
Merchant Seamen's Almshouses . . . . CZ **Q**
St Stephen's City . . . . . CY **S¹**
Theatre Royal. . . . . CZ **T**

Place	Grid	No.
Bredenbury	26	M 27
Bredgar	22	W 30
Bredon	27	N 27
Bredwardine	26	L 27
Bremhill	19	N 29
Brenchley	12	V 30
Brendon Hills	7	J 30
Brenig Reservoir	33	J 24
Brenish	82	Y 9
Brent London Borough	21	T 29
Brent Knoll	18	L 30
Brent Pelham	29	U 28
Brentwood	22	U 29
Brenzett	12	W 30
Brereton	35	O 25
Bressay	87	Q 3
Bretford	28	P 26
Bretherton	42	L 22
Brewham	9	M 30
Brewlands Bridge	74	K 13
Brewood	35	N 25
Bride	46	G 20
Bridestowe	4	H 31
Bridge	23	X 30
Bridge of Alford	75	L 12
Bridge of Allan	67	I 15
Bridge of Avon	80	J 11
Bridge of Balgie	73	H 14
Bridge of Brown	74	J 12
Bridge of Buchat	74	L 12
Bridge of Craigisla	74	K 13
Bridge of Dee	53	I 19
Bridge of Don	75	N 12
Bridge of Dun	75	M 13
Bridge of Dye	75	M 13
Bridge of Earn	68	J 14
Bridge of Ericht	73	G 13
Bridge of Gairn	74	K 12
Bridge of Gaur	73	G 13
Bridge of Orchy	66	F 14
Bridge of Weir	60	G 16
Bridge Trafford	42	L 24
Bridgemary	10	Q 31
Bridgend Aberdeenshire	80	L 11
Bridgend Angus	75	L 13
Bridgend Argyll and Bute	65	D 15
Bridgend Islay	58	B 16
Bridgend Perthshire and Kinross	68	J 14
Bridgend / Pen-y-bont	17	J 29
Bridgend of Lintrathen	74	K 13
Bridgerule	6	G 31
Bridgham	30	W 26
Bridgnorth	27	M 26
Bridgwater	8	L 30
Bridlington	51	T 21
Bridport	5	L 31
Brierfield	43	N 22
Brierley	43	P 23
Brierley Hill	27	N 26
Brigg	44	S 23
Brigham	54	J 20
Brighouse	43	O 22
Brighstone	10	P 32
Brighstone Forest	10	P 32
Brightling	12	V 30
Brightlingsea	22	X 28
Brighton	11	T 31
Brightwell	20	Q 29
Brigstock	29	S 26
Brill	20	Q 28
Brimfield	26	L 27
Brimham Rocks	49	O 21
Brimington	43	P 24
Brimpsfield	19	N 28
Brimpton	20	Q 29
Brinkburn Priory	63	O 18
Brinkley	30	V 27
Brinklow	28	P 26
Brinkworth	19	O 29
Brinyan	86	L 6
Brisley	38	W 25
Brislington	18	M 29
Bristol	18	M 29
Briston	38	X 25
Briton Ferry	17	I 29
Brittle (Loch)	71	B 12
Brittwell Salome	20	Q 29
Brixham	4	J 32
Brixton	4	H 32
Brixworth	28	R 27
Brize Norton	20	P 28

127

CAMBRIDGE

Bridge St . . . . . Y 2
Corn Exchange St . . . . . Z 6
Downing St . . . . . Z 7
Free School Lane . . . . . Z 12
Grafton Centre . . . . . Y
Hobson St . . . . . Y 14
King's Parade . . . . . Z 15
Lion Yard Centre . . . . . Z
Madingley Rd . . . . . Y 16
Magdalene St . . . . . Y 17
Market Hill . . . . . YZ 18
Market St . . . . . Y 19
Milton Rd . . . . . Y 20
Newmarket Rd . . . . . Y 21
Northampton St . . . . . Y 22
Parker St . . . . . Z 23
Peas Hill . . . . . Z 25
Pembroke St . . . . . Z 26
Petty Cury . . . . . Z 27
Rose Crescent . . . . . Y 28
St Andrew's St . . . . . Z 30
St John's St . . . . . Y 31
Short St . . . . . Y 32
Sidney St . . . . . Y 34
Trinity St . . . . . Y 36
Trumpington Rd . . . . . Z 37
Wheeler St . . . . . Z 39

COLLEGES

Christ's . . . . . Y A
Clare . . . . . Z B
Corpus Christi . . . . . Z G1
Darwin . . . . . Z D
Downing . . . . . Z E1
Emmanuel . . . . . Z F
Gonville and Caius . . . . . Y G2
Hugues Hall . . . . . Z K
Jesus . . . . . Y K
King's . . . . . Z
Lucy Cavendish . . . . . Y O1
Magdalene . . . . . Y N
Pembroke . . . . . Z N
Peterhouse . . . . . Z O2
Queen's . . . . . Z
St Catharine's . . . . . Z R
St Edmund's House . . . . . Y U
St John's . . . . . Y
Sydney Sussex . . . . . Y P
Trinity . . . . . Y
Trinity Hall . . . . . Y V

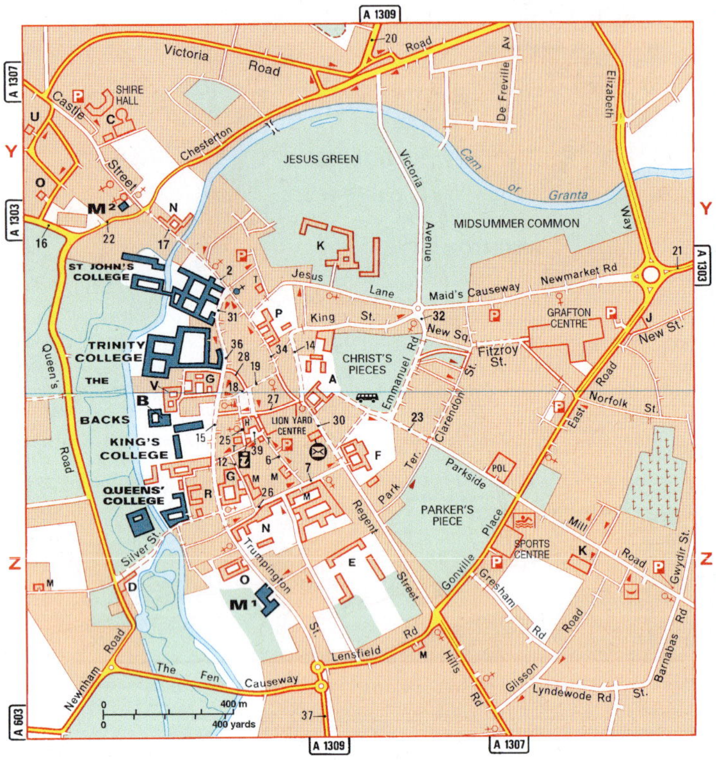

Broad Bay 83 B 9
Broad Blunsdon 19 O 29
Broad Chalke 9 O 30
Broad Haven 14 E 28
Broad Hinton 19 O 29
Broad Law 61 J 17
Broad Oak 12 V 31
Broadbrige Heath 11 S 30
Broadclyst 7 J 31
Broadford 77 C 12
Broadlands 10 P 31
Broadmayne 9 M 31
Broadstairs 23 Y 29
Broadstone 9 O 31
Broadwas 27 M 27
Broadway 27 O 27
Broadwell Ho 55 N 19
Broadwey 8 M 32
Broadwindsor 8 L 31
Broadwoodwidger 6 H 31
Brochel 77 B 11
Brockdish 31 X 26
Brockenhurst 10 P 31
Brockley 18 L 29
Brockworth 19 N 28
Brodick 59 E 17
Brodick Bay 59 E 17
Brodick Castle 59 E 17
Brodie Castle 79 I 11
Brodsworth 44 Q 23
Brodsworth Hall 44 Q 23
Brokenborough 19 N 29
Brolass 65 B 14
Bromborough 42 L 24
Brome 31 X 26
Bromfield 26 L 26
Bromham *Bedford* 29 S 27
Bromham *Kennet* 19 N 29
Bromley
London Borough 21 U 29
Brompton *Kent* 22 V 29
Brompton
near Northallerton 50 P 20
Brompton-by-Sawdon 51 S 21
Brompton on Swale 49 O 20
Brompton Ralph 7 K 30
Brompton Regis 7 J 30
Bromsgrove 27 N 26
Bromyard 26 M 27
Bronllys 26 K 27
Brook 22 W 30
Brooke 39 Y 26
Brookmans Park 21 T 28
Broom (Loch) 78 E 10
Broomfield *Chelmsford* 22 V 28
Broomfield *Sedgemoor* 8 K 30
Broomfleet 44 S 22
Broomhaugh 56 O 19
Brora 85 I 9
Broseley 34 M 26
Brotherton 44 Q 22
Brotton 57 R 20
Brough
East Riding of Yorkshire 44 S 22
Brough *Eden* 49 N 20
Brough *Highland* 86 J 8
Brough Head 86 J 6
Brough Lodge 87 R 2
Brough of Birsay 86 J 6
Broughton *Cumbria* 54 J 19
Broughton
Flintshire / Sir y Fflint 34 L 24
Broughton *Hants.* 10 P 30
Broughton *Lancs.* 42 L 22
Broughton *North Lincs.* 44 S 23
Broughton *Northants.* 28 R 26
Broughton *Oxon.* 28 P 27
Broughton
Scottish Borders 61 J 17
Broughton-in-Furness 47 K 21
Broughton Mills 47 K 21
Broughton Moor 54 J 19
Broughton Poggs 19 P 28
Broughty Ferry 69 L 14
Brownhills 35 O 26
Brownsea Island 9 O 31
Broxbourne 21 T 28
Broxburn 68 J 16
Bruar Lodge 73 I 13
Bruichladdich 58 A 16
Brundall 39 Y 26
Brushford 7 J 30
Bruton 8 M 30
Brydekirk 54 K 18
Brymbo 34 K 24
Bryn-Henllan 24 F 27
Brynamman 17 I 28
Brynbuga / Usk 18 L 28
Bryncethin 17 J 29
Bryneglwys 34 K 24
Bryngwran 40 G 23
Bryngwyn 26 K 27
Brynhoffnant 15 G 27
Brynmawr 18 K 28
Brynsiencyn 32 H 24
Brynteg 40 H 23
Bualintur 71 B 12
Bubwith 44 R 22
Buccleuch 61 K 17
Buchanty 67 I 14
Buchlyvie 67 H 15
Buckden *Cambs.* 29 T 27
Buckden
North Yorks. 49 N 21
Buckfast 4 I 32
Buckfast Abbey 4 I 32
Buckfastleigh 4 I 32
Buckhaven 68 K 15
Buckhorn Weston 9 M 30
Buckie 80 L 10
Buckingham 28 R 27
Buckland *Herts.* 29 T 28
Buckland *Oxon.* 20 P 28
Buckland Abbey 4 H 32
Buckland Brewer 6 H 31
Buckland Dinham 19 M 30
Buckland in-the-Moor 4 I 32
Buckland Newton 8 M 31
Buckland St. Mary 8 K 31
Bucklebury 20 Q 29
Bucklers Hard 10 P 31
Buckley / Bwcle 34 K 24
Buckminster 36 R 25
Bucknall 37 T 24
Bucknell 26 L 26
Bucks green 11 S 30
Bucksburn 75 N 12
Bude 6 G 31
Budleigh Salterton 5 K 32
Bugbrooke 28 Q 27
Bugle 3 F 32
Bugthorpe 50 R 21
Buildwas Abbey 34 M 26
Builth Wells /
Llanfair-ym-Muallt 25 J 27
Bulford 19 O 30
Bulkeley 34 L 24
Bulkington 28 P 26
Bulwell 36 Q 24
Bulwick 37 S 26
Bunarkaig 72 F 13
Bunessan 64 B 15
Bungay 31 Y 26
Bunnahabhainn 64 B 16
Bunny 36 Q 25
Buntingford 29 T 28
Burbage *Leics.* 28 P 26
Burbage *Wilts.* 19 O 29
Burchett's Green 20 R 29
Bures 30 W 28
Burford 19 P 28
Burgess Hill 11 T 31
Burgh-by-Sands 54 K 19
Burgh Castle 39 Y 26
Burgh-le-Marsh 38 U 24
Burgh-St. Peter 39 Y 26
Burghead 80 J 10
Burghfield 20 Q 29
Burghill 26 L 27
Burghley House 37 S 26
Burham 22 V 30
Burley 9 O 31
Burley-in-Wharfedale 49 O 22
Burlton 34 L 25
Burneside 48 L 20
Burneston 50 P 21
Burnfoot 62 L 17
Burnham 21 S 29
Burnham Market 38 W 25
Burnham-on-Crouch 22 W 29
Burnham-on-Sea 18 L 30
Burnhaven 81 O 11
Burnhope 56 O 19
Burniston 51 S 21
Burnley 43 N 22
Burntisland 68 K 15
Burrafirth 87 R 1
Burravoe 87 Q 2
Burray 87 L 7
Burrelton 68 K 14
Burringham 44 R 23
Burrington
North Devon 7 I 31
Burrington
North Somerset 18 L 30
Burrough Green 30 V 27
Burrow Head 53 G 19
Burry Port /Porth Tywyn 15 H 28
Burscough 42 L 23
Burscough Bridge 42 L 23
Burshill 51 S 22
Bursledon 10 Q 31
Burslem 35 N 24
Burstwick 45 T 22
Burton *Christchurch* 9 O 31
Burton *Ellesmere*
Port and Neston 48 L 21
Burton *South Lakeland* 48 L 21
Burton
Wrecsam / Wrexham 34 L 24
Burton Agnes 51 T 21
Burton Bradstock 5 L 31
Burton Constable Hall 45 T 22
Burton Fleming 51 S 21
Burton in Lonsdale 49 M 21
Burton Joyce 36 Q 25
Burton Latimer 29 R 26
Burton Leonard 50 P 21
Burton Pidsea 45 T 22
Burton-upon-Stather 44 R 23
Burton-upon-Trent 35 O 25
Burwarton 26 M 26
Burwash 12 V 31
Burwell *Cambs.* 30 U 27
Burwell *Lincs.* 45 U 24
Bury *Bury* 42 N 23
Bury *Chichester* 11 S 31
Bury St. Edmunds 30 W 27
Busby 60 H 16
Buscot 19 P 28
Bushey 21 S 29
Bute (Island of) 59 E 16
Bute (Kyles of) 59 E 16
Bute (Sound of) 59 E 16
Butleigh 8 L 30
Butley 31 Y 27
Butt of Lewis 83 B 8
Buttercrambe 50 R 21
Buttermere 47 K 20
Butterstone 68 J 14
Buttington 34 K 25
Buxted 12 U 31
Buxton *Derbs.* 43 O 24
Buxton *Norfolk* 39 X 25
Bwcle / Buckley 34 K 24
Bwlch 26 K 28
Bwlch Oerddrws 33 I 25
Bwlch y Ffridd 33 J 26
Bwlch-y-Groes 25 I 28
Bwlch-y-Sarnau 25 J 26
Bwlchgwyn 34 K 24
Bwlchllan 25 H 27
Byfield 28 Q 27
Byfleet 21 S 30
Byland Abbey 50 Q 21
Byrness 62 M 18

C

Cabrach 80 K 12
Cadair Idris 33 I 25
Caddington 29 S 28
Caddonfoot 62 L 17
Cadhay 5 K 31
Cadishead 42 M 23
Cadnam 10 P 31
Cadney 44 S 23
Cadwell Park 45 T 24
Caerau 17 J 29
Caerdydd / Cardiff 18 K 29
Caerffili / Caerphilly 18 K 29
Caerfyrddin / Carmarthen 15 H 28
Caergwrle 34 K 24
Caergybi / Holyhead 40 G 23
Caerlaverock Castle 53 J 19
Caerleon 18 L 29
Caernarfon 32 H 24
Caernarfon Bay 32 G 24
Caerphilly / Caerffili 18 K 29
Caersws 25 J 26
Caerwent 18 L 29
Caerwys 41 K 23
Cailliness Point 52 F 19
Cairn Edward Forest 53 H 18
Cairn Gorm 74 J 12
Cairn Table 60 H 17
Cairn Toul 74 I 12
Cairnborrow 80 L 11
Cairndow 66 F 15
Cairngaan 52 F 20
Cairngarroch 52 E 19
Cairnie 80 L 11
Cairnpapple Hill 67 J 16
Cairnryan 52 E 19
Cairnsmore of Carsphairn 60 H 18
Cairnsmore of Fleet 53 G 19
Cairraig Fhada 58 B 17
Caister-on-Sea 39 Z 26
Caistor 45 T 23
Calbourne 10 P 31
Caldbeck 54 K 19
Caldecott 36 R 26
Calder (Loch) 85 J 8
Calder Bridge 47 J 20
Calder Mains 85 J 8
Caldercruix 61 I 16
Calderdale 43 N 22
Caldermill 60 H 17
Caldey Island 15 F 29
Caldicot 18 L 29
Caldwell 49 O 20
Calf of Man 46 F 21
Calfsound 87 L 6
Calgary 71 B 14
Calgary Bay 71 B 14
Caliach Point 71 B 14
Calke Abbey 36 P 25
Callander 67 H 15
Callater (Glen) 74 J 13
Callington 3 H 32
Calne 19 N 29
Calow 43 P 24
Calstock 3 H 32
Calthwaite 55 L 19
Calvay 70 Y 12
Calver 43 P 24
Calverton 36 Q 24
Calvine 73 I 13
Cam 29 U 27
Cam Loch 84 E 9
Camas Chil Mhalieu 72 D 14
Camas-luinie 78 D 12
Camasnacroise 72 D 14
Camastianavaig 77 B 11
Camber 12 W 31
Camberley 20 R 30
Camblesforth 44 Q 22
Cambo 56 O 18
Cambois 56 P 18
Camborne 2 E 33
Cambrian Mountains 25 I 27
Cambridge 29 U 27
Cambusbarron 67 I 15
Cambuskenneth 67 I 15
Camden
London Borough 21 T 29
Camelford 6 F 32
Cammachmore 75 N 12
Campbeltown 59 D 17
Campsie Fells 67 H 15
Camptown 62 M 17
Campville 35 P 25
Camrose 24 E 28
Camusnagaul 78 E 10
Candlesby 37 U 24
Canewdon 22 W 29
Canisbay 86 K 8
Canna 71 A 12
Cannich 78 F 11
Cannich (Glen) 78 F 11
Cannington 8 K 30
Cannock 35 N 25
Canonbie 54 L 18
Canons Ashby 28 Q 27
Canterbury 23 X 30
Cantley 39 Y 26
Canvey Island 22 V 29
Caol 72 E 13
Caolas a' Mhòrain 76 Y 10
Caoles 70 Z 14
Caolis 70 X 13
Caolisport (Loch) 65 D 16
Cape Cornwall 2 C 33
Cape Wrath 84 E 8
Capel 11 T 30
Capel Curig 33 I 24
Capel Garmon 33 I 24
Capel Le Ferne 13 X 30
Capel St. Mary 31 X 27
Capel-y-Ffin 26 K 28
Capesthorne Hall 43 N 24
Capheaton 56 O 18
Cappercleuch 61 K 17
Caputh 68 J 14
Cara Island 58 C 17
Carbis Bay 2 D 33
Carbost *Minginish* 77 A 12
Carbost *Trotternish* 77 B 11
Cardenden 68 K 15
Cardiff / Caerdydd 18 K 29
Cardigan / Aberteifi 15 G 27
Cardigan Bay 24 G 26
Cardington 34 L 26
Cardinham 3 G 32
Cardrona 61 K 17
Cardross 66 G 16
Cardurnock 54 K 19
Carew 15 F 28
Carfraemill 62 L 16
Cargill 68 J 14
Carhampton 7 J 30
Carie 73 H 13
Carinish 76 Y 11
Carisbrooke 10 Q 31
Cark 48 L 21
Carlby 37 S 25
Carleen 2 D 33
Carleton 49 N 22
Carlisle 55 L 19
Carlops 61 J 16
Carloway 82 Z 9
Carlton *Bedford* 29 S 27
Carlton *Hambleton* 50 Q 20
Carlton
Hinckley and Bosworth 36 P 26

Great Britain 129

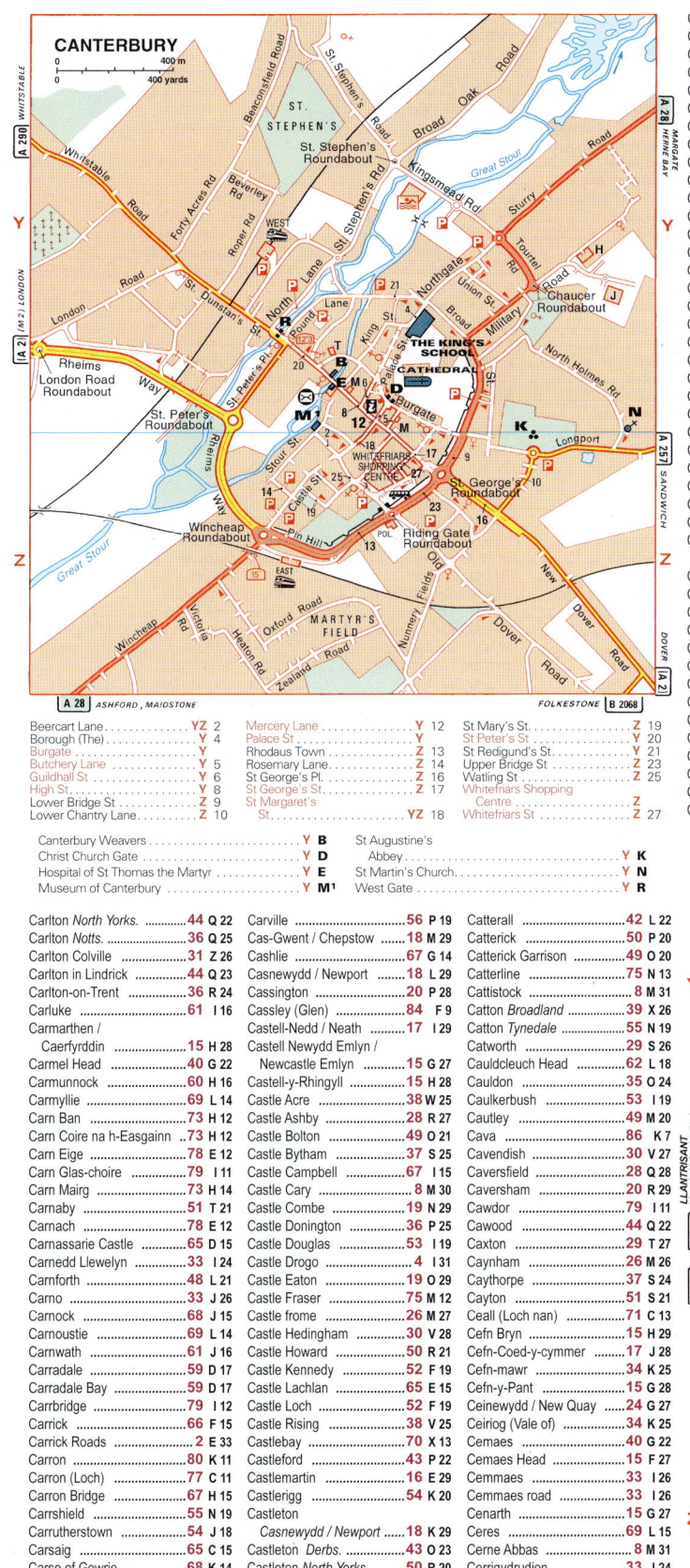

Beercart Lane	YZ 2
Borough (The)	Y 4
Burgate	Y
Butchery Lane	Y 5
Guildhall St	Y 6
High St	Y 8
Lower Bridge St	Z 9
Lower Chantry Lane	Z 10
Mercery Lane	Y 12
Palace St	Y
Rhodaus Town	Z 13
Rosemary Lane	Y 14
St George's Pl.	Y 16
St George's St	Y 17
St Margaret's St.	YZ 18
St Mary's St.	Z 19
St Peter's St	Y 20
St Redigund's St.	Y 21
Upper Bridge St	Z 23
Watling St	Z 25
Whitefriars Shopping Centre	Z
Whitefriars St	Z 27

Canterbury Weavers	Y B
Christ Church Gate	Y D
Hospital of St Thomas the Martyr	Y E
Museum of Canterbury	Y M1
St Augustine's Abbey	Y K
St Martin's Church.	Y N
West Gate	Y R

Carlton North Yorks.	44 Q 22
Carlton Notts.	36 Q 25
Carlton Colville	31 Z 26
Carlton in Lindrick	44 Q 23
Carlton-on-Trent	36 R 24
Carluke	61 I 16
Carmarthen / Caerfyrddin	15 H 28
Carmel Head	40 G 22
Carmunnock	60 H 16
Carmyllie	69 L 14
Carn Ban	73 H 12
Carn Coire na h-Easgainn	73 H 12
Carn Eige	78 E 12
Carn Glas-choire	79 I 11
Carn Mairg	73 H 14
Carnaby	51 T 21
Carnach	78 E 12
Carnassarie Castle	65 D 15
Carnedd Llewelyn	33 I 24
Carnforth	48 L 21
Carno	33 J 26
Carnock	68 J 15
Carnoustie	69 L 14
Carnwath	61 J 16
Carradale	59 D 17
Carradale Bay	59 D 17
Carrbridge	79 I 12
Carrick	66 F 15
Carrick Roads	2 E 33
Carron	80 K 11
Carron (Loch)	77 C 11
Carron Bridge	67 H 15
Carrshield	55 N 19
Carrutherstown	54 J 18
Carsaig	65 C 15
Carse of Gowrie	68 K 14
Carseriggan	52 G 19
Carsethorn	53 J 19
Carsluith	53 G 19
Carsphairn	53 H 18
Carstairs	61 I 16
Carterton	19 P 28
Carterway Heads	56 O 19
Carthew	3 F 32
Carthorpe	50 P 21
Cartmel	48 L 21

Carville	56 P 19
Cas-Gwent / Chepstow	18 M 29
Cashlie	67 G 14
Casnewydd / Newport	18 L 29
Cassington	20 P 28
Cassley (Glen)	84 F 9
Castell-Nedd / Neath	17 I 29
Castell Newydd Emlyn / Newcastle Emlyn	15 G 27
Castell-y-Rhingyll	15 H 28
Castle Acre	38 W 25
Castle Ashby	28 R 27
Castle Bolton	49 O 21
Castle Bytham	37 S 25
Castle Campbell	67 I 15
Castle Cary	8 M 30
Castle Combe	19 N 29
Castle Donington	36 P 25
Castle Douglas	53 I 19
Castle Drogo	4 I 31
Castle Eaton	19 O 29
Castle Fraser	75 M 12
Castle frome	26 M 27
Castle Hedingham	30 V 28
Castle Howard	50 R 21
Castle Kennedy	52 F 19
Castle Lachlan	65 E 15
Castle Loch	52 F 19
Castle Rising	38 V 25
Castlebay	70 X 13
Castleford	43 P 22
Castlemartin	16 E 29
Castlerigg	54 K 20
Castleton Derbs.	43 O 23
Castleton North Yorks.	50 R 20
Castletown Highland	85 J 8
Castletown Isle of Man	46 G 21
Caston	38 W 26
Catacol	59 D 16
Catacol Bay	59 D 16
Caterham	21 T 30
Catfield	39 Y 25
Catlodge	73 H 12
Caton	48 L 21
Catrine	60 H 17

Catterall	42 L 22
Catterick	50 P 20
Catterick Garrison	49 O 20
Catterline	75 N 13
Cattistock	8 M 31
Catton Broadland	39 X 26
Catton Tynedale	55 N 19
Catworth	29 S 26
Cauldcleuch Head	62 L 18
Cauldon	35 O 24
Caulkerbush	53 I 19
Cautley	49 M 20
Cava	86 K 7
Cavendish	30 V 27
Caversfield	28 Q 28
Caversham	20 R 29
Cawdor	79 I 11
Cawood	44 Q 22
Caxton	29 T 27
Caynham	26 M 27
Caythorpe	37 S 24
Cayton	51 S 21
Ceall (Loch nan)	71 C 13
Cefn Bryn	15 H 29
Cefn-Coed-y-cymmer	17 J 28
Cefn-mawr	34 K 25
Cefn-y-Pant	15 G 28
Ceinewydd / New Quay	24 G 27
Ceiriog (Vale of)	34 K 25
Cemaes	40 G 22
Cemaes Head	15 F 27
Cemmaes	33 I 26
Cemmaes road	33 I 26
Cenarth	15 G 27
Ceres	69 L 15
Cerne Abbas	8 M 31
Cerrigydrudion	33 J 24
Chacewater	2 E 33
Chacombe	28 Q 27
Chadderton	43 N 23
Chaddesden	36 P 25
Chadlington	28 P 28
Chadwell St. Mary	22 V 29
Chagford	4 I 31
Chailey	11 T 31
Chàirn Bhain (Loch a')	84 E 9
Chalfont St. Giles	21 S 29

Chalfont St. Peter	21 S 29
Chalford	19 N 28
Chalgrove	20 Q 29
Challacombe	7 I 30
Challoch	52 G 19
Challock	22 W 30
Chambercombe Manor	17 H 30
Chandler's Ford	10 P 31
Channel Islands	5
Chapel Brampton	28 R 27
Chapel-en-le-Frith	43 O 24
Chapel Haddlesey	44 Q 22
Chapel le Dale	49 M 21
Chapel St. Leonards	45 V 24
Chapel Stile	48 K 20
Chapelhall	61 I 16
Chapelknowe	54 K 18
Chapelton	60 H 16
Chapeltown Moray	74 K 12
Chapeltown Sheffield	43 P 23
Chapmanslade	19 N 30
Chard	8 L 31
Chardstock	8 L 31
Charfield	19 M 29
Charing	22 W 30
Charlbury	28 P 28
Charlecote Park	27 P 27
Charleston Manor	12 U 31
Charlestown Highland	78 C 10
Charlestown Restormel	3 F 33
Charlton	19 N 29
Charlton Horethorne	8 M 30
Charlton Kings	27 N 28
Charlton Marshall	9 N 31
Charlton Musgrove	9 M 30
Charlton on Otmoor	20 Q 28
Charlwood	11 T 30
Charminster	8 M 31
Charmouth	5 L 31
Charney Basset	20 P 29
Charsfield	31 X 27
Chartham	23 X 30
Chartridge	21 S 28
Chartwell	21 U 30

Chastleton	27 P 28
Chatburn	42 M 22
Chatham	22 V 29
Chatsworth House	43 P 24
Chatteris	29 U 26
Chatto	62 M 17
Chatton	63 O 17
Chawleigh	7 I 31
Cheadle Gtr. Mches.	43 N 23
Cheadle Staffs.	35 O 25
Checkendon	20 Q 29
Cheddar	18 L 30
Cheddar Gorge	18 L 30
Cheddington	21 S 28
Cheddleton	35 N 24
Chedington	8 L 31
Chedworth	19 O 28
Cheese Bay	76 Y 11
Chelford	42 N 24
Chellaston	36 P 25
Chelmarsh	27 M 26
Chelmsford	22 V 28
Cheltenham	27 N 28
Chelveston	29 S 27
Chelwood Gate	11 U 30
Chepstow / Cas-Gwent	18 L 29
Cherhill	19 O 29
Cherington Cotswold	19 N 28
Cherington Stratford-on-Avon	27 P 27
Cheriton	10 Q 30
Cheriton Bishop	4 I 31
Cheriton Fitzpaine	7 J 31
Cherry Burton	44 S 22
Chertsey	21 S 29
Cherwell (River)	28 Q 28
Cheselbourne	9 M 31
Chesham	21 S 28
Chesham Bois	21 S 28
Cheshunt	21 T 28
Chesil Beach	8 M 32
Cheslyn Hay	35 N 26
Chester	34 L 24
Chester-le-Street	56 P 19

Chesterfield	43 P 24
Chesters	62 N 17
Chesters Fort	55 N 18
Chesterton Cambridge	29 U 27
Chesterton Cherwell	28 Q 28
Cheswardine	35 M 25
Cheswick	63 O 16
Cheviot (The)	63 N 17
Cheviot Hills (The)	62 M 17
Chew Magna	18 M 29
Chew Stoke	18 M 29
Chewton Mendip	18 M 30
Chicheley	29 R 27
Chichester	10 R 31
Chickerell	5 M 32
Chicklade	9 N 30
Chiddingfold	11 S 30
Chiddingly	12 U 31
Chiddingstone	22 U 30
Chideock	5 L 31
Chieveley	20 P 29
Chigwell	21 U 29
Chilcompton	18 M 30
Child Okeford	9 N 31
Childrey	20 P 29
Child's Ercall	34 M 25
Chilham	22 W 30
Chillingham	63 O 17
Chilmark	9 N 30
Chiltern Hills	20 R 29
Chilton Sedgefield	56 P 20
Chilton Vale of White Horse	20 Q 29
Chilton Folia	20 P 29
Chippenham East Cambridgeshire	30 V 27
Chippenham North Wiltshire	19 N 29
Chipping	42 M 22
Chipping Campden	27 O 27
Chipping Norton	28 P 28
Chipping Ongar	22 U 28
Chipping Sodbury	19 M 29
Chipping Warden	28 Q 27

CARDIFF

Capitol Centre	BZ
Castle St	BZ 9
Cathays Terrace	BY 10
Central Square	BZ 12
Church St.	BZ 14
City Hall Rd	BY 15
College Rd.	BY 20
Corbett Rd.	BY 21
Customhouse St.	BZ 23
David St	BZ 25
Duke St	BZ 26
Dumfries Pl.	BY 28
Greyfriars Rd	BY 29
Guilford St.	BZ 30
Hayes (The)	BZ 32
High St.	BZ
King Edward VII Ave.	BY 36
Lloyd George Ave.	BZ 38
Mary Ann St.	BZ 39
Moira Terrace	BZ 42
Nantes (Boulevard de)	BY 44
Queens Arcade Shopping Centre	BZ 54
Queen St	BZ
St Andrews Pl.	BY 56
St-David's 2	BZ
St-David's Centre	BZ
St John St	BZ 58
St Mary St	BZ
Station Terrace	BZ 61
Stuttgarter Strasse	BY 62
Tresillian Way	BZ 63
Working St.	BZ 67

130 Great Britain

CARLISLE

Cathedral	AY E	Tithe Barn	BY A		

Annetwell St	AY 2	Church St	AY 10	Spencer St	BY 20
Botchergate	BZ	Eden Bridge	BY 12	Tait St	BZ 21
Bridge St	AY 3	English St	BY 13	The Lanes Shopping	
Brunswick St	BZ 4	Lonsdale St	BY 14	Centre	BY
Castle St	BY 5	Lowther St	BY 15	Victoria Viaduct	ABZ 24
Cecil St	BZ 6	Port Rd	AY 16	West Tower St	BY 26
Charlotte St	AZ 7	St Marys Gate	BY 19	West Walls	ABY 27
Chiswick St	BY 8	Scotch St	BY 19	Wigton Rd	AZ 29

Chirbury	34 K 26	Chorley	42 M 23	Church Stoke	34 K 26
Chirk	34 K 25	Chorleywood	21 S 29	Church Stretton	34 L 26
Chirk Castle	34 K 25	Christchurch Christchurch	9 O 31	Churcham	19 M 28
Chirmorie	52 F 18	Christchurch Fenland	38 U 26	Churchdown	27 N 28
Chirnside	63 N 16	Christian Malford	19 N 29	Churchill	
Chirton	19 O 30	Christleton	34 L 24	North Somerset	18 L 29
Chiseldon	19 O 29	Christmas Common	20 R 29	Churchill Oxon.	27 P 28
Chislet	23 X 30	Christow	4 J 32	Churchingford	8 K 31
Chiswell Green	21 S 28	Chroisg (Loch a')	78 E 11	Churnet	35 N 24
Chitterne	19 N 30	Chudleigh	4 J 32	Churnsike Lodge	55 M 18
Chittlehamholt	7 I 31	Chulmleigh	7 I 31	Churston Ferrers	4 J 32
Chittlehampton	7 I 30	Church	42 M 22	Churt	10 R 30
Chobham	21 S 29	Church Crookham	20 R 30	Chwilog	32 H 25
Choire (Loch)	84 H 9	Church Eaton	35 N 25	Cifynydd	17 K 29
Cholderton	9 O 30	Church Enstone	28 P 28	Cilcain	34 K 24
Cholesbury	21 S 28	Church Fenton	44 Q 22	Cilcennin	25 H 27
Chollerton	55 N 18	Church Knowle	9 N 32	Cilgerran	15 G 27
Cholsey	20 Q 29	Church Leigh	35 O 25	Cilmery	25 J 27
Chon (Loch)	67 G 15	Church Lench	27 O 27	Cilrhedyn	15 G 28
Chopwell	56 O 19	Church Minshull	34 M 24	Cilybebyll	17 I 28

CHESTER

Boughton	B 2	Handbridge	B 13	Pepper St	B 30
Bridge St	B 3	Little St John St	B 19	Pierpoint Lane	B 31
Eastgate St	B 7	Liverpool Rd	B 21	St John St	B 32
Forum Shopping centre	B	Lower Bridge St	B 23	St Martins Way	B 33
Frodsham St	B 9	Nicholas St	B 25	Vicar's Lane	B 40
Grosvenor Park Rd	B 10	Northgate St	B 26	Watergate	
Grosvenor St	B 12	Parkgate Rd	B 28	St	B

Cilycwm	25 I 27	Clovenfords	62 L 17	Colne (River)	22 X 28
Cinderford	18 M 28	Clovulin	72 E 13	Colonsay	64 B 15
Cirencester	19 O 28	Clowne	44 Q 24	Colpy	81 M 11
City of London		Cluanie Loch	72 E 12	Colsterworth	37 S 25
London Borough	21 T 29	Cluanie Lodge	72 E 12	Coltishall	39 Y 25
Clachaig	66 E 16	Clumber Park	44 Q 24	Colwall Stone	27 M 27
Clachan Argyl	66 F 15	Clun	26 K 26	Colwinston	17 J 29
Clachan Kintyre	59 D 16	Clunbury	26 L 26	Colwyn Bay /	
Clachan Mór	70 Z 14	Clunes Forest	72 F 13	Bae Colwyn	41 I 23
Clachan of Campsie	67 H 16	Clungunford	26 L 26	Colyton	5 K 31
Clachan of Glendaruel	65 E 15	Clunie	68 J 14	Combe Florey	8 K 30
Clachtoll	83 E 9	Clutton	18 M 30	Combe Martin	17 H 30
Clackavoid	74 J 13	Clwydian Range	34 K 24	Combe-St. Nicholas	8 L 31
Clackmannan	67 I 15	Clydach	17 I 28	Combeinteignhead	4 J 32
Clacton-on-Sea	23 X 28	Clyde (Firth of)	59 F 17	Comberton	29 U 27
Claggain Bay	58 B 16	Clyde (River)	61 J 17	Combwich	8 K 30
Claggan	71 C 14	Clydebank	60 G 16	Come-to-Good	2 E 33
Claidh (Loch)	82 A 10	Clydesdale	61 I 16	Compton Berks.	20 Q 29
Claigan	77 A 11	Clyffe Pypard	19 O 29	Compton Guildford	21 S 30
Clandon Park	21 S 30	Clynnog-Fawr	32 G 24	Compton	
Claonel	84 G 9	Clyro	26 K 27	West Sussex	10 R 31
Clapham Beds.	29 S 27	Clyst Honiton	4 J 31	Compton Abdale	19 O 28
Clapham North Yorks.	49 M 21	Clyst Hydon	7 J 31	Compton Basset	19 O 29
Clapton-in-Gordano	18 L 29	Clytha	18 L 28	Compton Castle	4 J 32
Clàr (Loch nan)	85 H 9	Clywedog Resr.	25 J 26	Compton Dando	18 M 29
Clarbeston Road	24 F 28	Coalburn	61 I 17	Compton Wynyates	28 P 27
Clare	30 V 27	Coaley	19 N 28	Comrie	67 I 14
Clashindarroch	80 L 11	Coalville	36 P 25	Cona Glen	72 D 13
Clashmore	79 H 10	Coast	78 D 10	Conchra	65 E 15
Clashnessie	84 E 9	Coatbridge	60 H 16	Condicote	27 O 28
Clatt	80 L 12	Coates	19 N 28	Condover	34 L 26
Clatteringshaws (Loch)	53 H 18	Cobham	21 S 30	Congleton	35 N 24
Claughlands Point	59 E 17	Cock Bridge	74 K 12	Congresbury	18 L 29
Clavering	29 U 28	Cockayne	50 Q 20	Coningsby	37 T 24
Claverley	27 N 26	Cockburnspath	69 M 16	Conington	29 T 26
Claverton Manor	19 N 29	Cockenzie and		Conisbrough	44 Q 23
Clawdd-newydd	33 J 24	Port Seton	69 L 16	Coniston	48 K 20
Clawton	6 G 31	Cockerham	48 L 22	Connah's Quay	42 K 24
Claxton Ryedale	50 R 21	Cockermouth	54 J 20	Connel	65 D 14
Claxton South Norfolk	39 Y 26	Cockfield Babergh	30 W 27	Connel Park	60 H 17
Clay Cross	36 P 24	Cockfield Teesdale	56 O 20	Conon Bridge	79 G 11
Claydon	31 X 27	Cocking	10 R 31	Consett	56 O 19
Claydon House	28 R 28	Cockleford	19 N 28	Constantine Bay	2 E 32
Claypole	36 R 24	Cockshutt	34 L 25	Contin	79 G 11
Clayton	11 T 31	Coddington	36 R 24	Convinth (Glen)	79 G 11
Clayton-le-Moors	42 M 22	Codford St. Mary	9 N 30	Conway Falls	33 I 24
Clayton West	43 P 23	Codicote	21 T 28	Conwy	41 I 23
Cleadale	71 B 13	Codnor	36 P 24	Conwy (River)	33 I 24
Cleadon	57 P 19	Codsall	35 N 26	Conwy (Vale of)	33 I 24
Cleat	70 X 12	Coe (Glen)	72 F 14	Cooden Beach	12 V 31
Cleator Moor	47 J 20	Coed y Brenin Forest	33 I 25	Cookham	21 R 29
Cleckheaton	43 O 22	Coedpoeth	34 K 24	Coolham	11 S 31
Cleedownton	26 M 26	Coggeshall	30 W 28	Coombe Bissett	9 O 30
Cleehill	26 M 26	Coignafearn	73 H 12	Copdock	31 X 27
Cleethorpes	45 T 23	Coignafearn Forest	73 H 12	Copford	30 W 28
Cleeve Abbey	7 J 30	Coille Mhorgil	72 E 12	Copley	56 O 20
Cleeve Prior	27 O 27	Colaboll	84 G 9	Copmanthorpe	50 Q 22
Clehonger	26 L 27	Colbost	77 A 11	Copplestone	7 I 31
Cleigh	65 D 14	Colby Eden	55 M 20	Coppull	42 M 23
Clenchwarton	38 V 25	Colby Isle of Man	46 F 21	Copthorne	11 T 30
Clent	27 N 26	Colchester	30 W 28	Coquet (River)	63 N 17
Cleobury Mortimer	26 M 26	Cold Ash	20 Q 29	Corbridge	55 N 19
Cleobury North	26 M 26	Cold Ashby	28 Q 26	Corby	28 R 26
Clephanton	79 I 11	Cold Ashton	19 M 29	Corby Glen	37 S 25
Clevedon	18 L 29	Cold Fell	55 M 19	Corfe Castle	9 N 32
Clevedon-Court	18 L 29	Cold Norton	22 W 28	Corfe Mullen	9 N 31
Cleveland Hills	50 Q 20	Coldbackie	84 G 8	Corgarff Castle	74 K 12
Cleveleys	42 K 22	Colden Common	10 Q 31	Corhampton	10 Q 31
Cley Next the Sea	38 X 25	Coldingham	63 N 16	Cornforth	56 P 19
Cliburn	55 M 20	Coldstream	63 N 17	Cornhill	81 L 11
Cliffe Edway	22 V 29	Colebrooke	7 I 31	Cornhill-on-Tweed	63 N 17
Cliffe Selby	44 R 22	Coleford Glos.	18 M 28	Cornwood	4 I 32
Clifton		Coleford Somerset	18 M 30	Cornworthy	4 J 32
City of Nottingham	36 Q 25	Colemere	34 L 25	Corpach	72 E 13
Clifton Eden	55 L 20	Coleorton	36 P 25	Corpusty	39 X 25
Clifton Rugby	28 Q 26	Coleshill		Corran	72 E 13
Clifton Hampden	20 Q 29	North Warwickshire	27 O 26	Corrany	46 G 21
Clifton-upon-Teme	27 M 27	Coleshill		Corrie	59 E 17
Clipston	28 R 26	Vale of White Horse	19 P 29	Corrie Common	54 K 18
Clisham	82 Z 10	Colgrave Sound	87 R 2	Corrimony	78 F 11
Clitheroe	42 M 22	Colkirk	38 W 25	Corringham Thurrock	22 V 29
Clive	34 L 25	Coll Argyll and Bute	71 A 14	Corringham	
Cliveden House	21 R 29	Coll Eilean Siar	83 B 9	West Lindsey	44 R 23
Clocaenog	33 J 24	Colliery Row	56 P 19	Corris	33 I 26
Clocaenog Forest	33 J 24	Collieston	81 O 11	Corry	77 C 12
Clola	81 O 11	Collin	53 J 18	Corryvreckan (Gulf of)	65 C 15
Clophill	29 S 27	Collingbourne Ducis	19 P 30	Corscombe	8 L 31
Clopton	29 S 26	Collingbourne Kingston	19 P 30	Corsham	19 N 29
Closeburn	53 I 18	Collingham Notts.	36 R 24	Corsham Court	19 N 29
Clotton	34 L 24	Collingham West Yorks.	50 P 22	Corsley Heath	19 N 30
Clouds Hill	9 N 31	Collington	26 M 27	Corsock	53 I 18
Cloughton	51 S 20	Collyweston	37 S 26	Corstopitum	55 N 19
Clova	74 K 13	Colmonell	52 F 18	Corton	9 N 30
Clova (Glen)	74 K 13	Coln (River)	19 O 28	Corwen	33 J 25
Clove Lodge	49 N 20	Colnabaichin	74 K 12	Cosby	36 Q 26
Clovelly	6 G 31	Colne	43 N 22	Cosham	10 Q 31
				Costessey	39 X 26

Great Britain

COVENTRY

Street	Ref
Bayley Lane	AV 3
Bishop St	AV 5
Broadgate	AV 6
Burges (The)	AV 7
Central Six Retail Park Shopping	AV
Corporation St	AV
Earl St	AV 10
Fairfax St	AV 12
Far Gosford St	AV 13
Gosford St	AV 15
Greyfriars Lane	AV 16
Hales St	AV 17
High St	AV 22
Ironmonger Rd	AV 23
Jordan Well	AV 26
Leicester Row	AV 29
Light Lane	AV 30
Little Park St	AV 31
Precincts Shopping	AV
Primrose Hill St	AV 34
Queen Victoria Rd	AV 35
St Johns (Ringway)	AV 38
St Nicholas (Ringway)	AV 39
Swanswell (Ringway)	AV 40
Trinity St	AV 41
Upper Well St	AV 43
Vecqueray St	AV 45
Victoria St	AV 46
Warwick Rd	AV 49
White Friars (Ringway)	AV 54
White St	AV 51
Windsor St	AV 52

Museum of British Road Transport ... AV M²   Old Cathedral ... AV B

Place	Ref
Cot-town	81 N 11
Cotehill	55 L 19
Cotgrave	36 Q 25
Cotham	36 R 24
Cotherstone	49 O 20
Cothi River	25 H 28
Coton	29 U 27
Cotswold Wildlife Park	19 O 28
Cottenham	29 U 27
Cottered	29 T 28
Cottesmore	37 S 25
Cottingham East Riding of Yorks.	45 S 22
Cottingham Northants.	28 R 26
Cottisford	28 Q 28
Cottonshopeburn Foot	62 M 18
Coulags	78 D 11
Coulport	66 F 15
Coulter	61 J 17
Coundon	56 P 20
Countesthorpe	36 Q 26
Coupar Angus	68 K 14
Coustonn	66 E 16
Cove Argyll and Bute	66 F 15
Cove Highland	78 C 10
Cove Bay	75 N 12
Coventry	28 P 26
Coverack	2 E 33
Cow Honeybourne	27 O 27
Cowal	65 E 16
Cowan Bridge	48 M 21
Cowbit	37 T 25
Cowbridge / Bont-faen	17 J 29
Cowdenbeath	68 J 15
Cowdray House	10 R 31
Cowes Isle of Wight	10 Q 31
Cowfold	11 T 31
Cowie	67 I 15
Cowling	43 N 22
Cowplain	10 Q 31
Coxheath	22 V 30
Coxhoe	56 P 19
Coxwold	50 Q 21
Coylton	60 G 17
Coylumbridge	74 I 12
Crackington Haven	6 G 31
Crafthole	3 H 32
Craggan	66 F 15
Cragside Gardens	63 O 18
Crai	25 J 28
Craig	78 E 11
Craig Lodge	65 E 16
Craig-y-nos	17 I 28
Craigdarroch	60 H 18
Craigellachie	80 K 11
Craigencallie	53 G 18
Craigendoran	66 F 16
Craigens	58 B 16
Craighead	69 M 15
Craighouse	58 C 16
Craigie	60 G 17
Craigievar Castle	75 L 12
Craigmalloch	53 G 18
Craignish (Loch)	65 D 15
Craignure	65 C 14
Craigrothie	69 L 15
Craigton	74 K 14
Craik	62 K 17
Crail	69 M 15
Crailing	62 M 17
Crailinghall	62 M 17
Crakaig	85 I 9
Cramlington	56 P 18
Cramond	68 K 16
Cranborne	9 O 31
Cranbrook	12 V 30
Crane Moor	43 P 23
Cranford St. John	29 S 26
Cranleigh	11 S 30
Cranmore	18 M 30
Cranshaws	62 M 16
Cranstal	46 G 20
Cranwell	37 S 24
Cranworth	38 W 26
Crask Inn	84 G 9
Craster	63 P 17
Crathes Castle	75 M 12
Crathie	74 K 12
Crathorne	50 Q 20
Craven Arms	26 L 26
Crawcrock	56 O 19
Crawford	61 J 17
Crawfordjohn	61 I 17
Crawick	61 I 17
Crawley Hants.	10 P 30
Crawley West Sussex	11 T 30
Crawley Down	11 T 30
Creag Meagaidh	73 G 13
Creagan	65 E 14
Creagorry	76 Y 11
Creake South	38 W 25
Credenhill	26 L 27
Crediton	7 J 31
Creech St. Michael	8 K 30
Creetown	53 G 19
Creggans	66 E 15
Creran (Loch)	65 D 14
Cressage	34 M 26
Cresswell Castle Morpeth	56 P 18
Cresswell Pembrokeshire / Sir Benfro	15 F 28
Creswell	44 Q 24
Crewe	35 M 24
Crewkerne	8 L 31
Crianlarich	66 G 14
Cribyn	15 H 27
Criccieth	33 H 25
Crich	36 P 24
Crichton	62 L 16
Crick	28 Q 26
Crickadarn	25 K 27
Cricket St. Thomas	8 L 31
Crickhowell	26 K 28
Cricklade	19 O 29
Crickley Hill	19 N 28
Crieff	67 I 14
Crimond	81 O 11
Crimplesham	38 V 26
Crinan	65 D 15
Crinan (Loch)	65 D 15
Cringleford	39 X 26
Croachy	79 H 12
Crocketford	53 I 18
Crockham Hill	21 U 30
Croes-goch	14 E 28
Croesyceiliog	18 L 29
Croft Herefordshire	26 L 27
Croft Richmondshire	50 P 20
Croft-on-Tees	50 P 20
Crofty	15 H 29
Croggan	65 C 14
Croglin	55 M 19
Croick	79 G 10
Croig	71 B 14
Cromalt Hills	84 E 9
Cromar	74 L 12
Cromarty	79 H 10
Cromarty Bay	79 H 10
Cromarty Firth	79 H 11
Cromdale	80 J 11
Cromdale (Hills of)	80 J 12
Cromer	39 X 25
Cromford	35 P 24
Cromore	82 A 9
Cromra	73 G 13
Crondall	20 R 30
Cronk (The)	46 G 21
Crook South Lakeland	48 L 20
Crook Wear Valley	56 O 19
Crook of Devon	68 J 15
Crookham	63 N 17
Crookham Village	20 R 30
Crooklands	48 L 21
Cropredy	28 Q 27
Cropston	36 Q 25
Cropwell Bishop	36 R 25
Crosby Allerdale	54 J 19
Crosby Isle of Man	46 G 21
Crosby Sefton	42 K 23
Crosby Ravensworth	48 M 20
Croscombe	18 M 30
Cross	83 B 8
Cross Fell	55 M 19
Cross Hands	15 H 28
Cross Inn	25 H 27
Crossaig	59 D 16
Crossapoll	64 Z 14
Crossbost	82 A 9
Crossford	61 I 16
Crossgates	68 J 15
Crossgill	48 L 21
Crosshill Fife	68 K 15
Crosshill South Ayrshire	60 G 18
Crosshouse	60 G 17
Crosskeys	18 K 29
Crosskirk	85 J 8
Crossmichael	53 I 19
Crossraguel Abbey	60 F 18
Crossways	9 N 31
Croston	42 L 23
Crouch (River)	22 W 29
Croughton	28 Q 28
Crow Hill	26 M 28
Crowborough	12 U 30
Crowcombe	8 K 30
Crowhurst	12 V 31
Crowland	37 T 25
Crowle Doncaster	44 R 23
Crowle Wychavon	27 N 27
Crowlin Island	77 C 11
Crowmarsh Gifford	20 Q 29
Crowthorne	20 R 29
Croxley Green	21 S 29
Croxton	30 W 26
Croxton Kerrial	36 R 25
Croy	79 H 11
Croyde	6 H 30
Croydon London Borough	21 T 29
Cruden Bay	81 O 11
Crudgington	34 M 25
Crudwell	19 N 29
Crug-y-bar	25 I 27
Crulivig	82 Z 9
Crudwell (Crudwell)	
Crymmych	15 G 28
Crynant	17 I 28
Cuaig	77 C 11
Cubbington	28 P 27
Cubert	2 E 32
Cuckfield	11 T 30
Cucklington	9 M 30
Cuckney	44 Q 24
Cuddington Aylesbury	20 R 28
Cuddington Vale Royal	42 M 24
Cudworth	43 P 23
Cuffley	21 T 28
Cuhxham	20 Q 29
Cuilcudden	79 H 11
Cuillin Sound	71 B 12
Cuillins (The)	77 B 12
Culbokie	79 G 11
Culdrose	2 E 33
Culgaith	55 M 20
Culkein	83 D 9
Cullen	80 L 10
Cullen Bay	80 L 10
Cullingworth	43 O 22
Cullipool	65 D 15
Culloch	67 I 14
Cullompton	7 J 31
Culmington	26 L 26
Culmstock	8 K 31
Culnacraig	84 E 10
Culrain	79 G 10
Culross	68 J 15
Culshabbin	52 G 19
Culswic	87 P 3
Culter Fell	61 J 17
Cults	75 N 12
Culzean Castle	59 F 17
Cumbernauld	67 I 16
Cumbrian Moutains	48 K 20
Cuminestown	81 N 11
Cummersdale	54 L 19
Cummertrees	54 J 19
Cumnock	60 H 17
Cumnor	20 P 28
Cumwhitton	55 L 19
Cunninghamhead	60 G 17
Cupar	69 K 15
Curbridge	20 P 28
Curdridge	10 Q 31
Currie	61 K 16
Curry Rivel	8 L 30
Cutcloy	53 G 19
Cuxton	22 V 29
Cutnall green	27 N 27
Cwm	18 K 28
Cwm Bychan	33 H 25
Cwm Taf	17 J 28
Cwmafan	17 I 29
Cwmaman	17 J 28
Cwmbach Carmarthenshire / Sir Gaerfyrddin	15 G 28
Cwmbach Powys / Powys	25 J 27
Cwmbach Rhondda, Cynon, Taf / Rhondda, Cynon, Taff	17 J 28
Cwmbrân	18 L 29
Cwmcarn	18 K 29
Cwmcoy	15 G 27
Cwmllynfell	17 I 28
Cwmystwyth	25 I 26
Cwnduad	15 G 28
Cwnfelin Boeth	15 G 28
Cwrt-Newydd	15 H 27
Cydweli / Kidwelly	15 H 28
Cyffylliog	33 J 24
Cymmer	17 J 29
Cymyran Bay	40 G 23
Cynwyl Elfed	15 G 28

D

Place	Ref
Dacre Eden	55 L 20
Dacre Harrogate	49 O 21
Dagingworth	19 N 28
Dailly	60 F 18
Daimh (Loch an)	73 G 14
Dairsie or Osnaburgh	69 L 14
Dalavich	65 E 15
Dalbeattie	53 I 19
Dalbeg	73 H 12
Dalblair	60 H 17
Dalby	46 F 21
Dalchalloch	73 H 13
Dalchruin	67 H 15
Dale	14 E 28
Dale Head	48 L 20
Dalgonar	60 H 18
Dalham	30 V 27
Dalhavaig	85 I 8
Daliburgh	76 X 12
Dalkeith	61 K 16
Dallas	80 J 11
Dalleagles	60 H 17
Dallington Northampton	28 R 27
Dallington Rother	12 V 31
Dalmally	66 F 14
Dalmellington	60 G 18
Dalmeny	68 J 16
Dalmigavie	73 H 12
Dalnabreck	71 C 13
Dalnaspidal Lodge	73 H 13
Dalnavaid	74 J 13
Dalnavie	79 H 10
Dalness	72 F 14
Dalry Dumfries and Galloway	53 H 18
Dalry North Ayrshire	60 F 16
Dalrymple	60 G 18
Dalston	54 L 19
Dalswinton	53 I 18
Dalton Dumfries and Galloway	54 J 18
Dalton North Yorks.	50 P 21
Dalton in Furness	47 K 21
Damerham	9 O 31
Damh (Loch)	78 D 11
Dan-yr-Ogof	17 I 28
Danbury	22 V 28
Danby	50 R 20
Dane	35 M 24
Danehill	11 U 30
Darenth	22 U 29
Darfield	43 P 23

DERBY

Street	Ref
Albert St	Z
Babington Lane	Z 3
Bold Lane	Y 4
Bradshaw Way	Z 5
Cathedral Rd	Y 7
Charnwood St	Z 9
Corn Market	Z
Corporation St	YZ 14
Duffield Rd	Y 17
Eagle Shopping Centre	Z
East St	Z 18
Full St	Y 19
Iron Gate	Y 22
Jury St	Y 23
King St	Y 25
Liversage St	Z 26
Market Pl	YZ 27
Midland Rd	Z 28
Morledge	Z 29
Mount St	Z 30
Normanton Rd	Z 33
Queen St	Y 34
Sacheveral St	Y 35
St Mary's Gate	Y 36
St Peter's St	Y 37
Stafford St	Y 42
Victoria St	Z 46
Wardwick	Z 50

Museum and Art Gallery ... M¹   Royal Crown Derby Museum ... M²

132 Great Britain

DOVER

Street	Grid
Bench St.	Y 3
Biggin St.	Y 4
Cannon St.	Y 5
Castle St.	Y 6
Charlton Green	Y 7
High St.	Y
King St.	Y 13
Ladywell Park St.	Y 15
London Rd.	Y 17
Pencester Rd.	Y
Priory Rd.	Y 18
Priory St.	Y 19
Queen St.	Y 20
Worthington St.	Y 25

DURHAM

Street	Grid
Alexander Crescent	A 2
Castle Chare	A 3
Court Lane	B 5
Elvet Bridge	B 6
Elvet Crescent	B 7
Flass St	A 8
Framwelgate Bridge	B 10
Framwelgate Waterside	B 12
Gilesgate	B 14
Grove St.	A 15
High St.	B 16
Market Pl.	B 17
Millburngate	A 19
Neville St.	A 20
Potters Bank	A 21
Providence Row	B 23
Saddler St.	B
Silver St.	A 24
Sutton St.	A 25

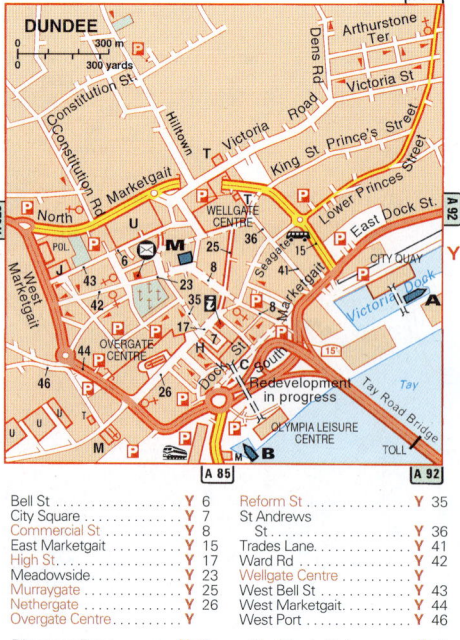

DUNDEE

Street	Grid
Bell St.	Y 6
City Square	Y 7
Commercial St.	Y 8
East Marketgait	Y 15
High St.	Y 17
Meadowside	Y 23
Murraygate	Y 25
Nethergate	Y 26
Overgate Centre	Y
Discovery Point	Y B
Reform St	Y 35
St Andrews St.	Y 36
Trades Lane	Y 41
Ward Rd	Y 42
Wellgate Centre	Y
West Bell St	Y 43
West Marketgait	Y 44
West Port	Y 46
The Frigate Unicorn	Y A

Place	Grid
Darlington	50 P 20
Darowen	33 I 26
Darras Hall	56 O 18
Darrington	44 Q 22
Darsham	31 Y 27
Dartford	22 U 29
Dartford Tunnel	22 U 29
Dartington	4 I 32
Dartmeet	4 I 32
Dartmoor National Park	4 I 32
Dartmouth	4 J 32
Darton	43 P 23
Darvel	60 H 17
Darwen	42 M 22
Datchet	21 S 29
Datchworth	29 T 28
Dava	80 J 11
Daventry	28 Q 27
Davidstow	6 G 32
Davington	61 K 18
Daviot	79 H 11
Dawley	34 M 26
Dawlish	4 J 32
Deal	23 Y 30
Dean	54 J 20
Dean Forest Park	18 M 28
Deanich Lodge	78 F 10
Deanston	67 H 15
Dearham	54 J 19
Debden	30 U 28
Deben (River)	31 X 27
Debenham	31 X 27
Deddington	28 Q 28
Dedham	30 W 28
Dee / Afon Dyfrdwy (River) Wales	41 K 23
Dee (River) Scotland	75 N 12
Dee (River) / Afon Dyfrdwy	34 K 24
Deene	29 S 26
Deepcut	21 R 30
Deepdale	49 M 21
Deeping-St. James	37 T 25
Deeping St. Nicholas	37 T 25
Deeps (The)	87 P 3
Defford	27 N 27
Deiniolen	33 H 24
Delabole	6 F 32
Delamere	34 M 24
Delamere Forest	42 L 24
Dell	83 B 8
Dellifure	80 J 11
Delnadamph Lodge	74 K 12
Delph	43 N 23
Denbigh / Dinbych	33 J 24
Denby Dale	43 P 23
Denchworth	20 P 29
Denham	21 S 29
Denholm	62 L 17
Denmead	10 Q 31
Dennington	31 Y 27
Denny	67 I 15
Dent	49 M 21
Denton South Kesteven	36 R 25
Denton Stockport	43 N 23
Denver	38 V 26
Derby	36 P 25
Deri	18 K 28
Dersingham	38 V 25
Dervaig	71 B 14
Derwent (River) R. Ouse	44 R 22
Derwent (River) R. Trent	36 P 24
Derwent (River) R. Tyne	56 O 19
Derwent Dale	43 O 23
Derwent Reservoir Derbs.	43 O 23
Derwent Reservoir Northumb.	56 N 19
Derwent Water	54 K 20
Desborough	28 R 26
Desford	36 Q 26
Detling	22 V 30
Devauden	18 L 28
Deveron (River)	81 M 11
Devil's Beef Tub	61 J 17
Devil's Bridge / Pontarfynach	25 I 26
Devil's Elbow	74 J 13
Devil's Punch Bowl	10 R 30
Devizes	19 O 29
Devonport	3 H 32
Dewsbury	43 P 23
Dherue (Loch an)	84 G 8
Dial Post	11 S 31
Dickleburgh	31 X 26
Didcot	20 Q 29
Diddlebury	26 L 26
Digby	37 S 24
Dilhorne	35 N 25
Dilton Marsh	19 N 30
Dilwyn	26 L 27
Dinas	24 F 27
Dinas Dinlle	32 G 24
Dinas Head	24 F 27
Dinas-Mawddwy	33 I 25
Dinas Powys	18 K 29
Dinbych / Denbigh	33 J 24
Dinbych-y-pysgod / Tenby	15 F 28
Dingwall	79 G 11
Dinnet	74 L 12
Dinnington Newcastle upon Tyne	56 O 18
Dinnington Rotherham	44 Q 23
Dinsdale	50 P 20
Dinton	9 O 30
Diptford	4 I 32
Dirleton	69 L 15
Dishforth	50 P 21
Diss	31 X 26
Disserth	25 J 27
Distington	53 J 20
Ditcheat	8 M 30
Ditchingham	31 Y 26
Ditchley Park	28 P 28
Ditchling	11 T 31
Ditton Priors	26 M 26
Doc Penfro / Pembroke Dock	16 F 28
Docherty (Glen)	78 E 11
Dochgarroch	79 H 11
Docking	38 V 25
Dockray	54 L 20
Dodburn	62 L 17
Doddington Cambs.	29 U 26
Doddington Kent	22 W 30
Doddington Lincs.	44 S 24
Doddington Northumb.	63 O 17
Dodington	19 M 29
Dodman Point	3 F 33
Dodworth	43 P 23
Doirlinn	71 C 13
Dolanog	33 J 25
Dolbenmaen	33 H 25
Dolfor	26 K 26
Dolgarrog	33 I 24
Dolgellau	33 I 25
Dolgoch Falls	33 I 26
Dollar	67 I 15
Dolphinholme	48 L 22
Dolton	7 H 31
Don (River) R. Ouse	44 Q 23
Don (River) R. Spey	74 K 12
Donhead-St. Andrew	9 N 30
Donhead-St. Mary	9 N 30
Donington	37 T 25
Donington-on-Bain	45 T 24
Donington Park Circuit	36 P 25
Donisthorpe	36 P 25
Donnington Berks.	20 Q 29
Donnington Salop	35 M 25
Donyatt	8 L 31
Doon (Loch)	60 G 18
Dorback Lodge	74 J 12
Dorchester Dorset	8 M 31
Dorchester Oxon.	20 Q 29
Dordon	35 P 26
Dore	43 P 24
Dores	79 H 11
Dorking	21 T 30
Dormansland	11 U 30
Dormanstown	57 Q 20
Dornie	78 D 12
Dornoch	79 H 10
Dornoch Firth	79 H 10
Dornock	54 K 19
Dorrington	34 L 26
Dorstone	26 K 27
Dorusduain	78 D 12
Douchary (Glen)	78 F 10
Dougarie	59 D 17
Douglas Isle of Man	46 G 21
Douglas South Lanarkshire	61 I 17
Douglastown	74 L 14
Dounby	86 K 6
Doune Highland	84 G 10
Doune Stirling	67 H 15
Dove (River)	35 O 25
Dove Cottage	48 K 20
Dove Holes	43 O 24
Dovedale	35 O 24
Dover	13 X 30
Dovercourt	31 X 28
Doveridge	35 O 25
Dovey / Dyfi (River)	33 I 26
Dowally	74 J 14
Dowdeswell	27 N 28
Dowlish Wake	8 L 31
Down Ampney	19 O 29
Downderry	3 G 32
Downham	30 U 26
Downham Market	38 V 26
Downies	75 N 12
Downton	9 O 31
Dowsby	37 S 25
Doynton	19 M 29
Drakes Broughton	27 N 27
Draughton	49 O 22
Drax	44 R 22
Draycott	36 P 25
Draycott-in-the-Clay	35 O 25
Draycott-in-the-Moors	35 N 25
Drayton Norfolk	39 X 25
Drayton Oxon.	20 Q 29
Drayton-St. Leonard	20 Q 29
Drefach near Carmarthen	15 H 28
Drefach near Newcastle-Emlyn	15 G 27
Dreghorn	60 G 17
Drem	69 L 15
Drenewydd / Newtown	26 K 26
Dreswick Point	46 G 21
Driffield	19 O 28
Drigg	47 J 20
Drighlington	43 P 22
Drimnin	71 C 14
Drinnishadder	76 Z 10
Drissaig	65 E 15
Droitwich	27 N 27
Dronfield	43 P 24
Drongan	60 G 17
Droxford	10 Q 31
Druidibeg (Loch)	76 Y 12
Druim a' Chliabhain (Loch)	85 H 8
Druimindarroch	71 C 13
Drum Castle	75 M 12
Drumbeg	84 E 9
Drumblade	81 M 11
Drumburgh	54 K 19
Drumchardine	79 G 11
Drumclog	60 H 17
Drumelzier	61 J 17
Drumfearn	71 C 12
Drumlanrig Castle	61 I 18
Drumlemble	58 C 17
Drumlithie	75 M 13
Drummond Castle	67 I 14
Drummore	52 F 19
Drummossie Muir	79 H 11
Drumnadrochit	79 G 11
Drumrunie	84 E 9
Drumsallie	72 D 13
Drumtochty Forest	75 M 13
Druridge Bay	63 P 18
Drybrook	18 M 28
Dryburgh Abbey	62 M 17
Drygarn Fawr	25 J 27
Drymen	67 G 15
Drynoch	77 B 12
Duchally	84 F 9
Ducklington	20 P 28
Duddington	37 S 26
Duddo	63 N 16
Dudley Dudley	27 N 26
Dudley North Tyneside	56 P 18
Duff House	81 M 11
Duffield	36 P 25
Dufftown	80 K 11
Duffus	80 K 10
Dufton	55 M 20
Duggleby	51 S 21
Duich (Loch)	78 D 12
Duirinish	77 C 12
Duke's Pass	67 G 15
Dukinfield	43 N 23
Dullingham	30 V 27
Dulnain Bridge	80 J 12
Duloe	3 G 32
Dulverton	7 J 30
Dumbarton	67 G 16
Dumbleton	27 O 27
Dumfries	53 J 18
Dun Carloway Broch	82 Z 9
Dunan	66 F 16
Dunbar	69 M 15
Dunbeath	85 J 9
Dunblane	67 I 15
Duncansby Head	86 K 8
Dunchurch	28 Q 26
Duncow	53 J 18
Duncton	11 S 31
Dundee	69 K 14
Dundonald	60 G 17
Dundrennan	53 I 19
Dundry	18 M 29
Dunecht	75 M 12
Dunfermline	68 J 15
Dungeness	13 W 31
Dunholme	44 S 24
Dunino	69 L 15
Dunipace	67 I 15
Dunkeld	68 J 14
Dunkery Beacon	7 J 30
Dunkeswell	8 K 31
Dunkirk	19 N 29
Dunley	27 N 27
Dunlop	60 G 16
Dunmaglass Lodge	79 H 12
Dunnet	85 J 8
Dunnet Bay	85 J 8
Dunnet Head	86 J 7
Dunning	68 J 15
Dunnington	50 R 22
Dunnockshaw	42 N 22

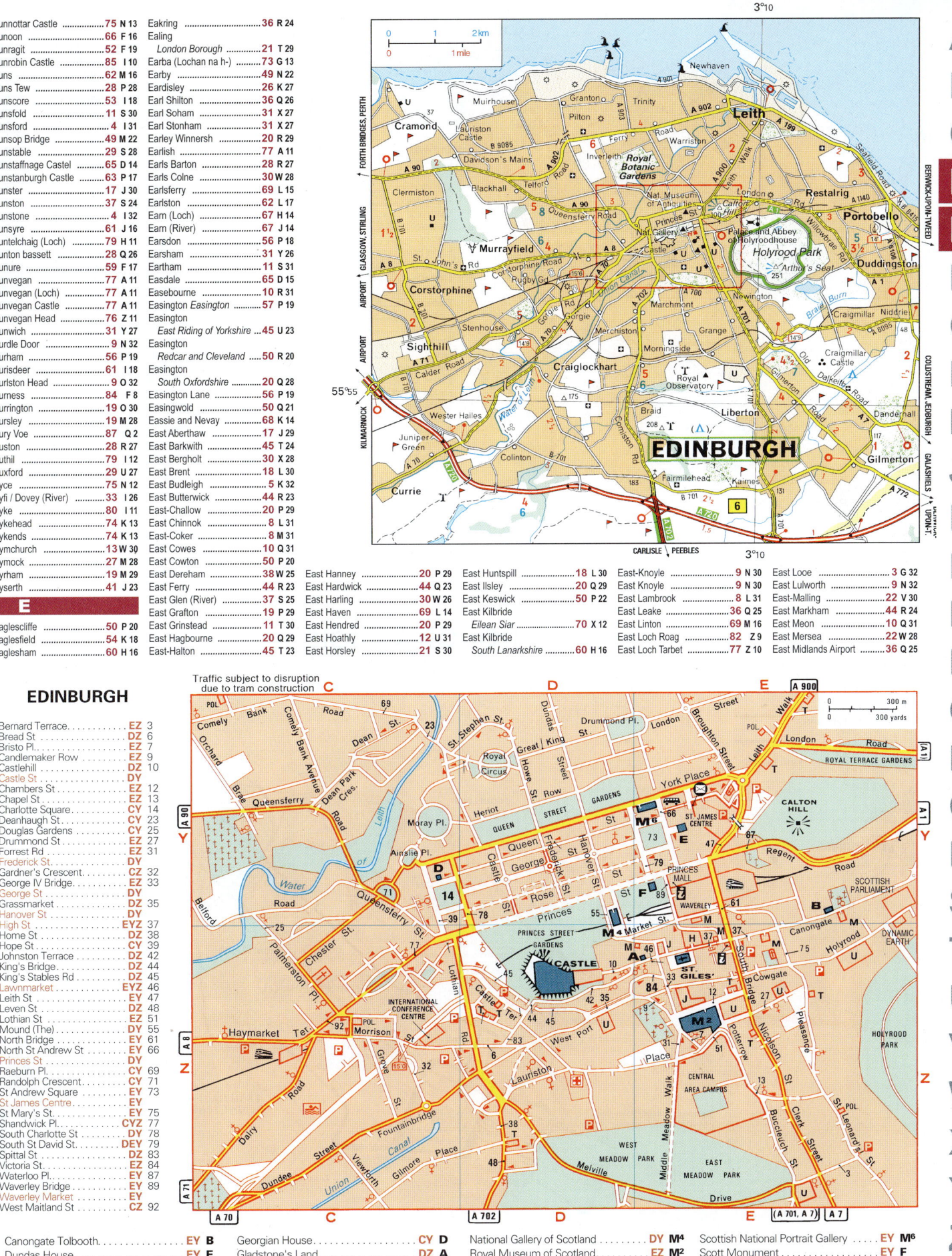

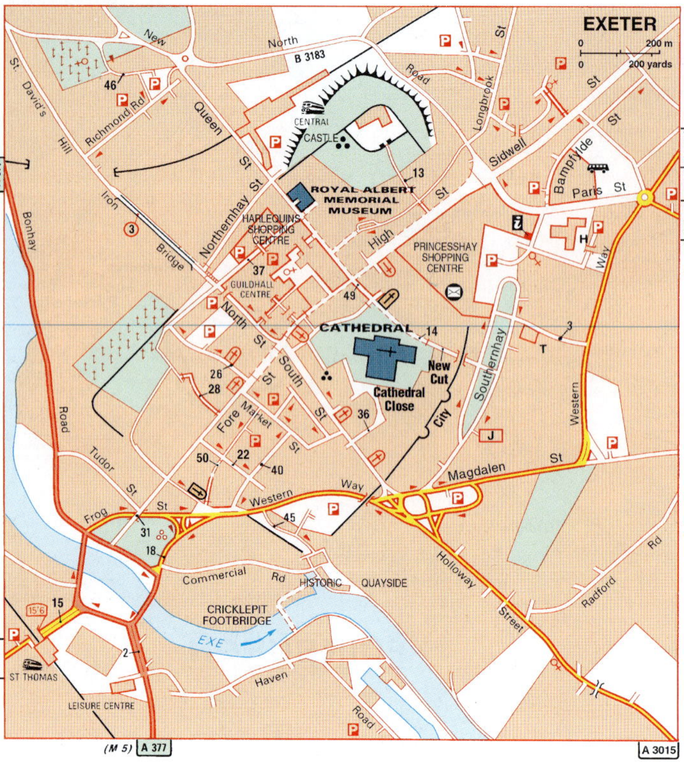

Great Britain

EXETER

Street	Ref
Alphington Rd	Z 2
Barnfield Rd	Z 3
Castle St	Y 13
Cathedral Close Walk	YZ 14
Cowick St	Z 15
Edmund St	Z 18
Fore St	Z
Guildhall Shopping Centre	Y
Harlequins Shopping Centre	Y
High St	Y
King St	Z 22
Mary Arches St	Z 26
Mint (The)	Y 28
New Bridge St	Z 31
Palace Gate	Z 36
Paul St	Y 37
Preston St	Z 40
Princesshay Shopping Centre	Y
Quay Hill	Z 45
Queen's Terrace	Y 46
St Martin's Lane	Y 49
Stepcote Hill	Z 50

Index

Name	Ref	Name	Ref	Name	Ref
East Moor	35 P 24	Ecclefechan	54 K 18	Eight Ash Green	30 W 28
East Norton	36 R 26	Eccles	42 M 23	Eil	73 I 12
East-Poringland	39 Y 26	Eccleshall	35 N 25	Eil (Loch)	72 E 13
East Portlemouth	4 I 33	Echt	75 M 12	Eilde Mór (Loch)	72 F 13
East Rhidorroch Lodge	78 F 10	Eckford	62 M 17	Eilean a' Chalmain	64 A 15
East-Rudham	38 W 25	Eckington Derbs.	43 P 24	Eilean Beag	77 C 11
East-Saltoun	62 L 16	Eckington Worc.	27 N 27	Eilean Chathastail	71 B 13
East Tisted	10 R 30	Edale	43 O 23	Eilean Donan Castle	78 D 12
East Wemyss	68 K 15	Eday	87 L 6	Eilean Flodigarry	77 B 10
East-Winch	38 V 25	Eddelston	61 K 16	Eilean Mhuire	82 A 10
East Wittering	10 R 31	Edderton	79 H 10	Eilean Mòr	77 C 11
East Witton	49 O 21	Eddrachillis Bay	84 E 9	Eilean Mullagrach	83 D 9
East-Woodhay	20 P 29	Eden (River)	55 M 19	Eilean na Bà	77 C 11
East-Wretham	30 W 26	Eden Project	3 F 32	Eilean nan Each	71 B 13
Eastbourne	12 U 31	Edenbridge	21 U 30	Eilean Trodday	77 B 10
Eastchurch	22 W 29	Edentaggart	66 F 15	Eileanach Lodge	79 G 10
Eastdean	12 U 31	Edenthorpe	44 Q 23	Eilt (Loch)	72 D 13
Easter-Compton	18 M 29	Edgefield	39 X 25	Eishken	82 A 9
Easter Ross	79 G 10	Edgmond	35 M 25	Eishort (Loch)	71 C 12
Eastergate	11 S 31	Edgton	26 L 26	Elan Valley	25 J 27
Eastfield	51 S 21	Edinbane	77 A 11	Elan Village	25 J 27
Eastgate	55 N 19	Edinburgh	68 K 16	Elcho	68 J 14
Eastham	42 L 24	Edington	19 N 30	Elgin	80 K 11
Eastington	19 N 28	Edith Weston	37 S 26	Elgol	71 B 12
Eastleach	19 O 28	Edlesborough	29 S 28	Elham	23 X 30
Eastleigh	10 P 31	Edlingham	63 O 17	Elie	69 L 15
Eastoft	44 R 23	Edmondsley	56 P 19	Eling	10 P 31
Easton Carlisle	55 L 18	Edmundbyers	56 O 19	Elkesley	44 R 24
Easton Dorset	8 M 32	Edwalton	36 Q 25	Elkstone	19 N 28
Easton Norfolk	39 X 26	Edwinstowe	36 Q 24	Elland	43 O 22
Easton-Grey	19 N 29	Edzell	75 M 13	Ellastone	35 O 25
Easton-in-Gordano	18 L 29	Efailnewydd	32 G 25	Ellen's Green	11 S 30
Easton-Royal	19 O 29	Egerton	22 W 30	Ellerbeck	50 P 20
Eastriggs	54 K 19	Eggerness Point	53 G 19	Ellerton	44 R 22
Eastrington	44 R 22	Eggleston	56 N 20	Ellesmere	34 L 25
Eastry	23 X 30	Egham	21 S 29	Ellesmere Port	42 L 24
Eastville	37 U 24	Egilsay	87 L 6	Ellingham	31 Y 26
Eastwood	36 Q 24	Eglingham	63 O 17	Ellington	56 P 18
Eaton	34 M 24	Egloskerry	6 G 32	Ellon	81 N 11
Eaton Bray	29 S 28	Eglwys Brewis	17 J 29	Elloughton	44 S 22
Eaton Socon	29 T 27	Eglwysfach	33 I 26	Elmdon	29 U 27
Ebbw Vale / Glyn Ebwy	18 K 28	Eglwyswrw	15 F 27	Elmley Castle	27 N 27
Ebchester	56 O 19	Egremont	47 J 20	Elmore	19 N 28
Ebrington	27 O 27	Egton	50 R 20	Elmstead Market	30 W 28
Eccels	62 M 17	Eigg	71 B 13	Elmswell	30 W 27
Ecchinswell	20 Q 29	Eigheach (Loch)	73 G 13	Elphin	84 E 9

Terminal de Calais

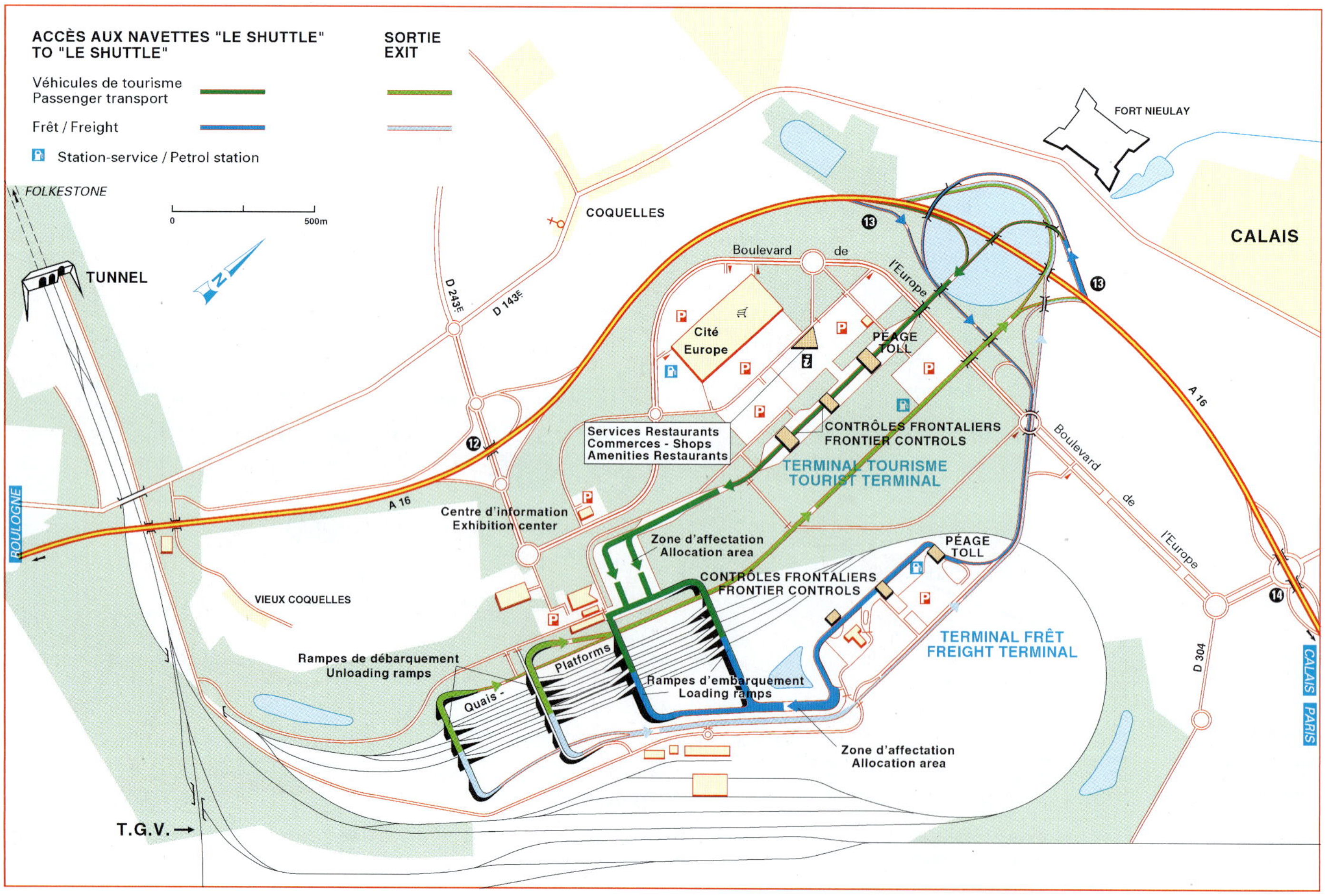

Elrick	75 N 12	Englishcombe	19 M 29	Ersary	70 X 13	Everleigh	19 O 30
Elrig	52 G 19	Enham Alamein	20 P 30	Erskine Bridge	67 G 16	Evershot	8 M 31
Elsdon	55 N 18	Enmore	8 K 30	Ervie	52 E 19	Eversley	20 R 29
Elsenham	30 U 28	Ensay	71 B 14	Erwood	25 K 27	Everton	44 R 23
Elsham	45 S 23	Enstone	28 P 28	Esh Winning	56 O 19	Evesham	27 O 27
Elsrickle	61 J 16	Enterkinfoot	61 I 18	Esha Ness	87 P 2	Evesham (Vale of)	27 O 27
Elstead	21 R 30	Enville	27 N 26	Esher	21 S 29	Ewe (Isle of)	78 D 10
Elstree	21 T 29	Eochar	76 X 11	Esk (Glen)	75 L 13	Ewell	21 T 29
Elswick	42 L 22	Eoligarry	70 X 12	Esk (River)	54 K 19	Ewelme	20 Q 29
Eltisley	29 T 27	Eoropie	83 B 8	Eskdale	54 K 18	Ewenny	17 J 29
Elton	37 S 26	Eorsa	65 B 14	Eskdalemuir	61 K 18	Ewes	54 L 18
Elveden	30 W 26	Eport (Loch)	76 Y 11	Essendon	21 T 28	Ewhurst	11 S 30
Elvington	50 R 22	Epping	21 U 28	Essich	79 H 11	Exbourne	7 I 31
Elwick	57 Q 19	Epping Forest	21 U 29	Eston	57 Q 20	Exe (River)	7 J 31
Elworth	35 M 24	Epsom	21 T 30	Etal	63 N 17	Exebridge	7 J 30
Ely	30 U 26	Epworth	44 R 23	Etchilhampton	19 O 29	Exeter	4 J 31
Emberton	28 R 27	Erddig	34 K 24	Etchingham	12 V 30	Exford	7 J 30
Embleton		Eredine	65 E 15	Etherow (River)	43 N 23	Exminster	4 J 31
Allerdale	54 K 20	Eredine Forest	65 D 15	Etherow Park	43 N 23	Exmoor National Park	7 I 30
Embleton Alnwick	63 P 17	Eriboll	84 F 8	Etive (Glen)	72 F 14	Exmouth	4 J 32
Embo	79 I 10	Eriboll (Loch)	84 F 8	Etive (Loch)	65 E 14	Exton	7 J 30
Embsay	49 O 22	Ericht (Loch)	73 G 13	Eton	21 S 29	Eyam	43 O 24
Emneth	37 U 26	Ericstane	61 J 17	Ettington	27 P 27	Eye Cambs.	37 T 26
Empingham	37 S 25	Eridge Green	12 U 30	Ettrick	61 K 17	Eye Suffolk	31 X 27
Emsworth	10 R 31	Eriska	65 D 14	Ettrick Forest	62 K 17	Eye Peninsula	83 B 9
Enaclete	82 Z 9	Eriskay	70 Y 12	Ettrick Pen	61 K 17	Eyemouth	63 N 16
Enard Bay	83 D 9	Erisort (Loch)	82 A 9	Etwall	35 P 25	Eynort	77 A 12
Enderby	36 Q 26	Eriswell	30 V 26	Euston	30 W 26	Eynort (Loch) Highland	77 A 12
Endmoor	48 L 21	Erlestoke	19 N 30	Euxton	42 L 22	Faringdon	
Endon	35 N 24	Ermington	4 I 32	Evanton	79 G 11	Eynort (Loch) Western Isles	76 Y 12
Enfield London Borough	21 T 29	Erpingham	39 X 25	Evelix	79 H 10	Eynsford	22 U 29
Enford	19 O 30	Errachty (Loch)	73 H 13	Evenlode	27 O 28	Eynsham	20 P 28
Englefield Green	21 S 29	Errogie	79 G 12	Evenwood	56 O 20	Eyre Point	77 B 12
English Bicknor	18 M 28	Errol	68 K 14	Evercreech	8 M 30	Eythorne	23 X 30
				Everingham	44 R 22		

F			
Fada (Loch)	76 Y 11	Farmers	25 I 27
Failsworth	43 N 23	Farmtown	80 L 11
Fair Isle	87 P 5	Farnborough Hants.	20 R 30
Fair Oak	10 Q 31	Farnborough Warw.	28 P 27
Fairbourne	33 H 25	Farnborough West Berkshire	20 P 29
Fairburn	44 Q 22	Farndon Chester	34 L 24
Fairford	19 O 28	Farndon Newark and Sherwood	36 R 24
Fairlie	59 F 16	Farne Islands	63 P 17
Fairlight	12 V 31	Farnell	75 M 13
Fakenham	38 W 25	Farnham Dorset	9 N 31
Fala	62 L 16	Farnham Surrey	20 R 30
Faldingworth	45 S 23	Farnham Royal	21 S 29
Falfield	18 M 29	Farningham	22 U 29
Falkirk	67 I 16	Farnley	49 O 22
Falkland	68 K 15	Farnsfield	36 Q 24
Fallin	67 I 15	Farnworth	42 M 23
Fallowfield	54 K 18	Farr	85 H 8
Falmer	11 T 31	Farrington Gurney	18 M 30
Falmouth	2 E 33	Farway	5 K 31
Falstone	55 M 18	Fasnakyle	78 F 12
Fanagmore	84 E 8	Fasnakyle Forest	78 F 11
Fangfoss	50 R 22	Fasque	75 M 13
Fannich (Loch)	78 E 11	Fassfern	72 E 13
Fannich Lodge	78 F 11	Fauldhouse	61 I 16
Fara	86 K 7	Faversham	22 W 30
Fareham	10 Q 31	Fawley	10 P 31
Farlam	55 L 19	Fazeley	35 O 26
Farleigh-Hungerford	19 N 30	Fearby	49 O 21
Farley	9 O 30	Fearn Lodge	79 H 10
Farley Mount	10 P 30	Fearnan	67 H 14
Farlow	26 M 26	Fearnmore	77 C 11
Farmborough	18 M 29	Featherstone Staffs.	35 N 26
		Featherstone West Yorks.	43 P 22

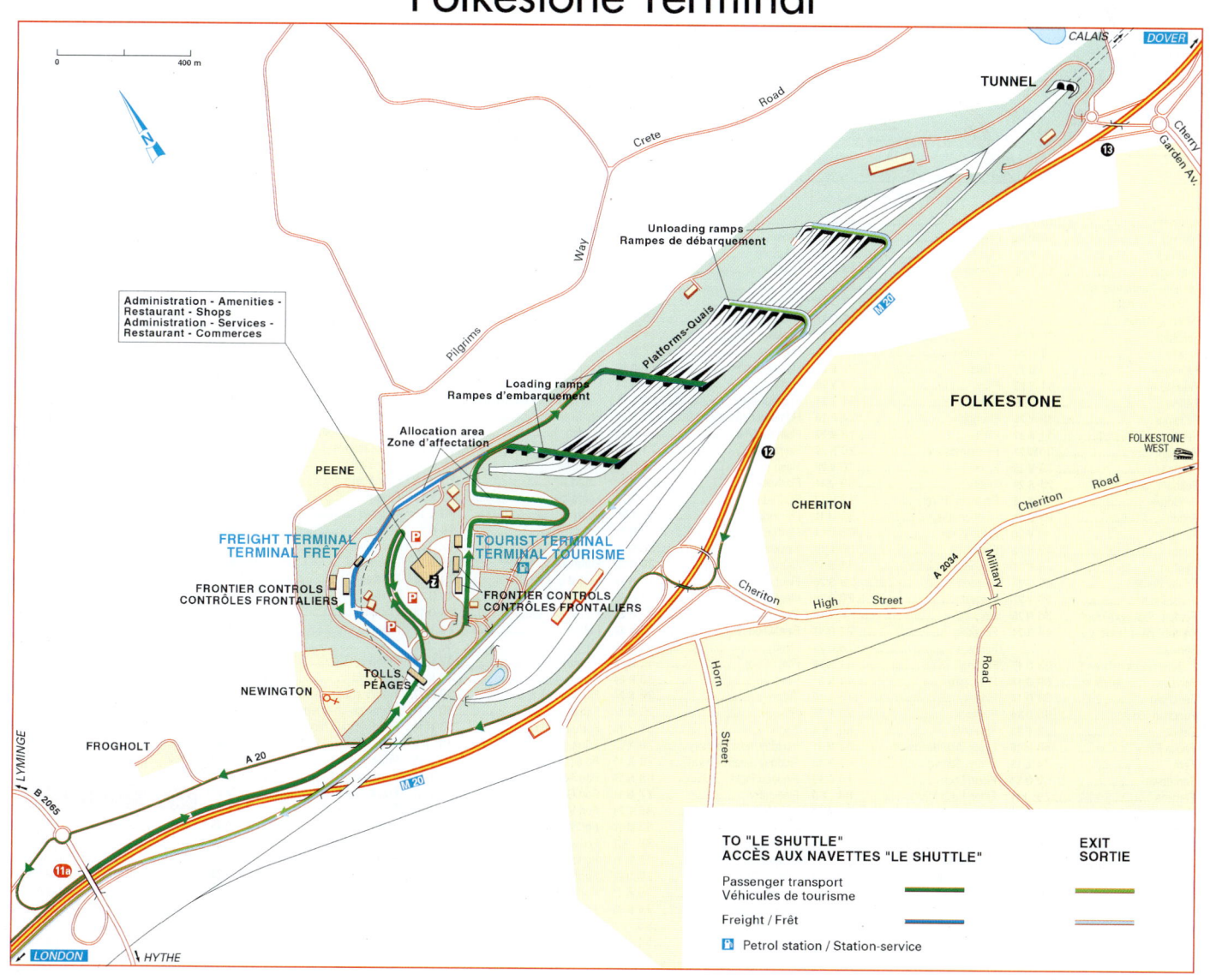

Folkestone Terminal

STIRLING / KINCARDINE
CRIANLARICH
GREENOCK
IRVINE
EDINBURGH
PEEBLES
KILMARNOCK
STRATHAVEN
DUMFRIES, CARLISLE
M 74, KILMARNOCK
WEST DUNBARTONSHIRE
EAST DUNBARTONSHIRE
NORTH LANARKSHIRE
SOUTH LANARKSHIRE
EAST RENFREWSHIRE
Kilpatrick Hills
GLASGOW
Clydebank
Bearsden
Milngavie
Bishopbriggs
Kirkintilloch
Cumbernauld
Coatbridge
Airdrie
Paisley
Johnstone
Renfrew
Rutherglen
Barrhead
Newton Mearns
East Kilbride
Hamilton
Motherwell
Wishaw
Bellshill
Uddingston
Cambuslang
Erskine Bridge
Glasgow Airport
Clyde Tunnel
R. Clyde
0 1 2 3 km
0 1 2 miles

Feelindre 15 F 27
Feering 30 W 28
Feetham 49 N 20
Felbridge 11 T 30
Felindre *Carmarthenshire / Sir Gaerfyrddin* 25 I 28
Felindre *Powys* 26 K 26
Felinfach 25 K 28
Felinheli 33 H 24
Felixkirk 50 Q 21
Felixstowe 31 Y 28
Felling 56 P 19
Felmingham 39 Y 25
Felpham 11 S 31
Felsham 30 W 27
Felsted 30 V 28
Feltham 21 S 29
Felthorpe 39 X 25
Felton 63 O 18
Feltwell 30 V 26
Fence 42 N 22
Feniton 8 K 31
Fenny Bentley 35 O 24
Fenstanton 29 T 27
Fenton *Stoke-on-Trent* 35 N 25
Fenton *West Lindsey* 44 R 24
Fenwick *Berwick-upon-Tweed* 63 O 17
Fenwick *East Ayrshire* 60 G 17
Feochaig 59 D 17
Feochan (Loch) 65 D 14
Feock 2 E 33
Feolin Ferry 58 B 16
Fern 74 L 13
Ferndown 9 O 31
Ferness 79 I 11
Fernhurst 11 R 30
Ferryden 75 M 13
Ferryhill 56 P 19
Ferryside 15 G 28
Fersit 73 F 13
Feshie (Glen) 73 I 12
Feshiebridge 73 I 12
Fetcham 21 S 30
Fetlar 87 R 2
Fetterangus 81 N 11
Fettercairn 75 M 13
Fewston 49 O 22
Ffestiniog 33 I 25
Ffestiniog (Vale of) 33 H 25
Fflint / Flint 42 K 24
Fforest Fawr 17 J 28
Ffostrasol 15 G 27
Fiaray 70 X 12
Fiddleton 62 L 18
Fifield 27 P 28
Filby 39 Y 26
Filey 51 T 21
Fillongley 27 P 26
Filton 18 M 29
Finchampstead 20 R 29
Finchingfield 30 V 28
Findhorn 80 J 11
Findhorn (River) 73 H 12
Findhorn Bay 80 J 11
Findo Gask 68 J 14
Findochty 80 L 10
Findon 11 S 31
Finedon 29 S 26
Fingest 20 R 29
Fingland 60 I 17
Finiskaig 72 D 13
Finmere 28 Q 28
Finniegill 61 K 18
Finningley 44 R 23
Finsbay 76 Z 10
Finstock 20 P 28
Finstown 86 K 6
Fintry *Aberdeenshire* 81 M 11
Fintry *Stirling* 67 H 15
Fionn Loch 78 D 10
Fionn Loch Mòr 84 F 9
Fionnphort 64 A 15
Fishbourne *Chichester* 10 R 31
Fishbourne *Isle of Wight* 10 Q 31
Fishburn 56 P 19
Fisherfield Forest 78 D 10
Fisherford 81 M 11
Fishguard / Abergwaun 24 F 28
Fishnish Bay 65 B 14
Fishtoft 37 U 25
Fiskavaig 77 A 12
Fiskerton 44 S 24
Fittleworth 11 S 31
Fiunary 71 C 14
Fivehead 8 L 30
Flackwell Heath 21 R 29
Fladbury 27 N 27
Fladda-Chùain 77 A 10
Flagg 35 O 24
Flamborough 51 T 21
Flamborough Head 51 T 21
Flamingo Park 50 R 21
Flamstead 21 S 28
Flash 35 O 24
Flashader 77 A 11
Flatford Mill 30 X 28
Flax Bourton 18 L 29
Flaxton 50 R 21
Fleckney 36 Q 26
Fleet 20 R 30
Fleet (Islands of) 53 H 19
Fleet (Loch) 79 H 10
Fleet Hargate 37 U 25
Fleetwood 48 K 22
Flimby 53 J 19
Flint / Fflint 42 K 24
Flintham 36 R 24
Flitton 29 S 27
Flitwick 29 S 27
Flixton 31 Y 26
Flodday *near Hellisay* 70 X 13
Flodday *near Sandray* 70 X 13
Flodden Field 63 N 17
Flodigarry 77 B 11
Flookburgh 48 L 21
Floors Castle 62 M 17
Flotta 86 K 7
Flowerdale Forest 78 D 11
Flyford Flavell 27 N 27
Fochabers 80 K 11
Foggathorpe 44 R 22
Foinaven 84 F 8
Foindle 84 E 8
Folkestone 13 X 30
Folkingham 37 S 25
Folly Gate 7 H 31
Fontmell Magna 9 N 31
Ford *Argyll and Bute* 65 D 15
Ford *Arun* 11 S 31
Ford *Berwick-upon-Tweed* 63 N 17
Ford *Buckinghamshire* 20 R 28
Ford *Cotswold* 27 O 28
Ford *Shrewsbury and Atcham* 34 L 25
Forde Abbey 8 L 31
Forden 34 K 26
Fordham 30 V 27
Fordingbridge 9 O 31
Fordoun 75 M 13
Fordwich 23 X 30
Fordyce 80 L 11
Foreland 10 Q 31
Foreland Point 17 I 30
Foremark Reservoir 36 P 25
Forest Lodge 74 I 13
Forest Row 11 U 30
Forestburn Gate 63 O 18
Forfar 74 L 14
Forgandenny 68 J 14
Formby 42 K 23
Formby Point 42 K 23
Fornham All Saints 30 W 27
Forres 80 J 11
Forrest Lodge 53 H 18
Forse 85 K 9
Forsinard 85 I 8
Fort Augustus 73 F 12
Fort George 79 H 11
Fort Victoria 10 P 31
Fort William 72 E 13
Forter 74 K 13
Forteviot 68 J 14
Forth 61 I 16
Forth (Firth of) 68 K 15
Forth (River) 67 G 15
Forth Bridges 68 J 15
Fortingall 73 H 14
Forton 35 M 25
Fortrose 79 H 11
Fortuneswell 8 M 32
Fosdyke 37 T 25
Foss 73 I 13
Foston 36 R 25
Foston on the Wolds 51 T 22
Fotherby 45 T 23
Fotheringhay 29 S 26
Foulden 63 N 16
Foulness Point 22 W 29
Foulridge 43 N 22
Foulsham 38 X 25
Fountainhall 62 L 16
Fountains Abbey 50 P 21
Four Crosses 34 K 25
Four Elms 21 U 30
Four Marks 10 Q 30
Fovant 9 O 30
Foveran 81 N 12
Fowey 3 G 32
Fowlmere 29 U 27
Fownhope 26 M 27
Foxdale 46 G 21
Foxholes 51 S 21
Foxton 28 R 26
Foxup 49 N 21
Foyers 73 G 12
Fraddon 3 F 32
Framfield 12 U 31
Framlingham 31 Y 27
Frampton-on-Severn 19 M 28
Framwellgate Moor 56 P 19
Frant 12 U 30
Fraserburgh 81 O 10
Fraserburgh Bay 81 O 10
Freckenham 30 V 27
Freckleton 42 L 22
Freeland 20 P 28
Freethorpe 39 Y 26
Freevater Forest 79 F 10
Freiston 37 U 25
Fremington 7 H 30
Frensham 10 R 30
Freshwater 10 P 31
Freshwater Bay 10 P 31
Freshwater East 16 F 29
Freshwater West 14 E 29
Fressingfield 31 X 26
Freswick 86 K 8
Freuchie 68 K 15
Freuchie (Loch) 67 I 14
Friday Bridge 37 U 26
Fridaythorpe 51 S 21
Frimley 21 R 30
Fringford 28 Q 28
Frinton-on-Sea 31 X 28
Friockheim 75 M 14
Frisa (Loch) 71 B 14
Friskney 37 U 24
Frithville 37 T 24
Frittenden 12 V 30
Fritwell 28 Q 28
Frizington 47 J 20
Frocester 19 N 28
Frodsham 42 L 24
Froggatt 43 P 24
Frome 19 N 30
Frosterley 56 O 19
Froxfield 20 P 29
Fuday 70 X 12
Fuiay 70 X 13
Fulbourn 30 U 27
Fulking 11 T 31
Fuller Street 22 V 28
Fulwood 42 M 22
Funtington 10 R 31
Funzie 87 R 2
Furness Abbey 47 K 21
Furness Fells 48 K 20
Fyfield 22 U 28
Fyvie 81 M 11

G

Gaddesby 36 R 25
Gaick Lodge 73 H 13
Gainford 49 O 20
Gainsborough 44 R 23
Gairloch 78 C 10
Gairlochy 72 F 13
Gairsay 87 L 6
Gaitsgill 54 L 19
Galashiels 62 L 17

Great Britain 137

Name	Page	Grid
Galgate	48	L 22
Gallan Head	82	Y 9
Gallanach	65	D 14
Galloway Forest Park	52	G 18
Galltair	72	D 12
Galmisdale	71	B 13
Galmpton	4	J 32
Galson	82	A 8
Galston	60	G 17
Galtrigill	76	Z 11
Gamblesby	55	M 19
Gamlingay	29	T 27
Gamston	44	R 24
Ganavan	65	D 14
Ganton	51	S 21
Garboldisham	30	W 26
Gardenstown	81	N 10
Garelochhead	66	F 15
Garenin	82	Z 9
Garforth	43	P 22
Gargrave	49	N 22
Gargunnock	67	H 15
Garioch	81	M 12
Garlieston	53	G 19
Garlogie	75	M 12
Garmony	65	C 14
Garmouth	80	K 11
Garrabost	83	B 9
Garragie Lodge	73	G 12
Garraron	65	D 15
Garreg	33	H 25
Garrigill	55	M 19
Garrisdale Point	71	A 12
Garros	77	B 11
Garrow	67	I 14
Garry (Glen) Highland	72	E 12
Garry (Glen) Perthshire and Kinross	73	H 13
Garry (Loch)	72	F 12
Garsington	20	Q 28
Garten (Loch)	74	I 12
Garth	25	J 27
Garthorpe	44	R 23
Gartmore	67	G 15
Gartocharn	67	G 15
Garton-on-The-Wolds	51	S 21
Garvald	69	M 16
Garvamore	73	G 12
Garve	79	F 11
Garvellachs	65	C 15
Garvestone	38	W 26
Garvock	66	F 16
Garway	26	L 28
Garynahine	82	Z 9
Gatehouse of Fleet	53	H 19
Gateshead	56	P 19
Gateside	68	K 15
Gatley	42	N 23
Gatwick Airport	11	T 30
Gaulden Manor	8	K 30
Gavard	64	B 15
Gaydon	28	P 27
Gayton King's Lynn and West Norfolk	38	V 25
Gayton Stafford	35	N 25
Gaywood	38	V 25
Geary	77	A 11
Geddington	29	R 26
Gedney Drove End	37	U 25
Gedney Hill	37	T 25
Gelligaer	18	K 29
Gelston	53	I 19
Georgeham	6	H 30
Georth	86	K 6
Gerrards Cross	21	S 29
Gestingthorpe	30	V 27
Gifford	62	L 16
Gigha (Sound of)	58	C 17
Gigha Island	58	C 16
Gighay	70	Y 12
Gilberdyke	44	R 22
Gilcrux	54	J 19
Gildersome	43	P 22
Gilfach Goch	17	J 29
Gillamour	50	R 21
Gilling East	50	Q 21
Gilling West	49	O 20
Gillingham Dorset	9	N 30
Gillingham Kent	22	V 29
Gillingham South Norfolk	31	Y 26
Gills	86	K 8
Gilmerton	67	I 14
Gilmorton	28	Q 26
Gilston	62	L 16
Gilwern	18	K 28
Girthon	53	H 19
Girton	29	U 27
Girvan	59	F 18
Gisburn	49	N 22
Gisland	55	M 19
Gittisham	8	K 31
Gladestry	26	K 27
Glaisdale	50	R 20
Glamis	74	K 14
Glamis Castle	74	K 14
Glanaman	17	I 28
Glandwr	15	G 28
Glanton	63	O 17
Glas-allt-Shiel	74	K 13
Glas-leac Mór	83	D 9
Glas Maol	74	J 13
Glascarnoch (Loch)	78	F 10
Glascwm	26	K 27
Glasbury	26	K 27
Glasdrum	72	E 14
Glasgow	60	H 16
Glasphein	76	Z 11
Glaspwll	33	I 26
Glass (Loch)	79	G 10
Glassburn	78	F 11
Glasserton	52	G 19
Glassford	60	H 16
Glasshouses	49	O 21
Glasson	48	L 22
Glassonby	55	M 19
Glastonbury	8	L 30
Gleadless	43	P 23
Gleann Beag	78	F 10
Gleann Mór	79	G 10
Gleaston	48	K 21
Glecknabae	59	E 16
Glemsford	30	V 27
Glen auldyn	46	G 21
Glen Brittle Forest	77	B 12
Glen Finglas Reservoir	67	G 15
Glen More Forest Park	74	I 12
Glen Shee	74	J 13
Glen Trool Lodge	52	G 18
Glenbarr	59	C 17
Glenborrodale	71	C 13
Glenbranter	66	E 15
Glenbrittle House	77	B 12
Glenbuchat Castle	74	K 12
Glenbuck	60	I 17
Glencaple	53	J 18
Glencarse	68	K 14
Glencoe	72	E 13
Glencoul (Loch)	84	F 9
Glendoebeg	73	G 12
Glendurgan Garden	2	E 33
Glenegedale	58	B 16
Glenelg	72	D 12
Glenelg Bay	72	D 12
Glenfarg	68	J 15
Glenfeshie Lodge	73	I 12
Glenfiddich Lodge	80	K 11
Glenfield	36	Q 26
Glenfinnan	72	D 13
Glenforsa Airport	65	C 14
Glenfyne Lodge	66	F 15
Glengorm	71	B 14
Glengoulandie	73	H 14
Glengrasco	77	B 11
Glenkens (The)	53	H 18
Glenkin die	74	L 12
Glenkirk	61	J 17
Glenlivet	80	J 11
Glenluce	52	F 19
Glenmassan	66	E 15
Glenmaye	46	F 21
Glenmore	71	C 13
Glenprosen Village	74	K 13
Glenridding	48	L 20
Glenrothes	68	K 15
Glenstriven	66	E 16
Glentham	44	S 23
Glentress	61	K 17
Glentrool Village	52	G 18
Glentworth	44	S 23
Glenuachdarach	77	B 11
Glenuig	71	C 13
Glespin	61	I 17
Gletness	87	Q 3
Glinton	37	T 26
Glossop	43	O 23
Gloucester	27	N 28
Gloup	87	Q 1
Glusburn	49	O 22
Glutt Lodge	85	J 9
Glympton	28	P 28
Glyn Ceiriog	34	K 25
Glyn-Ebwy / Ebbw Vale	18	K 28
Glyn-neath	17	J 28
Glyncorrwg	17	J 28
Glynde	11	U 31
Glyndebourne	11	U 31

GLASGOW

Street	Grid	No.
Albert Bridge	DZ	2
Argyle St.	CZ	
Blackfriars Street	DZ	7
Brand St.	CZ	22
Bridgegate	DZ	24
Bridge St.	DZ	25
Buchanan Galleries	DY	
Buchanan St.	DY	
Cambridge St.	DY	32
Claremont Ter.	CY	34
Clyde Pl.	CZ	35
Cochrane St.	DZ	36
Commerce St.	DZ	37
Cornwald St.	CZ	39
Derby St.	CY	42
Dumbarton Rd.	CY	47
Eldon St.	CY	50
Glasgow Bridge	DZ	60
Gordon St.	DZ	65
Jamaica St.	DZ	77
John Knox St.	DZ	80
Kingston Bridge	CZ	85
Kyle St.	DY	86
Lorne St.	CZ	93
Lymburn St.	CY	95
Middlesex St.	CZ	100
Moir St.	DZ	102
Oswald St.	DZ	
Otago St.	CY	105
Oxford St.	DZ	106
Park Gdns.	CY	107
Park Ter.	CY	108
Port Dundas Rd.	DY	110
Queen Margaret Dr.	CY	116
Renfield St.	DYZ	
Robertson St.	CZ	120
St Enoch Shopping Centre	DZ	
St Vincent St.	DZ	
Sauchiehall St.	DY	
Stirling Rd.	DY	126
Stockwell St.	DZ	127
Striven Gdns.	CY	128
Trongate	DZ	
Union St.	DZ	
Victoria Bridge	DZ	132
West Graham St.	CY	135
West Nile St.	DYZ	139
Woodlands Drive	CY	140
Woodside Crescent	CY	141
Woodside Ter.	CY	143

Glyndyfrdwy 34 K 25
Gnosall 35 N 25
Goadby 36 R 26
Goat Fell 59 E 17
Goathland 50 R 20
Gobowen 34 K 25
Godalming 21 S 30
Godmanchester 29 T 27
Godmanstone 8 M 31
Godshill 10 Q 32
Godstone 21 T 30
Goil (Loch) 66 F 15
Golborne 42 M 23
Goldcliff 18 L 29
Goldhanger 22 W 28
Goldthorpe 44 Q 23
Golspie 85 I 10
Gomersal 43 O 22
Gometra 64 B 14
Gomshall 21 S 30
Gooderstone 38 V 26
Goodleigh 7 I 30
Goodrich 26 M 28
Goodrington 4 J 32
Goodwick 24 F 27
Goodwood House 10 R 31
Goole 44 R 22
Goonhavern 2 E 32
Goostrey 42 M 24
Gordon 62 M 16
Gordonbush 85 I 9
Gordonstown 80 L 11
Gorebridge 61 K 16
Goring 20 Q 29
Gorm Loch Mór 84 F 9
Gorran Haven 3 F 33
Gorseinon 15 H 29
Gorsleston-on-Sea 39 Z 26
Gortantaoid 64 B 16
Gosberton 37 T 25
Gosfield 30 V 28
Gosforth *Cumbria* 47 J 20
Gosforth
Newcastle upon Tyne 56 P 18
Gosport 10 Q 31
Goswick 63 O 16
Gotham 36 Q 25
Gott Bay 70 Z 14
Goudhurst 12 V 30
Gourdon 75 N 13
Gourock 66 F 16
Gowerton 15 H 29
Goxhill 45 T 22
Graemsay 86 K 7
Grafton Underwood 29 S 26
Grain 22 W 29
Grainthorpe 45 U 23
Granby 36 R 25
Grandtully 74 I 14
Grange-over-Sands 48 L 21
Grangemouth 67 I 15
Grantchester 29 U 27
Grantham 37 S 25
Grantown-on-Spey 80 J 12
Grantshouse 62 N 16
Grasby 45 S 23
Grasmere 48 K 20
Grassington 49 O 21
Grateley 9 P 30
Graveley 29 T 27
Gravesend 22 V 29
Gravir 82 A 9
Grayrigg 48 M 20
Grays Thurrock 22 V 29
Grayshott 10 R 30
Grayswood 11 R 30
Greasbrough 43 P 23
Great Addington 29 S 26
Great Altcar 42 K 23
Great Amwell 21 T 28
Great Asby 49 M 20
Great Ayton 50 Q 20
Great Baddow 22 V 28
Great Bardfield 30 V 28
Great Barford 29 S 27
Great Barr 35 O 26
Great Barrow 34 L 24
Great Barugh 50 R 21
Great Bedwyn 19 P 29
Great Bentley 31 X 28
Great Bernera 82 Z 9
Great Bircham 38 V 25
Great-Bollright 28 P 28
Great Bookham 21 S 30
Great Bourton 28 Q 27
Great Bowden 28 R 26
Great Brickhill 29 R 28
Great Bridgeford 35 N 25
Great Bromley 30 X 28
Great Broughton 50 Q 20
Great-Budworth 42 M 24
Great Burdon 50 P 20
Great Chalfield 19 N 29
Great Chesterford 30 U 27
Great Chishill 29 U 27
Great Clifton 53 J 20
Great Coates 45 T 23
Great-Comberton 27 N 27
Great Cornard 30 W 27
Great Cubley 35 O 25
Great Cumbrae Island 59 F 16
Great-Dalby 36 R 25
Great Doddington 28 R 27
Great Driffield 51 S 21
Great-Dunham 38 W 25
Great Dunmow 30 V 28
Great Easton *Essex* 30 U 28
Great Easton *Leics.* 28 R 26
Great Eccleston 42 L 22
Great Ellingham 38 W 26
Great Finborough 30 W 27
Great Glen 36 Q 26
Great Gonerby 37 S 25
Great Gransden 29 T 27
Great Harrowden 28 R 27
Great Harwood 42 M 22
Great Hockham 30 W 26
Great Horkesley 30 W 28
Great Horwood 28 R 28
Great Houghton 43 P 23
Great Langton 50 P 20
Great-Limber 45 T 23
Great Livermere 30 W 27
Great Lumley 56 P 19
Great Malvern 27 N 27
Great Marton 42 K 22
Great Massingham 38 W 25
Great Milton 20 Q 28
Great Missenden 21 R 28
Great Mitton 42 M 22
Great Musgrave 49 M 20
Great Oakley 31 X 28
Great Ormes Head 41 I 22
Great Orton 54 K 19
Great Ouse (River) 38 V 25
Great Ouseburn 50 Q 21
Great Ponton 37 S 25
Great Ryburgh 38 W 25
Great Salkeld 55 L 19
Great Sampford 30 V 28
Great Shefford 20 P 29
Great Shelford 29 U 27
Great Smeaton 50 P 20
Great Somerford 19 N 29
Great Stainton 56 P 20
Great Strickland 55 L 20
Great Torrington 6 H 31
Great Tosson 63 O 18
Great Totham 22 W 28
Great Urswick 48 K 21
Great Wakering 22 W 29
Great Waltham 22 V 28
Great Whernside 49 O 21
Great Whittington 56 O 18
Great Witley 27 M 27
Great Wolford 27 P 27
Great Wyrley 35 N 26
Great Yarmouth 39 Z 26
Great Yeldham 30 V 27
Greatford 37 S 25
Greatham *Cleveland* 57 Q 20
Greatham *Hants.* 10 R 30
Greatstone-on-Sea 12 W 31
Green Hammerton 50 Q 21
Greenfield
Flintshire / Sir y Fflint 41 K 23
Greenfield *Highland* 72 F 12
Greenhaugh 55 N 18
Greenhead 55 M 19
Greenholm 60 H 17
Greenhow Hill 49 O 21
Greenlaw 62 M 16
Greenloaning 67 I 15
Greenock 66 F 16
Greenodd 48 K 21
Greens Norton 28 Q 27
Greenside 56 O 19
Greenwich
London Borough 21 U 29
Grendon 28 R 27
Grendon Underwood 28 Q 28
Gresford 34 L 24
Greshornish 77 A 11
Greshornish (Loch) 77 A 11
Gress 83 B 9
Gretna 54 K 19
Gretton 37 R 26
Greys Court 20 R 29
Greysouthen 54 J 20
Greystoke 55 L 19
Griffithstown 18 K 28
Griminish 76 X 11
Grimley 27 N 27
Grimoldby 45 U 23
Grimsay 76 Y 11
Grimsby 45 T 23
Gringley on the Hill 44 R 23
Grinshill 34 L 25
Grinton 49 O 20
Gristhorpe 51 T 21
Grittleton 19 N 29
Groby 36 Q 26
Grogport 59 D 17
Groombridge 12 U 30
Grosebay 76 Z 10
Grosmont *Monmouthshire /*
Sir Fynwy 26 L 28
Grosmont *Scarborough* 50 R 20
Grove 20 P 29
Gruinard Bay 78 D 10
Gruinard Island 78 D 10
Gruinart 58 B 16
Gruinart (Loch) 64 B 16
Grunavat (Loch) 82 Z 9
Grundisburgh 31 X 27
Gualachulain 66 E 14
Guardbridge 69 L 14
Guernsey *Channel I.* 5
Guesting 12 V 31
Guildford 21 S 30
Guildtown 68 J 14
Guilsborough 28 Q 26
Guisborough 50 Q 20
Guiseley 43 O 22
Guist 38 W 25
Gullane 69 L 15
Gunna 70 Z 14
Gunnerside 49 N 20
Gunnerton 55 N 18
Gunness 44 R 23
Gunnislake 3 H 32
Gunthorpe 36 R 25
Gurnard 10 Q 31
Gurness Broch 86 K 6
Gurnos 17 I 28
Gussage All Saints 9 O 31
Gutcher 87 Q 1
Guthrie 75 L 14
Guyhirn 37 U 26
Gwalchmai 40 G 23
Gwaun-Cae-Gurwen 17 I 28
Gwbert-on-Sea 15 F 27
Gweek 2 E 33
Gwennap 2 E 33
Gwithian 2 D 33
Gwyddelwern 33 J 24
Gwyddgrug 15 H 28
Gwydir Castle 33 I 24
Gwytherin 33 I 24

H

Habost 83 B 8
Hackney
London Borough 21 T 29
Haddenham *Bucks.* 20 R 28
Haddenham *Cambs.* 29 U 26
Haddington 69 L 16
Haddiscoe 39 Y 26
Haddo House 81 N 11
Haddon Hall 35 P 24
Hadfield 43 O 23
Hadleigh *Essex* 22 V 29
Hadleigh *Suffolk* 30 W 27
Hadley 34 M 25
Hadlow 22 V 30
Hadnall 34 L 25
Hadrian's Wall 55 M 18
Haggbeck 55 L 18
Hagley 27 N 26
Hagworthingham 45 U 24
Hailsham 12 U 31
Hainford 39 X 25
Hainton 45 T 23
Halam 36 R 24
Halberton 7 J 31
Hale 42 M 23
Hales 39 Y 26
Halesowen 27 N 26
Halesworth 31 Y 26
Halford 27 P 27
Halifax 43 O 22
Halistra 77 A 11
Halkirk 85 J 8
Hall 60 G 16
Halland 12 U 31
Hallaton 36 R 26
Halling 22 V 29
Hallington 55 N 18
Halloughton 36 R 24
Hallow 27 N 27
Hallsands 4 J 33
Halsall 42 L 23
Halse 8 K 30
Halsetown 2 D 33
Halstead 30 V 28
Halstock 8 M 31
Haltham 37 T 24
Halton *Aylesbury Vale* 20 R 28
Halton *Lancaster* 48 L 21
Halton Gill 49 N 21
Haltwhistle 55 M 19
Halwell 4 I 32
Halwill Junction 6 H 31
Hamble 10 Q 31
Hambleden 20 R 29
Hambledon *Hants.* 10 Q 31
Hambledon *Surrey* 11 S 30
Hambleton *Lancs.* 42 L 22
Hambleton *North Yorks.* 44 Q 22
Hambleton Hills (The) 50 Q 21
Hambridge 8 L 31
Hamilton 60 H 16
Hammersmith and Fulham
London Borough 21 T 29
Hamnavoe *near Brae* 87 Q 2
Hamnavoe *near Scallway* 87 P 3
Hampreston 9 O 31
Hampstead Norris 20 Q 29
Hampsthwaite 50 P 21
Hampton Court 21 S 29
Hampton in Arden 27 O 26
Hamstead Marshall 20 P 29
Hamsterley 56 O 19
Hamstreet 12 W 30
Hamworthy 9 N 31
Handa Island 84 E 8
Handbridge 34 L 24
Handbury 27 N 27
Handcross 11 T 30
Handforth 43 N 23
Handley 34 L 24
Handsworth 43 P 23
Hanham 18 M 29
Hanley 35 N 24
Hanley Swan 27 N 27
Hanningfield 22 V 28
Hannington 19 O 29
Hanslope 28 R 27
Happisburgh 39 Y 25
Hapton 42 N 22
Harberton 4 I 32
Harbertonford 4 I 32
Harbledown 23 X 30
Harborough Magna 28 Q 26
Harbottle 63 N 17
Harbury 28 P 27
Harby 36 R 25
Hardham 11 S 31
Hardwick 44 Q 24
Hardwick Hall 36 Q 24
Hardwicke 19 N 28
Hardy Monument 5 M 31
Hardy's Cottage 9 M 31
Hare Street 29 U 28
Haresfield 19 N 28
Harewood House 50 P 22
Hargrave 29 S 27
Hargrave Green 30 V 27
Haringey *London Borough* 21 T 29
Harlaxton 36 R 25
Harlech 33 H 25
Harleston 31 X 26
Harlestone 28 R 27
Harley 34 M 26
Harlington 29 S 28
Harlosh 77 A 11
Harlow 21 U 28
Harlow Hill 56 O 18
Harmston 37 S 24
Haroldswick 87 R 1
Harpenden 21 S 28
Harpley 38 V 25
Harport (Loch) 77 A 12
Harray (Loch of) 86 K 6
Harrietfield 67 J 14
Harrington *Allerdale* 53 J 20
Harrington *Kettering* 28 R 26
Harringworth 37 S 26
Harris *Highland* 71 A 13
Harris *Western Isles* 82 Y 10
Harris (Sound of) 76 Y 10
Harrogate 50 P 22
Harrow *London Borough* 21 S 29
Harston 29 U 27
Hartburn 56 O 18
Hartest 30 W 27
Hartfield 11 U 30
Harthill *North Lanarkshire* 61 I 16
Harthill *Rotherham* 44 Q 24
Harting 10 R 31
Hartington 35 O 24
Hartland 6 G 31
Hartland Quay 6 G 31
Hartlebury 27 N 26
Hartlepool 57 Q 19
Hartley 22 U 29
Hartley Wintney 20 R 30
Hartpury 27 N 28
Hartshill 36 P 26
Hartwell 20 R 28
Hartwell 28 R 27
Harvington 27 O 27
Harwell 20 Q 29
Harwich 31 X 28
Harwood Dale 51 S 20
Harworth 44 Q 23
Hascosay 87 R 2
Haselbury Plucknett 8 L 31
Hasland 43 P 24
Haslemere 11 R 30
Haslingden 42 N 22
Haslingfield 29 U 27
Haslington 35 M 24
Hassocks 11 T 31
Haster 86 K 8
Hastings 12 V 31
Hatch Court 8 L 31
Hatfield
County of Herefordshire 26 M 27
Hatfield *Herts.* 21 T 28
Hatfield *South Yorks.* 44 Q 23
Hatfield Broad Oak 22 U 28
Hatfield Heath 22 U 28
Hatfield Peverel 22 V 28
Hatfield Woodhouse 44 R 23
Hatherleigh 7 H 31
Hathern 36 Q 25
Hathersage 43 P 24
Hatton *Aberdeenshire* 81 O 11
Hatton *Derbs.* 35 O 25
Hatton of Fintray 75 N 12
Haugh of Urr 53 I 19
Haughton 35 N 25
Haunn 71 B 14
Havant 10 R 31
Havenstreet 10 Q 31
Haverfordwest / Hwlffordd 16 F 28
Haverhill 30 V 27
Haverigg 47 K 21
Havering *London Borough* 22 U 29
Haverthwaite 48 K 21
Hawarden 34 K 24
Hawes 49 N 21
Hawick 62 L 17
Hawkchurch 8 L 31
Hawkedon 30 V 27
Hawkesbury Upton 19 M 29
Hawkhurst 12 V 30
Hawkridge 7 J 30
Hawkshead 48 L 20
Hawkwell 22 V 29
Hawley 20 R 30
Hawling 27 O 28
Haworth 43 O 22
Hawsker 51 S 20
Haxby 50 Q 21
Haxey 44 R 23
Hay-on-Wye 26 K 27
Haydock 42 M 23
Haydon Bridge 55 N 19
Haydon Wick 19 O 29
Hayfield 43 O 23
Hayle 2 D 33
Hayling Island 10 R 31
Hayscastle 14 E 28
Hayton 50 R 22
Haywards Heath 11 T 31
Hazel Grove 43 N 23
Hazelbank 61 I 16
Hazelbury Bryan 9 M 31
Hazlemere 21 R 29
Heacham 38 V 25
Headcorn 22 V 30
Headington 20 Q 28
Headless Cross 27 O 27
Headley 10 R 30
Heads of Ayr 60 F 17
Healey 49 O 21
Healing 45 T 23
Heanor 36 P 24
Heast 71 C 12
Heath End 20 Q 29
Heath Hayes 35 O 25
Heather 36 P 25
Heathfield *Renfrewshire* 60 F 16
Heathfield *Wealden* 12 U 31
Heathrow Airport 21 S 29
Hebburn 56 P 19
Hebden Bridge 43 N 22
Hebrides (Sea of the) 76 Z 12
Heckfield 20 R 29
Heckington 37 T 25
Heddon on the Wall 56 O 19
Hedge End 10 Q 31
Hednesford 35 O 25
Hedon 45 T 22
Heighington *Durham* 56 P 20
Heighington *Lincs.* 44 S 24
Heights of Kinlochewe 78 E 11
Helensburgh 66 F 15
Helford 2 E 33
Hellifield 49 N 22
Hellingly 12 U 31
Hellisay 70 X 12
Hell's Mouth
or Porth Neigwl 32 G 25
Helmdon 28 Q 27
Helmsdale 85 J 9
Helmsley 50 Q 21
Helpringham 37 T 25
Helpston 37 S 26
Helsby 42 L 24
Helston 2 E 33
Helton 55 L 20
Helvellyn 48 K 20
Hemel Hempstead 21 S 28
Hemingbrough 44 R 22
Hemingford Grey 29 T 27
Hemington 19 M 30
Hempnall 39 X 26
Hempton 38 W 25
Hemsby 39 Z 25
Hemswell 44 S 23
Hemsworth 43 P 23
Hemyock 8 K 31
Hendy 15 H 28
Henfield 11 T 31
Hengoed 18 K 29
Henham 30 U 28
Henley 27 O 27
Henley-on-Thames 20 R 29
Henllan 33 J 24
Henllys 18 K 29
Henlow 29 T 27
Hennock 4 J 32
Henshaw 55 M 19
Henstead 31 Y 26
Henstridge 9 M 31
Heol Senni 25 J 28
Hepple 63 N 18
Heptonstall 43 N 22
Herbrandston 14 E 28
Hereford 26 L 27
Heriot 62 L 16
Herm *Channel I.* 5
Herma Ness 87 R 1
Hermitage 20 Q 29
Hermitage Castle 62 L 18
Herne Bay 23 X 29
Herriard 20 Q 30
Herrington 56 P 19
Herstmonceux 12 U 31
Hertford 21 T 28
Hesket Newmarket 54 K 19
Hesketh Bank 42 L 22
Hesleden 57 Q 19
Hessenford 3 G 32
Hessle 45 S 22
Hest Bank 48 L 21
Heswall 42 K 24
Hethersgill 55 L 19
Hethpool 63 N 17
Hetton-le-Hole 56 P 19
Heveningham 31 Y 27
Hever 21 U 30
Heversham 48 L 21
Hevingham 39 X 25
Hewelsfield 18 M 28
Hexham 55 N 19
Heybridge 22 W 28
Heysham 48 L 21
Heyshott 11 R 31

Heytesbury 9 N 30
Heythrop 28 P 28
Heywood 43 N 23
Hibaldstow 44 S 23
Hickling 36 R 25
Hickling Green 39 Y 25
Hidcote Manor Garden 27 O 27
High Bentham 49 M 21
High Bickington 7 I 31
High Birkwith 49 N 21
High Easter 22 V 28
High Ercall 34 M 25
High Etherley 56 O 20
High Force (The) 55 N 20
High Halden 12 W 30
High Halstow 22 V 29
High Ham 8 L 30
High Hesket 55 L 19
High Newton *Alnwick* 63 P 17
High Newton
South Lakeland 48 L 21
High Offley 35 N 25
High Ongar 22 U 28
High Peak 43 O 23
High Willhays 4 I 31
High Wycombe 20 R 29
Higham *Kent* 22 V 29
Higham *Lancs.* 42 N 22
Higham
North East Derbyshire 36 P 24
Higham *Suffolk* 30 V 27
Higham Ferrers 29 S 27
Higham on the Hill 36 P 26
Highbridge 18 L 30
Highclere 20 P 29
Highcliffe 9 O 31
Higher Penwortham 42 L 22
Highland Wildlife Park 73 I 12
Highley 27 M 26
Highmoor Cross 20 R 29
Highnam 27 N 28
Hightae 54 J 18
Hightown *Congleton* 35 N 24
Hightown *Sefton* 42 K 23
Highworth 19 O 29
Hilborough 38 W 26
Hildenborough 22 U 30
Hilderstone 35 N 25
Hilgay 38 V 26
Hill 18 M 29
Hill of Fearn 79 I 10
Hill of Tarvit 69 L 15
Hillhead 52 G 19
Hillingdon
London Borough 21 S 29
Hillington 38 V 25
Hillside 75 M 13
Hillswick 87 P 2
Hilmarton 19 O 29
Hilperton 19 N 30
Hilpsford Point 47 K 21
Hilton *Aberdeenshire* 81 N 11
Hilton *Eden* 55 M 20
Hilton *Huntingdonshire* 29 T 27
Hilton *North Dorset* 9 N 31
Hilton *South Derbyshire* 35 P 25
Hilton of Cadboll 79 I 10
Himbleton 27 N 27
Hinchingbrooke House 29 T 27
Hinckley 36 P 26
Hinderwell 50 R 20
Hindhead 10 R 30
Hindley 42 M 23
Hindolveston 38 X 25
Hindon 9 N 30
Hingham 38 W 26
Hinstock 34 M 25
Hintlesham 31 X 27
Hinton-Blewett 18 M 30
Hirst Courtney 44 Q 22
Hirwaun 17 J 28
Histon 29 U 27
Hitcham 30 W 27
Hitchin 29 T 28
Hockering 38 X 25
Hockerton 36 R 24
Hockley 22 V 29
Hockley Heath 27 O 26
Hockliffe 29 S 28
Hoddesdon 21 T 28
Hodnet 34 M 25
Hodthorpe 44 Q 24
Hogsthorpe 45 U 24
Holbeach 37 U 25
Holbeach-St. Johns 37 T 25
Holbeach-St. Matthew 37 U 25
Holbeck 44 Q 24
Holbrook 31 X 28
Holbury 10 P 31
Holcombe 18 M 30
Holcombe Rogus 7 J 31
Holdenby 28 R 27
Holford 8 K 30
Holkam Hall 38 W 25
Hollandstoun 87 M 5
Hollesley 31 Y 27
Hollesley Bay 31 Y 27
Hollingbourne 22 V 30
Hollingworth 43 O 23
Hollybush 60 G 17
Hollym 45 U 22
Holmbridge 43 O 23
Holme *Huntingdonshire* 29 T 26
Holme *South Lakeland* 48 L 21
Holme-next-the-Sea 38 V 25
Holme
upon Spalding-Moor 44 R 22
Holmer Green 21 R 29
Holmes Chapel 35 M 24
Holmesfield 43 P 24
Holmfirth 43 O 23
Holmhead 60 H 17
Holmpton 45 U 22
Holnest 8 M 31
Holsworthy 6 G 31
Holt *Dorset* 9 O 31
Holt *Norfolk* 38 X 25
Holt *Wilts.* 19 N 29
Holt *Wrexham* 34 L 24
Holt Heath 27 N 27
Holton *Lincs.* 45 T 24
Holton *Norfolk* 31 Y 26
Holton *South Somerset* 8 M 30
Holton Heath 9 N 31
Holton-le-Clay 45 T 23
Holwick 55 N 20
Holy Island *Anglesey* 40 F 23
Holy Island *North Ayrshire* 59 E 17
Holy Island *Northumb.* 63 O 16
Holybourne 10 R 30
Holyhead / Caergybi 40 G 23
Holystone 63 N 18
Holywell 2 E 32
Holywell / Treffynnon 41 K 23
Holywell Bay 2 E 32
Holywood 53 J 18
Honing 39 Y 25
Honiton 8 K 31
Hoo St. Werburgh 22 V 29
Hook
Basingstoke and Deane 20 R 30
Hook
East Riding of Yorkshire 44 R 22
Hook Norton 28 P 28
Hooke 8 M 31
Hope *Derbs.* 43 O 23
Hope *Flintshire* 34 K 24
Hope *Highland* 84 G 8
Hope
South Shropshire 34 L 26
Hope (Loch) 84 G 8
Hope Bowdler 26 L 26
Hope under Dinmore 26 L 27
Hopeman 80 J 10
Hopetoun House 68 J 16
Hopton 39 Z 26
Horam 12 U 31
Horbury 43 P 23
Horden 57 Q 19
Hordley 34 L 25
Horeb 15 G 27
Horley 21 T 30
Hornby 48 M 21
Horncastle 45 T 24
Hornchurch 22 U 29
Horncliffe 63 N 16
Horning 39 Y 25
Horninglow 35 P 25
Horn's Cross 6 H 31
Hornsea 51 T 22
Horton 28 P 27
Horrabridge 4 H 32
Horseheath 30 V 27
Horsehouse 49 O 21
Horsell 21 S 30
Horsford 39 X 25
Horsforth 43 P 22
Horsham 11 T 30
Horsham St. Faith 39 X 25
Horsington *East Lindsey* 37 T 24
Horsington
South Somerset 9 M 30
Horsley *Stroud* 19 N 28
Horsley *Tynedale* 56 O 19
Horsmonden 12 V 30
Horstead 39 Y 25
Horsted Keynes 11 T 30
Horton *Abertawe /*
Swansea 15 H 29
Horton *East Dorset* 9 O 31
Horton *South Somerset* 8 L 31
Horton Court 19 M 29
Horton-in-Ribblesdale 49 N 21
Horwich 42 M 23
Hoton 36 Q 25
Hott 55 M 18
Houghton 10 P 30
Houghton Hall 38 V 25
Houghton House 29 S 27
Houghton-le-Spring 56 P 19
Houghton-on-the-Hill 36 R 26
Hougton 55 L 19
Hounslow
London Borough 21 S 29
Hourn (Loch) 72 D 12
Housesteads Fort 55 N 18
Houston 60 G 16
Houstry 85 J 9
Hove 11 T 31
Hoveton 39 Y 25
Hovingham 50 R 21
How Caple 26 M 28
Howden 44 R 22
Howe of the Mearns 75 M 13
Howick 63 P 17
Howmore 76 X 12
Hownam 62 M 17
Howwood 60 G 16
Hoxa (Sound of) 86 K 7
Hoxne 31 X 26
Hoy 86 J 7
Hoylake 41 K 22
Hoyland Nether 43 P 23
Huby 50 Q 21
Hucknall 36 Q 24
Huddersfield 43 O 23
Huggate 51 S 22
Hugh Town *I. of Scilly* 2
Hughenden 20 R 29
Hughley 34 M 26
Huish Champflower 7 J 30
Huish Episcopi 8 L 30
Hull (River) 45 S 22
Hulland 35 P 24
Hullavington 19 N 29
Hullbridge 22 V 29
Humber (River) 45 T 23
Humber Bridge 44 S 22
Humberston 45 T 23
Humbleton 45 T 22
Hume Castle 62 M 17
Humshaugh 55 N 18
Hundleton 16 F 28
Hundred House 26 K 27
Hungerford 20 P 29
Hunmanby 51 T 21
Hunstanton 38 V 25
Hunter's Inn 17 I 30
Hunter's Quay 66 F 16
Huntingdon 29 T 26
Huntington 50 Q 22
Huntingtower Castle 68 J 14
Huntly 80 L 11
Hunton 49 O 21
Huntspill 18 L 30
Hunwick 56 O 19
Hurlford 60 G 17
Hurn 9 O 31
Hursley 10 P 30
Hurst Green 12 V 30
Hurstbourne Priors 20 P 30
Hurstbourne Tarrant 20 P 30
Hurstpierpoint 11 T 31
Hurworth-on-Tees 50 P 20
Hury 55 N 20
Husbands Bosworth 28 Q 26
Huthwaite 36 Q 24
Huttoft 45 U 24
Hutton *Scottish Borders* 63 N 16
Hutton *South Ribble* 42 L 22
Hutton Cranswick 51 S 22
Hutton Rudby 50 Q 20
Huxley 34 L 24
Huyton 42 L 23
Hwlffordd /
Haverfordwest 16 F 28
Hyde 43 N 23
Hynish 64 Z 14
Hynish Bay 64 Z 14
Hythe *Hants.* 10 P 31
Hythe *Kent* 13 X 30

I

Ibsley 9 O 31
Ibstock 36 P 25
Ickleford 29 T 28
Icklingham 30 V 27
Ickworth House 30 V 27
Iddesleigh 7 H 31
Ideford 4 J 32
Iden 12 W 31
Iden Green 12 V 30
Idmiston 9 O 30
Idrigill Point 77 A 12
Ightham 22 U 30
Ightham Mote 22 U 30
Ilchester 8 L 30
Ilderton 63 O 17
Ilfracombe 17 H 30
Ilkeston 36 Q 25
Ilkley 49 O 22
Illogan 2 E 33
Ilmington 27 O 27
Ilminster 8 L 31
Ilsington 4 I 32
Ilton 8 L 31
Immingham 45 T 23
Immingham Dock 45 T 23
Ince Blundell 42 K 23
Ince-in-Makerfield 42 M 23
Inch Kenneth 64 B 14
Inchard (Loch) 84 E 8
Inchbare 75 M 13
Inchgrundle 74 L 13
Inchkeith 68 K 15
Inchlaggan 72 E 12
Inchmarnock 59 E 16
Inchnadamph 84 F 9
Inchture 68 K 14
Indaal (Loch) 58 A 16
Inerval 58 B 17
Ingatestone 22 V 28
Ingbirchworth 43 P 23
Ingham 30 W 27
Ingleby Barwick 50 Q 20
Ingleton *Durham* 56 O 20
Ingleton *North Yorks.* 49 M 21
Inglewhite 42 L 22
Inglewood Forest 55 L 19
Ingliston 68 J 16
Ingoldmells 38 V 24
Ingoldsby 37 S 25
Ingram 63 O 17
Ings 48 L 20
Inkpen 20 P 29
Innellan 59 F 16
Inner Hebrides 70 Y 14
Inner Sound 77 C 11
Innerleithen 61 K 17
Innerpeffray 67 I 14
Innerwick 69 M 16
Insch 81 M 11
Insh 73 I 12
Inshore 84 F 8
Instow 6 H 30
Inver *Highland* 79 I 10
Inver
Perth and Kinross 68 J 14
Inver (Loch) 84 E 9
Inver Bay 79 I 10
Inver Mallie 72 E 13
Inver Valley 84 E 9
Inveralligin 78 D 11
Inverallochy 81 O 10
Inveran 84 G 10
Inveraray 66 E 15
Inverarity 69 L 14
Inverarnan 66 F 15
Inverbeg 66 G 15
Inverbervie 75 N 13
Invercassley 84 G 10
Invercauld House 74 J 12
Inverchapel 66 F 15
Invercreran 72 E 14
Inverdruie 73 I 12
Inverewe Gardens 78 C 10
Inverey 74 J 13
Inverfarigaig 79 G 12
Invergarry 72 F 12
Invergeldie 67 H 14
Invergordon 79 H 10
Invergowrie 68 K 14
Inverie 72 C 12
Inverinan 65 E 15
Inverinate 78 D 12
Inverkeithing 68 J 15
Inverkeithny 81 M 11
Inverkip 66 F 16
Inverkirkaig 84 E 9
Inverliever Forest 65 D 15
Inverlochlarig 67 G 15
Invermoriston 73 G 12
Inverness 79 H 11
Inversanda 72 D 13
Inversnaid Hotel 66 F 15
Inveruglas 66 F 15
Inverurie 81 M 12
Invervar 73 H 14
Inwardleigh 7 H 31
Iona 64 A 15
Ipplepen 4 J 32
Ipstones 35 O 24
Ipswich 31 X 27
Irby *East Lindsey* 37 U 24
Irby *Wirral* 42 K 23
Irchester 29 S 27
Ireby 54 K 19
Ireleth 47 K 21
Irlam 42 M 23
Iron Acton 18 M 29
Ironbridge 34 M 26
Irthington 55 L 19
Irthlingborough 29 S 27
Irvine 60 F 17
Irwell (River) 42 N 23
Isbyty Ystwyth 25 I 27
Isla (Glen) 74 K 13
Islay (Sound of) 64 B 16
Isle of Whithorn 53 G 19
Isleham 30 V 26
Isleornsay 71 C 12
Isleworth 21 S 29
Islington
London Borough 21 T 29
Islip 20 Q 28
Islivig 82 Y 9
Itchingfield 11 S 30
Ithon (River) 25 K 27
Itteringham 39 X 25
Iver 21 S 29
Iver Heath 21 S 29
Ivinghoe 21 S 28
Ivybridge 4 I 32
Ivychurch 12 W 30
Iwade 22 W 29
Iwerne Minster 9 N 31
Ixworth 30 W 27

J

Jacobstow 6 G 31
Jacobstowe 7 H 31
Jameston 15 F 29
Jamestown
Dumfries and Galloway 61 K 18
Jamestown
West Dunbartonshire 66 G 16
Janetstown 85 J 9
Jarrow 56 P 19
Jaywick 23 X 28
Jedburgh 62 M 17
Jedburgh Abbey 62 M 17
Jeffreyston 15 F 28
Jemimaville 79 H 11
Jersey *Channel I.* 5
Jevington 12 U 31
John Muir 69 M 15
John o' Groats 86 K 8
Johnshaven 75 N 13
Johnston 16 F 28
Johnstone 60 G 16
Johnstonebridge 54 J 18
Jura (Isle of) 58 B 16
Jura
(Sound of) 65 C 16
Jura Forest 65 B 16
Jura Ho 58 B 16
Jurby West 46 G 20

K

Kainakill 77 C 11
Kames 65 E 16
Katrine (Loch) 67 G 15
Kea 2 E 33
Keal 37 U 24
Keal (Loch na) 65 B 14
Kearsley 42 M 23
Keasden 49 M 21
Kebock Head 82 A 9
Kedington 30 V 27
Kedleston Hall 36 P 25
Keelby 45 T 23
Keevil 19 N 30
Kegworth 36 Q 25
Keig 75 M 12
Keighley 43 O 22
Keillmore 65 C 16
Keinton Mandeville 8 M 30
Keir Mill 53 I 18
Keiss 86 K 8
Keith 80 L 11
Keld 49 N 20
Kellas *Angus* 69 L 14
Kellas *Moray* 80 J 11
Kelleth 49 M 20
Kellie Castle 69 L 15
Kellington 44 Q 22
Kelloe 56 P 19
Kelly Bray 3 H 32
Kelmarsh 28 R 26
Kelsall 34 L 24
Kelso 62 M 17
Kelston 19 M 29
Keltneyburn 73 H 14
Kelty 68 J 15

IPSWICH

Argyle St X 2
Bond St X 6
Buttermarket Centre X 9
Carr St X 10
College St X 15
Corn Hill X 16
Dogs Head St X 18
Falcon St X 21
Franciscan Way X 24
Friars St X 25
Grey Friars Rd X 26
Handford Rd X 30
Lloyds Ave X 31
Lower Orwell St X 32
Northgate St X 33
Orwell Pl X 34
Quadling St X 35
Queen St X 37
St Helen's St X 39
St Margarets St X 40
St Nicholas St X 41
St Peter's St X 42
Salthouse St X 43
Silent St X 46
Tavern St X
Tower Ramparts Centre X 47
Upper Orwell St X 49
Waterworks St X 51
Westgate St X 52
Wolsey St X 53

Christchurch Mansion X B

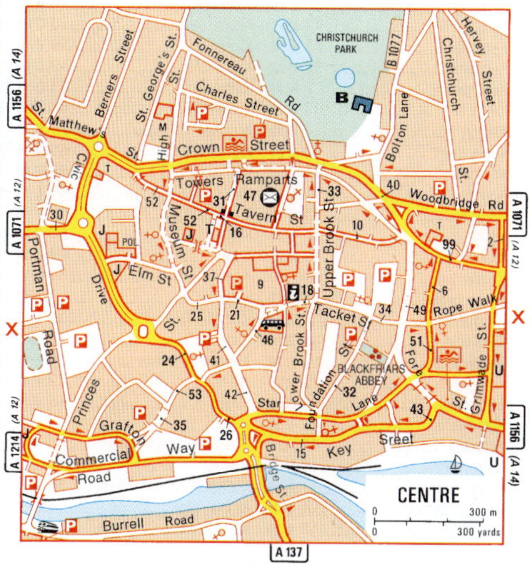

CHRISTCHURCH PARK
Fonnereau
Charles Street
Crown Street
Towers Ramparts
Tavern St
Woodbridge Rd
Museum St
Elm St
Upper Brook St
Tacket St
Rope Walk
Portman Road
Civic Drive
BLACKFRIARS ABBEY
Grafton Way
Commercial Road
Key Street
Burrell Road
CENTRE
300 m
300 yards
A 1156
A 1071
A 12
A 14
A 1214
A 137
B 1077

140 Great Britain

KINGSTON-UPON-HULL

Street	Grid	No.
Bond St	X	3
Carr Lane	Y	
Commercial Rd	Y	8
Dock Office Row	X	10
Dock St	X	12
Ferensway	XY	14
George St	X	
Grimston St	X	15
Humber Dock St	X	16
Jameson St	Y	17
Jarratt St	X	18
Kingston Retail Park	Y	
King Edward St	Y	19
Lowgate	Y	23
Market Pl.	Y	24
Paragon St	Y	29
Princes Quay Shopping Centre	Y	
Prince's Dock St	Y	32
Prospect Shopping Centre	X	
Prospect St	X	
Queen St	Y	35
Queen's Dock Ave	X	36
Reform St	X	37
Sculcoates Bridge	X	42
Waterhouse Lane	Y	47
Whitefriargate	Y	49
Wilberforce Drive	X	50
Worship St	X	52

Kelvedon 30 W 28
Kelvedon Hatch 22 U 29
Kemble 19 N 28
Kemnay 75 M 12
Kempley 26 M 28
Kempsey 27 N 27
Kempsford 19 O 28
Kempston 29 S 27
Kemsing 22 U 30
Kendal 48 L 21
Kenfig 17 I 29
Kenilworth 27 P 26
Kenknock 67 G 14
Kenmore Highland 77 C 11
Kenmore
  Perthshire and Kinross 67 I 14
Kenn 18 L 29
Kennet (River) 19 O 29
Kennethmont 80 L 11
Kenninghall 30 X 26
Kennington Kent 22 W 30
Kennington Oxon. 20 Q 28
Kennoway 68 K 15
Kenovay 70 Z 14
Kensaleyre 77 B 11
Kentallen 72 E 13
Kentford 30 V 27
Kentisbeare 7 K 31
Kentmere 48 L 20
Kenton 4 J 32
Kents Bank 48 L 21
Keoldale 84 F 8
Keresley 28 P 26
Kerrera 65 D 14
Kerry 26 K 26
Kersey 30 W 27
Kershader 82 A 9
Kershopefoot 55 L 18
Kesgrave 31 X 27
Kessingland 31 Z 26
Keswick 54 K 20
Kettering 28 R 26
Kettleness 50 R 20
Kettleshulme 43 N 24
Kettletoft 87 M 6
Kettlewell 49 N 21
Ketton 37 S 26
Kew 21 T 29
Kewstoke 18 L 29

Kexbrough 43 P 23
Kexby 44 R 23
Keyingham 45 T 22
Keymer 11 T 31
Keynsham 18 M 29
Keyworth 36 Q 25
Kibworth Harcourt 36 R 26
Kidderminster 27 N 26
Kidermorie Lodge 79 G 10
Kidlington 20 Q 28
Kidsgrove 35 N 24
Kidstones 49 N 21
Kidwelly / Cydweli 15 H 28
Kielder 55 M 18
Kielder Forest 55 M 18
Kielder Reservoir 55 M 18
Kiiphedir 85 I 9
Kilamarsh 44 Q 24
Kilbarchan 60 G 16
Kilbirnie 60 F 16
Kilbrannan Sound 59 D 17
Kilbride 65 D 14
Kilburn
  Amber Valley 36 P 24
Kilburn Hambleton 50 Q 21
Kilchattan 59 E 16
Kilchenzie 59 C 17
Kilcheran 65 D 14
Kilchiaran 58 A 16
Kilchoan 71 B 13
Kilchoman 58 A 16
Kilchrenan 65 E 14
Kilconquhar 69 L 15
Kilcreggan 66 F 16
Kildale 50 Q 20
Kildary 79 H 10
Kildavanan 59 E 16
Kildonan 59 E 17
Kildonan Lodge 85 I 9
Kildrummy 74 L 12
Kildrummy Castle 74 L 12
Kilfinnan 72 F 12
Kilgetti 15 F 28
Kilham
  Berwick-upon-Tweed 63 N 17
Kilham
  East Riding of Yorkshire 51 S 21
Kilkhampton 6 G 31
Killay 15 H 29

Killean 59 D 17
Killearn 67 G 15
Killen 79 H 11
Killerton 7 J 31
Killiechronan 65 C 14
Killilan 78 D 12
Killin 67 H 14
Killinghall 50 P 21
Killundine 71 C 14
Kilmacolm 60 G 16
Kilmaluag 77 B 10
Kilmany 69 L 14
Kilmarie 71 B 12
Kilmarnock 60 G 17
Kilmartin 65 D 15
Kilmaurs 60 G 17
Kilmelford 65 D 15
Kilmersdon 19 M 30
Kilmington
  East Devon 8 K 31
Kilmington
  Salisbury 9 N 30
Kilmorack 79 G 11
Kilmore 71 C 12
Kilmory
  Ardnamurchan 71 B 13
Kilmory
  Argyll and Bute 65 C 16
Kilmory
  I. Rhum 71 A 12
Kilmory
  North Ayrshire 59 E 17
Kilmuir 77 A 11
Kilmun 66 F 16
Kilncadzow 61 I 16
Kilninver 65 D 14
Kilnsey 49 N 21
Kiloran 64 B 15
Kilpeck 26 L 28
Kilrenny 69 L 15
Kilsyth 67 H 16
Kilt Rock 77 B 11
Kiltarlity 79 G 11
Kilvaxter 77 A 11
Kilwinning 60 F 17
Kimberley Broxtowe 36 Q 25
Kimberley
  South Norfolk 38 X 26

Kimble 20 R 28
Kimbolton 29 S 27
Kimmeridge 9 N 32
Kimpton 21 T 28
Kinbrace 85 I 9
Kinbuck 67 I 15
Kincardine Fife 67 I 15
Kincardine Highland 79 G 10
Kincardine O' Neil 75 L 12
Kinclaven 68 J 14
Kincraig 73 I 12
Kineton 28 P 27
Kinfauns 68 J 14
Kingairloch 72 D 14
Kingarth 59 E 16
Kinghorn 68 K 15
Kinglassie 68 K 15
King's Bromley 35 O 25
King's Cliffe 37 S 26
Kings Langley 21 S 28
King's Lynn 38 V 25
King's Meaburn 55 M 20
King's Somborne 10 P 30
King's Sutton 28 Q 27
King's Walden 29 T 28
Kings Worthy 10 Q 30
Kingsbarns 69 M 15
Kingsbridge 4 I 33
Kingsburgh 77 A 11
Kingsbury Episcopi 8 L 31
Kingsclere 20 Q 30
Kingscote 19 N 29
Kingsdon 8 L 30
Kingsdown 23 Y 30
Kingsgate 23 Y 29
Kingshouse
  Highland 72 F 14
Kingshouse
  Stirling 67 H 14
Kingskerswell 4 J 32
Kingskettle 68 K 15
Kingsland 26 L 27
Kingsley
  East Hampshire 10 R 30
Kingsley
  Staffordshire Moorlands 35 O 24
Kingsmuir 74 L 14
Kingsnorth 12 W 30
Kingsteignton 4 J 32

Kingsthorpe 28 R 27
Kingston
  Devon 4 I 33
Kingston
  East Hampshire 69 L 15
Kingston
  Moray 80 K 10
Kingston
  South Cambridgeshire 29 T 27
Kingston Bagpuize 20 P 28
Kingston Deverill 9 N 30
Kingston Lacy 9 N 31
Kingston Lisle 20 P 29
Kingston Seymour 18 L 29
Kingston-St. Mary 8 K 30
Kingston-upon-Hull 45 S 22
Kingston-upon-Thames
  London Borough 21 T 29
Kingstone 26 L 27
Kingswear 4 J 32
Kingswinford 27 N 26
Kingswood 19 M 29
Kingswood
  Powys 34 K 26
Kingswood
  South Glos. 18 M 29
Kington 26 K 27
Kington Langley 19 N 29
Kington-St. Michael 19 N 29
Kingussie 73 H 12
Kinkell 75 M 12
Kinkell Bridge 67 I 15
Kinknockie 81 O 11
Kinlet 27 M 26
Kinloch 71 B 12
Kinloch Hourn 72 D 12
Kinloch Lodge 84 G 8
Kinloch Rannoch 73 H 13
Kinlochard 67 G 15
Kinlochbervie 84 E 8
Kinlocheil 72 E 13
Kinlochewe 78 E 11
Kinlochleven 72 F 13
Kinlochmoidart 71 C 13
Kinloss 80 J 11
Kinmuck 75 N 12
Kinnaird 68 K 14

Kinneff 75 N 13
Kinnelhead 61 J 18
Kinnerley 34 L 25
Kinnersley 26 L 27
Kinnesswood 68 K 15
Kinninvie 56 O 20
Kinross 68 J 15
Kinrossie 68 K 14
Kintbury 20 P 29
Kintessack 80 I 11
Kintore 75 M 12
Kintra 58 B 17
Kintyre
  (Peninsula) 59 D 17
Kinver 27 N 26
Kippax 43 P 22
Kippen 67 H 15
Kippford 53 I 19
Kirby Bellars 36 R 25
Kirby Cross 31 X 28
Kirby Hall 29 S 26
Kirby Misperton 50 R 21
Kirby Muxloe 36 Q 26
Kirby Underwood 37 S 25
Kirdford 11 S 30
Kirk Ella 45 S 22
Kirk Ireton 35 P 24
Kirk Merrington 56 P 19
Kirk Michael 46 G 21
Kirk Yetholm 63 N 17
Kirkbampton 54 K 19
Kirkbean 53 J 19
Kirkbride 54 K 19
Kirkbuddo 69 L 14
Kirkburn 51 S 22
Kirkburton 43 O 23
Kirkby 42 L 23
Kirkby Fleetham 50 P 20
Kirkby-in-Ashfield 36 Q 24
Kirkby-la-Thorpe 37 S 25
Kirkby Lonsdale 48 M 21
Kirkby Malham 49 N 21
Kirkby Mallory 36 Q 26
Kirkby Malzeard 49 P 21
Kirkby Overblow 50 P 22
Kirkby Stephen 49 M 20
Kirkby Thore 55 M 20

Kirkbymoorside 50 R 21
Kirkcaldy 68 K 15
Kirkcolm 52 E 19
Kirkconnel 60 I 17
Kirkcowan 52 G 19
Kirkcudbright 53 H 19
Kirkcudbright Bay 53 H 19
Kirkfieldbank 61 I 16
Kirkgunzeon 53 I 19
Kirkham 42 L 22
Kirkheaton 56 O 18
Kirkhill 79 G 11
Kirkhope 61 J 18
Kirkinner 52 G 19
Kirkintilloch 67 H 16
Kirkland
  Dumfries and Galloway 53 I 18
Kirkland
  Eden 55 M 19
Kirklees 43 O 23
Kirklevington 50 P 20
Kirklington
  North Yorkshire 50 P 21
Kirklington
  Nottinghamshire 36 R 24
Kirkliston 68 J 16
Kirkmaiden 52 F 19
Kirkmichael
  Perthshire and Kinross 74 J 13
Kirkmichael
  South Ayrshire 60 G 17
Kirkmuirhill 61 I 17
Kirknewton
  Berwick-upon-Tweed 63 N 17
Kirknewton
  West Lothian 61 J 16
Kirkoswald 59 F 18
Kirkpatrick Durham 53 I 18
Kirkpatrick-Fleming 54 K 18
Kirkstone Pass 48 L 20
Kirkton
  Dumfries and Galloway 53 J 18
Kirkton
  Scottish Borders 62 L 17
Kirkton Manor 61 K 17
Kirkton of Culsalmond 81 M 11
Kirkton of Durris 75 M 12

LEEDS

Aire St FZ 2
Albion St GZ 3
Boar Lane GZ 4
Bond St GY
Bowman Lane GZ 9
Bridge St GY 10
Briggate GZ
City Square GZ 15
Commercial St GY
Cookridge St GY 19
County Arcade GY 20
Cross Stamford St GY 21
Crown Point Rd GZ 22
Dock St GZ 23
Duncan St GZ
Eastgate GY 31
East Parade FGZ 27
Hanover Way FY 38
Headrow Centre GZ 39
Headrow (The) GY
Infirmary St FZ
King St FZ 46
Kirkgate GZ
Lands Lane GZ 49
Leeds Shopping Plaza GZ 50
Marsh Lane GZ
Meadow Lane GZ 53
Merrion Centre GY
Merrion St GY 54
Merrion Way GY 55
Millennium Square GY 56
New Briggate GY 57
New York Rd GY 60
Park Lane FY 64
Queen St FZ 68
St John's Centre GY
St Paul's St FZ 72
St Peter's St GZ 74
Sheepscar St South GY 75
Skinner Lane GY 76
South Parade FGZ 78
Trinity St Shopping Centre GZ
Victoria Rd GZ 81
Wade Lane GY 82
Waterloo St GZ 80
Wellington Rd FZ 83
Westgate FZ
West St FZ 84
City Art Gallery FGY M

Great Britain 141

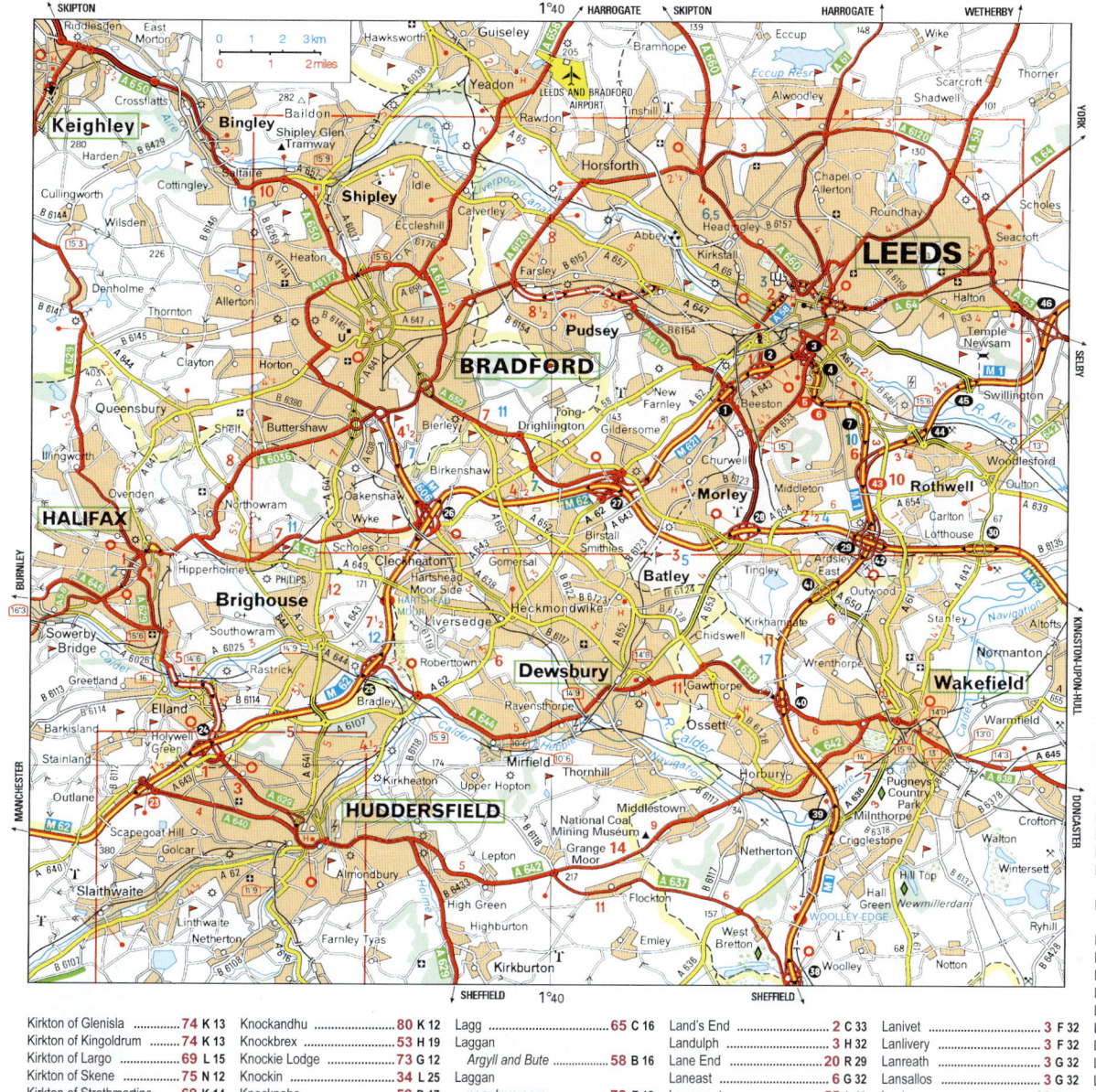

Kirkton of Glenisla	74 K 13	
Kirkton of Kingoldrum	74 K 13	
Kirkton of Largo	69 L 15	
Kirkton of Skene	75 N 12	
Kirkton of Strathmartine	69 K 14	
Kirktown of Auchterless	81 M 11	
Kirktown of Deskford	80 L 11	
Kirkwall	86 L 7	
Kirkwhelpington	56 N 18	
Kirmington	45 T 23	
Kirn	66 F 16	
Kirriemuir	74 K 13	
Kirtlebridge	54 K 18	
Kirtlington	28 Q 28	
Kirtomy	85 H 8	
Kirton Boston	37 T 25	
Kirton Suffolk Coastal	31 X 27	
Kirton End	37 T 25	
Kirton-in-Lindsey	44 S 23	
Kishorn (Loch)	78 D 11	
Kislingbury	28 R 27	
Kitchener Memorial	86 J 6	
Kiveton	44 Q 23	
Knaresborough	50 P 21	
Knarsdale	55 M 19	
Knebworth	29 T 28	
Kneesall	36 R 24	
Kneesworth	29 T 27	
Knighton / Trefyclawdd	26 K 26	
Knightshayes Court	7 J 31	
Kniveton	35 O 24	
Knock Argyll and Bute	65 C 14	
Knock Moray	80 L 11	
Knock Western Isles	83 B 9	
Knockandhu	80 K 12	
Knockbrex	53 H 19	
Knockie Lodge	73 G 12	
Knockin	34 L 25	
Knocknaha	59 D 17	
Knocksharry	46 G 21	
Knockvennie Smithy	53 I 18	
Knole	22 U 30	
Knossington	36 R 25	
Knottingley	44 Q 22	
Knowe	52 G 18	
Knowehead	53 H 18	
Knowesgate	55 N 18	
Knowle	27 O 26	
Knowsley	42 L 23	
Knoydart	72 D 12	
Knutsford	42 M 24	
Kyle Forest	60 G 17	
Kyle of Durness	84 F 8	
Kyle of Lochalsh	77 C 12	
Kyle of Sutherland	79 G 10	
Kyle of Tongue	84 G 8	
Kyleakin	77 C 12	
Kylerhea	72 C 12	
Kyles Scalpay	82 Z 10	
Kylestrome	84 E 9	
Kynance Cove	2 E 34	
Kyre park	26 M 27	

L

La Rocque Jersey I.	5	
Laceby	45 T 23	
Lacey Green	20 R 28	
Lache	34 L 24	
Lacock	19 N 29	
Ladder Hills	74 K 12	
Ladock	3 F 33	
Ladybank	68 K 15	
Ladybower Reservoir	43 O 23	
Ladyhill	55 N 18	
Lagg	65 C 16	
Lagg Argyll and Bute	58 B 16	
Laggan		
near Invergarry	72 F 12	
Laggan near Newtonmore	73 H 12	
Laggan (Loch)	73 G 13	
Laggan Point	58 B 16	
Lagganulva	64 B 14	
Laide	78 D 10	
Lair	78 E 11	
Lairg	84 G 9	
Lake District National Park	48 K 20	
Lakenheath	30 V 26	
Lamanva	2 E 33	
Lamberhurst	12 V 30	
Lambeth London Borough	21 T 29	
Lambley Gedling	36 Q 24	
Lambley Tynedale	55 M 19	
Lambourn	20 P 29	
Lamerton	3 H 32	
Lamington	61 J 17	
Lamlash	59 E 17	
Lamlash Bay	59 E 17	
Lammermuir Hills	62 L 16	
Lampeter / Llanbedr Pont Steffan	15 H 27	
Lamplugh	54 J 20	
Lamport	28 R 26	
Lanark	61 I 16	
Lancaster	48 L 21	
Lanchester	56 O 19	
Lancing	11 T 31	
Landmark Visitor Centre	79 I 12	
Landrake	3 H 32	
Land's End	2 C 33	
Landulph	3 H 32	
Lane End	20 R 29	
Laneast	6 G 32	
Lanercost	55 L 19	
Langar	36 R 25	
Langavat (Loch) Lewis	82 Z 9	
Langavat (Loch) South Harris	76 Z 10	
Langbank	66 G 16	
Langcliffe	49 N 21	
Langdale End	51 S 21	
Langdale Valley	48 K 20	
Langdon Beck	55 N 19	
Langenhoe	30 W 28	
Langford Mid Bedfordshire	29 T 27	
Langford West Oxfordshire	19 P 28	
Langford Budville	8 K 31	
Langham	36 R 25	
Langholm	54 L 18	
Langleeford	63 N 17	
Langley	21 S 29	
Langley Park	56 O 19	
Langold	44 Q 23	
Langport	8 L 30	
Langrick	37 T 24	
Langrish	10 Q 30	
Langsett	43 O 23	
Langshaw	62 L 17	
Langstrothdale Chase	49 N 21	
Langthwaite	49 O 20	
Langtoft	51 S 21	
Langton	50 R 21	
Langton Matravers	9 O 32	
Langwathby	55 L 19	
Lanhydrock	3 F 32	
Lanivet	3 F 32	
Lanlivery	3 F 32	
Lanreath	3 G 32	
Lansallos	3 G 32	
Lanton	62 N 17	
Lapford	7 I 31	
Larachbeg	71 C 14	
Larbert	67 I 15	
Largs	59 F 16	
Larkhall	61 I 16	
Larkhill	19 O 30	
Larling	30 W 26	
Lasswade	61 K 16	
Lastingham	50 R 21	
Latchingdon	22 W 28	
Latton	19 O 29	
Lauder	62 L 16	
Lauderdale	62 L 16	
Laugharne	15 G 28	
Laughton Wealden	12 U 31	
Laughton West Lindsey	44 R 23	
Launcells	6 G 31	
Launceston	6 G 32	
Launton	28 Q 28	
Laurencekirk	75 M 13	
Lauriston Castle	68 K 16	
Lavendon	29 S 27	
Lavenham	30 W 27	
Laverstock	9 O 30	
Laverstoke	20 Q 30	
Lawford	30 X 28	
Lawrenny	16 F 28	
Lawshall	30 W 27	
Laxay	82 A 9	
Laxey	46 G 21	
Laxey Bay	46 G 21	
Laxfield	31 Y 27	
Laxford (Loch)	84 E 8	
Laxford Bridge	84 E 8	
Laxo	87 Q 2	
Laxton East Riding of Yorkshire	44 R 22	
Laxton Newark and Sherwood	36 R 24	
Layer-de-la-Haye	30 W 28	
Layer Marney	22 W 28	
Laytham	44 R 22	
Layton	42 K 22	
Lazonby	55 L 19	
Lea Herefordshire	26 M 28	
Lea North Wiltshire	19 N 29	
Lea West Lindsey	44 R 23	
Leaden Roding	22 U 28	
Leadenham	37 S 24	
Leadgate Derwentside	56 O 19	
Leadgate Eden	55 M 19	
Leadhills	61 I 17	
Leaflied	20 P 28	
Leagrave	29 S 28	
Lealholm	50 R 20	
Lealt	65 C 15	
Leargybreck	65 C 16	
Leasingham	37 S 24	
Leathaid Bhuain (Loch an)	84 F 9	
Leatherhead	21 T 30	
Leathley	49 P 22	
Leavening	50 R 21	
Lebberston	51 S 21	
Lechlade	19 O 28	
Lecht Road	74 K 12	
Leckmelm	78 E 10	
Leconfield	44 S 22	
Ledbury	27 M 27	
Ledmore	84 F 9	
Ledsham	44 Q 22	
Lee	16 H 30	
Lee-on-the-Solent	10 Q 31	
Leebotwood	34 L 26	
Leeds Kent	22 V 30	
Leeds West Yorks.	43 P 22	
Leedstown	2 D 33	
Leek	35 N 24	
Leek Wootton	27 P 27	
Leeming Bar	50 P 21	
Leeswood	34 K 24	
Legbourne	45 U 23	
Legerwood	62 M 16	
Leicester	36 Q 26	
Leicester Forest East	36 Q 26	
Leigh	42 M 23	
Leigh Mole Valley	21 T 30	
Leigh North Wiltshire	19 O 29	
Leigh Sevenoaks	22 U 30	
Leigh West Dorset	8 M 31	
Leigh-on-Sea	22 V 29	
Leigh Sinton	27 N 27	
Leighterton	19 N 29	
Leighton Buzzard	29 S 28	
Leim	58 C 17	
Leintwardine	26 L 26	
Leirinmore	84 F 8	
Leiston	31 Y 27	
Leith	68 K 16	
Leitholm	62 M 16	
Lemreway	82 A 9	
Lendalfoot	52 F 18	
Lenham	22 W 30	
Lennoxtown	67 H 16	
Leominster	26 L 27	
Leonard Stanley	19 N 28	
Lepe	10 P 31	
Lephinmore	65 E 15	
Lerwick	87 Q 3	
Lesbury	63 P 17	
Leslie Aberdeenshire	81 L 12	
Leslie Fife	68 K 15	
Lesmahagow	61 I 17	

142 Great Britain

LONDON

Street	Grid	No.
Abercorn Pl.	PZB	277
Allsop Pl.	QZD	4
Appold St.	XZD	5
Bayley St.	SZD	260
Bernard St.	SZD	25
Bessborough St.	SZG	30
Bevis Marks.	XZD	34
Bloomsbury Way.	SZD	9
Bowling Green Lane.	UZD	43
Bridgefoot	SZG	49
Cadogan Gardens	QZF	23
Calthorpe St.	TZD	65
Cambridge Rd.	NZB	335
Camden Passage	UZB	70
Camomile St.	XZD	71
Chapel Market.	UZB	78
Charlbert St.	PZB	79
Chippenham Rd.	NZD	340
Clerkenwell Rd.	UZD	474
Collingham Gardens	OZG	99
Collingham Rd.	OZF	101
Cornhill	VZD	309
Corporation Row.	UZD	110
Cowcross St.	UZD	113
Crucifix Lane	XZE	125
Curtain Rd.	XZD	126
Dufferin St.	VZD	141
Duke's Pl.	XZD	145
Duncannon St.	SZE	147
Durham St.	TZG	150
Elephant Rd.	VZF	163
Fann St.	VZD	166
Garden Row.	UZE	173
Great Eastern St.	XZD	192
Gunter Grove	OZG	202
Harleyford St.	UZG	211
Herbrand St.	SZD	218
Howland St.	RZD	232
Hunter St.	SZD	233
Hyde Rd.	VZB	235
King Edward St.	VZD	247
King William St.	VZD	250
Little Britain	VZD	264
Lloyd Baker St.	UZC	265
Lombard St.	VZD	268
Maiden Lane	SZE	83
Manchester Square	QZD	281
Miles St.	SZG	290
Monmouth St.	SZD	88
Montague St.	SZD	292
Moreland St.	VZC	293
Myddelton St.	UZC	296
Newington Butts	UZF	306
Newington Causeway.	VZE	307
Oxford Rd.	NZB	336
Park Crescent	RZD	28
Parry St.	SZG	341
Pembrocke Gardens	NZF	342
Penn St.	VZB	343
Penton Rise	TZB	344
Penton St.	UZB	345
Pilgrimage St.	VZE	349
Poole St.	VZB	350
Queen's Circus	RZG	361
Richmond Terrace	SZE	234
St Bride St.	UZD	376
St John's Wood High St.	PZB	29
St John's Wood Park.	PZB	379
St Martin's-le-Grand	VZD	380
Sardinia St.	TZD	381
Sclater St.	XZD	470
Shoreditch High St.	XZD	384
Sidmouth St.	SZD	385
Snows Fields	VXZE	386
Southampton Row	VZD	391
South Pl.	UZC	398
Spencer St.	UZE	169
Sumner St.	UZD	175
Surrey St.	TZE	417
Swinton St.	VZE	408
Tabard St.	SZD	409
Tavistock Square	RZD	413
Thayer St.	VZD	418
Throgmorton St.	SZD	430
Upper St Martin's Lane.	SZD	432
Upper Woburn Pl.	NZG	207
Vanston Pl.	NZD	347
Walterton Rd.	OZD	348
Warrington Crescent	UZD	294
Warwick Lane.	VZC	478
Westland Pl.	VZE	188
Weston St.	SZB	455
Wharfdale Rd.	SZE	460
Whitehall Court	XZB	464
Whitmore Rd.	TZG	420
Wilkinson St.	XZD	472
Wormwood St.		

Great Britain 143

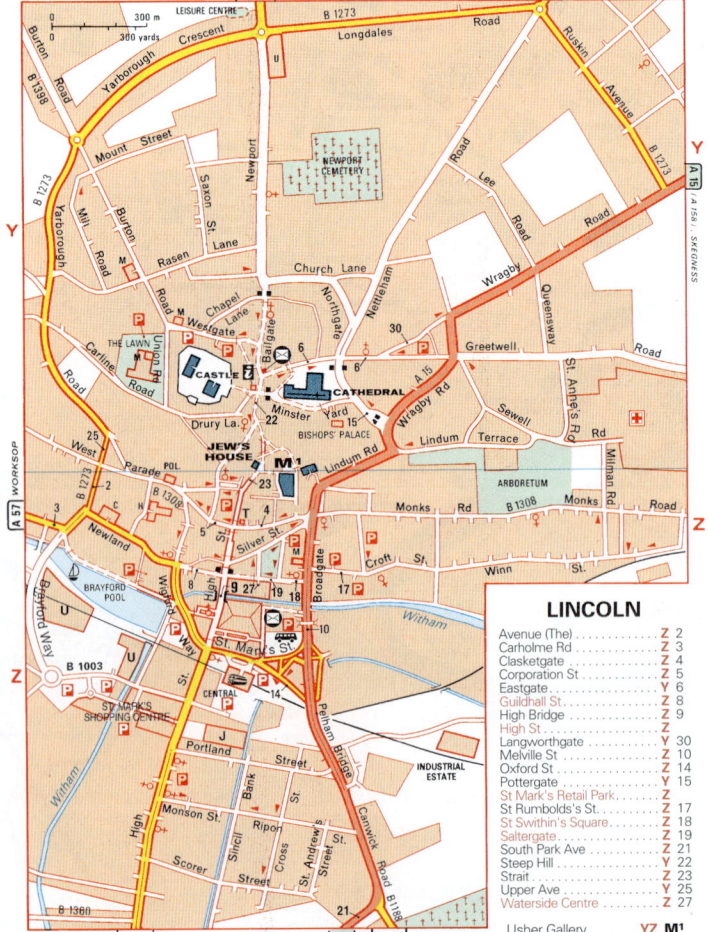

Great Britain 145

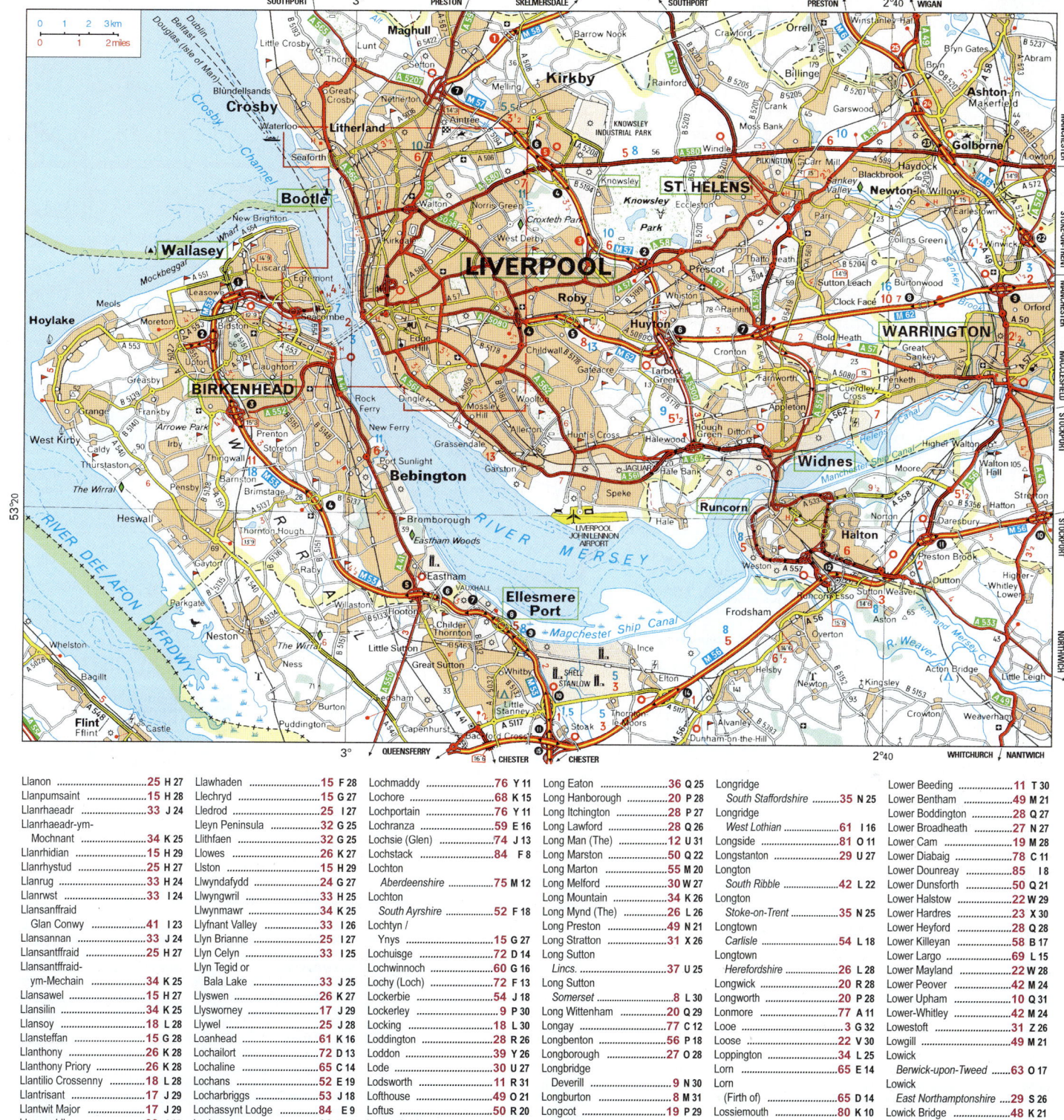

Llanon	25 H 27	Llawhaden	15 F 28	Lochmaddy	76 Y 11	Long Eaton	36 Q 25
Llanpumsaint	15 H 28	Llechryd	15 G 27	Lochore	68 K 15	Long Hanborough	20 P 28
Llanrhaeadr	33 J 24	Lledrod	25 I 27	Lochportain	76 Y 11	Long Itchington	28 P 27
Llanrhaeadr-ym-		Lleyn Peninsula	32 G 25	Lochranza	59 E 16	Long Lawford	28 Q 26
Mochnant	34 K 25	Llithfaen	32 G 25	Lochsie (Glen)	74 J 13	Long Man (The)	12 U 31
Llanrhidian	15 H 29	Llowes	26 K 27	Lochstack	84 F 8	Long Marston	50 Q 22
Llanrhystud	25 H 27	Llston	15 H 29	Lochton		Long Melford	30 W 27
Llanrug	33 H 24	Llwyndafydd	24 G 27	Aberdeenshire	75 M 12	Long Mountain	34 K 26
Llanrwst	33 I 24	Llwyngwril	33 H 25	Lochton		Long Mynd (The)	26 L 26
Llansanffraid		Llwynmawr	34 K 25	South Ayrshire	52 F 18	Long Preston	49 N 21
Glan Conwy	41 I 23	Llyfnant Valley	33 I 26	Lochtyn /		Long Stratton	31 X 26
Llansannan	33 J 24	Llyn Brianne	25 I 27	Ynys	15 G 27	Long Sutton	
Llansantffraid	25 H 27	Llyn Celyn	33 I 25	Lochuisge	72 D 14	Lincs.	37 U 25
Llansantffraid-		Llyn Tegid or		Lochwinnoch	60 G 16	Long Sutton	
ym-Mechain	34 K 25	Bala Lake	33 J 25	Lochy (Loch)	72 F 13	Somerset	8 L 30
Llansawel	15 H 27	Llyswen	26 K 27	Lockerbie	54 J 18	Long Wittenham	20 Q 29
Llansilin	34 K 25	Llysworney	17 J 29	Lockerley	9 P 30	Longay	77 C 12
Llansoy	18 L 28	Llywel	25 J 28	Locking	18 L 30	Longbenton	56 P 18
Llansteffan	15 G 28	Loanhead	61 K 16	Loddington	28 R 26	Longborough	27 O 28
Llanthony	26 K 28	Lochailort	72 D 13	Loddon	39 Y 26	Longbridge	
Llanthony Priory	26 K 28	Lochaline	65 C 14	Lode	30 U 27	Deverill	9 N 30
Llantilio Crossenny	18 L 28	Lochans	52 E 19	Lodsworth	11 R 31	Longburton	8 M 31
Llantrisant	17 J 29	Locharbriggs	53 J 18	Lofthouse	49 O 21	Longcot	19 P 29
Llantwit Major	17 J 29	Lochassynt Lodge	84 E 9	Loftus	50 R 20	Longdon	35 O 25
Llanuwchllyn	33 I 25	Lochawe	66 E 14	Logan Gardens	52 F 19	Longfield	22 U 29
Llanvetherine	18 L 28	Lochay (Glen)	67 G 14	Loggerheads	35 M 25	Longford	
Llanwddyn	33 J 25	Lochboisdale	70 Y 12	Logie Coldstone	74 L 12	Derbyshire Dales	35 O 25
Llanwenog	15 H 27	Lochbuie	65 C 14	Logiealmond	67 I 14	Longford	
Llanwnda	32 H 24	Lochcarron	78 D 11	Login	15 F 28	Tewkesbury	27 N 28
Llanwnen	15 H 27	Lochdonhead	65 C 14	Lomond (Loch)	66 G 15	Longforgan	68 K 14
Llanwnog	25 J 26	Lochdrum	78 F 10	Londesborough	51 R 22	Longformacus	62 M 16
Llanwrda	25 I 28	Lochearnhead	67 H 14	London	21 T 29	Longham	38 M 25
Llanwrin	33 I 26	Locheport	76 Y 11	London Colney	21 T 28	Longhirst	56 P 18
Llanwrtyd Wells	25 J 27	Lochroin	61 J 18	Long (Loch)		Longhorsley	56 O 18
Llanwyddelan	33 J 26	Lochfoot	53 I 18	Angus	68 K 14	Longhoughton	63 P 17
Llanybydder	15 H 27	Lochgair	65 D 15	Long (Loch)		Longleat House	19 N 30
Llanychaer	24 F 28	Lochgarthside	73 G 12	Argyll and Bute	66 F 15	Longmanhil	81 M 11
Llanymawddwy	33 J 25	Lochgelly	68 K 15	Long Ashton	18 M 29	Longnewton	50 P 20
Llanymddyfri /		Lochgilphead	65 D 15	Long Bennington	36 R 25	Longney	19 N 28
Llandovery	25 I 28	Lochgoilhead	66 F 15	Long Bredy	5 M 31	Longniddry	69 L 16
Llanymynech	34 K 25	Lochinver	84 E 9	Long Buckby	28 Q 27	Longnor	35 O 24
Llanynghenedl	40 G 23	Lochluichart	78 F 11	Long Clawson	36 R 25	Longridge Ribble Valley	42 M 22
Llanystumdwy	32 H 25	Lochmaben	54 J 18	Long Crendon	20 R 28		

Longridge		Lower Beeding	11 T 30				
South Staffordshire	35 N 25	Lower Bentham	49 M 21				
Longridge		Lower Boddington	28 Q 27				
West Lothian	61 I 16	Lower Broadheath	27 N 27				
Longside	81 O 11	Lower Cam	19 M 28				
Longstanton	29 U 27	Lower Diabaig	78 C 11				
Longton		Lower Dounreay	85 I 8				
South Ribble	42 L 22	Lower Dunsforth	50 Q 21				
Longton		Lower Halstow	22 W 29				
Stoke-on-Trent	35 N 25	Lower Hardres	23 X 30				
Longtown		Lower Heyford	28 Q 28				
Carlisle	54 L 18	Lower Killeyan	58 B 17				
Longtown		Lower Largo	69 L 15				
Herefordshire	26 L 28	Lower Mayland	22 W 28				
Longwick	20 R 28	Lower Peover	42 M 24				
Longworth	20 P 28	Lower Upham	10 Q 31				
Lonmore	77 A 11	Lower-Whitley	42 M 24				
Looe	3 G 32	Lowestoft	31 Z 26				
Loose	22 V 30	Lowgill	49 M 21				
Loppington	34 L 25	Lowick					
Lorn	65 E 14	Berwick-upon-Tweed	63 O 17				
Lorn		Lowick					
(Firth of)	65 D 14	East Northamptonshire	29 S 26				
Lossiemouth	80 K 10	Lowick Bridge	48 K 21				
Lostwithiel	3 G 32	Lowther	55 L 20				
Lothbeg	85 I 9	Lowther Hills	61 J 18				
Lothersdale	49 N 22	Loxwood	11 S 30				
Lothmore	85 I 9	Loyal (Loch)	84 G 8				
Loudwater	21 R 29	Loyne (Loch)	72 E 12				
Loughborough	36 Q 25	Lùb Score	77 A 10				
Loughor (River)	17 H 29	Lubcroy	84 F 10				
Loughton	21 U 29	Lubenham	28 R 26				
Louth	45 U 23	Lubnaig (Loch)	67 H 15				
Lovington	8 M 30	Luccombe	17 J 30				
Low Bradley	49 O 22	Luce Bay	52 F 19				
Low Crosby	55 L 19	Lucker	63 O 17				
Low Row		Luddesdown	22 V 29				
Carlisle	55 M 19	Ludford					
Low Row		East Lindsey	45 T 23				
Richmondshire	49 N 20	Ludford					
Low Street	39 Y 25	South Shropshire	26 L 26				
Lowca	53 J 20	Ludgershall					
Lowdham	36 Q 24	Bucks.	20 Q 28				

## 146 Great Britain

LIVERPOOL

Street	Grid	No.
Argyle St	DZ	6
Blackburne Pl.	EZ	10
Bold St.	DZ	
Brunswick Rd	EY	19
Canada Boulevard	CYZ	22
Canning Pl.	CZ	23
Churchill Way	DY	26
Church St	DY	
Clarence St	EYZ	27
Clayton Square Shopping Centre	DY	
College Lane	DZ	28
Commutation Row	DY	30
Cook St	CY	32
Crosshall St	DY	36
Daulby St	EY	40
Erskine St	EY	45
Fontenoy St	DY	48
Forrest St	DZ	49
George's Dock Lane	CY	51
Grafton St	DZ	53
Great Charlotte St	DY	54
Great Howard St	CY	56
Hatton Garden	DY	57
Haymarket	DY	58
Hood St	DY	62
Houghton St	DY	65
Huskisson St	EZ	66
James St	CY	68
King Edward St	CY	69
Knight St	EZ	72
Leece St	EZ	73
Lime St	DY	
Liver St	CZ	76
London Rd	DEY	
Lord St	CDY	
Mansfield St	DEY	80
Mathew St	CDY	81
Moss St	EY	86
Mount St	EZ	88
Myrtle St	EZ	89
Newington St	DZ	92
New Quay	CY	93
North John St	CY	96
Norton St	EY	97
Parker St	DY	103
Prescot St	EY	105
Prince's Rd	EZ	107
Queen Square	DY	
Ranelagh St	DY	108
Renshaw St	DEZ	
Richmond St	DY	109
Roe St	DY	114
St James Pl	EZ	117
St John's Centre	DY	
St John's Lane	DY	118
School Lane	DYZ	122
Scotland Pl.	DY	123
Sefton St	DZ	129
Seymour St	EY	130
Skelhorne St	DY	133
Stanley St	CDY	135
Suffolk St	DZ	137
Tarleton St	DY	139
Victoria St	DY	143
Water St	CY	150
William Brown St	DY	156
York St	DZ	157

Merseyside Maritime Museum	CZ	M²
The Walker	DY	M³

Place	Grid		Place	Grid		Place	Grid		Place	Grid		Place	Grid
Ludgershall Wilts	19 P 30		Luthermuir	75 M 13		Lyne	61 K 17		Maddiston	67 I 16		Maldon	22 W 28		Mappleton	45 T 22
Ludgvan	2 D 33		Luthrie	68 K 14		Lyneham			Maddy (Loch)	76 Y 11		Malham	49 N 21		Mappowder	9 M 31
Ludham	39 Y 25		Luton	29 S 28		North Wiltshire	19 O 29		Madeley Staffs	35 M 24		Mallaig	71 C 12		Mar (Forest of)	74 J 12
Ludlow	26 L 26		Luton Hoo	21 S 28		Lyneham			Madeley			Mallory Park Circuit	36 P 26		Marazion	2 D 33
Lugton	60 G 16		Lutterworth	28 Q 26		West Oxfordshire	27 P 28		Telford and Wrekin	35 M 26		Mallwyd	33 I 25		March	37 U 26
Luib Highland	77 B 12		Lutton	37 U 25		Lynemouth	56 P 18		Madingley	29 U 27		Malmesbury	19 N 29		Marcham	20 P 29
Luib Stirling	67 G 14		Luxborough	7 J 30		Lyness	86 K 7		Madron	2 D 33		Malpas	34 L 24		Marchington	35 O 25
Luichart (Loch)	78 F 11		Lybster	86 K 9		Lynmouth	17 I 30		Maenclochog	15 F 28		Maltby	44 Q 23		Marchwood	10 P 31
Luing	65 D 15		Lydbury North	26 L 26		Lynton	17 I 30		Maentwrog	33 I 25		Maltby-le-Marsh	45 U 24		Marden	22 V 30
Lullington	35 P 25		Lydd	12 W 31		Lyon (Glen)	73 H 14		Maerdy Conwy	33 J 25		Malton	50 R 21		Maree (Loch)	78 D 10
Lulsgate Bottom	18 L 29		Lydd-on-Sea	12 W 31		Lyonshall	26 L 27		Maerdy			Malvern Wells	27 N 27		Mareham-le-Fen	37 T 24
Lulworth Cove	9 N 32		Lydden	23 X 30		Lytchett Matravers	9 N 31		Rhondda, Cynon, Taf	17 J 28		Mamble	26 M 26		Maresfield	11 U 31
Lumphanan	75 L 12		Lydeard-St. Lawrence	8 K 30		Lytchett Minster	9 N 31		Maes Howe	86 K 7		Mamore Forest	72 F 13		Margam	17 I 29
Lumsden	80 L 12		Lydford Mendip	8 M 30		Lytes Cary	8 L 30		Maesbrook	34 K 25		Man (Isle of)	46 G 21		Margaretting	22 V 28
Lunan	75 M 14		Lydford West Devon	4 H 32		Lyth	86 K 8		Maesteg	17 J 29		Manaccan	2 E 33		Margate	23 Y 29
Lunanhead	74 L 14		Lydham	26 L 26		Lytham	42 L 22		Maghull	42 L 23		Manaton	4 I 32		Margnaheglish	59 E 17
Luncarty	68 J 14		Lydiard Millicent	19 O 29		Lytham St. Anne's	42 K 22		Magor	18 L 29		Manchester	43 N 23		Marham	38 V 26
Lund	51 S 22		Lydiard Park	19 O 29		Lythe	51 R 20		Maiden Bradley	9 N 30		Manderston	62 N 16		Marhamchurch	6 G 31
Lundie	68 K 14		Lydiate	42 L 23					Maiden Castle	8 M 31		Manea	29 U 26		Marholm	37 T 26
Lundie (Loch)	78 C 11		Lydlinch	9 M 31		M			Maiden Newton	8 M 31		Mangersta	82 Y 9		Marian-Glas	40 H 22
Lundin Links	69 L 15		Lydney	18 M 28					Maidenhead	20 R 29		Mangotsfield	18 M 29		Marishader	77 B 11
Lundy	16 G 30		Lydstep	15 F 29		Maaruig	82 Z 10		Maidens	59 F 17		Manish	76 Z 10		Mark Sedgemoor	18 L 30
Lunning	87 Q 2		Lyme Bay	5 L 32		Mabie	53 J 18		Maids Morelon	28 R 27		Manningford Bruce	19 O 30		Mark South Ayrshire	52 E 18
Lurgainn (Loch)	84 E 9		Lyme Park	43 N 23		Mablethorpe	45 U 23		Maidstone	22 V 30		Mannings Heath	11 T 30		Market Bosworth	36 P 26
Lurgashall	11 S 30		Lyme Regis	5 L 31		Macaskin (Island)	65 D 15		Maidwell	28 R 26		Manningtree	31 X 28		Market Deeping	37 T 25
Luskentyre	82 Z 10		Lyminge	13 X 30		Macclesfield	43 N 24		Mainland			Manorbier	15 F 29		Market Drayton	34 M 25
Luss	66 G 15		Lymington	10 P 31		Macduff	81 M 10		Orkney Islands	86 J 6		Mansfield	36 Q 24		Market Harborough	28 R 26
Lusta	77 A 11		Lymm	42 M 23		Machars (The)	52 G 19		Mainland			Mansfield Woodhouse	36 Q 24		Market Lavington	19 O 30
Lustleigh	4 I 32		Lympne	13 X 30		Machen	18 K 29		Shetland Islands	87 R 3		Manstone	9 N 31		Market Overton	36 R 25
Luston	26 L 27		Lympstone	4 J 32		Machrihanish	58 A 16		Mainstone	26 K 26		Manuden	30 U 28		Market Rasen	45 T 23
			Lyndhurst	10 P 31		Machrihanish Bay	58 C 17		Maisemore	27 N 28		Mapleback	36 R 24		Market Weighton	44 S 22
						Machynlleth	33 I 26		Malborough	4 I 33		Mapledurham	20 Q 29		
						Madderty	67 I 14								

Great Britain 147

Markfield	36 Q 25	Martin		Matlock Bath	35 P 24	Melbost	83 B 9	Mennock	61 I 17	Methil	69 K 15
Markinch	68 K 15	North Kesteven	37 T 24	Mattersey	44 R 23	Melbourn	29 U 27	Menston	43 O 22	Methlick	81 N 11
Marks Tey	30 W 28	Martin (Isle)	84 E 10	Mattingley	20 R 30	Melbourne		Menstrie	67 I 15	Methven	68 J 14
Marksbury	18 M 29	Martin Mill	23 Y 30	Mattishall	38 X 26	East Riding of Yorkshire	44 R 22	Menteith Hills	67 H 15	Methwold	38 V 26
Markyate	21 S 28	Martindale	48 L 20	Mauchline	60 G 17	Melbourne		Mentmore	29 R 28	Mevagissey	3 F 33
Marlborough	19 O 29	Martinstown	5 M 31	Maud	81 N 11	South Derbyshire	36 P 25	Meonstoke	10 Q 31	Mexborough	44 Q 23
Marldon	4 J 32	Martlesham	31 X 27	Maughold	46 H 21	Melbury Osmond	8 M 31	Meopham	22 V 29	Mhòr (Loch)	73 G 12
Marlesford	31 Y 27	Martletwy	15 F 28	Maughold Head	46 H 21	Meldon	56 O 18	Mepal	29 U 26	Miavaig	82 Z 9
Marloes	14 E 28	Martley	27 M 27	Mawbray	54 J 19	Melfort	65 D 15	Mere		Michaelchurch Escley	26 L 27
Marlow	20 R 29	Martock	8 L 31	Mawnan	2 E 33	Melgarve	73 G 12	Cheshire	42 M 24	Michaelstow	3 F 32
Marnhull	9 N 31	Marton Harrogate	50 P 21	Maxstoke	27 P 26	Melksham	19 N 29	Mere		Micheldever	10 Q 30
Marple	43 N 23	Marton Macclesfield	35 N 24	Maxton	62 M 17	Melldalloch	65 E 16	Wilts	9 N 30	Michelham Priory	12 U 31
Marros	15 G 28	Marvig	82 A 9	Maybole	60 F 17	Mellerstain	62 M 17	Mereworth	22 V 30	Mickfield	31 X 27
Marsden	43 O 23	Marwell Zoological Park	10 Q 31	Mayfield		Melling	48 M 21	Meriden	27 P 26	Mickleover	36 P 25
Marsett	49 N 21	Mary Arden's House	27 O 27	East Sussex	12 U 30	Mellon Charles	78 D 10	Merkland Lodge	84 F 9	Mickleton	
Marsh Gibbon	28 Q 28	Mary Tavy	4 H 32	Mayfield Staffs	35 O 24	Mellon Udrigle	78 D 10	Mermaid Inn	32 H 24	Cotswold	27 O 27
Marsham	39 X 25	Marybank	79 G 11	Mc Arthur's Head	58 B 16	Mells	19 M 30	Merrick	52 G 18	Mickleton	
Marshaw	48 M 22	Maryburgh	79 G 11	Meadie (Loch)	84 G 9	Melmerby Eden	55 M 19	Merriott	8 L 31	Teesdale	55 N 20
Marshchapel	45 U 23	Maryculter	75 N 12	Meal Bank	48 L 20	Melmerby		Merrylaw	62 K 18	Mid Ardlaw	81 N 10
Marshfield		Mealsgate	54 K 19	Harrogate	50 P 21	Mersey (River)	42 M 23	Mid Calder	61 J 16
Casnewydd / Newport	18 K 29	Marykirk	75 M 13	Meare	8 L 30	Melrose	62 L 17	Merthyr Cynog	25 J 27	Mid Lavant	10 R 31
Marshfield		Marypark	80 J 11	Measach (Falls of)	78 E 10	Meltham	43 O 23	Merthyr Tydfil	17 J 28	Mid Sannox	59 E 17
South Gloucestershire	19 N 29	Maryport		Measham	36 P 25	Melton	31 X 27	Merton		Mid Yell	87 Q 2
Marshwood	8 L 31	Allerdale	53 J 19	Meavaig	82 Z 10	Melton Mowbray	36 R 25	Cherwell	20 Q 28	Midbea	86 L 6
Marske	49 O 20	Maryport		Meavy	4 H 32	Melvaig	77 C 10	Merton		Middle Barton	28 P 28
Marske-by-the-Sea	57 Q 20	Dumfries and Galloway	52 F 19	Medbourne	28 R 26	Melvich	85 I 8	Devon	7 H 31	Middle Rasen	45 S 23
Marstch	20 Q 28	Marywell		Medmenham	20 R 29	Memsie	81 N 11	Messing	30 W 28	Middle Tysoe	28 P 27
Marston	37 R 25	Aberdeenshire	75 L 12	Medstead	10 Q 30	Menai Bridge /		Messingham	44 S 23	Middle Wallop	9 P 30
Marston Magna	8 M 31	Marywell Angus	69 M 14	Medway (River)	22 W 29	Porthaethwy	40 H 23	Meshaw	7 I 31	Middle Woodford	9 O 30
Marston Moretaine	29 S 27	Masham	49 P 21	Meidrim	15 G 28	Menai Strait	33 H 24	Messing	30 W 28	Middlebie	54 K 18
Martham	39 Y 25	Matching Green	22 U 28	Meifod	34 K 25	Mendip Hills	18 L 30	Metfield	31 Y 26	Middleham	49 O 21
Martin		Mathry	14 E 28	Meigle	68 K 14	Mendlesham	31 X 27	Metheringham	37 S 24	Middlesbrough	57 Q 20
New Forest	9 O 31	Matlock	36 P 24	Meikleour	68 J 14	Menheniot	3 G 32	Methley	43 P 22	Middlestown	43 P 23

148 Great Britain

MANCHESTER

Monksilver	7 K 30
Monkton	60 G 17
Monmouth / Trefynwy	18 L 28
Monreith	52 G 19
Montacute	8 L 31
Montgarrie	75 L 12
Montgomery / Trefaldwyn	34 K 26
Montrose	75 M 13
Monyash	35 O 24
Monymusk	75 M 12
Monzie	67 I 14
Moonen Bay	76 Z 11
Moor Monkton	50 Q 21
Moorends	44 R 23
Moorfoot Hills	61 K 16
Moors (The)	52 F 19
Moortown	45 S 23
Morar	71 C 13
Moray Firth	79 H 11
Morchard Bishop	7 I 31
Morcott	37 S 26
Morden	9 N 31
Mordiford	26 M 27
More (Glen)	65 C 14
More (Loch) near Kinloch	84 F 9
More (Loch) near Westerdale	85 J 8
Morebath	7 J 30
Morebattle	62 M 17
Morecambe	48 L 21
Morecambe Bay	48 L 21
Moresby	53 J 20
Moreton Epping Forest	22 U 28
Moreton Purbeck	9 N 31
Moreton-in-Marsh	27 O 28
Moreton-on-lugg	26 L 27
Moreton Say	34 M 25
Moretonhampstead	4 I 32
Morfa Nefyn	32 G 25
Morie (Loch)	79 G 10
Moriston (Glen)	72 F 12
Morland	55 M 20
Morley	43 P 22
Morlich (Loch)	74 I 12
Morpeth	56 O 18
Morriston	17 I 29
Morte Bay	6 H 30
Mortehoe	16 H 30
Mortimer	20 Q 29
Morton near Bourne	37 S 25
Morton near Gainsborough	44 R 23
Morton North East Derbyshire	36 P 24
Morton on Swale	50 P 21
Morval	3 G 32
Morven	85 I 9
Morvern	71 C 14
Morvich	72 D 12
Morville	34 M 26
Morwelham	3 H 32
Morwenstow	6 G 31
Mosborough	43 P 24
Moss Bank	42 L 23
Mossdale	53 H 18
Mossend	60 H 16
Mossley	43 N 23
Mosstodloch	80 K 11
Mostyn	41 K 23
Motherwell	61 I 16
Moulin	74 I 13
Moulton Forest Heath	30 V 27
Moulton Lincs	37 T 25
Moulton Northants	28 R 27
Moulton Chapel	37 T 25
Mount Pleasant	9 P 31
Mountain Ash / Aberpennar	17 J 28
Mount's Bay	2 D 33
Mountsorrel	36 Q 25
Mousa	87 Q 4
Mousehole	2 D 33
Mouswald	54 J 18
Mow Cop	35 N 24
Mowtie	75 N 13
Moy	79 H 11
Muasdale	59 C 17
Much Dewchurch	26 L 28
Much Hadham	29 U 28
Much Hoole	42 L 22
Much Marcle	26 M 28

Manchester Art Gallery . CZ M²

Addington St	CY 2
Albert Square	CZ 6
Aytoun St	CZ 10
Blackfriars Rd	CY 15
Blackfriars St	CY 17
Brazennoze St	CZ 18
Charlotte St	CZ 25
Cheetham Hill Rd	CY 27
Chepstow St	CZ 28
Church St	CY 31
Corn Exchange	CY 34
Dale St	CZ 38
Deansgate	CYZ
Ducie St	CZ 45
Fairfield St	CZ 49
Great Bridgewater St	CZ 53
Great Ducie St	CY 57
Great Northern centre	CZ
High St	CY 62
John Dalton St	CZ 63
King St	CZ 64
Liverpool Rd	CZ 68
Lloyd St	CZ 69
Lower Byrom St	CZ 70
Lower Mosley St	CZ 71
Mosley St	CZ
New Cathedral St	CY 84
Nicholas St	CZ 85
Parker St	CZ 91
Peter St	CZ 92
Princess St	CZ
St Ann's Square	CY 100
St Ann's St	CY 101
St Mary's Gate	CY 103
St Peter's Square	CZ 104
Shambles Shopping Centre (The)	CY
Spring Gardens	CY 106
Viaduct St	CY 109
Whitworth St West	CZ 112
Withy Grove	CY 113
York St	CZ 115

Middleton Argyll and Bute	64 Z 14
Middleton Berwick-upon-Tweed	63 O 17
Middleton Bradford	49 O 22
Middleton Gtr. Mches.	43 N 23
Middleton Cheney	28 Q 27
Middleton-in-Teesdale	55 N 20
Middleton-on-Sea	11 S 31
Middleton on the Wolds	51 S 22
Middleton St. George	50 P 20
Middleton Tyas	49 P 20
Middletown Powys	34 K 25
Middlewich	35 M 24
Midgeholme	55 M 19
Midhurst	10 R 31
Midlem	62 L 17
Midsomer Norton	18 M 30
Midtown	78 C 10
Miefield	53 H 19
Migdale (Loch)	79 H 10
Milborne Port	8 M 31
Milborne St. Andrew	9 N 31
Milbourne	56 O 18
Milburn	55 M 20
Mildenhall Forest Heath	30 V 26
Mildenhall Kennet	19 O 29
Mile End	30 W 28
Milfield	63 N 17
Milford	11 S 30
Milford Haven / Aberdaugleddau	14 E 28
Milford-on-Sea	9 P 31
Milland	10 R 31
Millbrook	3 H 32
Millhouse	59 E 16
Millmeece	35 N 25
Millom	47 K 21
Millport	59 F 16
Milltown Dumfries and Galloway	54 K 18
Milltown Highland	78 F 11
Milltown Moray	80 L 11
Milnathort	68 J 15
Milngavie	67 H 16
Milnrow	43 N 23
Milnthorpe	48 L 21
Milovaig	76 Z 11
Milton Cambs	29 U 27
Milton Carlisle	55 L 19
Milton Dumfries	53 I 18
Milton Highland	79 G 11
Milton Stranraer	52 F 19
Milton Abbas	9 N 31
Milton Abbot	3 H 32
Milton Bryan	29 S 28
Milton Ernest	29 S 27
Milton Keynes	28 R 27
Milton Libourne	19 O 29
Milton of Campsie	67 H 16
Milton of Cushnie	75 L 12
Milton-on-Stour	9 N 30
Miltonduff	80 J 11
Miltown of Edinvillie	80 K 11
Milverton	8 K 30
Milwich	35 N 25
Minard	65 E 15
Minch (The)	83 C 9
Minehead	17 J 30
Minety	19 O 29
Mingary	76 X 12
Minginish	77 B 12
Mingulay	70 X 13
Minnigaff	52 G 19
Minster near Sheerness	22 W 29
Minster near Ramsgate	23 X 29
Minsterley	34 L 26
Minsterworth	19 N 28
Minterne Magna	8 M 31
Minting	45 T 24
Mintlaw	81 O 11
Minto	62 L 17
Mirfield	43 O 22
Miserden	19 N 28
Misson	44 R 23
Misterton Notts	44 R 23
Misterton Somerset	8 L 31
Mistley	31 X 28
Mitcheldean	26 M 28
Mitchell	2 E 32
Mitcham	21 T 29
Mithian	2 E 33
Moaness	86 K 7
Mochdre	41 I 23
Mochrum	52 G 19
Modbury	4 I 32
Moelfre	40 H 22
Moffat	61 J 17
Moidart	72 C 13
Moira	36 P 25
Mol-Chlach	71 B 12
Mold / Yr Wyddgrug	34 K 24
Molland	7 I 30
Monach Islands	76 W 11
Monadhliath Mountains	73 H 12
Monar (Loch)	78 E 11
Monar Lodge	78 F 11
Monaughty Forest	80 J 11
Moneydie	68 J 14
Moniaive	53 I 18
Monifieth	69 L 14
Monikie	69 L 14
Monk Fryston	44 Q 22
Monkland	26 L 27
Monkokehampton	7 H 31
Monks Eleigh	30 W 27

NEWCASTLE UPON TYNE

Laing Art Gallery and Museum . CY M¹ Museum of Antiquities . CY M²

Blackett St	CY
Bridge St	CZ 8
Broad Chare	CZ 12
Collingwood St	CZ 25
Dean St	CZ 28
Eldon Square Shopping Centre	CYZ
Forth St	CZ 30
George St	CZ 32
Great North Rd	CY 33
Grey St	CZ
Jesmond Rd	CY 40
John Dobson St	CY 41
Leazes Park Rd	CY 43
Low Friar St	CZ 46
Market St	CY 47
Mosley St	CZ 50
Neville St	CZ 52
Newgate St	CZ
New Bridge St West	CY 53
Northumberland St	CY 56
Pilgrim St	CZ 57
Railway St	CZ 60
St Mary's Pl.	CY 65
St Nicholas St	CZ 66
Scotswood Rd	CZ 70
Thornton St	CZ 80
Wellington St	CY 84
Westmorland Rd	CZ 88

Great Britain 149

NEWPORT

Allt-yr-yn Ave	AY	2
Bellevue Lane	BX	5
Blewitt St	AX	7
Caerau Crescent	AXY	9
Cambrian Centre		AX
Capel St	AY	10
Clarence Pl.	AX	12
Clyffard Crescent	AX	13
Clytha Park Rd	AX	14
Commercial St	AXY	15
Dewsland Park Rd	AY	17
Dock St	AX	19
Godfrey Rd	AX	21
Hereford St	AX	24
High St	AX	26
John Frost Square	AX	27
Kensington Pl.	AX	30
Keynsham Ave	AX	32
Kingsway Centre		AX
Lower Dock St	AXY	35
Malpas Rd.	AX	37
Newport Bridge	AX	39
Oakfield Rd	AX	42
Queensway	AX	44
Summerhill Ave	AX	47
Waterloo Rd	AY	50

Index

Much Wenlock	34	M 26
Muchalls	75	N 12
Muchelney	8	L 30
Muchrachd	78	F 11
Muck	71	B 13
Muckle Roe	87	P 2
Mucklestone	35	M 25
Muddiford	7	H 30
Mudford	8	M 31
Mugeary	77	B 11
Muick (Loch)	74	K 13
Muie	85	H 9
Muir of Fowlis	75	L 12
Muir of Ord	79	G 11
Muirdrum	69	L 14
Muirhead	60	H 16
Muirkirk	60	H 17
Muirshearlich	72	E 13
Muker	49	N 20
Mulbarton	39	X 26
Mulben	80	K 11
Muldoanich	70	X 13
Mull (Isle of)	64	B 14
Mull (Sound of)	71	C 14
Mull of Galloway	52	F 20
Mull of Oa	58	A 17
Mullardoch (Loch)	78	E 12
Mullardoch House	78	F 11
Mullion	2	E 33
Mumbles (The)	15	H 29
Mumby	45	U 24
Mundesley	39	Y 25
Mundford	30	V 26
Mundham	10	R 31
Munlochy	79	H 11
Munlochy Bay	79	H 11
Munslow	26	L 26
Murlaggan	72	E 13
Murrayfield	68	K 16
Mursley	28	R 28
Murton		
Easington	57	P 19
Murton Eden	55	M 20
Musbury	5	K 31
Musselburgh	68	K 16

Muston	51	T 21
Muthill	67	I 15
Mwnt	15	G 27
Mybster	85	J 8
Myddfai	25	I 28
Myddle	34	L 25
Mydroilyn	15	H 27
Mynach Falls	25	I 26
Mynydd Eppynt	25	J 27
Mynydd Mawr	32	F 25
Mynydd Preseli	15	F 28
Myrelandhorn	86	K 8
Mytchett	21	R 30
Mytholmroyd	43	O 22

N

Na Cùiltean	58	C 16
Naburn	50	Q 22
Nacton	31	X 27
Nafferton	51	S 21
Nailsea	18	L 29
Nailstone	36	P 26
Nailsworth	19	N 28
Nairn	79	I 11
Nant (Loch)	65	E 14
Nant-y-Moch Reservoir	25	I 26
Nant-y-moel	17	J 29
Nantgwynant Valley	33	H 24
Nantwich	34	M 24
Nantyglo	18	K 28
Napton	28	Q 27
Narberth / Arberth	15	F 28
Narborough Blaby	36	Q 26
Narborough Breckland	38	V 26
Naseby	28	R 26
Nash Point	17	J 29
Nassington	37	S 26
Nateby	49	M 20
National Exhibition Centre	27	O 26
National Motor Museum	10	P 31
Naunton	27	O 28
Navenby	37	S 24
Naver (Loch)	84	G 9

Nayland	30	W 28
Naze (The)	31	X 28
Neap	87	Q 3
Neath / Castell-nedd	17	I 29
Neath (River)	17	I 28
Nebo	33	I 24
Necton	38	W 26
Needham Market	31	X 27
Needingworth	29	T 27
Needles (The)	10	P 32
Nefyn	32	G 25
Neidpath Castle	61	K 17
Neilston	60	G 16
Neist Point	76	Z 11
Nelson Caerffili / Caerphilly	18	K 29
Nelson Pendle	43	N 22
Nene (River)	37	T 26
Nenthead	55	M 19
Nercwys	34	K 24
Nereabolls	58	A 16
Ness	83	B 8
Ness (Loch)	73	G 12
Nesscliffe	34	L 25
Nestley Marsh	10	P 31
Neston	42	K 24
Nether Broughton	36	R 25
Nether Kellet	48	L 21
Nether Langwith	44	Q 24
Nether Stowey	8	K 30
Nether Wasdale	47	J 20
Nether Whitecleuch	61	I 17
Netheravon	19	O 30
Netherbrae	81	M 11
Netherbury	8	L 31
Netherend	18	M 28
Netherhampton	9	O 30
Nethermill	54	J 18
Netherthong	43	O 23
Netherton	63	N 17
Nethertown	86	K 7
Netherwitton	56	O 19
Nethy Bridge	74	J 12
Netley	10	P 31

Nettlebed	20	R 29
Nettleham	44	S 24
Nettleton	45	T 23
Nevern	15	F 27
Nevis (Glen)	72	E 13
Nevis (Loch)	72	C 12
New Abbey	53	J 19
New Aberdour	81	N 11
New Alresford	10	Q 30
New Buckenham	31	X 26
New Byth	81	N 11
New Clipstone	36	Q 24
New Cumnock	60	H 17
New Deer	81	N 11
New Edlington	44	Q 23
New Forest National Park	9	P 31
New Galloway	53	H 18
New Holland	45	S 22
New Hythe	22	V 30
New Leeds	81	N 11
New Luce	52	F 19
New Marske	57	Q 20
New Mills	43	O 23
New Mills Powys	33	K 26
New Milton	9	P 31
New Pitsligo	81	N 11
New Quay / Ceinewydd	24	G 27
New Rackheath	39	Y 26
New Radnor	26	K 27
New Romney	12	W 31
New Rossington	44	Q 23
New Sauchie	67	I 15
New Scone	68	J 14
New Silksworth	57	P 19
New Tredegar	18	K 28
New Waltham	45	T 23
Newark-on-Trent	36	R 24
Newbiggin Eden	55	L 19
Newbiggin Teesdale	55	N 20
Newbiggin-by-the-Sea	56	P 18
Newbigging Angus	69	L 14
Newbigging South Lanarkshire	61	J 16
Newbold Verdon	36	P 26
Newborough East Staffordshire	35	O 25

Newborough Isle of Anglesey	32	G 24
Newbridge Caerffili / Caerphilly	18	K 29
Newbridge Isle of Wight	10	P 31
Newbridge-on-Wye	25	J 27
Newbrough	55	N 18
Newburgh Aberdeenshire	81	N 12
Newburgh Fife	68	K 14
Newburgh Lancashire	42	L 23
Newburn	56	O 19
Newbury	20	Q 29
Newby Bridge	48	L 21
Newby Hall	50	P 21
Newcastle Monmouthshire / Sir Fynwy	18	L 28
Newcastle South Shropshire	26	K 26
Newcastle Emlyn / Castell Newydd Emlyn	15	G 27
Newcastle-under-Lyme	35	N 24
Newcastle-upon-Tyne	56	P 19
Newcastle-upon-Tyne Airport	56	O 18
Newcastleton	55	L 18
Newchapel	15	G 27
Newchurch Carmarthenshire / Sir Gaerfyrddin	15	G 28
Newchurch Isle of Wight	10	Q 32
Newchurch Powys	26	K 27
Newchurch Shepway	12	W 30
Newdigate	11	T 30
Newent	27	M 28
Newgale	14	E 28
Newhall	34	M 24
Newham London Borough	21	U 29
Newhaven	11	U 31
Newick	11	U 31
Newington	22	V 29
Newland	18	M 28
Newlyn	2	D 33

Newmachar	75	N 12
Newmains	61	I 16
Newmarket Isle of Lewis	82	A 9
Newmarket Suffolk	30	V 27
Newmill Moray	80	L 11
Newmill Scottish Borders	62	L 17
Newmilns	60	G 17
Newnham Daventry	28	Q 27
Newnham Glos.	18	M 28
Newnham Kent	22	W 30
Newnham Bridge	26	M 27
Newport Essex	30	U 28
Newport I.O.W.	10	Q 31
Newport Pembrokes	15	F 27
Newport Stroud	19	M 28
Newport Telford and Wrekin	35	M 25
Newport / Casnewydd Newport	18	L 29
Newport-on-Tay	69	L 14
Newport Pagnell	28	R 27
Newquay	2	E 32
Newsham	49	O 20
Newstead	36	Q 24
Newstead Abbey	36	Q 24
Newton Aberdeenshire	81	O 11
Newton Argyll and Bute	65	E 15
Newton Babergh	30	W 27
Newton Moray	80	J 11
Newton Ribble Valley	49	M 22
Newton Rushcliffe	36	R 25
Newton Abbot	4	J 32
Newton Arlosh	54	K 19
Newton-Aycliffe	56	P 20
Newton Ferrers	4	H 33
Newton Flotman	39	X 26
Newton-le-Willows	42	M 23
Newton Longville	28	R 28
Newton Mearns	60	H 16
Newton-on-Rawcliffe	50	R 21
Newton-on-Trent	44	R 24
Newton Poppleford	5	K 31
Newton Reigny	55	L 19

NORWICH

Bank Plain	Y	2
Bethel St.	Z	4
Castle Mall Shopping Centre		Z
Castle Meadow	Z	6
Cattle Market St.	Z	7
Chapel Field North	Z	9
Charing Cross	Y	10
Coslany St	Y	14
Elm Hill		Y
Exchange St	YZ	15
Gentleman's Walk	Z	17
Grapes Hill	Y	19
London St	YZ	26
Market Ave.	Y	28
Rampant Horse St.	Z	32
Red Lion St.	Z	33
St Andrew's St.	Y	36
St George St	Y	38
St Stephen's St	Z	
Thorn Lane	Z	42
Timber Hill	Z	43
Tombland	Y	45
Upper King St	Y	46
Wensum St	Y	49
Westlegate.	Z	50
Whitefriars	Y	51

Great Britain

Northton	76	Y 10
Northumberland National Park	63	N 18
Northwich	42	M 24
Northwold	38	V 26
Northwood	34	L 25
Norton *Daventry*	28	Q 27
Norton *Doncaster*	44	Q 23
Norton *Ryedale*	50	R 21
Norton *Tewkesbury*	27	N 28
Norton Disney	36	R 24
Norton Fitzwarren	8	K 30
Norton in Hales	35	M 25
Norton St. Philip	19	N 30
Norwich	39	X 26
Norwick	87	R 1
Noss (Isle of)	87	Q 3
Noss Head	86	K 8
Nottingham	36	Q 25
Nuffield	20	Q 29
Nunburnholme	51	R 22
Nuneaton	28	P 26
Nuneham Courtenay	20	Q 28
Nunney	19	M 30
Nunthorpe	50	Q 20
Nunton	76	X 11
Nutley	11	U 30
Nympsfield	19	N 28

O

Oa (The)	58	B 17
Oadby	36	Q 26
Oakamoor	35	O 24
Oakdale	18	K 28
Oakengates	35	M 25
Oakford	7	J 31
Oakham	36	R 25
Oakhill	18	M 30
Oakington	29	U 27
Oakley *Aylesbury Vale*	20	Q 28
Oakley *Bedfordshire*	29	S 27
Oakley *Fife*	68	J 15
Oaksey	19	N 29
Oakworth	43	O 22
Oare *Kennet*	19	O 29
Oare *Swale*	22	W 30
Oare *West Somerset*	17	I 30
Oathlaw	74	L 13
Oban	65	D 14
Occold	31	X 27
Ochil Hills	68	I 15
Ochiltree	60	G 17
Ockbrook	36	P 25
Ockle	71	C 13
Ockley	11	S 30
Odiham	20	R 30
Odland	18	M 29
Odstock	9	O 30
Offa's Dyke Path	26	K 26
Offord Cluny	29	T 27
Ogbourne St. Andrew	19	O 29
Ogbourne St. George	19	O 29
Ogil	74	L 13
Ogle	56	O 18
Ogmore-by-Sea	17	J 29
Ogmore Vale	17	J 29
Oich (Loch)	73	F 12
Oidhche (Loch na h-)	78	D 11
Oigh-Sgeir	71	Z 13
Okeford Fitzpaine	9	N 31
Okehampton	4	H 31
Old Alresford	10	Q 30
Old Bolingbroke	37	U 24
Old Burghclere	20	Q 30
Old Castleton	55	L 18
Old Colwyn	41	I 23
Old Dailly	59	F 18
Old Deer	81	N 11
Old Fletton	37	T 26
Old Harry Rocks	9	O 32
Old Head	87	L 7
Old Hurst	29	T 26
Old Hutton	48	L 21
Old Kilpatrick	67	G 16
Old Knebworth	29	T 28
Old Leake	37	U 24
Old Man of Hoy	86	J 7
Old Man of Storr	77	B 11
Old Radnor	26	K 27
Old Rayne	81	M 11
Old' Sarum	9	O 30
Old Sodbury	19	M 29
Old Somerby	37	S 25
Old Warden	29	S 27
Old Windsor	21	S 29

OXFORD

Blue Boar St		BY 2
Broad St		BZ 3
Castle St		BZ 5
Clarendon Shopping Centre		BZ
Cornmarket St		BZ 6
George St		BZ 9
High St		BZ
Hythe Bridge St		BZ 12
Little Clarendon St		BY 13
Logic Lane		BZ 14
Magdalen St		BYZ 16
Magpie Lane		BZ 17
New Inn Hall St		BZ 20
Norfolk St		BZ 21
Old Greyfriars St		BZ 23
Oriel Square		BZ 24
Park End St		BZ 30
Pembroke St		BZ 31
Queen St		BZ 34
Queen's Lane		BZ 33
Radcliffe Square		BZ 35
St Michael St		BZ 40
Turl St		BZ 41
Walton Crescent		BY 42
Westgate Shopping Centre		BZ
Worcester St		BZ 47

COLLEGES

All Souls	BZ	A
Balliol	BY	
Brasenose	BZ	B
Christ Church	BZ	
Corpus Christi	BZ	D
Exeter	BZ	E
Hertford	BZ	
Jesus	BZ	
Keble	BY	
Linacre	BZ	N
Lincoln	BZ	
Magdalen	BZ	
Merton	BZ	
New	BZ	
Nuffield	BZ	F
Oriel	BZ	
Pembroke	BZ	Q
Queen's	BZ	
St Catherine's	BY	
St Cross	BY	R
St Edmund Hall	BZ	
St Hilda's	BZ	K
St John's	BY	
Sommerville	BY	Y
Trinity	BY	
University	BZ	L
Wadham	BY	Z
Worcester	BY	

NOTTINGHAM

Albert St	DZ	2
Barker Gate	DY	4
Bellar Gate	DYZ	5
Belward St	DY	6
Broad Marsh Centre	DZ	
Broad St	DY	13
Burton St	CY	14
Carlton St	DY	16
Carrington St	DZ	15
Castle Gate	CZ	19
Cheapside (Poultry)	DY	20
Clumber St	DY	22
Cranbrook St	DY	27
Fletcher Gate	DYZ	28
Gedling St	DY	30
George St	DY	31
Goose Gate	DY	35
High Pavement	DZ	39
Hollow Stone	DZ	41
King Edward St	DY	43
King St	CDY	42
Lister Gate	DZ	48
Long Row	CY	49
Low Pavement	DZ	50
Manvers St	CY	52
Pelham St	DY	56
Queen St	DY	57
St James St	CYZ	58
Smithy Row (Long Row)	DY	59
Southwell Rd	DY	60
South Parade	CY	
South Sherwood St	CY	61
Stoney St	DYZ	63
Toll House Hill	CY	65
Upper Parliament St	CDY	
Victoria Centre	DY	
Victoria St	DY	67
Wheeler Gate	CYZ	69

Newton St. Cyres	7	J 31
Newton Stewart	52	G 19
Newton Tracey	7	H 30
Newton Wamphray	54	J 18
Newtongrange	61	K 16
Newtonhill	75	N 12
Newtonmore	73	H 12
Newtown *Cheshire*	43	N 23
Newtown *Heref.*	26	M 27
Newtown *Highland*	73	F 12
Newtown *Isle of Man*	46	G 21
Newtown / Drenewydd *Powys*	26	K 26
Newtown Linford	36	Q 25
Newtown St. Boswells	62	L 17
Newtyle	68	K 14
Neyland	16	F 28
Nicholaston	15	H 29
Nigg	79	H 10
Nigg Bay	79	H 10
Nine Ladies	35	P 24
Ninebanks	55	M 19
Ninfield	12	V 31
Nisbet	62	M 17
Nith (River)	53	J 19
Niton	10	Q 32
Niths	61	I 18
Nocton	37	S 24
Nolton	14	E 28
Nordelph	38	U 26
Norfolk Broads	39	Y 25
Norham	63	N 16
Normanby	50	R 21
Normandy	21	S 30
Normanton	43	P 22
Normanton-on-the-Wolds	36	Q 25
North Baddesley	10	P 31
North Ballachulish	72	E 13
North Berwick	69	L 15
North Bovey	4	I 32
North Bradley	19	N 30
North Brentor	4	H 32
North Cadbury	8	M 30
North Cave	44	S 22
North-Cerney	19	O 28
North-Charlton	63	O 17
North Cliffe	44	R 22
North Cowton	50	P 20
North Crawley	29	S 27
North Creake	38	W 25
North Curry	8	L 30
North Dalton	51	S 22
North Deighton	50	P 22
North Erradale	77	C 10
North Esk (Riv.)	75	L 13
North Fearns	77	B 11
North Foreland	23	Y 29
North Frodingham	51	T 22
North Grimston	51	R 21
North Harris	82	Z 10
North Hill	3	G 32
North Hinksey	20	Q 28
North Holmwood	21	T 30
North Hykeham	37	S 24
North Kelsey	45	S 23
North Kessock	79	H 11
North Kyme	37	T 24
North Leigh	20	P 28
North-Molton	7	I 30
North Morar	72	C 13
North Newbald	44	S 22
North Nibley	19	M 29
North Otterington	50	P 21
North Petherton	8	K 30
North Petherwin	6	G 31
North Rigton	50	P 22
North Ronaldsay	87	M 5
North-Scarle	36	R 24
North-Shian	65	D 14
North Shields	56	P 18
North Shore	42	K 22
North Somercotes	45	U 23
North Sound (The)	87	L 6
North Stainley	50	P 21
North Stainmore	49	N 20
North Sunderland	63	P 17
North Tamerton	6	G 31
North-Tawton	7	I 31
North Thoresby	45	T 23
North Tidworth	19	P 30
North Uist	76	X 11
North Walsham	39	Y 25
North Warnborough	20	R 30
North Water Bridge	75	M 13
North Weald Bassett	22	U 28
North Wootton	38	V 25
North York Moors National Park	50	R 20
Northallerton	50	P 20
Northam	6	H 30
Northampton	28	R 27
Northaw	21	T 28
Northchapel	11	S 30
Northchurch	21	S 28
Northfleet	22	V 29
Northiam	12	V 31
Northleach	19	O 28
Northlew	7	H 31
Northop	34	K 24
Northrepps	39	Y 25

OXFORD

Ashmolean Museum	BY	M1
Bodleian Library	BZ	A1
Pitt Rivers Museum	BY	M3
Radcliffe Camera	BZ	P1
St Peter's	BZ	X
Sheldonian Theatre	BYZ	T
University Museum of Natural History	BY	M4

Great Britain 151

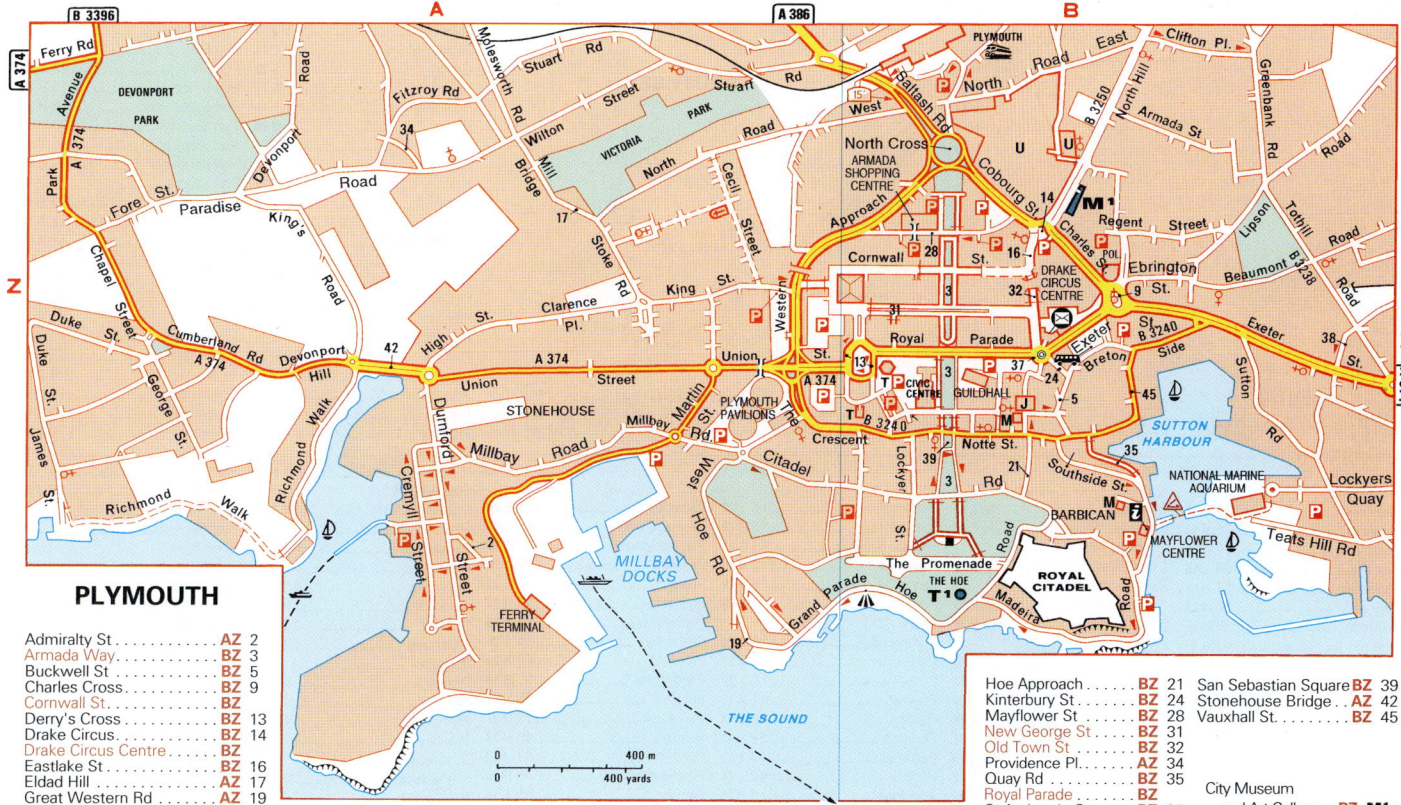

Orford	31	Y 27
Orford Ness	31	Y 27
Orkney Islands	87	
Orleton	26	L 27
Ormesby	50	Q 20
Ormesby St. Margaret	39	Z 25
Ormiston	62	L 16
Ormskirk	42	L 23
Oronsay	64	B 15
Orosay near Fuday	70	X 12
Orosay near Lochboisdale	70	X 12
Orphir	86	K 7
Orrin (Glen)	78	F 11
Orrin Reservoir	78	F 11
Orsay	58	A 16
Orsett	22	V 29
Orston	36	R 25
Orton	48	M 20
Orwell	29	T 27
Orwell (River)	31	X 28
Osborne House	10	Q 31
Osdale	77	A 11
Osgaig (Loch)	83	E 9
Osgodby	45	S 23
Oskaig	77	B 11
Osmington	9	M 32
Ossett	43	P 22
Ossington	36	R 24
Oswaldtwistle	42	M 22
Oswestry	34	K 25
Otford	22	U 30
Othery	8	L 30
Otley Suffolk	31	X 27
Otley West Yorks	49	O 22
Otterbourne	10	P 30
Otterburn	55	N 18
Otternish	76	Y 10
Otterswick	87	Q 2
Otterton	5	K 32
Ottery St. Mary	5	K 31
Ottringham	45	T 22
Oulton Broad	39	Z 26
Oulton Park Circuit	34	M 24
Oundle	29	S 26
Ouse (River) English Channel	11	T 30
Ouse (River) North Sea	50	Q 21
Out-Rawcliffe	42	L 22
Out Skerries	87	R 2
Outer Hebrides	82	Y 9
Outhgill	49	M 20
Outwell	38	U 26
Over	29	U 27
Over Compton	8	M 31
Overseal	35	P 25
Overstrand	39	Y 25
Overton Hants.	20	Q 30
Overton Lancs.	48	L 21
Overton Wrexham	34	L 25
Overtown	61	I 16
Ower	10	P 31
Owermoigne	9	N 32
Owlswick	20	R 28
Owslebury	10	Q 30
Owston	36	R 26
Owston Ferry	44	R 23
Oxburgh Hall	38	V 26
Oxen Park	48	K 21
Oxenhope	43	O 22
Oxford	20	Q 28
Oxnam	62	M 17
Oxted	21	T 30
Oxton Newark and Sherwood	36	Q 24
Oxton Scottish Borders	62	L 16
Oxwich	15	H 29
Oxwich Bay	15	H 29
Oykel (Glen)	84	F 9
Oykel Bridge	84	F 10
Oyne	81	M 12

P

Pabay	77	C 12
Pabbay near Harris	76	Y 10
Pabbay near Mingulay	70	X 13
Pabbay (Sound of)	76	Y 10
Packington	36	P 25
Padbury	28	R 28
Paddock Wood	22	V 30
Paddockhole	54	K 18
Padiham	42	N 22
Padstow	3	F 32
Pagham	10	R 31
Paignton	4	J 32
Pailton	28	Q 26
Painscastle	26	K 27
Painswick	19	N 28
Paisley	60	G 16
Pakefield	31	Z 26
Palnackie	53	I 19
Pamber End	20	Q 30
Pandy Monmouthshire / Sir Fynwy	26	L 28
Pandy Powys	33	J 26
Pangbourne	20	Q 29
Pant	34	K 25
Pantymenyn	15	F 28
Papa Stour	87	O 3
Papa Westray	87	L 5
Papplewick	36	Q 24
Paps of Jura	65	B 16
Papworth Everard	29	T 27
Parbh (The)	84	F 8
Parbold	42	L 23
Parc Cefn Onn	18	K 29
Parham House	11	S 31
Park Gate	10	Q 31
Park of Pairc	82	A 9
Parkeston	31	X 28
Parkgate	53	J 18
Parkhurst	10	Q 31
Parnham House	8	L 31
Parracombe	17	I 30
Parrett (River)	8	K 30
Parson Drove	37	U 26
Partney	37	U 24
Parton Copeland	54	J 20
Parton Dumfries and Galloway	53	H 18
Partridge Green	11	T 31
Parwich	35	O 24
Patchway	18	M 29
Pateley Bridge	49	O 21
Path of Condie	68	J 15
Pathhead	62	L 16
Patna	60	G 17
Patrick	46	F 21
Patrington	45	T 22
Patrixbourne	23	X 30
Patterdale	48	L 20
Pattingham	35	N 26
Pattishall	28	Q 27
Paulerspury	28	R 27
Paull	45	T 22
Paulton	18	M 30
Paxton	63	N 16
Peacehaven	11	T 31
Peak District National Park	43	O 23
Pearsie	74	K 13
Peasedown St. John	19	M 30
Peasemore	20	P 29

PORTSMOUTH AND SOUTHSEA

Street	Grid
Alec Rose Lane	CY 2
Arundel St	CY 5
Bellevue Terrace	CZ 6
Cambridge Junction	BY 7
Cascade Centre	CY
Commercial Rd	CY
Eldon St	CY 10
Great Southsea St	CZ 15
Guildhall Walk	CY 17
Gunwharf Quay Shopping Centre	BY
Hampshire Terrace	CY 18
Hard (The)	BY 20
High St	BYZ 21
Isambard Brunel Rd	CY 22
Kings Road Roundabout	CY 23
Landport Terrace	CY 25
Lombard St	BYZ 29
Main Rd	BY 31
Norfolk St	CYZ 32
Ordnance Row	BY 34
Paradise St	CY 35
Penny St	BZ 36
Pier Road Roundabout	CZ 37
St George's Square	BY 39
St Michael's Rd	CY 41
Southsea Terrace	CZ 43
Spring St	CY 45
Stanhope Rd	CY 48
Unicorn Rd	CY 49
Warblington St	BY 53
White Hart Rd	BYZ 57
Wiltshire St	CY 59

Name	Page Grid		Name	Page Grid
Penryn	2 E 33		Point of Ayr Flintshire	41 K 22
Pensarn	41 J 23		Point of Ayre Isle of Man	46 G 20
Penshaw	56 P 19		Polbain	83 D 9
Penshurst	22 U 30		Pole of Itlaw (The)	81 M 11
Pensilva	3 G 32		Polebrook	29 S 26
Pentewan	3 F 33		Polegate	12 U 31
Pentire Point	3 F 32		Polesden Lacey	21 S 30
Pentland Firth	86 K 7		Polesworth	35 P 26
Pentland Hills	61 J 16		Polkerris	3 F 32
Pentland Skerries	87 L 7		Polloch	72 D 13
Pentraeth	40 H 23		Pollock House	60 H 16
Pentre-Berw	40 H 23		Polmont	67 I 16
Pentre-Celyn	34 K 24		Polperro	3 G 33
Pentrebeirdd	34 K 25		Polruan	3 G 33
Penwith	2 D 33		Polwarth	62 M 16
Penybont	26 K 27		Pondersbridge	29 T 26
Penysarn	40 H 22		Pont-ar-Gothi	15 H 28
Penzance	2 D 33		Pontardawe	17 I 28
Pernrhyn-Coch	25 I 26		Pontarddulais	15 H 28
Perranaworthal	2 E 33		Pontarfynach / Devil's Bridge	25 I 26
Perranporth	2 E 32		Pontargothi	15 H 28
Perranzabuloe	2 E 33		Pontarsais	15 H 28
Pershore	27 N 27		Pontefract	44 Q 22
Pertenhall	29 S 27		Ponteland	56 O 18
Perth	68 J 14		Ponterwyd	25 I 26
Peterborough	37 T 26		Pontesbury	34 L 26
Peterculter	75 N 12		Pontlottyn	18 K 28
Peterhead	81 O 11		Pontllyfni	32 G 24
Peterlee	57 P 19		Pontneddfechan	17 J 28
Petersfield	10 R 30		Pontrhydfendigaid	25 I 27
Peterstone Wentlooge	18 K 29		Pontrhydygroes	25 I 26
Peterstow	26 M 28		Pontrilas	26 L 28
Petham	23 X 30		Pontsticill	17 J 28
Petrockstowe	7 H 31		Pontyates	15 H 28
Pett	12 V 31		Pontyberem	15 H 28
Pettaugh	31 X 27		Pontyclun	17 J 29
Petworth	11 S 31		Pontycymer	17 J 29
Pevensey Bay	12 V 31		Pontypool / Pontypwl	18 K 28
Pewsey	19 O 29		Pontypridd	17 J 29
Pickering	50 R 21		Pontypwl / Pontypool	18 K 28
Picklescott	34 L 26		Poole	9 O 31
Picton Castle	16 F 28		Poole Bay	9 O 31
Piddlehinton	9 M 31		Poolewe	78 D 10
Piddletrenthide	9 M 31		Pooley Bridge	55 L 20
Piercebridge	49 O 20		Pooltiel (Loch)	76 Z 11
Pierowall	86 L 6		Porlock	17 J 30
Pilgrims Hatch	22 U 29		Port Appin	65 D 14
Pillerton Hersey	28 P 27		Port Askaig	58 B 16
Pillerton Priors	27 P 27		Port Bannatyne	59 E 16
Pilley	43 P 23		Port Carlisle	54 K 19
Pilling	48 L 22		Port Charlotte	58 A 16
Pilning	18 M 29		Port Driseach	59 E 16
Pilton	8 M 30		Port Ellen	58 B 17
Pinchbeck	37 T 25		Port Erin	46 F 21
Pinchbeck-West	37 T 25		Port-Eynon	15 H 29
Pinhoe	4 J 31		Port-Eynon Point	15 H 29
Pinmore Mains	52 F 18		Port Gaverne	3 F 32
Pinner	21 S 29		Port Glasgow	66 F 16
Pinvin	27 N 27		Port Henderson	77 C 10
Pinwherry	52 F 18		Port Isaac	3 F 32
Pinxton	36 Q 24		Port Lamont	59 E 16
Pirbright	21 S 30		Port Logan	52 F 19
Pirnmill	59 D 17		Port Mór	71 B 13
Pirton	29 T 28		Port of Menteith	67 H 15
Pishill	20 R 29		Port of Ness	83 B 8
Pitcaple	81 M 12		Port Ramsay	65 D 14
Pitcombe	8 M 30		Port St. Mary	46 F 21
Pitcur	68 K 14		Port Talbot	17 I 29
Pitlochry	74 I 13		Port William	52 G 19
Pitmedden	81 N 11		Portavadie	59 E 16
Pitminster	8 K 31		Portchester	10 Q 31
Pitscottie	69 L 15		Portencross	59 F 16
Pitsford	28 R 27		Portesham	5 M 31
Pittentrail	85 H 10		Portgordon	80 K 11
Pittenween	69 L 15		Portgower	85 I 9
Pladda	59 E 17		Porth	17 J 29
Plaistow	11 S 30		Porth Neigwl or Hell's Mouth	32 G 25
Plas Newydd Anglesey	33 H 24		Porth Tywyn / Burry Port	15 H 28
Plas Newydd Denbighshire	34 K 25		Porthaethwy / Menai Bridge	40 H 23
Plean	67 I 15		Porthcawl	17 I 29
Pleasington	42 M 22		Porthcothan	2 E 32
Pleasley	36 Q 24		Porthcurno	2 D 33
Plenmeller	55 M 19		Porthgwarra	2 C 33
Plockton	78 D 11		Porthkerry	17 K 29
Pluckley	22 W 30		Porthleven	2 E 33
Plumbland	54 K 19		Porthmadog	33 H 25
Plumpton	11 T 31		Porthtowan	2 E 33
Plymouth	4 H 32		Porthyrhyd	15 H 28
Plympton	4 H 32		Portinnisherrich	65 E 15
Plymstock	4 H 32		Portishead	18 L 29
Plymtree	7 J 31			
Plynlimon (Pumlumon Fawr)	25 I 26			
Pocklington	50 R 22			
Point Lynas	40 H 22			

Name	Page Grid		Name	Page Grid		Name	Page Grid		Name	Page Grid
Peasenhall	31 Y 27		Pembridge	26 L 27		Penderyn	17 J 28		Penmaen	15 H 29
Peaslake	21 S 30		Pembroke / Penfro	16 F 28		Pendine	15 G 28		Penmaenmawr	41 I 23
Peasmarsh	12 V 31		Pembroke Dock / Doc Penfro	16 F 28		Pendine Sands	15 G 28		Penmaenpool	33 I 25
Peat Inn	69 L 15					Pendlebury	42 N 23		Penmark	17 J 29
Peatknowe	81 M 11		Pembrokeshire Coast National Park	15 F 29		Pendoylan	17 J 29		Penmon	40 H 23
Pebmarsh	30 W 28		Pembury	12 V 30		Penelewey	2 E 33		Pennal	33 I 26
Pebworth	27 O 27		Pen-y-bont / Bridgend	17 J 29		Penfro / Pembroke	16 F 28		Pennant	33 I 26
Peebles	61 K 17		Pen-y-groes	32 H 24		Pengethley	26 M 28		Pennerley	34 L 26
Peel	46 F 21		Penalun	15 F 29		Pengrow	18 L 29		Pennines (The)	49 N 20
Peel Fell	62 M 18		Penarth	18 K 29		Penicuik	61 K 16		Pennyghael	65 B 14
Pegswood	56 P 18		Penarth	18 K 29		Penifiler	77 B 11		Penpont	53 I 18
Pegwell Bay	23 Y 30		Pencader	15 H 27		Peninver	59 D 17		Penrhiwpal	15 G 27
Peinchorran	77 B 12		Pencaitland	62 L 16		Penistone	43 P 23		Penrhyn	40 H 23
Peldon	22 W 28		Pencarrow	3 F 32		Penketh	42 L 23		Penrhyn Bay	41 I 23
Pelton	56 P 19		Penclawdd	15 H 29		Penkridge	35 N 25		Penrhyndeudraeth	33 H 25
Pelynt	3 G 32		Pencombe	26 M 27		Penley	34 L 25		Penrith	55 L 19
Pembrey	15 H 28								Penruddock	55 L 20

READING

Blagrave St.	Y	3
Bridge St.	Z	4
Broad St.	Y	
Broad St Mall Shopping Centre	Z	
Castle St.	Z	6
Chain St.	Z	7
Crown St.	Z	13
Duke St.	Z	15
Greyfriars Rd.	Y	17
Gun St.	Z	18
King St.	Z	20
Mill Lane	Z	21
Minster St.	Z	22
Mount Pleasant	Z	23
Oracle Shopping Centre	Z	
Queen Victoria St.	Y	28
St Mary's Butts.	Z	29
Station Hill.	Y	30
Station Rd.	Z	31
Tilehurst Rd.	Z	33
Tudor Rd.	Y	34
Valpy St.	Y	37
Watlington St.	Z	40
West St.	Y	41

Portknockie	80	L 10
Portland (Isle of)	8	M 32
Portlethen	75	N 12
Portmahomack	79	I 10
Portmeirion	33	H 25
Portnacroish	72	D 14
Portnaguran	83	B 9
Portnahaven	58	A 16
Portnalong	77	A 12
Portobello	68	K 16
Portreath	2	E 33
Portree	77	B 11
Portscatho	3	F 33
Portskerra	85	I 8
Portskewett	18	L 29
Portslade	11	T 31
Portslogan	52	E 19
Portsmouth	10	Q 31
Portsoy	81	L 10
Portuairk	71	B 13
Postbridge	4	I 32
Potten End	21	S 28
Potter Heigham	39	Y 25
Potter Street	21	U 28
Potterhanworth	37	S 24
Potterne	19	N 30
Potters Bar	21	T 28
Potton	29	T 27
Poughill	6	G 31
Poulshot	19	N 29
Poulton	19	O 28
Poulton-le-Fylde	42	L 22
Poundstock	6	G 31
Powburn	63	O 17
Powerstock	8	L 31
Powick	27	N 27
Powis	34	K 26
Powmill	68	J 15
Poynings	11	T 31
Poynton	43	N 23
Praa Sands	2	D 33
Prawle Point	4	I 33
Praze-an-Beeble	2	E 33
Prees	34	M 25
Preesall	48	L 22
Prendwick	63	O 17
Prescot	42	L 23
Prestatyn	41	J 22
Prestbury Cheltenham	27	N 28
Prestbury Macclesfield	43	N 24
Presteigne	26	K 27
Preston		
Preston East Riding of Yorks.	45	T 22
Preston Kent	23	X 30
Preston Lancs.	42	L 22
Preston Rutland	36	R 26
Preston West Sussex	11	S 31
Preston Candover	10	Q 30
Preston Capes	28	Q 27
Prestonpans	69	L 16
Prestwich	42	N 23
Prestwick	60	G 17
Prestwood	20	R 28
Prickwillow	30	V 26
Priest Island	83	D 10
Priest Weston	34	K 26
Princes Risborough	20	R 28
Princethorpe	28	P 26
Princetown	4	I 32
Priors Marston	28	Q 27
Probus	3	F 33
Prosen (Glen)	74	K 13
Prudhoe	56	O 19
Puckeridge	29	U 28
Pucklechurch	19	M 29
Pucks Gutter	23	X 30
Puddletown	9	M 31
Pudsey	43	P 22
Pulborough	11	S 31
Pulford	34	L 24
Pulham	9	M 31
Pulham Market	31	X 26
Puncheston	24	F 28
Punchardon	7	H 30
Purbeck (Isle of)	9	N 32
Purbrook	10	Q 31
Puriton	8	L 30
Purleigh	22	V 28
Purley	20	Q 29
Purse Caundle Manor	9	M 31
Purston Jaglin	43	P 22
Purton	19	O 29
Putsborough	6	H 30
Pwllheli	32	G 25
Pyecombe	11	T 31
Pyle	17	I 29
Pylle	8	M 30

Q

Quainton	28	R 28
Quantock Hills	8	K 30
Quarff	87	Q 3
Quarr	10	Q 31
Quatt	27	M 26
Quedgeley	19	N 28
Queen Camel	8	M 30
Queen Elizabeth Forest Park	67	G 15
Queenborough	22	W 29
Queensbury	43	O 22
Queensferry	34	K 24
Quendon	30	U 28
Quenington	19	O 28
Quinag	84	E 9
Quines's Hill	46	G 21
Quinish Point	71	B 14
Quiraing	77	B 11
Quoich (Loch)	72	E 12
Quorndon	36	Q 25
Quothquan	61	J 17

R

Raasay (Island of)	77	B 11
Raasay (Sound of)	77	B 11
Raasay Ho	77	B 11
Rachub	33	H 24
Rackenford	7	J 31
Rackwick	86	J 7
Radcliffe	42	N 23
Radcliffe-on-Trent	36	Q 25
Radlett	21	T 28
Radley	20	Q 28
Radnor Forest	26	K 27
Radstock	18	M 30
Radyr	18	K 29
Rafford	80	J 11
Raglan	18	L 28
Ragley Hall	27	O 27
Rainford	42	L 23
Rainham	22	V 29
Rainworth	36	Q 24
Rait	68	K 14
Ramasaig	76	Z 11
Rampisham	8	M 31
Rampside	47	K 21
Rampton	44	R 24
Ramsbottom	42	N 23
Ramsbury	19	P 29
Ramsey Cambs.	29	T 26
Ramsey Isle of Man	46	G 21
Ramsey Bay	46	G 21
Ramsey Island	14	D 28
Ramsey St. Mary's	29	T 26
Ramsgate	23	Y 29
Ramsgill-in-Nidderdale	49	O 21
Ranby	44	Q 24
Rangeworthy	18	M 29
Ranfurly	60	G 16
Ranish	82	A 9
Rankinston	60	G 17
Rannoch (Loch)	73	H 13
Rannoch Moor	73	F 14
Rannoch Sta	73	G 13
Ranskill	44	Q 23
Ranton	35	N 25
Ranworth	39	Y 25
Rapness	87	L 6
Rappach	84	F 10
Ratby	36	Q 26
Rathen	81	O 11
Rathmell	49	N 21
Ratho	68	J 16
Ratlinghope	34	L 26
Rattlesden	30	W 27
Rattray	68	K 14
Rattray Head	81	O 11
Raunds	29	S 26
Ravenglass	47	J 20
Ravenscar	51	S 20
Ravensthorpe	28	Q 27
Ravenstone	36	P 25
Ravenstonedale	49	M 20
Ravensworth	49	O 20
Rawcliffe	44	R 22
Rawmarsh	44	P 23
Rawtenstall	42	N 22
Rayleigh	22	V 29
Rayne	30	V 28
Read	42	M 22
Reading	20	R 29
Rearsby	36	Q 25
Reay	85	I 8
Reay Forest	84	F 9
Reculver	23	X 29
Red Wharf Bay	40	H 23
Redbourn	21	S 28
Redbourne	44	S 23
Redbridge London Borough	21	U 29
Redcar	57	Q 20
Redcliff Bay	18	L 29
Reddding	67	I 16
Redditch	27	O 27
Redesmouth	55	N 18
Redford	69	L 14
Redhill North Somerset	18	L 29
Redhill Reigate and Banstead	21	T 30
Redisham	31	Y 26
Redmarley d'Abitot	27	M 28
Redmarshall	57	P 20
Redmire	49	O 21
Redpoint	77	C 11
Redruth	2	E 33
Redwick	18	L 29
Reedham	39	Y 26
Reekie Linn	74	K 13
Reepham	45	S 24
Reeth	49	O 20
Regarby	46	G 20
Reiff	83	D 9
Reigate	21	T 30
Reighton	51	T 21
Reiss	86	K 8
Relubbus	2	D 33
Rempstone	36	Q 25
Rendcomb	19	O 28
Rendham	31	Y 27
Renfrew	60	G 16
Renish Point	76	Z 10
Renishaw	44	P 24
Rennington	63	O 17
Renton	66	G 16
Renwick	55	M 19
Repton	36	P 25
Rescobie	75	L 14
Resipole	72	C 13
Resolven	17	I 28
Resort (Loch)	82	Z 9
Restalrig	68	K 16
Reston	63	N 16
Restormel Castle	3	G 32
Retford	44	R 24
Rettendon	22	V 29
Reynoldston	15	H 29
Rhaeadr / Rhayader	25	J 27
Rhaeadr Ddu	33	I 25
Rhandirmwyn	25	I 27
Rhayader / Rhaeadr	25	J 27
Rheidol (Vale of)	25	I 26
Rhenigidale	82	Z 10
Rhian	84	G 9
Rhiconich	84	F 8
Rhigos	17	J 28
Rhilochan	85	H 9
Rhinns of Galloway (The)	52	E 19
Rhinns of Kells	53	G 18
Rhondda	17	J 29
Rhoose	17	J 29
Rhos	17	I 28
Rhoscolyn	40	G 23
Rhoscrowther	14	E 28
Rhoslannerchrugog	34	K 24
Rhosmaen	25	I 28
Rhosneigr	40	G 23
Rhossili	15	H 29
Rhostyllen	34	K 24
Rhosybol	40	G 22
Rhu	66	F 15
Rhuddlan	41	J 23
Rhum	71	A 13
Rhuthun / Ruthin	34	K 24
Rhyd-Ddu	33	H 24
Rhydaman / Ammanford	15	I 28
Rhydcymerau	15	H 27
Rhydd	27	N 27
Rhyddhywel	25	J 26
Rhydowen	15	H 27
Rhyl	41	J 23
Rhymni / Rhymney	18	K 28
Rhymney / Rhymmi	18	K 28
Rhynie	80	L 12
Ribble (River)	49	N 21
Ribblesdale	49	N 21
Ribchester	42	M 22
Riber Castle	36	P 24
Riccall	44	Q 22
Riccarton	60	G 17
Richards Castle	26	L 27
Richborough	23	X 30
Richmond	49	O 20
Richmond-upon-Thames London Borough	21	T 29
Rickarton	75	N 13
Rickmansworth	21	S 29
Ridgeway Cross	27	M 27
Ridgeway Path (The)	20	P 29
Ridsdale	55	N 18
Rievaulx Abbey	50	Q 21
Rigg	77	B 11
Rigside	61	I 17
Rillington	51	R 21
Rimington	49	N 22
Rimsdale (Loch)	85	H 9
Ringford	53	H 19
Ringmer	11	U 31
Ringshall	30	W 27
Ringstead East Northamptonshire	29	S 26
Ringstead King's Lynn and West Norfolk	38	V 25
Ringwood	9	O 31
Ringwould	23	Y 30
Rinnes (Glen)	80	K 11
Rinns of Islay	58	A 16
Rinns Point	58	A 16
Ripe	12	U 31
Ripley Derbs.	36	P 24
Ripley North Yorks.	50	P 21
Ripley Surrey	21	S 30
Riplingham	44	S 22
Ripon	50	P 21
Rippingale	37	S 25
Ripponden	43	O 22
Risabus	58	B 17
Risby	30	V 27
Risca	18	K 29
Risegate	37	T 25
Riseley	29	S 27
Rishton	42	M 22
Risplith	50	P 21
Ristol (Isle)	83	D 9
Roadside of Kinneff	75	N 13
Roag	77	A 11
Roag (Loch)	82	Z 9
Roan of Graigoch	60	F 18
Roberton Dumfries and Galloway	61	I 17
Roberton Scottish Borders	62	L 17
Robertsbridge	12	V 31
Robin Hood's Bay	51	S 20
Roby	42	L 23
Rocester	35	O 25
Rochdale	43	N 23
Roche	3	F 32
Rochester Northumberland	63	N 18
Rochester	22	V 29
Rochford	22	W 29
Rock	3	F 32
Rockcliffe Cumbria	54	K 19
Rockcliffe Dumfries and Galloway	53	I 19
Rockfield	18	L 28
Rockingham	28	R 26
Rode	19	N 30
Rode Heath	35	N 24
Rodel	76	Z 10
Rodmel	11	U 31
Rodney Stoke	18	L 30
Rogart	85	H 9
Rogerstone	18	K 29
Rogiet	18	L 29
Rokeby Hall	49	O 20
Rolleston Notts.	36	R 24
Rolleston-on-Dove Staffs.	35	P 25
Rolvenden	12	V 30
Romannobridge	61	J 16
Romiley	43	N 23
Romney Marsh	12	W 30
Romsey	10	P 31
Romsley	27	N 26
Rona (Island of)	77	C 11
Ronaldsway	46	G 21
Ronas Voe	87	P 2
Ronay	76	Y 11
Rookhope	55	N 19
Roos	45	T 22
Rootpark	61	I 16
Ropley	10	Q 30
Ropsley	37	S 25
Rora	81	O 11
Rora Head	86	J 7
Rosedale Abbey	50	R 20
Rosehearty	81	N 10

154 Great Britain

SHEFFIELD

Angel St	DY 3
Blonk St.	DY 6
Castle Gate	DY 13
Charter Row	CZ 14
Church St.	CZ 15
Commercial St	DZ 16
Corporation St.	CY 18
Cumberland St	CZ 17
Fargate	CZ
Fitzwilliam Gate	CZ 19
Flat St	DZ 20
Furnival Gate	CZ 21
Furnival St	CZ 22
Gibraltar St	CY 23
Haymarket	DY 25
High St.	DZ
Leopold St.	CZ 31
Moorfields	CY 35
Pinstone St	CZ 37
Queen St.	CY 38
St Mary's Gate	CZ 40
Shalesmoor	CY 41
Snig Hill	DY 42
Waingate	DY 44
West Bar Green	CY 45
West St	CZ
Cathedral Church of St Peter and St Paul	CZ B
Cutler's Hall	CZ A

S (index continued)

Ryhill	43 P 23
Ryhope	57 P 19
Ryton	56 O 19

S

Sabden	42 M 22
Sacriston	56 P 19
Sadberge	50 P 20
Saddell	59 D 17
Saddell Bay	59 D 17
Sadgill	48 L 20
Saffron Walden	30 U 27
Saham Toney	38 W 26
St. Abbs	63 N 16
St. Abb's Head	63 N 16
St. Agnes	2 E 33
St. Albans	21 T 28
St. Aldhelm's Head	9 N 32
St. Andrews	69 L 14
St. Ann's	54 J 18
St. Ann's Head	14 E 28
St. Arvans	18 L 29
St. Asaph	41 J 23
St. Athan	17 J 29
St. Austell	3 F 32
St. Bees	47 J 20
St. Bees Head	47 J 20
St. Blazey	3 F 32
St. Boswells	62 M 17
St. Breock	3 F 32
St. Breward	3 F 32
St. Briavels	18 M 28
St. Brides	14 E 28
St. Bride's Bay	14 E 28
St. Brides Major	17 J 29
St. Brides-Super-Ely	17 K 29
St. Bridge-Wentlooge	18 K 29
St. Buryan	2 D 33
St. Catherine's Point	10 Q 32
St. Clears / Sanclêr	15 G 28
St. Cleer	3 G 32
St. Columb Major	3 F 32
St. Combs	81 O 11
St. Cyrus	75 M 13
St. David's / Tyddewi	14 E 28
St. David's Head	14 D 28
St. Day	2 E 33
St. Dennis	3 F 32
St. Dogmaels	15 F 27
St. Dominick	3 H 32
St. Donats	17 J 29
St. Endellion	3 F 32
St. Erth	2 D 33
St. Ewe	3 F 33
St. Fagans	18 K 29
St. Fergus	81 O 11
St. Fillans	67 H 14
St. Florence	15 F 28
St. Gennys	6 G 31
St. Germans	3 H 32
St. Giles	7 H 31
St. Giles-on-the-Heath	6 H 31
St. Govan's Head	16 F 29
St. Harmon	25 J 26
St. Helen Auckland	56 O 20
St. Helens I.O.W.	10 Q 31
St. Helens Merseyside	42 L 23
St. Helier Jersey	5
St. Ishmael's	14 E 28
St. Issey	3 F 32
St. Ive	3 G 32
St. Ives Cambs.	29 T 27
St. Ives Cornwall	2 D 33
St. John's	46 G 21
St. John's Chapel	55 N 19
St. John's Loch	86 J 8
St. Jude	46 G 20
St. Just	2 C 33
St. Just in Roseland	2 F 33
St. Keverne	2 E 33
St. Kew	3 F 32
St. Leonards Dorset	9 O 31
St. Leonards East Sussex	12 V 31
St. Mabyn	3 F 32
St. Magnus Bay	87 P 2
St. Margaret's at Cliffe	23 Y 30
St. Margaret's Bay	23 Y 30
St. Margaret's Hope	87 L 7
St. Mark's	46 G 21
St. Martin's	34 K 25
St. Mary in the Marsh	12 W 30
St. Mary's Orkney Islands	86 L 7
St. Mary's Perth and Kinross	73 I 14
St. Mary's-Bay	13 W 30
St. Mary's-Hoo	22 V 29
St. Mary's Loch	61 K 17
St. Mawes	2 E 33
St. Mawgan	3 F 32
St. Mellion	3 H 32
St. Mellons	18 K 29
St. Merryn	3 F 32
St. Michael Penkevil	2 E 33
St. Michael's Mount	2 D 33
St. Michaels-on-Wyre	42 L 22
St. Minver	3 F 32
St. Monans	69 L 15
St. Neot	3 G 32
St. Neots	29 T 27
St. Nicholas Pembrokes	14 E 28
St. Nicholas Vale of Glamorgan	17 K 29
St. Nicholas-at-Wade	23 X 29
St. Ninian's Isle	87 P 4
St. Osyth	23 X 28
St. Patrick's Isle	46 F 21
St. Paul's Walden	29 T 28
St. Peter Port Guernsey	5
St. Peter's	23 Y 29
St. Pool	4 I 33
St. Stephen	3 F 32
St. Teath	3 F 32
St. Tudwal's Islands	32 G 25
St. Tudy	3 F 32
St. Vigeans	69 M 14
St. Wenn	3 F 32
St. Weonards	26 L 28
Salcombe	4 I 33
Salcombe Regis	5 K 31
Sale	42 N 23
Salehurst	12 V 31
Salen Argyll and Bute	65 C 14
Salen Highland	71 C 13
Salford	42 N 23
Salfords	21 T 30
Salhouse	39 Y 25
Saline	68 J 15
Salisbury	9 O 30
Salisbury Plain	19 O 30
Sallachy Ben More Assybt	84 G 9
Sallachy near Kyle of Lochalsh	78 D 12
Saltash	3 H 32
Saltburn	79 H 10

Rosemarket	16 F 28
Rosemarkie	79 H 11
Rosewell	61 K 16
Rosgill	48 L 20
Roshven	71 C 13
Rosley	54 K 19
Roslin	61 K 16
Rosliston	35 P 25
Rosneath	66 F 15
Ross Berwick-upon-Tweed	63 O 17
Ross Dumfries and Galloway	53 H 19
Ross of Mull	64 B 15
Ross-on-Wye	26 M 28
Rossall Point	48 K 22
Rossett	34 L 24
Rosudgeon	2 D 33
Rosyth	68 J 15
Rothbury	63 O 18
Rothbury Forest	63 O 18
Rotherfield	12 U 30
Rotherham	43 P 23
Rotherthorpe	28 R 27
Rothes	80 K 11
Rothesay	59 E 16
Rothienorman	81 M 11
Rothiesholm	87 M 6
Rothwell Leeds.	43 P 22
Rothwell Northamp.	28 R 26
Rottingdean	11 T 31
Roughburn	73 F 13
Roughsike	55 M 18
Roughton	39 X 25
Rounton	50 P 20
Rousay	86 K 6
Rousdon	5 L 31
Routh	45 S 22
Rowardennan Lodge	66 G 15
Rowington	27 O 27
Rowland's Castle	10 R 31
Rowland's Gill	56 O 19
Rownhams	10 P 31
Rowsley	35 P 24
Roxburgh	62 M 17
Roxwell	22 V 28
Roy (Glen)	72 F 13
Royal Leamington Spa	28 P 27
Royal Military Academy	20 R 29
Royal Tunbridge Wells	12 U 30
Roybridge	72 F 13
Roydon Essex	21 U 28
Roydon Norfolk	31 X 26
Royston Herts.	29 T 27
Royston South Yorks.	43 P 23
Royton	43 N 23
Ruabon	34 K 25
Ruan High Lanes	3 F 33
Ruan Minor	2 E 34
Ruardean	18 M 28
Rubbha na Faing	58 A 16
Rubha a' Mhail	64 B 16
Rubha Còigeach	83 D 9
Rubha Dubh	70 Z 14
Rubha Hunish	77 A 10
Rubha na h-Easgainne	71 B 12
Rubha Réidh	77 C 10
Rubha Suisnish	71 B 12
Rubh'an Dùnain	71 A 12
Rudbaxton	24 F 28
Ruddington	36 Q 25
Rudgeway	18 M 29
Rudgwick	11 S 30
Rudha Ban	70 Y 12
Rudston	51 T 21
Rufford Old Hall	42 L 23
Rufforth	50 Q 22
Rugby	28 Q 26
Rugeley	35 O 25
Rumburgh	31 Y 26
Rumney	18 K 29
Runcorn	42 L 23
Runswick Bay	50 R 20
Runtaleave	74 K 13
Runwell	22 V 29
Rushall	19 O 30
Rushden	29 S 27
Ruskington	37 S 24
Rusland	48 K 21
Rusper	11 T 30
Ruspidge	18 M 28
Ruswarp	51 S 20
Rutherglen	60 H 16
Ruthin / Rhuthun	34 K 24
Ruthven Aberdeenshire	80 L 11
Ruthven Angus	74 K 14
Ruthven Highland	79 I 11
Ruthven (Loch)	79 H 12
Ruthven Barracks	73 H 12
Ruthwell	54 J 19
Rutland Water	37 S 26
Ruyton of the Eleven Towns	34 L 25
Ryal	56 O 18
Ryan (Loch)	52 E 19
Rycote	20 Q 28
Rydal	48 L 20
Ryde	10 Q 31
Rye	12 W 31
Ryhall	37 S 25

SOUTHAMPTON

Above Bar St	AZ
Avenue (The)	AZ 2
Bargate St	AZ 3
Brunswick Pl.	AZ 7
Central Bridge	AZ 10
Central Station Bridge	AZ 12
Civic Centre Rd	AZ 13
Cumberland Pl.	AZ 16
Hanover Buildings	AZ 18
Havelock Rd	AZ 19
High St.	AZ
Houndwell Pl.	AZ 22
Inner Ave	AZ 23
Marlands Shopping Centre	AZ 29
Marsh Lane	AZ 30
Mountbatten Way	AZ 32
Orchard Pl.	AZ 34
Oxford Ave	AZ 35
Portland Terrace	AZ 37
Pound Tree Rd	AZ 39
Queen's Terrace	AZ 40
Queen's Way	AZ 41
St Andrew's Rd	AZ 43
South Front	AZ 48
Terminus Terrace	AZ 52
Threefield Lane	AZ 55
Town Quay	AZ 57
West Quay Shopping Centre	AZ
Bargate	Z B
Tudor House Museum	Z M1

Great Britain 155

STIRLING

Barnton St	2
Causewayhead Rd	4
Corn Exchange Rd	5
Drummond Pl	9
Dumbarton Rd	10
Goosecroft Rd	12
King St	13
Leisure Centre	
Murray Pl	15
Port St	
Queen St	20
St John St	23
St Mary's Wynd	24
Seaforth Pl	25
Spittal St	27
Thistle Centre	
Union Street	28
Upper Craigs	29
Argyll Lodgings	A
Church of The Holy Rude	B

STOKE-ON-TRENT NEWCASTLE-UNDER-LYME

Alexandra Rd	U 3
Bedford Rd	U 4
Brownhills Rd	U 12
Church Lane	U 19
Cobridge Rd	U 21
Davenport St	U 23
Elder Rd	U 24
Etruria Vale Rd	U 27
Grove Rd	V 30
Hanley Rd	U 31
Heron St	V 34
Higherland	V 37
High St.	U 35
Manor St	V 44
Mayne St	V 45
Moorland Rd	U 48
Porthill Rd	U 59
Snow Hill	U 63
Stoke Rd	U 68
Strand (The)	U 69
Victoria Park Rd	U 75
Victoria Pl. Link	V 76
Watlands View	U 77
Williamson St. Rd	U 78
Wolstanton Link Rd	U 80

Sawrey	48 L 20	Selker Bay	47 J 21	Shaw Wilts.	19 N 29	Sheringham	39 X 25
Sawston	29 U 27	Selkirk	62 L 17	Shawbost	82 Z 9	Sherington	28 R 27
Sawtry	29 T 26	Sellindge	13 W 30	Shawbury	34 M 25	Shernborne	38 V 25
Saxby	36 R 25	Selmeston	12 U 31	Shawford	10 Q 30	Sherston	19 N 29
Saxilby	44 S 24	Selsey	10 R 31	Shawhead	53 I 18	Sherwood Forest	36 Q 24
Saxlingham Nethergate	39 X 26	Selston	36 Q 24	Shebbear	6 H 31	Shetland Islands	87
Saxmundham	31 Y 27	Selworthy	17 J 30	Shebster	85 I 8	Shevington	42 L 23
Saxtead Green	31 X 27	Semley	9 N 30	Sheepwash	6 H 31	Shiant (Sound of)	82 A 9
Scadavay (Loch)	76 Y 11	Senghenydd	18 K 29	Sheepy Magna	36 P 26	Shiant Island	82 A 9
Scaddle (Glen)	72 D 13	Sennen	2 C 33	Sheering	22 U 28	Shiel (Glen)	72 D 12
Scafell Pikes	47 K 20	Sennybridge	25 J 28	Sheerness	22 W 29	Shiel (Loch)	72 D 13
Scagglethorpe	50 R 21	Sessay	50 Q 21	Sheffield	43 P 23	Shieldaig	
Scalasaig	64 B 15	Settle	49 N 21	Sheffield Park	11 T 31	Loch Gairloch	78 C 10
Scalby	51 S 21	Sefford	29 S 27	Shefford	29 S 27	Shieldaig	
Scaleby	55 L 19	Seven Sisters		Sheldon	19 N 29	Loch Torridon	78 D 11
Scalford	36 R 25	East Sussex	12 U 31	Sheldon Manor	19 N 29	Shieldaig (Loch)	78 C 11
Scalloway	87 Q 3	Seven Sisters		Sheldwich	22 W 30	Shieldhill	67 I 16
Scalpay Highland	77 C 12	Neath and Port Talbot	17 I 28	Shell or Sealg (Loch)	82 A 9	Shifnal	35 M 25
Scalpay		Sevenhampton	27 O 28	Shelley	43 O 23	Shilbottle	63 O 17
Western Isles	77 A 10	Sevenoaks	22 U 30	Shellingford	20 P 29	Shildon	56 P 20
Scamblesby	45 T 24	Severn (River)	27 N 28	Shelsley Beauchamp	27 M 27	Shillay	76 W 11
Scampton	44 S 24	Severn Bridge	18 M 29	Shelton Rushcliffe	36 R 25	Shillingford	7 J 30
Scaniport	79 H 11	Severn Stoke	27 N 27	Shelton		Shillingstone	9 N 31
Scapa Flow	86 K 7	Sgibacleit (Loch)	82 A 9	South Norfolk	31 X 26	Shillington	29 S 28
Scarba	65 C 15	Sgiwen	17 I 29	Shelton Lock	35 P 25	Shilton Rugby	28 P 26
Scarborough	51 S 21	Sgurr Mór	78 E 10	Shelve	34 L 26	Shilton	
Scarcliffe	44 Q 24	Shader	82 A 8	Shenley Church End	28 R 27	West Oxfordshire	19 P 28
Scardroy	78 F 11	Shaftesbury	9 N 30	Shenstone	27 O 26	Shimpling	31 X 26
Scarfskerry	86 K 8	Shalbourne	20 P 29	Shenval	80 K 11	Shin (Loch)	84 G 9
Scarisbrick	42 L 23	Shaldon	4 J 32	Sheppey (Isle of)	22 W 29	Shiney Row	56 P 19
Scarista	76 Y 10	Shalfleet	10 P 31	Shepreth	29 U 27	Shinfield	20 R 29
Scarp	82 Y 9	Shalford	21 S 30	Shepshed	36 Q 25	Shipdham	38 W 26
Scavaig (Loch)	71 B 12	Shandon	66 F 15	Shepton Mallet	18 M 30	Shiplake	20 R 29
Scawby	44 S 23	Shanklin	10 Q 32	Sherborne		Shipley Salop	35 N 26
Schiehallion	73 H 13	Shap	48 L 20	Cotswold	19 O 28	Shipley	
Scilly (Isles of)	2 B 34	Shapinsay	87 L 6	Sherborne		West Yorks.	43 O 22
Scone Palace	68 J 14	Shapwick	8 L 30	West Dorset	8 M 31	Shipston-on-Stour	27 P 27
Scopwick	37 S 24	Shardlow	36 P 25	Sherborne St. John	20 Q 30	Shipton Bridgnorth	26 M 26
Scoraig	83 D 10	Sharlston	43 P 23	Sherburn Durham	56 P 19	Shipton Cotswold	27 O 28
Scorton	50 P 20	Sharnbrook	29 S 27	Sherburn Ryedale	51 S 21	Shipton Hambleton	50 Q 21
Scotby	55 L 19	Sharnford	28 Q 26	Sherburn-in-Elmet	44 Q 22	Shipton Moyne	19 N 29
Scotch-Corner	49 P 20	Sharperton	63 N 18	Shere	21 S 30	Shipton-under-Wychwood	19 P 28
Scothern	45 S 24	Sharpness	18 M 28	Sherfield English	9 P 31	Shiptonthorpe	44 R 22
Scotlandwell	68 K 15	Shavington	34 M 24	Sheriff Hutton	50 Q 21	Shira (Lochan)	66 F 14
Scotney	12 V 30	Shaw Gtr. Mches.	43 N 23	Sheriffhales	35 M 25	Shirebrook	36 Q 24
Scotstown	72 D 13	Shaw				Shiremoor	56 P 18
Scotter	44 S 23	West Berkshire	20 Q 29				
Scotton Harrogate	50 P 21						

Scotton		Sandlins	31 Y 27
Richmondshire	49 O 20	Sandness	87 P 3
Scottow	39 Y 25	Sandon	
Scourie	84 E 8	North Hertfordshire	29 T 28
Scousburgh	87 Q 4	Sandon Stafford	35 N 25
Scrabster	85 J 8	Sandown	10 Q 32
Scraptoft	36 Q 26	Sandray	70 X 13
Scredington	37 S 25	Sandridge	21 T 28
Scridain (Loch)	64 B 14	Sandringham House	38 V 25
Scruton	50 P 21	Sandsend	51 R 20
Sculthorpe	38 W 25	Sandwell	27 O 26
Scunthorpe	44 S 23	Sandwich	23 Y 30
Sea Palling	39 Y 25	Sandwich Eden	48 L 20
Seaford	12 U 31	Sandwich	
Seaforth (Loch)	82 Z 10	Eilean Siar	76 Y 11
Seaforth Head	82 A 9	Sandwich	
Seagrave	36 Q 25	Shetland Islands	87 Q 4
Seaham	57 P 19	Sandwood Loch	84 E 8
Seale	21 R 30	Sandy	29 T 27
Sealga (Loch na)	78 D 10	Sandygate	46 G 20
Seamer		Sandyhills	53 I 19
Hambleton	50 Q 20	Sanna	71 B 13
Seamer		Sanquhar	61 I 17
Scarborough	51 S 21	Santon Downham	30 W 26
Seamill	59 F 16	Santon Head	46 G 21
Seasalter	23 X 29	Sapperton	19 N 28
Seascale	47 J 20	Saracan's Head	37 T 25
Seaton Allerdale	53 J 20	Sarclet	86 K 8
Seaton East Devon	5 K 31	Sarisbury	10 Q 31
Seaton Carew	57 Q 20	Sark Channel I.	5
Seaton Delaval	56 P 18	Sarn Meyllteyrn	32 G 25
Seaton Delaval Hall	56 P 18	Sarre	23 X 29
Seaton Ross	44 R 22	Satley	56 O 19
Seaton Sluice	56 P 18	Satterthwaite	48 K 21
Seave Green	50 Q 20	Sauchen	75 M 12
Seaview	10 Q 31	Saughall	42 L 24
Sebergham	54 L 19	Saughtree	62 L 18
Sedbergh	49 M 21	Saundersfoot	15 F 28
Sedgebrook	36 R 25	Saunderton	20 R 28
Sedgley	27 N 26	Sawbridgeworth	21 U 28
Sedlescombe	12 V 31		
Seend	19 N 29		
Seething	39 Y 26		
Seighford	35 N 25		
Seil (Isle of)	65 D 15		
Seilich (Loch an t-)	73 H 13		
Selattyn	34 K 25		
Selborne	10 R 30		
Selby	44 Q 22		

Saltburn-by-the-Sea	57 R 20
Saltcoats	59 F 17
Salter	48 M 21
Saltfleet	45 U 23
Saltford	18 M 29
Salthouse	38 X 25
Saltney	34 L 24
Salton	50 R 21
Samala	76 X 11
Samlesbury Old Hall	42 M 22
Sampford Courtenay	7 I 31
Sampford Peverell	7 J 31
Sanaigmore	58 A 16
Sanclêr / St. Clears	15 G 28
Sancreed	2 D 33
Sancton	44 S 22
Sand Side	47 K 21
Sanda Island	59 D 18
Sanday Highland	71 A 12
Sanday	
Orkney Islands	87 M 6
Sandbach	35 M 24
Sandbank	66 F 16
Sandbanks	9 O 31
Sandend	80 L 10
Sandford Eden	49 M 20
Sandford	
Mid Devon	7 J 31
Sandford	
North Somerset	18 L 30
Sandford	
South Lanarkshire	60 H 17
Sandford Orcas	8 M 31
Sandgate	13 X 30
Sandgreen	53 H 19
Sandhaven	81 N 10
Sandhead	52 F 19
Sandhurst Berks.	20 R 29
Sandhurst Kent	12 V 30
Sandleigh	20 Q 28

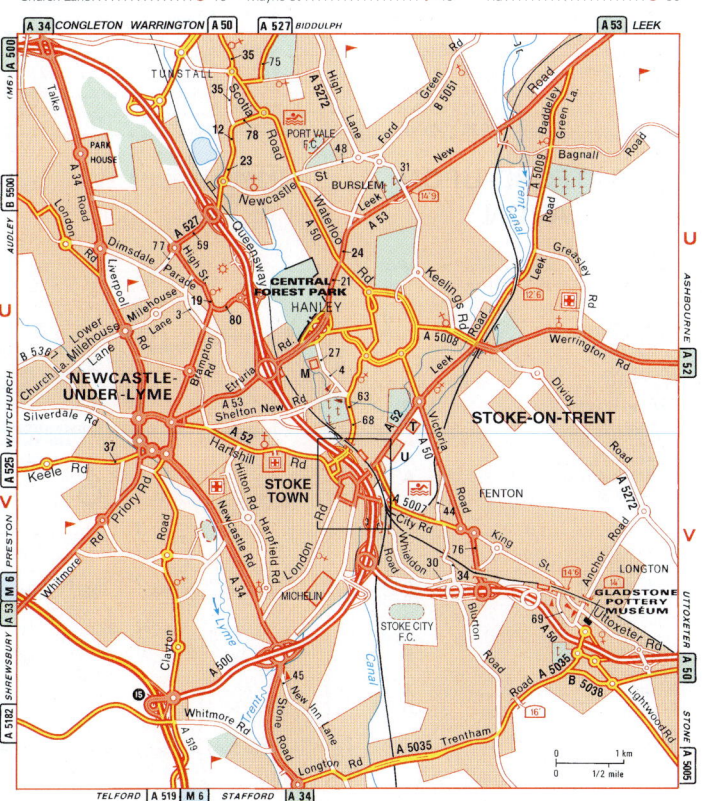

156 Great Britain

STOKE

Campbell Pl.	X 14	London Rd	X 42
Church St	X	Shelton Old	
Elenora St	X 26	Rd	X 62
Fleming Rd	X 28	Station Rd	X 66
Hartshill Rd	X 33	Vale St	X 72

Shirenewton	18 L 29	Siddlington	43 N 24		
Shirley *Derbyshire*	35 O 25	Sidford	5 K 31		
Shirley *Solihull*	27 O 26	Sidinish	76 Y 11		
Shoadoxhurst	12 W 30	Sidlaw Hills	68 K 14		
Shobdon	26 L 27	Sidlesham	10 R 31		
Shoeburyness	22 W 29	Sidmouth	5 K 31		
Shoreham	11 T 31	Sighthill	68 K 16		
Shorne	22 V 29	Sileby	36 Q 25		
Shotesham	39 X 26	Silecroft	47 K 21		
Shotley Bridge	56 O 19	Silkstone	43 P 23		
Shotley Gate	31 X 28	Silloth	54 J 19		
Shottenden	22 W 30	Silsden	49 O 22		
Shottermill	10 R 30	Silver End	30 V 28		
Shotton Colliery	57 P 19	Silverdale *Lancaster*	48 K 21		
Shotts	61 I 16	Silverdale			
Shouldham	38 V 26	*Newcastle-under-Lyme*	35 N 24		
Shrewsbury	34 L 25	Silverstone	28 Q 27		
Shrewton	19 O 30	Silverstone Circuit	28 Q 27		
Shrivenham	19 P 29	Silverton	7 J 31		
Shuna Sound	65 D 15	Simonburn	55 N 18		
Shurdington	27 N 28	Simonsbath	7 I 30		
Shurrery	85 J 8	Sinclair's Bay	86 K 8		
Sibbertoft	28 Q 26	Sinclairston	60 G 17		
Sibford Ferris	28 P 27	Singleton *Chichester*	10 R 31		
Sible Hedingham	30 V 28	Singleton *Fylde*	42 L 22		
Sibsey	37 U 24	Sionascaig (Loch)	84 E 9		
Sidbury	5 K 31	Sissinghurst	12 V 30		
Siddington	19 O 28	Sithney	2 E 33		

Sittingbourne	22 W 29	Smailholm	62 M 17	South Croxton	36 R 25	Spilsby	37 U 24
Sixpenny Handley	9 N 31	Smailholm Tower	62 M 17	South Downs	11 R 31	Spinningdale	79 H 10
Skara Brae	86 J 6	Small Dole	11 T 31	South Elmsall	44 Q 23	Spithead	10 Q 31
Skares	60 H 17	Small Hythe	12 W 30	South Esk (River)	75 L 13	Spittal *Dumfries*	
Skeabost	77 B 11	Smallfield	11 T 30	South Ferriby	44 S 22	*and Galloway*	52 G 19
Skegness	38 V 24	Smarden	12 W 30	South Foreland	23 Y 30	Spittal *Highland*	85 J 8
Skellingthorpe	44 S 24	Smart'Hill	12 U 30	South Glendale	70 Y 12	Spittal *Northumb.*	63 O 16
Skelmanthorpe	43 P 23	Smedmore	9 N 32	South Hanningfield	22 V 29	Spittal *Pembrokeshire /*	
Skelmersdale	42 L 23	Smithfield	55 L 19	South Harris	76 Z 10	*Sir Benfro*	24 F 28
Skelmorlie	59 F 16	Snaefell	46 G 21	South Harris Forest	82 Z 10	Spittal of Glenshee	74 J 13
Skelpick	85 H 8	Snainton	51 S 21	South Hayling	10 R 31	Spixworth	39 X 25
Skelton *Cleveland*	50 R 20	Snaith	44 Q 22	South-Heighton	11 U 31	Spofforth	50 P 22
Skelton *Cumbria*	55 L 19	Snape	31 Y 27	South Hetton	56 P 19	Spondon	36 P 25
Skelwith Bridge	48 K 20	Snetterton Circuit	30 W 26	South Kelsey	45 S 23	Spooner Row	39 X 26
Skene	75 M 12	Snettisham	38 V 25	South Killingholme	45 T 23	Spott	69 M 16
Skene (Loch of)	75 M 12	Snitterfield	27 O 27	South Kirkby	44 Q 23	Spreyton	7 I 31
Skenfrith	26 L 28	Snizort (Loch)	77 A 11	South Kyme	37 T 24	Spridlington	44 S 23
Skeroblingarry	59 D 17	Snodland	22 V 30	South Lancing	11 T 31	Springfield	68 K 15
Skerray	85 H 8	Snowdon /		South Leverton	44 R 24	Springholm	53 I 18
Skervuile Lighthouse	65 C 16	Yr Wyddfa	33 H 24	South Lopham	30 X 26	Sproatley	45 T 22
Skidby	44 S 22	Snowdonia		South-Marston	19 O 29	Sprotbrough	44 Q 23
Skiddaw	54 K 20	National Park	33 I 24	South Mary Bourne	20 P 30	Sproughton	31 X 27
Skigersta	83 B 8	Snowshill	27 O 27	South Mimms	21 T 28	Sprouston	62 M 17
Skilgate	7 J 30	Soa	70 Z 14	South Molton	7 I 30	Sprowston	39 X 26
Skillington	37 S 25	Soa Island	64 A 15	South Morar	72 C 13	Spurn Head	45 U 23
Skinburness	54 J 19	Soar (River)	36 Q 25	South Moreton	20 Q 29	Sronlairig Lodge	73 G 12
Skipness	59 D 16	Soay	71 B 12	South Newington	28 P 28	Sronphadruig Lodge	73 H 13
Skipport (Loch)	76 Y 12	Soay Sound	71 B 12	South-Newton	9 O 30	Stack (Loch)	84 F 8
Skipsea	51 T 22	Soham	30 V 26	South Normanton	36 P 24	Stack Island	70 Y 12
Skipton	49 N 22	Solent (The)	10 Q 31	South Ockendon	22 U 29	Stack Rocks	16 E 29
Skipton-on-Swale	50 P 21	Solihull	27 O 26	South Otterington	50 P 21	Staffa	64 A 14
Skipwith	44 R 22	Sollas	76 X 11	South Oxhey	21 S 29	Staffin Bay	77 B 11
Skirlaugh	45 T 22	Solva	14 E 28	South Petherton	8 L 31	Stafford	35 N 25
Skirling	61 J 17	Solway Firth	53 J 19	South Petherwin	3 G 32	Stagsden	29 S 27
Skirwith	55 M 19	Somerby	36 R 25	South Queensferry	68 J 16	Staincross	43 P 23
Skirza	86 K 8	Somercotes	36 P 24	South Rauceby	37 S 25	Staindrop	56 O 20
Skokholm Island	14 E 28	Somerford Keynes	19 O 29	South Raynham	38 W 25	Staines	21 S 29
Skomer Island	14 E 28	Somersham		South Ronaldsay	87 L 7	Stainforth *North Yorks.*	49 N 21
Skye (Isle of)	77 B 12	*Huntingdonshire*	29 U 26	South Shields	56 P 19	Stainforth *South Yorks.*	44 Q 23
Slaggyford	55 M 19	Somersham		South Shore	42 K 22	Stainton	55 L 20
Slaidburn	49 M 22	*Mid Suffolk*	31 X 27	South Stack	40 F 23	Stainton-le-Vale	45 T 23
Slaithwaite	43 O 23	Somerton *Norfolk*	39 Y 25	South Stainley	50 P 21	Staintondale	51 S 20
Slamannan	67 I 16	Somerton *Oxon.*	28 Q 28	South Tawton	4 I 31	Stair *Allerdale*	54 K 20
Slapin (Loch)	71 B 12	Somerton		South Thoresby	45 U 24	Stair *South Ayrshire*	60 G 17
Slapton	4 J 33	*Somerset*	8 L 30	South Uist	70 X 12	Staithes	50 R 20
Sleaford	37 S 25	Sompting	11 S 31	South Walls	86 K 7	Stakeford	56 P 18
Sleagill	48 M 20	Sonning Common	20 R 29	South Warnborough	20 R 30	Stalbridge	9 M 31
Sleat (Sound of)	71 C 12	Sopley	9 O 31	South Witham	37 S 25	Stalham	39 Y 25
Sledmere	51 S 21	Sorbie	52 G 19	South Woodham Ferrers	22 V 29	Stalisfield	22 W 30
Sleekburn	56 P 18	Sorisdale	71 A 13	South Wootton	38 V 25	Stalling Busk	49 N 21
Sleights	51 S 20	Sorn	60 H 17	South Wraxall	19 N 29	Stallingborough	45 T 23
Slickly	86 K 8	Sortat	86 K 8	South Zeal	4 I 31	Stalmine	48 L 22
Sligachan	77 B 12	Soulby	49 M 20	Southam		Stalybridge	43 N 23
Sligachan (Loch)	77 B 12	Sound (The)	4 H 32	*Stratford-on-Avon*	28 P 27	Stamford	37 S 26
Slimbridge	19 M 28	Sourhope	63 N 17	Southam *Tewkesbury*	27 N 28	Stamford Bridge	50 R 22
Slindon	11 S 31	South-Alloa	67 I 15	Southampton	10 P 31	Stamfordham	56 O 18
Slingsby	50 R 21	South Balloch	60 G 18	Southborough	12 U 30	Stanbridge	29 S 28
Slochd	79 I 12	South Brent	4 I 32	Southbourne *Dorset*	9 O 31	Standford-in-the-Vale	20 P 29
Slockavullin	65 D 15	South Cairn	52 E 19	Southbourne		Standing Stones	82 Z 9
Slough	21 S 29	South Carrine	59 C 18	*West Sussex*	10 R 31	Standish	42 M 23
Sloy (Loch)	66 F 15	South Cave	44 S 22	Southend	59 D 18	Standlake	20 P 28
Slumbay	78 D 11	South Cerney	19 O 28	Southend-on-Sea	22 W 29	Standon	29 U 28
Slyne	48 L 21	South Charlton	63 O 17	Southerness	53 J 19	Stane	61 I 16
				Southery	38 V 26	Stanford	13 X 30
				Southill	29 T 27	Stanford-le-Hope	22 V 29
				Southminster	22 W 29	Stanford-on-Avon	28 Q 26
				Southport	42 K 23	Stanghow	50 R 20
				Southrop	19 O 28	Stanhoe	38 W 25
				Southsea	10 Q 31	Stanhope	55 N 19
				Southwaite	55 L 19	Stanion	29 S 26
				Southwater	11 S 30	Stanley *Durham*	56 O 19
				Southwell	36 R 24	Stanley	
				Southwick		*Perthshire and Kinross*	68 J 14
				East Northamptonshire	29 S 26	Stanley *Wakefield.*	43 P 22
				Southwick		Stanmer Park	11 T 31
				Sunderland	56 P 19	Stannington	43 P 23
				Southwick		Stanstead Abbotts	21 U 28
				West Sussex	11 T 31	Stansted Mountfitchet	30 U 28
				Southwick Widley	10 Q 31	Stanton	30 W 27
				Southwick *Wilts.*	19 N 30	Stanton Harcourt	20 P 28
				Southwold	31 Z 27	Stanton Long	26 M 26
				Sowerby Bridge	43 O 22	Stanton-upon-	
				Spalding	37 T 25	Hine-Heath	34 M 25
				Spaldwick	29 S 26	Stanway	27 O 28
				Spanish Head	46 F 21	Stanwell	21 S 29
				Sparkford	8 M 30	Stanwick	29 S 26
				Spaxton	8 K 30	Staple Fitzpaine	8 K 31
				Spean (Glen)	73 F 13	Stapleford *Melton*	36 R 25
				Spean Bridge	72 F 13	Stapleford *Notts.*	36 Q 25
				Speeton	51 T 21	Stapleford *Wilts.*	9 O 30
				Speldhurst	12 U 30	Staplehurst	22 V 30
				Spelsbury	28 P 28	Starcross	4 J 32
				Spelve (Loch)	65 C 14	Start Point	4 J 33
				Spennymoor	56 P 19	Startforth	49 O 20
				Spey (River)	73 G 12	Stathern	36 R 25
				Spey Bay	80 K 10	Staughton Highway	29 S 27
				Speymouth Forest	80 K 11	Staunton *Forest of Dean*	27 N 28

STRATFORD-UPON-AVON

Banbury Rd	B	2
Bell Court Shopping Centre	A	39
Benson Rd	B	3
Bridge Foot	B	6
Bridge St	B	8
Chapel Lane	A	13
Chapel St	A	14
Church St	A	16
Clopton Bridge	B	18
College Lane	A	19
Ely St	A	22
Evesham Pl.	A	24
Great William St.	A	25
Greenhill St	A	27
Guild St	A	28
Henley St	A	29
High St	A	31
Rother St	A	32
Scholars Lane	A	33
Sheep St	AB	35
Tiddington Rd.	B	38
Trinity St	A	40
Warwick Rd	B	42
Waterside	A	43
Windsor St	A	45
Wood St	A	47

Great Britain

Swansea street index

Alexandra Rd	B	2
Belle Vue Way	B	4
Carmarthen Rd	B	7
Castle St	B	8
Christina St	B	9
Clarence Terrace	B	10
College St.	B	13
De la Beche St.	B	15
Dillwyn St	B	17
East Bank Way	C	18
Grove Pl.	B	22
Kingsway (The)	B	
Nearth Rd.	B	25
Nelson St	B	26
New Cut Bridge	C	27
Oxford St	B	
Parc Tawe Shopping Centre	B	
Princess Way	B	
Quadrant Centre	B	
St David's Square	B	
St Mary's Square	B	42
Tawe Bridge	C	43
Union St	B	47
Wellington St	B	54
West Way	B	55

Index

Staunton Monmouthshire / Sir Fynwy .... 18 M 28
Staveley Cumbria .... 48 L 20
Staveley Derbs. .... 43 P 24
Staxigoe .... 86 K 8
Staxton .... 51 S 21
Staylittle .... 25 J 26
Steart .... 18 K 30
Stebbing .... 30 V 28
Stedham .... 10 R 31
Steep .... 10 R 30
Steeple .... 22 W 28
Steeple Ashton .... 19 N 30
Steeple Aston .... 28 Q 28
Steeple Barton .... 28 P 28
Steeple Bumpstead .... 30 V 27
Steeple Claydon .... 28 R 28
Steeple Langford .... 9 O 30
Steeple Morden .... 29 T 27
Steeton .... 49 O 22
Stelling Minnis .... 23 X 30
Stenhousemuir .... 67 I 15
Stenness
 Orkney Islands .... 86 K 7
Stenness
 Shetland Islands .... 87 P 2
Stenton .... 69 M 16
Steppingley .... 29 S 27
Stevenage .... 29 T 28
Stevenston .... 60 F 17
Steventon .... 20 Q 29
Stewartby .... 29 S 27
Stewarton .... 60 G 16
Stewkley .... 28 R 28

Steyning .... 11 T 31
Steynton .... 16 E 28
Stichill .... 62 M 17
Sticker .... 3 F 33
Sticklepath .... 4 I 31
Stickney .... 37 U 24
Stiffkey .... 38 W 25
Stilligarry .... 76 X 12
Stillingfleet .... 44 Q 22
Stillington
 Hambleton .... 50 Q 21
Stillington
 Stockton-on-Tees .... 56 P 20
Stilton .... 29 T 26
Stirling .... 67 I 15
Stithians .... 2 E 33
Stob Choire Claurigh .... 72 F 13
Stobo .... 61 K 17
Stobs Castle .... 62 L 17
Stock .... 22 V 29
Stockbridge .... 10 P 30
Stocke Talmage .... 20 Q 28
Stockland .... 8 K 31
Stockland Bristol .... 18 K 30
Stockport .... 43 N 23
Stocksbridge .... 43 P 23
Stocksfield .... 56 O 19
Stockton Heath .... 42 M 23
Stockton-on-Tees .... 50 P 20
Stockton-on-Teme .... 27 M 27
Stockton on the Forest .... 50 R 22
Stoer .... 83 D 9
Stogumber .... 7 K 30

Stogursey .... 18 K 30
Stoke .... 22 V 29
Stoke Albany .... 28 R 26
Stoke Ash .... 31 X 27
Stoke-by-Nayland .... 30 W 28
Stoke Climsland .... 3 H 32
Stoke Fleming .... 4 J 33
Stoke Gabriel .... 4 J 32
Stoke Goldington .... 28 R 27
Stoke Hammond .... 28 R 28
Stoke Lacy .... 26 M 27
Stoke Lyne .... 28 Q 28
Stoke Mandeville .... 20 R 28
Stoke Orchard .... 27 N 28
Stoke-on-Trent .... 35 N 24
Stoke Poges .... 21 S 29
Stoke-St. Mary .... 8 K 31
Stoke-St. Michael .... 18 M 30
Stoke-St. Milborough .... 26 M 26
Stoke sub Hamdon .... 8 L 31
Stokeham .... 44 R 24
Stokenchurch .... 20 R 29
Stokenham .... 4 I 33
Stokesay .... 26 L 26
Stokesley .... 50 Q 20
Stone Bucks. .... 20 R 28
Stone Staffs. .... 35 N 25
Stone Edge .... 36 P 24
Stonehaugh .... 55 N 18
Stonehaven .... 75 N 13
Stonehenge .... 9 O 30
Stonehouse Glos. .... 19 N 28
Stonehouse
 South Lanarkshire .... 61 I 16

Stoneleigh .... 28 P 26
Stonesfield .... 20 P 28
Stoney Cross .... 9 P 31
Stoney Stanton .... 36 Q 26
Stoneybridge .... 76 X 12
Stoneykirk .... 52 F 19
Stoneywood .... 75 N 12
Stony Stratford .... 28 R 27
Stornoway .... 82 A 9
Storr (The) .... 77 B 11
Storrington .... 11 S 31
Stort (River) .... 29 U 28
Stotfold .... 29 T 27
Stottesdon .... 26 M 26
Stoughton .... 10 R 31
Stoul .... 72 C 13
Stoulton .... 27 N 27
Stour (River)
 English Channel .... 9 N 31
Stour (River)
 North Sea .... 30 V 27
Stour (River) R. Severn .... 27 N 26
Stourbridge .... 27 N 26
Stourhead House .... 9 N 30
Stourport-on-Severn .... 27 N 26
Stourton Caundle .... 9 M 31
Stow .... 62 L 16
Stow-on-the-Wold .... 27 O 28
Stowbridge .... 38 V 26
Stowe-by-Chartley .... 35 O 25
Stowe School .... 28 Q 27
Stowmarket .... 30 W 27
Stowupland .... 30 X 27
Straad .... 59 E 16

Strachan .... 75 M 12
Strachur .... 66 E 15
Stradbroke .... 31 X 27
Stradishall .... 30 V 27
Stradsett .... 38 V 26
Straiton .... 60 G 18
Straloch .... 74 J 13
Stranraer .... 52 E 19
Strata Florida Abbey .... 25 I 27
Stratfield Saye .... 20 Q 29
Stratford St. Mary .... 30 W 28
Stratford-upon-Avon .... 27 O 27
Strath Brora .... 85 H 9
Strath Dearn .... 79 I 11
Strath Halladale .... 85 I 8
Strath Isla .... 80 K 11
Strath More .... 78 E 10
Strath Mulzie .... 78 F 10
Strath of Kildonan .... 85 I 9
Strath Oykel .... 84 F 10
Strath Skinsdale .... 85 H 9
Strath Tay .... 68 J 14
Strathallan .... 67 I 15
Strathan .... 72 E 13
Strathardle .... 74 J 13
Strathaven .... 60 H 16
Strathbeg (Loch of) .... 81 O 11
Strathblane .... 67 H 16
Strathbogie .... 80 L 11
Strathbraan .... 67 I 14
Strathcanaird .... 84 E 10
Strathcarron .... 78 D 11
Strathcoil .... 65 C 14
Strathconon .... 78 F 11
Strathconon Forest .... 78 F 11
Strathearn .... 67 I 14
Stratherrick .... 73 G 12
Strathkinness .... 69 L 14
Strathmashie .... 73 H 13
Strathmiglo .... 68 K 15
Strathmore .... 75 M 13
Strathnairn .... 79 H 11
Strathnaver .... 85 H 8
Strathpeffer .... 79 G 11
Strathrannoch .... 79 F 10
Strathspey .... 80 J 11
Strathvaich Lodge .... 78 F 10
Strathy .... 85 I 8
Strathy Point .... 85 H 8
Strathyre .... 67 H 15
Stratton Cornwall .... 6 G 31
Stratton Glos. .... 19 O 28
Stratton West Dorset .... 5 M 31
Stratton Audley .... 28 Q 28
Stratton-on-the-Fosse .... 18 M 30
Stratton-St. Margaret .... 19 O 29
Streatley .... 20 Q 29
Street .... 8 L 30
Strensall .... 50 Q 21
Stretford .... 42 N 23
Stretham .... 30 U 26
Stretton Cheshire .... 42 M 23
Stretton Staffs. .... 35 N 25
Stretton-on-Dunsmore .... 28 P 26
Strichen .... 81 N 11
Striven (Loch) .... 66 E 16
Stroma (Island of) .... 86 K 7
Stromeferry .... 78 D 11
Stromemore .... 78 D 11
Stromness .... 86 K 7
Stronachlachar .... 66 G 15
Stronchreggan .... 72 E 13
Stronchrubie .... 84 F 9
Strone .... 66 F 16
Stronmilchan .... 66 F 14
Stronsay .... 87 M 6
Stronsay Firth .... 87 L 6
Strontian .... 72 D 13
Stroud .... 19 N 28
Strumble Head .... 14 E 27
Stuart Castel .... 79 H 11
Stuartfield .... 81 N 11
Stubbington .... 10 Q 31
Studland .... 9 O 32
Studley Warw. .... 27 O 27
Studley Wilts. .... 19 N 29
Studley Royal Gardens .... 50 P 21
Stuley .... 76 Y 12
Sturminster Marshall .... 9 N 31
Sturminster Newton .... 9 N 31
Sturry .... 23 X 30
Sturton-le-Steeple .... 44 R 23
Suainaval (Loch) .... 82 Z 9
Sudbourne .... 31 Y 27
Sudbury Derbs. .... 35 O 25
Sudbury Suffolk .... 30 W 27
Sudbury Hall .... 35 O 25

Sudeley Castle .... 27 O 28
Sùil Ghorm .... 71 A 13
Sulby .... 46 G 21
Sulgrave .... 28 Q 27
Sulhamstead .... 20 Q 29
Sullom .... 87 P 2
Sullom Voe .... 87 P 2
Sully .... 18 K 29
Sumburgh .... 87 Q 4
Sumburgh Roost .... 87 P 4
Summer Island .... 83 D 9
Summerbridge .... 49 O 21
Summercourt .... 3 F 32
Sunart .... 72 D 13
Sunart (Loch) .... 71 C 13
Sunbury .... 21 S 29
Sunderland .... 57 P 19
Sunderland Bridge .... 56 P 19
Sunk Island .... 45 T 23
Sunningdale .... 21 S 29
Sunninghill .... 21 S 29
Surfleet .... 37 T 25
Surlingham .... 39 Y 26
Sutterton .... 37 T 25
Sutton
 Bassetlaw .... 44 R 23
Sutton Cambs. .... 29 U 26
Sutton Guildford .... 21 S 30
Sutton London Borough .... 21 T 29
Sutton Shrops. .... 34 M 25
Sutton Bank .... 50 Q 21
Sutton Benger .... 19 N 29
Sutton Bonington .... 36 Q 25
Sutton Bridge .... 37 U 25
Sutton Cheney .... 36 P 26
Sutton Coldfield .... 35 O 26
Sutton Courtenay .... 20 Q 29
Sutton-in-Ashfield .... 36 Q 24
Sutton-on-Hull .... 45 T 22
Sutton-on-Sea .... 45 U 24
Sutton-on-the-Forest .... 50 Q 21
Sutton-on-the-Hill .... 35 P 25
Sutton-on-Trent .... 36 R 24
Sutton Scotney .... 10 P 30
Sutton St. Edmund .... 37 U 25
Sutton St. James .... 37 U 25
Sutton-St. Nicholas .... 26 L 27
Sutton
 under Whitestonecliffe .... 50 Q 21
Sutton Valence .... 22 V 30
Sutton Veny .... 9 N 30
Swadlincote .... 36 P 25
Swaffham .... 38 W 26
Swaffham Bulbeck .... 30 U 27
Swainby .... 50 Q 20
Swainswick .... 19 M 29
Swale (River) .... 50 P 21
Swale (The) .... 22 W 29
Swale Dale .... 49 O 20
Swallow .... 45 T 23
Swallow Falls .... 33 I 24
Swallowcliffe .... 9 N 30
Swallowfield .... 20 R 29
Swanage .... 9 O 32
Swanbridge .... 18 K 29
Swanland .... 44 S 22
Swanley .... 22 U 29
Swannery .... 5 M 32
Swanscombe .... 22 U 29
Swansea / Abertawe .... 17 I 29
Swanton Abbot .... 39 Y 25
Swanton Morley .... 38 W 25
Swanwick .... 36 P 24
Swarbacks Minn .... 87 P 2
Swavesey .... 29 T 27
Sway .... 9 P 31
Swaythling .... 10 P 31
Swimbridge .... 7 I 30
Swinbrook .... 19 P 28
Swinderby .... 36 R 24
Swindon
 Cheltenham .... 27 N 28
Swindon Swindon .... 19 O 29
Swinefleet .... 44 R 22
Swineshead .... 37 T 25
Swinford .... 28 Q 26
Swingfield .... 23 X 30
Swinton
 Rotherham .... 44 Q 23
Swinton
 Scottish Borders .... 63 N 16
Swynnerton .... 35 N 25
Swyre .... 5 M 31
Sydenham .... 20 R 28
Syderstone .... 38 W 25
Sydling St. Nicholas .... 8 M 31

A B C D E F G H I J K L M N O P Q R S T U V W X Y Z

Sykehouse 44 Q 23
Symbister 87 Q 2
Symington
South Ayrshire 60 G 17
Symington
South Lanarkshire 61 J 17
Symonds Yat 18 M 28
Symonds Yat Rock 18 M 28
Symondsbury 5 L 31
Syresham 28 Q 27
Syston 36 Q 25
Sywell 28 R 27

T

Tackley 28 Q 28
Tadcaster 44 Q 22
Taddington 43 O 24
Tadley 20 Q 29
Tadmarton 28 P 27
Tadworth 21 T 30
Taff (River) 18 K 29
Taibach 17 I 29
Tain 79 H 10
Takeley 30 U 28
Tal-y-bont *Dyfed* 25 I 26
Tal-y-Bont *Gwynedd* 33 H 25
Tal-y-Cafn 41 I 23
Tal-y-Llyn Lake 33 I 25
Talacre 41 K 22
Talaton 7 K 31
Talgarreg 15 H 27
Talgarth 26 K 28
Talke 35 N 24
Tall-y-llyn 33 I 26
Talladale 78 D 10
Tallaminnock 60 G 18
Talley 25 I 28
Talsarnau 33 H 25
Talwrn 40 H 23
Talybont-on-Usk
Powys 26 K 28
Talywern 33 I 26
Tamanavay (Loch) 82 Y 9
Tamar (River) 6 G 31
Tamerton Foliot 4 H 32
Tamworth 35 O 26
Tan Hill 49 N 20
Tan-y-pistill 33 J 25
Tanera Beg 83 D 9
Tanera Mór 83 D 9
Tangley 20 P 30
Tangmere 11 R 31
Tannach 86 K 8
Tannadice 74 L 13
Tantallon Castle 69 M 15
Taransay 82 Y 10
Taransay (Sound of) 82 Z 10
Tarbat Ness 79 I 10
Tarbert
Argyll and Bute 59 D 16
Tarbert
Gigha Island 65 C 16
Tarbert
Western Isles 82 Z 10
Tarbert (Loch) 65 C 16
Tarbet
Argyll and Bute 66 F 15
Tarbet *Highland* 72 D 13
Tarbolton 60 G 17
Tardy Gate 42 L 22
Tarfside 74 L 13
Tarland 74 L 12
Tarleton 42 L 22
Tarn (The) 48 L 20
Tarporley 34 M 24
Tarrant Gunville 9 N 31
Tarrant Hinton 9 N 31
Tarrant Keyneston 9 N 31
Tarrington 26 M 27
Tarskavaig 71 C 12
Tarskavaig Point 71 B 12
Tarves 81 N 11
Tarvin 34 L 24
Tathwell 45 T 24
Tattersett 38 W 25
Tattershall 37 T 24
Tatton Hall 42 M 24
Taunton 8 K 30
Taunton Deane 7 K 30
Taverham 39 X 25
Tavernspite 15 G 28
Tavistock 4 H 32
Taw (River) 7 I 31
Tay (Firth of) 68 K 14
Tay (Loch) 67 H 14
Tay Road Bridge 69 L 14
Taynton 27 M 28
Taynuilt 65 E 14
Tayport 69 L 14
Tayvallich 65 D 15
Teacuis (Loch) 71 C 14
Tealby 45 T 23
Teangue 71 C 12
Tebay 48 M 20
Tedburn St. Mary 4 I 31
Teddington 27 N 28
Tees (River) 50 P 20
Teesdale 55 N 20
Teifi (River) 15 G 27
Teignmouth 4 J 32
Telford 34 M 25
Teme (River) 27 M 27
Templand 54 J 18
Temple 61 K 16
Temple Ewell 23 X 30
Temple Grafton 27 O 27
Temple Sowerby 55 M 20
Templeton 15 F 28
Tempsford 29 T 27
Tenbury Wells 26 M 27
Tenby /
Dinbych-y-pysgod 15 F 28
Tendring 31 X 28
Tenterden 12 W 30
Terling 22 V 28
Tern Hill 34 M 25
Terrington St. Clement 38 U 25
Test (River) 20 P 30
Tetbury 19 N 29
Tetford 45 T 24
Tetney 45 T 23
Tetsworth 20 Q 28
Tettenhall 35 N 26
Tewin 21 T 28
Tewkesbury 27 N 28
Texa 58 B 17
Teynham 22 W 30
Thakeham 11 S 31
Thame 20 R 28
Thame (River) 20 R 28
Thames (River) 20 Q 29
Thanet (Isle of) 23 Y 29
Thankerton 61 J 17
Thatcham 20 Q 29
Thaxted 30 V 28
Theale *Berks.* 20 Q 29
Theale *Somerset* 18 L 30
Theddlethorpe St. Helen 45 U 23
Thetford 30 W 26
Theviothead 62 L 17
Theydon Bois 21 U 28
Thirlestane 62 L 16
Thirlspot 48 K 20
Thirsk 50 P 21
Thistleton 37 S 25
Thixendale 51 R 21
Thompson 38 W 26
Thomshill 80 K 11
Thoralby 49 N 21
Thoresway 45 T 23
Thorganby 44 R 22
Thornaby-on-Tees 50 Q 20
Thornborough 28 R 28
Thornbury *Heref.* 26 M 27
Thornbury
South Glos. 18 M 29
Thornbury *Torridge* 6 H 31
Thornby 28 Q 26
Thorncombe 8 L 31
Thorne 44 R 23
Thorner 43 P 22
Thorney 37 T 26
Thornford 8 M 31
Thornham 38 V 25
Thornhill
Dumfries and Galloway 61 I 18
Thornhill *Stirling* 67 H 15
Thornton *Fife* 68 K 15
Thornton *Lancs.* 42 K 22
Thornton Curtis 45 S 23
Thornton-in-Craven 49 N 22
Thornton-le-Dale 51 R 21
Thorntonloch 69 M 16
Thornyhive Bay 75 N 13
Thorpe *Derbs.* 35 O 24
Thorpe *Essex* 22 W 29
Thorpe-le-Soken 31 X 28
Thorpe-on-the-Hill 37 S 24
Thorpe Thewles 57 P 20
Thorpeness 31 Y 27
Thorrington 31 X 28
Thorverton 7 J 31
Thrapston 29 S 26
Threapwood 34 L 24
Three Cocks 26 K 27
Three Crosses 15 H 29
Threekingham 37 S 25
Threlkeld 54 K 20
Thringstone 36 P 25
Throckley 56 O 19
Thropton 63 O 18
Throwleigh 4 I 31
Thrumster 86 K 8
Thruxton Circuit 20 P 30
Thrybergh 44 Q 23
Thundersley 22 V 29
Thurcroft 44 Q 23
Thurgarton 36 R 24
Thurgoland 43 P 23
Thurlby 37 S 25
Thurlestone 4 I 33
Thurlow 30 V 27
Thurlton 39 Y 26
Thurmaston 36 Q 25
Thurne 39 Y 25
Thurnham 22 V 30
Thurnscoe 44 Q 23
Thursby 54 K 19
Thurso 85 J 8
Thurstaston 42 K 23
Thurstonfield 54 K 19
Thurton 39 Y 26
Thwaite 49 N 20
Tibbermore 68 J 14
Tibberton *Glos.* 27 M 28
Tibberton *Salop* 34 M 25
Tibberton
Wychavon 27 N 27
Tibshelf 36 P 24
Ticehurst 12 V 30
Tickhill 44 Q 23
Ticknall 36 P 25
Tiddington 20 Q 28
Tidenham 18 M 29
Tideswell 43 O 24
Tigerton 75 L 13
Tigharry 76 X 11
Tighnabruaich 65 E 16
Tilbury 22 V 29
Tillathrowie 80 L 11
Tillicoultry 67 I 15
Tillington 11 S 31
Tilney St. Lawrence 38 U 25
Tilshead 19 O 30
Tilstock 34 L 25
Tilt (Glen) 73 I 13
Tilton-on-the-Hill 36 R 26
Timberscombe 7 J 30
Timsbury 18 M 30
Timsgarry 82 Y 9
Tingewick 28 Q 28
Tingwall (Loch) 87 P 3
Tintagel 6 F 32
Tintern Abbey 18 L 28
Tintinhull 8 L 31
Tintwistle 43 O 23
Tinwald 53 J 18
Tipton 27 N 26
Tipton-St. john 5 K 31
Tiptree 22 W 28
Tirabad 25 J 27
Tiree 64 Z 14
Tirga Mór 82 Z 10
Tirley 27 N 28
Tiroran 65 B 14
Tisbury 9 N 30
Titchfield 10 Q 31
Titchmarsh 29 S 26
Tiumpan Head 83 B 9
Tiverton *Chester* 34 L 24
Tiverton *Mid Devon* 7 J 31
Tobermory 71 B 14
Toberonochy 65 D 15
Tobson 82 Z 9
Tockwith 50 Q 22
Todber 9 N 31
Toddington 29 S 28
Todenham 27 P 27
Todmorden 43 N 22
Toe Head 76 Y 10
Togston 63 P 18
Tokavaig 71 C 12
Toll of Birness 81 O 11
Toller Porcorum 8 M 31
Tollerton 50 Q 21
Tollesbury 22 W 28
Tolleshunt d'Arcy 22 W 28
Tolpuddle 9 N 31
Tolquhon Castle 81 N 11
Tolsta 83 B 8
Tolsta Chaolais 82 Z 9
Tolsta Head 83 B 8
Tomatin 79 I 11
Tombreck 79 H 11
Tomcrasky 72 F 12
Tomdoun 72 E 12
Tomich 78 F 12
Tomintoul 74 J 12
Tomnavoulin 80 K 12
Tomsléibhe 65 C 14
Tonbridge 22 U 30
Tondu 17 J 29
Tong 82 A 9
Tongham 20 R 30
Tongland 53 H 19
Tongue 84 G 8
Tongwynlais 18 K 29
Tonna 17 I 28
Tonypandy 17 J 29
Tonyrefail 17 J 29
Topcliffe 50 P 21
Topsham 4 J 31
Tor Ness 86 K 7
Torbay 4 J 32
Torcross 4 J 33
Torksey 44 R 24
Torlundy 72 E 13
Tormarton 19 N 29
Tornapress 78 D 11
Tornaveen 75 M 12
Torness 79 G 12
Torphichen 67 J 16
Torphins 75 M 12
Torpoint 3 H 32
Torquay 4 J 32
Torquhan 62 L 16
Torridon (Loch) 77 C 11
Torrin 71 B 12
Torrisdale Bay 85 H 8
Torthorwald 53 J 18
Tortworth 19 M 29
Torver 48 K 20
Toscaig 77 C 11
Totaig *Loch Alsh* 78 D 12
Totaig
Loch Dunvegan 77 A 11
Totland 10 P 31
Totley 43 P 24
Totnes 4 I 32
Toton 36 Q 25
Totscore 77 A 11
Totternhoe 29 S 28
Totton 10 P 31
Tournaig 78 D 10
Tow Law 56 O 19
Towcester 28 R 27
Tower Hamlets
London Borough 21 T 29
Towie 74 L 12
Town Yetholm 62 N 17
Towneley Hall 43 N 22
Townhead 53 H 19
Townhead of Greenlaw 53 I 19
Tradespark 79 I 11
Trallwng / Welshpool 34 K 26
Tranent 69 L 16
Trapp 25 I 28
Traquair House 61 K 17
Trawden 43 N 22
Trawsfynydd 33 I 25
Trealaval (Loch) 82 A 9
Trearddur Bay 40 G 23
Trecastle 25 J 28
Trecwn 24 F 28
Tredington 27 P 27
Treen 2 D 33
Trefaldwyn /
Montgomery 34 K 26
Trefeglwys 25 J 26
Treffynnon / Holywell 41 K 23
Trefil 18 K 28
Trefnant 41 J 23
Trefonen 34 K 25
Trefor 40 G 23
Trefyclawdd / Knighton 26 K 26
Trefynwy /
Monmouth 18 L 28
Tregaron 25 I 27
Tregony 3 F 33
Tregurrian 2 E 32
Tregynon 33 J 26
Treharris 18 K 29
Treherbert 17 J 28
Treig (Loch) 73 F 13
Trelawnyd 41 J 23
Trelech 15 G 28
Trelech a'r Betws 15 G 28
Trelissick Gardens 2 E 33
Trelleck 18 L 28
Tremadog 33 H 25
Tremadog Bay 32 H 25
Trenance 2 E 32
Trengwainton Garden 2 D 33
Trent 8 M 31
Trent (River) 36 R 24
Trentham 35 N 25
Treorchy 17 J 29
Trerice 2 E 32
Treshnish Isles 64 A 14
Treshnish Point 71 A 14
Tressait 73 I 13
Tretower 26 K 28
Treuddyn 34 K 24
Trevine 14 E 28
Trevone 3 F 32
Trevor 32 G 25
Trevose Head 2 E 32
Trewithen 3 F 33
Trimdon 56 P 19
Trimley Heath 31 X 28
Trimsaran 15 H 28
Tring 21 R 28
Trispen 2 E 33
Trochry 67 J 14
Troedyrhiw 17 J 28
Trollamarig (Loch) 82 Z 10
Tromie (Glen) 73 H 12
Troon 60 G 17
Trossachs (The) 67 G 15
Trotternish 77 B 11
Troutbeck *Eden* 54 L 20
Troutbeck
South Lakeland 48 L 20
Trowbridge 19 N 30
Trudoxhill 19 M 30
Truim (Glen) 73 H 13
Trull 8 K 31
Trumpington 29 U 27
Trunch 39 Y 25
Truro 2 E 33
Trusthorpe 45 U 24
Trwyn Cilan 32 G 25
Tuath (Loch) 64 B 14
Tuddenham
Forest Heath 30 V 27
Tuddenham
Suffolk Coastal 31 X 27
Tudhoe 56 P 19
Tudweiliog 32 G 25
Tugford 26 M 26
Tulla (Loch) 66 F 14
Tullibardine 67 I 15
Tullibody 67 I 15
Tullymurdoch 74 K 14
Tumble 15 H 28
Tummel (Loch) 73 I 13
Tunstall
East Riding of Yorkshire 45 T 22
Tunstall *Staffs.* 35 N 24
Tunstall *Suffolk* 31 Y 27
Tur Langton 36 R 26
Turnberry 59 F 18
Turnditch 35 P 24
Turret
(Loch and Reservoir) 67 I 14
Turriff 81 M 11
Turvey 29 S 27
Tusker Rock 17 I 29
Tutbury 35 O 25
Tuxford 44 R 24
Twatt 86 K 6
Tweed (River) 61 J 17

Bowling Green St Y 9
Brook St Y 12
Butts (The) Y 13
Castle Hill Y 15
Church St Y 17
High St Y 23
Jury St Y
Lakin Rd Y 25
Linen St Y 26
Market Pl. Y 29
North Rock Y 32
Old Square Y 35
St John's Rd. Y 42
St Nicholas Church St Y 43
Smith St Y
Swan St Y 46
Theatre St Y 48
West St Y 50

Collegiate Church
of St Mary Warwick Y A
Lord Leycester Hospital Y B

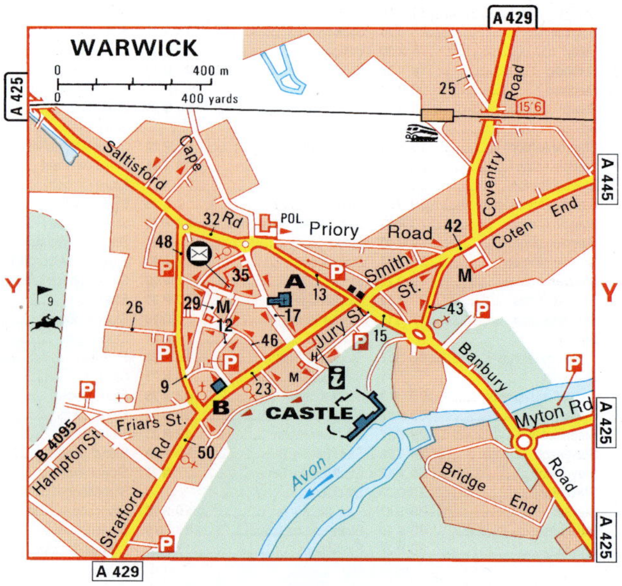

WARWICK
A 429
A 425
A 445
0
400 m
400 yards
Saltisford
Cape
POL.
Priory
Road
Coventry
Road
Coten
End
Smith
St.
Jury St
Banbury
Myton Rd
Bridge
End
Road
CASTLE
Avon
Friars St.
Hampton St.
B 4095
Stratford
Rd
Y
A
B
M

Great Britain 159

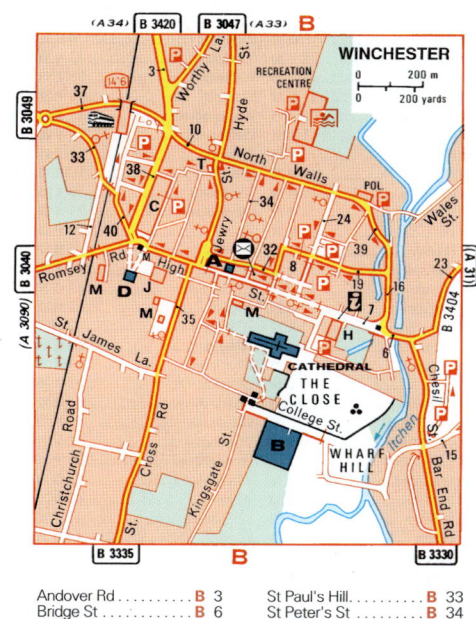

WINCHESTER

Andover Rd.	B 3
Bridge St.	B 6
Broadway (The).	B 7
Brooks Shopping Centre.	B 8
City Rd.	B 10
Clifton Terrace.	B 12
Eastgate St.	B 16
East Hill.	B 15
Friarsgate.	B 19
High St.	B
Magdalen Hill.	B 23
Middle Brook St.	B 24
St George's St.	B 32
St Paul's Hill.	B 33
St Peter's St.	B 34
Southgate St.	B 35
Stockbridge Rd.	B 37
Sussex St.	B 38
Union St.	B 39
Upper High St.	B 40
Castle Great Hall.	B D
Got Begot House.	B A
Winchester College	B B

T (continued)

Tweeddale	61 J 17	Ullock	54 J 20
Tweedmouth	63 N 16	Ullswater	48 L 20
Tweedsmuir Hills	61 J 17	Ulpha	47 K 21
Twemlow Green	35 N 24	Ulsta	87 Q 2
Twickenham	21 S 29	Ulva	64 B 14
Two Dales	35 P 24	Ulverston	48 K 21
Twyford Berks.	20 R 29	Unapool	84 E 9
Twyford Hants.	10 Q 30	Union Mills	46 G 21
Twyford Leics.	36 R 25	Unst	87 R 1
Twynholm	53 H 19	Upavon	19 O 30
Twynllanan	25 I 28	Upchurch	22 V 29
Tydd-St. Giles	37 U 25	Uphall	68 J 16
Tydd St. Mary	37 U 25	Uphill	18 L 30
Tyddewi / St. David's	14 E 28	Upleadon	27 M 28
Tyldesley	42 M 23	Uplyme	5 L 31
Tylorstown	17 J 29	Upottery	8 K 31
Tyne (River)	56 P 19	Upper Arley	27 M 26
Tynehead	62 L 16	Upper Badcall	84 E 9
Tynemouth	56 P 18	Upper Beeding	11 T 31
Tynewydd	17 J 28	Upper Bighouse	85 I 8
Tynron	53 I 18	Upper Broughton	36 R 25
Tythegston	17 J 29	Upper Chapel	25 J 27
Tytherington	18 M 29	Upper Chute	20 P 30
Tywardreath	3 F 32	Upper Dicker	12 U 31
Tywi (River)	25 I 27	Upper Hale	20 R 30
Tywyn	33 H 26	Upper Heyford	28 Q 28
		Upper Hindhope	62 M 17

U

Ubiey	18 L 30	Upper Knockando	80 J 11
Uckfield	11 U 31	Upper Loch Torridon	78 D 11
Uddingston	60 H 16	Upper Poppleton	50 Q 22
Udimore	12 V 31	Upper Sandaig	72 D 12
Uffculme	7 K 31	Upper Tean	35 O 25
Uffington	37 S 26	Uppertown	86 K 7
Ufford	31 Y 27	Uppingham	36 R 26
Ugadale Bay	59 D 17	Upton Dorset	9 N 31
Ugborough	4 I 32	Upton Notts.	36 R 24
Ugbrooke House	4 J 32	Upton	
Ugthorpe	50 R 20	Vale of White Horse	20 Q 29
Uig Highland	77 A 11	Upton Wakefield	44 Q 23
Uig Western Isles	82 Y 9	Upton West Somerset	7 J 30
Uisg (Loch)	65 C 14	Upton Grey	20 Q 30
Uiskevagh (Loch)	76 Y 11	Upton House	28 P 27
Ulbster	86 K 8	Upton Magna	34 M 25
Ulceby East Lindsey	45 U 24	Upton Noble	9 M 30
Ulceby North Lincolnshire	45 T 23	Upton Scudamore	19 N 30
Ulcombe	22 V 30	Upton-upon-Severn	27 N 27
Uldale	54 K 19	Upwell	38 U 26
Uley	19 N 28	Upwood	29 T 26
Ulgham	56 P 18	Urchfont	19 O 30
Ullapool	78 E 10	Ure (River)	50 Q 21
Ulleskelf	44 Q 22	Urgill (Loch)	84 F 9
Ullesthorpe	28 Q 26	Urmston	42 M 23
Ullinish	77 A 11	Urquhart	80 K 11
		Urquhart (Glen)	79 G 11
		Urquhart Castle	79 G 12

Urrahag (Loch)	82 A 8	Wakes Colne	30 W 28
Ushaw Moor	56 P 19	Walberswick	31 Y 27
Usk / Brynbuga	18 L 28	Walcott	37 T 24
Usk (River)	18 K 28	Walden Head	49 N 21
Uttoxeter	35 O 25	Walderslade	22 V 29
Uyea	87 R 2	Waldringfield	31 X 27
Uyeasound	87 R 1	Waldron	12 U 31

V

Vallay Strand	76 X 11	Walesby	44 R 24
Valle Crucis	34 K 25	Walford	34 L 25
Valley	40 G 23	Walgherton	34 M 24
Valtos	82 Z 9	Walgrave	28 R 26
Vatersay	70 X 13	Waikden	42 M 23
Vatten	77 A 11	Walkeringham	44 R 23
Ve Skerries	87 O 2	Walkern	29 T 28
Venachar (Loch)	67 H 15	Wall	35 O 26
Ventnor	10 Q 32	Wallace Monument	67 I 15
Verham Dean	20 P 30	Wallasey	42 K 23
Verulamium	21 S 28	Wallend	22 W 29
Verwood	9 O 31	Wallingford	20 Q 29
Veryan	3 F 33	Wallington House	56 O 18
Veyatie (Loch)	84 E 9	Walls	87 P 3
Vindolanda	55 M 19	Wallsend	56 P 18
Voe	87 Q 2	Wallyford	69 K 16
Voil (Loch)	67 G 14	Walpole	31 Y 27
Vowchurch	26 L 27	Walpole St. Andrew	38 U 25
Vyrnwy (Lake)	33 J 25	Walpole St. Peter	38 U 25
		Walsall	35 O 26

W

		Walsden	43 N 22
Waddesdon	20 R 28	Walsham le Willows	30 W 27
Waddingham	44 S 23	Walshford	50 P 22
Waddington Lancs.	42 M 22	Walston	61 J 16
Waddington Lincs.	37 S 24	Waltham Kent	23 X 30
Wadebridge	3 F 32	Waltham	
Wadhurst	12 U 30	North East Lincs.	45 T 23
Wag	85 I 9	Waltham Abbey	21 U 28
Wainfleet All Saints	38 U 24	Waltham Forest	
Wainstalls	43 O 22	London Borough	21 T 29
Wakefield	43 P 22	Waltham-on-the-Wolds	36 R 25
Wakerley	37 S 26	Walton Carlisle	55 L 19
		Walton Leeds	50 Q 22

Walton Powys	26 K 27	Warnford	10 Q 30
Walton-East	24 F 28	Warnham	11 S 30
Walton-in-Gordano	18 L 29	Warren	43 N 24
Walton-le-Dale	42 M 22	Warren (The)	13 X 30
Walton-on-Thames	21 S 29	Warrington	42 M 23
Walton-on-the-Naze	31 X 28	Warsash	10 Q 31
Walton-Upon-Trent	35 O 25	Warslow	35 O 24
Walworth	49 P 20	Warsop	36 Q 24
Wanborough	19 O 29	Warter	51 R 22
Wandsworth		Warton Alnwick	63 O 18
London Borough	21 T 29	Warton	
Wangford	31 Y 26	near Morecambe	48 L 21
Wanlockhead	61 I 17	Warton near Preston	42 L 22
Wansford		Warwick	27 P 27
East Riding of Yorkshire	51 S 22	Warwick Bridge	55 L 19
Wansford Peterborough	37 S 26	Wasbister	86 K 6
Wanstrow	9 M 30	Wasdale Head	47 K 20
Wantage	20 P 29	Wash (The)	38 U 25
Wappenham	28 Q 27	Washington	
Warboys	29 T 26	Tyne and Wear	56 P 19
Warcop	49 M 20	Washington	
Wardington	28 Q 27	West Sussex	11 S 31
Wardour Castle	9 N 30	Wast Water	47 K 20
Ware	21 T 28	Watchet	17 K 30
Wareham	9 N 31	Watchfield	19 P 29
Wargrave	20 R 29	Watchgate	48 L 20
Wark near Coldstream	63 N 17	Water Orton	27 O 26
Wark near Hexham	55 N 18	Waterbeach	30 U 27
Wark Forest	55 M 18	Waterbeck	54 K 18
Warkworth	63 P 17	Watergate Bay	2 E 32
Warley	27 O 26	Waterhead	74 L 13
Warlingham	21 T 30	Waterhouses	35 O 24
Warmington		Wateringbury	22 V 30
East Northamptonshire	29 S 26	Waterlooville	10 Q 31
Warmington		Waternish Point	77 A 11
Stratford-on-Avon	28 P 27	Waters Upton	34 M 25
Warminster	19 N 30	Waterside	60 G 17
Warmsworth	44 Q 23	Waterstein	76 Z 11
Warmwell	9 M 31	Watford Daventry	28 Q 27
Warnborough	20 R 30	Watford Watford	21 S 29
		Wath	50 P 21

WINDSOR

Bexley St.	Z 2	Clewer Crescent Rd.	Z 8	Peascod St.	Z 19
Castle Hill	Z 4	Datchet Rd.	Z 9	River St.	Z 21
Charles St.	Z 5	Goswell Rd.	Z 10	Stovell Rd.	Z 23
Claremont Rd.	Z 6	Grove Rd.	Z 12	Thames Ave.	Z 24
Clarence Crescent	Z 7	High St.	Z 13	Thames St.	Z 25
		Keats Lane	Z 17	Trinity Pl.	Z 27
		King Edward Court Centre.	Z	Windsor Bridge.	Z 28

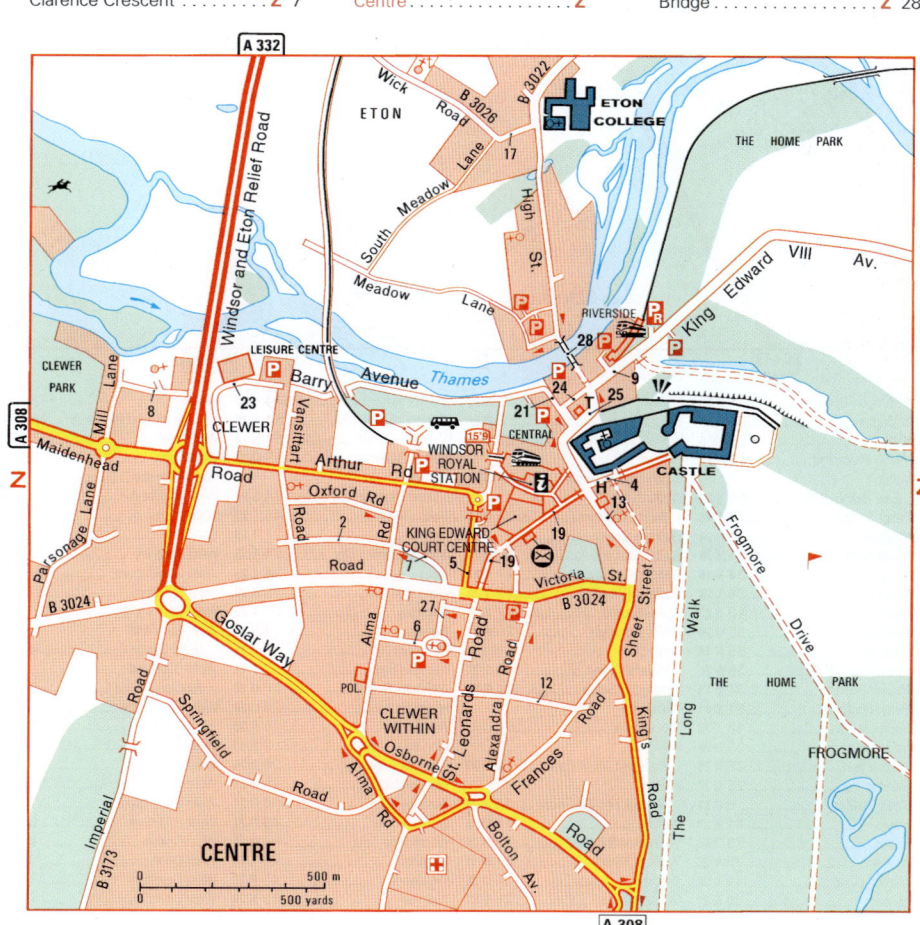

160 Great Britain

WOLVERHAMPTON

Cleveland St	B 7
Darlington St	B
Garrick St	B 8
Lichfield St	B 12
Mander Centre	B
Market St	B 14
Princess St	B 15
Queen Square	B 17
Railway Drive	B 20
St Johns Retail Park	B
Salop St	B 22
School St	B 25
Victoria St	B 30
Wulfrun Centre	B

Wath-upon-Dearne	44 P 23	Welby	37 S 25	Welshampton	34 L 25	Weobley
Watlington	20 Q 29	Welcombe	6 G 31	Welshpool / Trallwng	34 K 26	Hereford and Worcester	26 L 27
Watten	85 K 8	Welford Daventry	28 Q 26	Welton Allerdale	54 K 19	Wereham	38 V 26
Watton Breckland	38 W 26	Welford		Welton Daventry	28 Q 27	Werrington	6 G 32
Watton East Riding of Yorkshire	51 S 22	Stratford-on-Avon	27 O 27	Welton		West Alvington	4 I 33
Watton at Stone	29 T 28	Welford		West Lindsey	44 S 24	West Auckland	56 O 20
Waunfawr	33 H 24	West Berkshire	20 P 29	Welton-le-Wold	45 T 23	West-Barns	69 M 16
Waveney (River)	31 Y 26	Welham Green	21 T 28	Welwyn	21 T 28	West Bay	8 M 32
Waverton Allerdale	54 K 19	Well	50 P 21	Welwyn Garden City	21 T 28	West Bergholt	30 W 28
Waverton Chester	34 L 24	Welland	27 N 27	Wem	34 L 25	West-Bradenham	38 W 26
Wawne	45 S 22	Welland (River)	37 T 25	Wembdon	8 K 30	West Bridgford	36 Q 25
Wear (River)	56 O 20	Wellesbourne	27 P 27	Wembley	21 T 29	West Bromwich	27 O 26
Weardale	55 N 19	Wellingborough	29 R 27	Wembury	4 H 33	West-Buckland	
Weasenham St. Peter	38 W 25	Wellington		Wemworthy	7 I 31	North Devon	7 I 30
Weaver (River)	34 M 24	Herefordshire	26 L 27	Wemyss Bay	59 F 16	West-Buckland	
Weaverthorpe	51 S 21	Wellington Salop	34 M 25	Wendens Ambo	30 U 27	Taunton Deane	8 K 31
Wedmore	18 L 30	Wellington		Wendlebury	28 Q 28	West Butterwick	44 R 23
Wednesbury	35 N 26	Somerset	8 K 31	Wendover	20 R 28	West Calder	61 J 16
Wednesfield	35 N 26	Wellow		Wendron	2 E 33	West Camel	8 M 30
Weedon-Bec	28 Q 27	Bath and North East	19 M 30	Wenlock Edge	26 L 26	West Charleton	4 I 33
Week St. Mary	6 G 31	Wellow		Wennington	48 M 21	West Chevington	63 P 18
Weeley	31 X 28	Newark and Sherwood	36 R 24	Wensley	49 O 21	West Chiltington	11 S 31
Weem	73 I 14	Wells	18 M 30	Wensleydale	49 O 21	West-Chinnock	8 L 31
Weeting	30 V 26	Wells-next-the-Sea	38 W 25	Wentbridge	44 Q 23	West Coker	8 L 31
Weeton	42 L 22	Wells of Ythan	81 M 11	Wentnor	26 L 26	West Dean	9 P 30
Welburn	50 R 21	Welney	38 U 26	Wentworth	43 P 23	West-Dereham	38 V 26
		Welsh Newton	26 L 28	Wenvoe	18 K 29	West Down	7 H 30

West End	10 Q 31	Westward Ho	6 H 30
West Farleigh	22 V 30	Westwood	19 N 30
West-Felton	34 L 25	Wetheral	55 L 19
West-Firle	11 U 31	Wetherby	50 P 22
West Geirinish	76 X 11	Wetheringsett	31 X 27
West-Grinstead	11 T 31	Wethersfield	30 V 28
West Hanningfield	22 V 28	Wetwang	51 S 21
West Harptree	18 M 30	Wey (River)	10 R 30
West Heath	20 R 30	Weybourne	39 X 25
West Heslerton	51 S 21	Weybridge	21 S 29
West-Hill	5 K 31	Weyhill	20 P 30
West Hoathly	11 T 30	Weymouth	8 M 32
West-Huntspill	18 L 30	Whaddon	28 R 28
West Kilbride	59 F 16	Whaley Bridge	43 O 24
West Kingsdown	22 U 29	Whalley	42 M 22
West Kirby	41 K 22	Whalsay	87 R 2
West Langwell	85 H 9	Whalton	56 O 18
West Lavington	19 O 30	Whaplode	37 T 25
West Linton	61 J 16	Whaplode Drove	37 T 25
West Loch Roag	82 Z 9	Wharfe (River)	44 Q 22
West Loch Tarbert Argyll and Bute	59 D 16	Wharfedale	49 O 22
West Loch Tarbert Western Isles	82 Z 10	Whatlington	12 V 31
West Looe	3 G 32	Whatsandwell	36 P 24
West Lulworth	9 N 32	Whauphill	52 G 19
West Lutton	51 S 21	Whaw	49 N 20
West Malling	22 V 30	Wheathampstead	21 T 28
West Malvern	27 M 27	Wheatley Notts.	44 R 23
West Meon	10 Q 30	Wheatley Oxon.	20 Q 28
West Mersea	22 W 28	Wheatley Hill	56 P 19
West Moors	9 O 31	Wheaton Aston	35 N 25
West-Overton	19 O 29	Wheldrake	50 R 22
West Putford	6 G 31	Whepstead	30 W 27
West-Quantoxhead	8 K 30	Wherside	49 M 21
West Rainton	56 P 19	Wherwell	10 P 30
West Runton	39 X 25	Whickham	56 O 19
West-Stafford	9 M 31	Whimple	7 J 31
West Strathan	84 G 8	Whipsnade	21 S 28
West Tanfield	50 P 21	Whissendine	36 R 25
West-Tarbert	59 D 16	Whissonsett	38 W 25
West Thorney	10 R 31	Whitburn South Tyneside	57 P 19
West Town	18 L 29	Whitburn West Lothian	61 I 16
West-Tytherley	9 P 30	Whitby	51 S 20
West Walton	37 U 25	Whitchurch Basingstoke and Deane	20 P 30
West Wellow	9 P 31	Whitchurch Bath and N.E. Somerset	18 M 29
West Wickam	21 T 29	Whitchurch Bucks.	28 R 28
West Winch	38 V 25	Whitchurch Caerdydd / Cardiff	18 K 29
West Wittering	10 R 31	Whitchurch Devon	4 H 32
West Witton	49 O 21	Whitchurch Heref. and Worc.	18 M 28
West Woodburn	55 N 18	Whitchurch Oxon.	20 Q 29
West Wycombe	20 R 29	Whitchurch Salop	34 L 25
Westbourne	10 R 31	White Coomb	61 J 17
Westbury Cheshire	34 L 25	White Horse Hill	20 P 29
Westbury Wilts.	19 N 30	White Scarcaves	49 M 21
Westbury-on-Severn	19 M 28	White Waltham	20 R 29
Westcliff	22 W 29	Whitebridge	73 G 12
Westcott	21 S 30	Whitecairns	75 N 12
Westenhanger	13 X 30	Whitechurch Canonicorum	5 L 31
Wester Ross	78 D 11	Whitefield	42 N 23
Westerdale Highland	85 J 8	Whitehall	87 M 6
Westerdale Scarborough	50 R 20	Whitehaven	47 J 20
Westerham	21 U 30	Whitehill	10 R 30
Westerleigh	19 M 29	Whitehills	81 M 10
Western Cleddau	24 E 28	Whitehouse Aberdeenshire	75 M 12
Westfield Highland	85 J 8	Whitehouse Argyll and Bute	59 D 16
Westfield Rother	12 V 31	Whitekirk	69 M 15
Westfield West Lothian	67 I 16	Whiten Head	84 G 8
Westgate-on-Sea	23 Y 29	Whiteness Sands	79 I 10
Westham	12 U 31	Whiteparish	9 P 30
Westhoughton	42 M 23	Whiterashes	81 N 12
Westleton	31 Y 27	Whitermire	79 I 11
Westmeston	11 T 31	Whitesand Bay Cornwall	2 C 33
Westmill	29 T 28	Whitesand Bay Pembrokes	14 E 28
Westnewton	54 J 19	Whiteshill	19 N 28
Weston Devon	8 K 31	Whiteside	55 M 18
Weston North Hertfordshire	29 T 28	Whitewell	49 M 22
Weston South Holland	37 T 25	Whitewreath	80 K 11
Weston South Northamptonshire	28 Q 27	Whitfield Dover	23 X 30
Weston Staffs.	35 N 25	Whitfield South Northamptonshire	28 Q 27
Weston-by-Welland	28 R 26	Whitfield Tynedale	55 M 19
Weston Favell	28 R 27	Whitgift	44 R 22
Weston-on-the-Green	28 Q 28	Whithorn	52 G 19
Weston-on-Trent	36 P 25	Whiting Bay	59 E 17
Weston Rhyn	34 K 25	Whitland	15 G 28
Weston-super-Mare	18 L 29	Whitley	20 R 29
Weston Turville	20 R 28	Whitley Bay	56 P 18
Weston-under-Lizard	35 N 25	Whitley Bridge	44 Q 22
Weston-under-Penyard	26 M 28		
Westonbirt	19 N 29		
Westonzoyland	8 L 30		
Westray	86 K 6		
Westruther	62 M 16		
Westward	54 K 19		

Great Britain 161

Whitley Chapel	55 N 19	Wilton	9 O 30	Withycombe	4 J 32			
Whitminster	19 N 28	Wimbledon	21 T 29	Withypool	7 J 30			
Whitmore	35 N 25	Wimblington	29 U 26	Witley	11 S 30			
Whitnash	28 P 27	Wimborne Minster	9 O 31	Witney	20 P 28			
Whitsand Bay	3 H 32	Wimborne St. Giles	9 O 31	Witsome	63 N 16			
Whitstable	23 X 29	Wincanton	9 M 30	Wittering	37 S 26			
Whitstone	6 G 31	Wincham	42 M 24	Wittersham	12 W 30			
Whittingham	63 O 17	Winchburgh	68 J 16	Witton le Wear	56 O 19			
Whittington Derbs.	43 P 24	Winchcombe	27 O 28	Wiveliscombe	7 K 30			
Whittington King's Lynn and West Norfolk	38 V 26	Winchelsea	12 W 31	Wivelsfield	11 T 31			
		Winchester	10 Q 30	Wivenhoe	30 W 28			
Whittington Lancaster	48 M 21	Winchfield	20 R 30	Woburn	29 S 28			
Whittington Shrops.	34 L 25	Wincle	35 N 24	Woburn Abbey	29 S 28			
Whittle le Woods	42 M 22	Windermere	48 L 20	Woburn Sands	29 S 28			
Whittlebury	28 R 27	Windhill	79 G 11	Woking	21 S 30			
Whittlesey	37 T 26	Windlesham	21 S 29	Wokingham	20 R 29			
Whittlesford	29 U 27	Windrush	19 O 28	Wold Newton	45 T 23			
Whitton North Lincolnshire	44 S 22	Windrush (River)	19 O 28	Woldingham	21 T 30			
		Windsor	21 S 29	Wollaston	29 S 27			
Whitton Powys	26 K 27	Windsor Great Park	21 S 29	Wollaton Hall	36 Q 25			
Whitton Suffolk	31 X 27	Windygates	68 K 15	Wolsingham	56 O 19			
Whittonstall	56 O 19	Winfarthing	31 X 26	Wolston	28 P 26			
Whitwell Derbs.	44 Q 24	Winford	18 M 29	Wolvercote	20 Q 28			
Whitwell I.O.W.	10 Q 32	Winforton	26 K 27	Wolverhampton	35 N 26			
Whitwell-on-the-Hill	50 R 21	Winfrith Newburgh	9 N 32	Wolverton	28 R 27			
Whitwick	36 P 25	Wing	28 R 28	Wolvey	28 P 26			
Whitworth	43 N 23	Wingate	57 P 19	Wolviston	57 Q 20			
Whixall	34 L 25	Wingerworth	36 P 24	Wombleton	50 R 21			
Whygate	55 M 18	Wingfield near Alfreton	36 P 24	Wombourne	27 N 26			
Wiay Highland	77 A 11			Wombwell	43 P 23			
Wiay Western Isles	76 Y 11	Wingfield near Chesterfield	36 P 24	Womersley	44 Q 23			
				Wonersh	21 S 30			
Wibtoft	28 Q 26	Wingham	23 X 30	Wood Dalling	39 X 25			
Wick Bro Morgannwg / The Vale of Glamorgan	17 J 29	Wingrave	28 R 28	Woodborough	36 Q 24			
		Winkfield	21 R 29	Woodbridge	31 X 27			
Wick Highland	86 K 8	Winkleigh	7 I 31	Woodbury	4 J 31			
Wick South Glos.	19 M 29	Winksley	50 P 21	Woodchurch	12 W 30			
Wicken Cambs.	28 R 27	Winmarleigh	48 L 22	Woodcote	20 Q 29			
Wicken Northants.	30 U 27	Winnersh	20 R 29	Woodford Halse	28 Q 27			
Wickenby	45 S 24	Winscombe	18 L 30	Woodhall Spa	37 T 24			
Wickersley	44 Q 23	Winsford Cheshire	34 M 24	Woodham Ferrers	22 V 29			
Wickford	22 V 29	Winsford Somerset	7 J 30	Woodhouse	43 P 23			
Wickham	10 Q 31	Winsham	8 L 31	Woodhouse Eaves	36 Q 25			
Wickham Market	31 Y 27	Winshill	35 P 25	Woodingdean	11 T 31			
Wickhambrook	30 V 27	Winslow	28 R 28	Woodland	56 O 20			
Wickwar	19 M 29	Winster Derbyshire Dales	35 P 24	Woodlands	9 O 31			
Widdrington	63 P 18			Woodley	20 R 29			
Wide Open	56 P 18	Winster South Lakeland	48 L 20	Woodnesborough	23 X 30			
Widecombe-in-the-Moor	4 I 32			Woodseaves	35 N 25			
Wideford Hill Cairn	86 K 7	Winston	49 O 20	Woodsetts	44 Q 23			
Widemouth Bay	6 G 31	Winstone	19 N 28	Woodsford	9 M 31			
Widford	21 U 28	Winterborne Kingston	9 N 31	Woodstock	20 P 28			
Widnes	42 L 23	Winterborne Stickland	9 N 31	Woodton	39 Y 26			
Wigan	42 M 23	Winterborne Whitechurch	9 N 31	Woody Bay	17 I 30			
Wiggenhall St. Mary Magdalen	38 V 25	Winterbourne	18 M 29	Wookey	18 L 30			
		Winterbourne Abbas	5 M 31	Wookey Hole	18 L 30			
Wigglesworth	49 N 21	Winterbourne Dauntsey	9 O 30	Wool	9 N 31			
Wight (Isle of)	10 P 32	Winterbourne Monkton	19 O 29	Woolacombe	16 H 30			
Wighton	38 W 25	Winterbourne Stoke	9 O 30	Wooler	63 N 17			
Wigmore Herefordshire	26 L 27	Winteringham	44 S 22	Woolfardisworthy	6 G 31			
		Winterton	44 S 23	Woolhampton	20 Q 29			
Wigmore Medway	22 V 29	Winterton-on-Sea	39 Z 25	Woolpit	30 W 27			
Wigston	36 Q 26	Winthorpe	36 R 25	Woolsthorpe	36 R 25			
Wigton	54 K 19	Winton	49 N 20	Wooperton	63 O 17			
Wigtown	52 G 19	Wintringham	51 S 21	Worcester	27 N 27			
Wigtown Bay	53 H 19	Winwick	29 S 26	Workington	53 J 20			
Wilberfoss	50 R 22	Wirksworth	35 P 24	Worksop	44 Q 24			
Wilcot	19 O 29	Wirral	42 K 24	Worle	18 L 29			
Wild Animal Kingdom	29 S 28	Wisbech	37 U 25	Wormbridge	26 L 28			
Wilkhaven	79 I 10	Wisbech-St. Mary	37 U 26	Wormingford	30 W 28			
Wilkieston	61 J 16	Wisborough Green	11 S 30	Worminghall	20 Q 28			
Willand	7 J 31	Wishaw	61 I 16	Wormit	69 L 14			
Willenhall Coventry	28 P 26	Wisley	21 S 30	Worms Head	15 H 29			
		Wissey (River)	38 V 26	Wormsley	26 L 27			
Willenhall Walsall	35 N 26	Wistanstow	26 L 26	Worplesdon	21 S 30			
Willerby	45 S 22	Wistanswick	34 M 25	Worrbrough	43 P 23			
Willersey	27 O 27	Wistaston	34 M 24	Worsley	42 M 23			
Willingdon	12 U 31	Wiston Dumfries and Galloway	61 J 17	Worsthorne	43 N 22			
Willingham	29 U 27			Worth Matravers	9 N 32			
Willingham Forest	45 T 23	Wiston Pembrokeshire / Sir Benfro	16 F 28	Worthen	34 L 26			
Willington Beds.	29 S 27			Worthenbury	34 L 24			
Willington Derbs.	35 P 25	Wistow	44 Q 22	Worthing	11 S 31			
Willington Durham	56 O 19	Witcham	30 U 26	Wortley	43 P 23			
Williton	7 K 30	Witchampton	9 N 31	Worton	19 N 30			
Willoughby	28 Q 27	Witchford	30 U 26	Wortwell	31 Y 26			
Wilmcote	27 O 27	Witham	22 V 28	Wotton-under-Edge	19 M 29			
Wilmington East Essex	12 U 31	Witham (River)	37 T 24	Wrafton	6 H 30			
		Witham Friary	9 M 30	Wragby East Lindsey	45 T 24			
Wilmington Kent	22 U 29	Witheridge	7 I 31					
Wilmslow	43 N 24	Withern	45 U 24					
Wiloughby	45 U 24	Withernsea	45 U 22					
Wilpshire	42 M 22	Withernwick	45 T 22					
Wilsford	37 S 25	Withington Cotswold	19 O 28					
Wilstead	29 S 27	Withington Herefordshire	26 M 27					
		Withnell	42 M 22					

YORK

Bishopgate St	CZ	3
Bishophill Senior	CZ	4
Blake St.	CY	5
Church St	DY	8
Clifford St	DY	10
Colliergate	DY	12
Coney St	CY	13
Cromwell Rd	CZ	15
Davygate	CY	16
Deangate	DY	18
Duncombe Pl.	CY	20
Fawcett St.	DZ	21
Fetter Lane	CY	22
Goodramgate	DY	25
High Ousegate	DY	26
High Petergate	CY	28
Leeman Rd	CY	30
Lendal	CY	32
Lord Mayor's Walk	DX	33
Low Petergate	DY	35
Museum St	CY	39
Parliament St.	DY	42
Pavement	DY	43
Peasholme Green	DY	45
Penley's Grove St	DX	46
Queen St	CZ	49
St Leonard's Pl.	CY	52
St Maurice's Rd	DXY	53
Shambles (The)	DY	54
Station Rd	CY	55
Stonebow (The)	DY	56
Stonegate	CY	58
Tower St	DZ	59
Castle Museum	DZ	M2
Fairfax House	DY	A
Jorvik Viking Centre	DY	M1

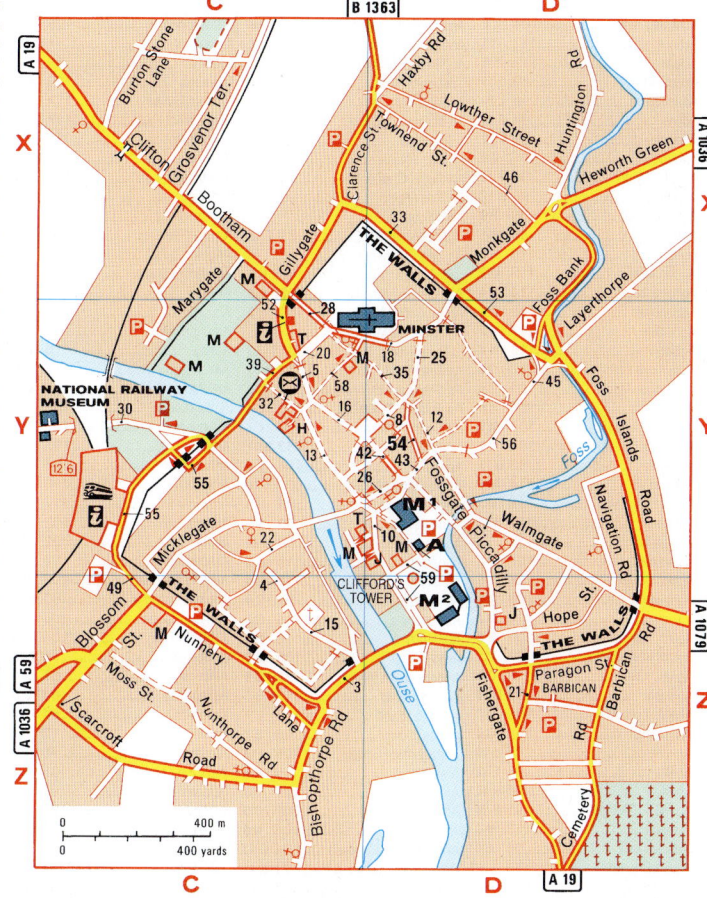

Wragby Wakefield	43 P 23			Yesnaby	86 J 6
Wrangle	37 U 24	**Y**		Yetminster	8 M 31
Wrawby	44 S 23			Yetts o' Muckhart	68 J 15
Wray	48 M 21	Y-Fenni / Abergavenny	18 L 28	Yielden	29 S 27
Wrea Green	42 L 22	Y Fflor	32 G 25	Ynys / Lochtyn	15 G 27
Wreay	55 L 19	Y Llethr	33 I 25	Ynysddu	18 K 29
Wrecsam / Wrexham	34 L 24	Y Rhiw	32 G 25	Ynyslas	25 H 26
Wrekenton	56 P 19	Yafforth	50 P 20	Ynysybwl	17 J 29
Wremtham	31 Z 26	Yalding	22 V 30	Yockenthwaite	49 N 21
Wrenbury	34 M 24	Yapton	11 S 31	Yockleton	34 L 25
Wrestlingworth	29 T 27	Yardley Gobion	28 R 27	York	50 Q 22
Wrexham / Wrecsam	34 L 24	Yardley Hastings	28 R 27	Yorkletts	23 X 30
Wrington	18 L 29	Yare (River)	38 W 26	Yorkley	18 M 28
Writtle	22 V 28	Yarm	50 P 20	Yorkshire Dales	
Wroot	44 R 23	Yarmouth	10 P 31	National Park	49 N 21
Wrotham	22 U 30	Yarnton	20 Q 28	Yorkshire Wolds	51 S 21
Wroughton	19 O 29	Yarrow	62 K 17	Youlgreave	35 O 24
Wroxall	10 Q 32	Yate	19 M 29	Yoxall	35 O 25
Wroxham	39 Y 25	Yateley	20 R 29	Yoxford	31 Y 27
Wroxton	28 P 27	Yatton	18 L 29	Yr Wyddfa / Snowdon	33 H 24
Wyberton	37 T 25	Yatton Keynell	19 N 29		
Wyche	27 M 27	Yaxham	38 W 26	Yr Wyddgrug / Mold	34 K 24
Wye	22 W 30	Yaxley	29 T 26	Ysbyty Ifan	33 I 24
Wye (River)	26 M 28	Yeadon	43 O 22	Ystalyfera	17 I 28
Wyekham	51 S 21	Yealand Conyers	48 L 21	Ystrad-Aeron	25 H 27
Wylam	56 O 19	Yealmpton	4 I 32	Ystrad Mynach	18 K 29
Wylye	9 O 30	Yedingham	51 S 21	Ystalyfera	17 I 28
Wymeswold	36 Q 25	Yelden	29 S 27	Ystradgynlais	17 I 28
Wymondham Leics.	36 R 25	Yell	87 Q 1	Ystradowen	17 J 29
Wymondham Norfolk	39 X 26	Yelverton	4 H 32	Ystwyth (River)	25 H 26
Wysall	36 Q 25	Yeolmbridge	6 G 32		
Wyvis Lodge	79 G 10	Yeovil	8 M 31	**Z**	
		Yeovilton	8 M 30	Zennor	2 D 33

162 Ireland

A

Aasleagh	105	D 7
Abbert	106	F 7
Abbey	100	G 8
Abbeydorney	93	C 10
Abbeyfeale	93	E 10
Abbeylara	107	J 6
Abbeyleix / Mainistir Laoise	101	J 9
Abbeyshrule	107	J 7
Abington	94	G 10
Achill	104	C 6
Achill Head	110	B 6
Achill Island	104	B 6
Achill Sound	104	C 6
Achillbeg Island	104	C 6
Achonry	112	G 5
Aclare	112	F 5
Acoose (Lough)	89	C 11
Adamstown	96	L 10
Adare	94	F 10
Adrigole	89	C 12
Aghaboe	101	J 9
Aghabullogue	90	F 12
Aghada	90	H 12
Aghadiffin	106	F 6
Aghadoe	89	D 11
Aghadoon	110	B 5
Aghadowey	118	M 2
Aghagallon	114	N 4
Aghagower	105	D 6
Aghalane	113	J 5
Aghalee	114	N 4
Aghamore Leitrim	107	I 6
Aghamore Mayo	105	F 6
Aghamuck	106	H 6
Aghavannagh	103	M 9
Aghavas	107	I 6
Aghaville	89	D 13
Aghinlig	114	M 4
Aghla Mountain	116	H 3
Aghleam	110	B 5
Aghnablaney	113	J 4
Aghnacliff	107	J 6
Aghnamullen	108	L 5
Aghowle	96	M 9
Agivey	118	M 2
Aglish Tipperary	100	H 8
Aglish Waterford	91	I 11
Agnew's Hill	115	O 3
Ahakista	89	D 13
Ahalia (Loughs)	105	D 7
Ahascragh	106	G 7
Ahenny	95	J 10
Aherla	90	F 12
Aherlow	94	H 10
Aherlow (Glen of)	95	H 10
Ahoghill	118	M 3
Aillwee Cave	99	E 8
Ailt an Chorráin / Burtonport	116	G 3
Aird Mhór / Ardmore	91	I 12
Akeragh Lough	93	C 10
Aldergrove	115	N 4
Allaghaun	93	E 10
Allen	102	L 8
Allen (Bog of)	102	K 8
Allen (Lough)	112	H 5
Allenwood	102	L 8
Allihies	88	B 13
Allistragh	114	L 4
Alloon Lower	106	G 7
Allow	94	F 11
Allua (Lough)	89	E 12
Altagowlan	112	H 5
Altan Lough	117	H 2
Altamackan	114	M 5
Altnapaste	117	I 3
An Blascaod Mór / Blasket Islands	92	A 11
An Bun Beag / Bunbeg	116	H 2
An Caisleán Nua / Newcastle West	93	E 10
An Caisleán Riabhach / Castlerea	106	G 6
An Chathair / Caher	95	I 10
An Cheathrú Rua / Carraroe	98	D 8
An Chloich Mhóir / Cloghmore	104	C 6
An Clochán / Clifden	104	B 7
An Clochán / Cloghan Donegal	117	I 3
An Clochán Liath / Dungloe	116	G 3
An Cloigeann / Cleegan	104	B 7

An Cóbh / Cobh	90	H 12
An Coimín / Commeen	117	I 3
An Coireán / Waterville	88	B 12
An Corrán / Currane	104	C 6
An Creagán / Mount Bellew	106	G 7
An Daingean / Dingle	92	B 11
An Dúchoraidh / Doocharry	116	H 3
An Fál Carrach / Falcarragh	117	H 2
An Fhairche / Clonbur	105	D 7
An Geata Mór	110	B 5
An Gleann Garbh / Glengarriff	89	D 12
An Gort / Gort	99	F 8
An Gort Mór / Gortmore	105	D 7
An Leacht / Lahinch	98	D 9
An Longfort / Longford	107	I 6
An Mám / Maam Cross	105	D 7
An Mhala Raithní / Mulrany	104	C 6
An Móta / Moate	101	I 7
An Muileann gCearr / Mullingar	107	J 7
An Nás / Naas	102	M 8
An Ráth / Charleville	94	F 10
An Ros / Rush	109	N 7
An Sciobairín / Skibbereen	89	E 13
An Seanchaisleán / Oldcastle	108	K 6
An Spidéal / Spiddal	99	E 8
An tAonach / Nenagh	100	H 9
An Teampall Mór / Templemore	101	I 9
An Tearmann / Termon	117	I 2
An tInbhear Mór / Arklow	97	N 9
An Tulach / Tullow	102	L 9
An Uaimh / Navan	108	L 7
Anascaul	92	B 11
Anayalla	114	L 5
Anglesborough	94	H 10
Anglesey Bridge	95	H 9
Annacarriga	99	G 9
Annacarty	95	H 10
Annaclone	115	N 5
Annacloy	115	O 4
Annacotty	94	G 9
Annadorn	115	O 5
Annagary	116	H 2
Annagassan	109	M 6
Annageeragh (River)	98	D 9
Annagh Head	110	B 5
Annagh Island	110	C 6
Annaghdown	105	E 7
Annaghmore Lough	106	H 6
Annahilt	115	N 4
Annalee	107	J 5
Annalong	109	O 5
Annamoe	103	N 8
Annes Grove Gardens	94	G 11
Annestown	91	K 11
Annfield	95	I 9
Annie Brady Bridge	111	C 5
Annsborough	115	O 5
Antrim	115	N 3
Antrim (Glens of)	119	N 2
Antrim Coast	119	O 2
Antrim Mountains	119	N 3
Anure (Lough)	116	H 3
Araglin	95	H 11
Árainn Mhór / Aran or Aranmore Island	116	G 2
Aran Islands / Oileáin Árainn	98	C 8
Archdale (Castle)	113	I 4
Archerstown	108	K 7
Ard	104	C 8
Ardagh Donegal	117	J 3
Ardagh Limerick	93	E 10
Ardan	101	J 8
Ardanairy	103	N 9
Ardanew	108	L 7
Ardara	116	G 3
Ardattin	96	L 9
Ardboe	114	M 4
Ardcath	109	M 7
Ardcloon	105	F 7
Ardcloon	100	N 9
Ardea	89	C 12
Arderin	101	J 8
Ardfert	93	C 11
Ardfield	89	F 13
Ardfinnan	95	I 11
Ardgehane	90	F 13
Ardglass	115	P 5
Ardglass	90	H 11
Ardgroom	88	C 12

Ardgroom Harbour	88	C 12
Ardkeen	115	P 4
Ardlea	101	J 9
Ardlougher	107	J 5
Ardmillan	115	O 4
Ardmoney	113	J 5
Ardmore Derry	117	K 3
Ardmore Galway	104	C 6
Ardmore Point Antrim	114	N 4
Ardmore Point Craigavon	114	M 4
Ardmore Point Dunganstown East	103	N 9
Ardmorney	101	J 7
Ardmoy	106	G 6
Ardnagreevagh	104	B 7
Ardnasodan	105	G 7
Ardpatrick	94	G 10
Ardrahan	99	F 8
Ardreagh	118	M 2
Ardress House	114	M 4
Ards Forest Park	117	I 2
Ards Peninsula	115	P 4
Ardscull	102	L 8
Ardshankill	113	I 4
Ardstraw	113	J 3
Argideen	89	F 13
Argory (The)	114	M 4
Arigna	112	H 5
Arinagh	112	F 5
Arless	102	K 9
Armagh	114	M 4
Armaghbrague	114	M 5
Armoy	118	N 2
Arney	113	I 5
Arra Mountains	100	G 9
Arrow (Lough)	106	H 5
Arryheernabin	117	I 2
Artane	103	N 7
Arthurstown	96	L 11
Articlave	118	L 2
Artigarvan	117	J 3
Arvagh	107	J 6
Asdee	93	D 10
Ashbourne	109	M 7
Ashford Glenealy	103	N 8
Ashford Limerick	93	E 10
Ashford Castle	105	E 7
Ashleam Bay	104	B 6
Ashton	90	F 12
Askamore	97	M 9
Askanagap	103	M 9
Askeaton	94	F 10
Askill	112	H 4
Atedaun (Lough)	99	E 9
Áth Cinn / Headford	105	E 7
Athassel Abbey	95	I 10
Athboy	108	L 7
Athea	93	E 10
Athgarvan	102	L 8
Athlacca	94	G 10
Athleague	106	H 7
Athnid	95	I 9
Athy / Baile Átha Í	102	L 9
Atlantic Drive (The)	104	C 6
Atorick (Lough)	99	G 8
Attanagh	101	J 9
Attavally	111	C 5
Attical	109	N 5
Attymass	111	E 5
Attymon	99	G 8
Aucloggen	105	F 7
Audley's Castle	115	P 4
Aughacasla	92	C 11
Aughagault	117	I 3
Aughamullan	114	M 4
Augher	114	K 4
Aughils	92	C 11
Aughinish	99	E 8
Aughinish Island	93	E 10
Aughkeely	117	I 3
Aughnacleagh	118	M 3
Aughnacloy	114	L 4
Aughnanure Castle	105	E 7
Aughnasheelan	107	I 5
Aughrim Galway	100	H 8
Aughrim Wicklow	103	N 9
Aughris	112	F 5
Aughris Head	112	F 5
Aughrus More	104	B 7
Avoca	103	N 9
Avoca (River)	103	N 9
Avoca (Valle of)	103	N 9
Avonbeg	103	M 9
Avondale Forest Park	103	N 9
Avonmore (River)	103	N 9
Awbeg	94	G 11

B

Baginbun Head	96	L 11
Baile an Fheirtéaraigh / Ballyferriter	92	A 11
Baile an Mhóta / Ballymote	112	G 5
Baile an Róba / Ballinrobe	105	E 7
Baile an Sceilg / Ballinskelligs	88	B 12
Baile Átha an Rí / Athenry	99	F 8
Baile Átha Cliath / Dublin	103	N 8
Baile Átha Fhirdhia / Ardee	108	M 6
Baile Átha Luain / Athlone	107	I 7
Baile Átha Troim / Trim	108	L 7
Baile Brigín / Balbriggan	109	N 7
Baile Chláir / Claregalway	99	F 7
Baile Locha Riach / Loughrea	99	G 8
Baile Mhic Andáin / Thomastown	96	K 10
Baile Mhistéala / Mitchelstown	94	H 11
Baile na Finne / Fintown	117	H 3
Baile na Lorgan / Castleblayney	108	L 5
Baile Uí Fhiacháin / Newport	105	D 6
Baile Uí Mhatháin / Ballymahon	107	I 7
Baileysmill	115	O 4
Baldoyle	103	N 7
Balla	105	E 6
Ballaba	99	F 8
Ballagan Point	109	N 5
Ballagh Fermanagh	113	J 5
Ballagh Galway	106	F 7
Ballagh Limerick	93	E 10
Ballagh near Curraghroe	107	H 6
Ballagh near Nahara	106	H 7
Ballagh Tipperary	95	I 10
Ballagh (Neck of the)	112	G 3
Ballaghaderreen / Bealach an Doirin	106	G 6
Ballaghbeama Gap	89	C 12
Ballaghbehy	93	E 10
Ballaghisheen Pass	88	C 12
Ballaghkeen	97	M 10
Ballaghmore	101	I 9
Ballaghnatrillick	112	G 4
Ballard	97	M 9
Ballardiggan	99	F 8
Balleen	101	J 9

Ballickmoyler	102	K 9
Balliggan	115	P 4
Ballina	99	G 9
Ballina / Béal an Átha	111	E 5
Ballinaboy	104	B 7
Ballinabrackey	102	K 7
Ballinabranagh	102	L 9
Ballinaclash	103	N 9
Ballinacor	103	N 9
Ballinadee	90	G 12
Ballinafad Aghanagh	106	G 5
Ballinafad Galway	104	C 7
Ballinagar	101	J 8
Ballinageragh	113	H 5
Ballinakill	101	K 9
Ballinalack	107	J 7
Ballinalea	103	N 8
Ballinalee	107	J 6
Ballinamallard	113	J 4
Ballinamara	95	J 9
Ballinameen	106	H 6
Ballinamore Bridge	106	G 7
Ballinamuck	107	I 6
Ballinascarty	90	F 12
Ballinaspick	91	I 11
Ballinclashet	90	G 12
Ballinclea	103	M 9

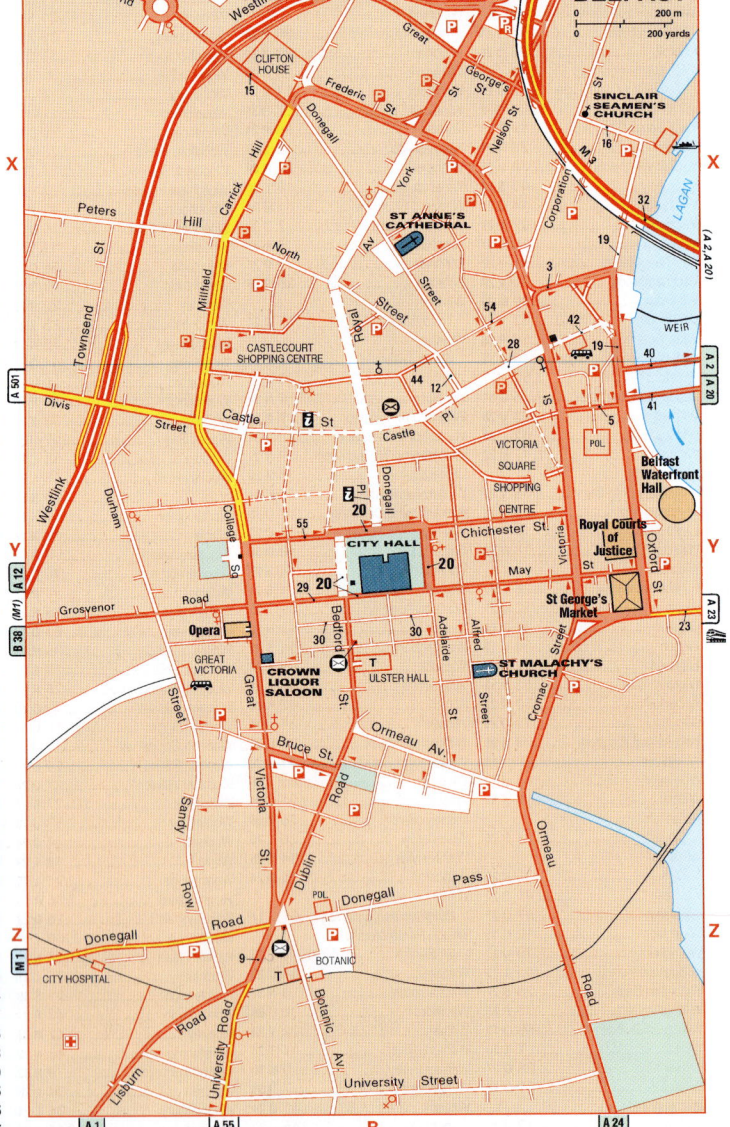

Albert Square	BX	3
Ann St	BY	5
Belmont Rd	BZ	7
Bradbury Pl.	BZ	9
Bridge St	BY	12
Castlecourt Shopping Centre	BXY	
Castle Pl.	BY	
Clifton St	BX	15
Corporation Square	BX	16
Donegall Pl.	BY	
Donegall Quay	BXY	19
Donegall Square	BY	20
High St	BY	28
Howard St	BY	29
James Street South	BY	30
Ladas Drive	BY	31
Lagan Bridge	BX	32
Queen Elizabeth Bridge	BY	40
Queen's Bridge	BX	41
Queen's Square	BX	42
Rosemary St	BY	44
Royal Ave	BXY	
Waring St	BX	54
Wellington Pl.	BY	55

Ireland 163

Name	Page	Grid
Ballincloher	93	C 10
Ballincollig	90	G 12
Ballincrea	96	K 11
Ballincurrig	90	H 12
Ballindaggan	96	L 10
Ballineen	113	J 5
Ballinderreen	99	F 8
Ballinderry Cookstown	114	M 4
Ballinderry Terryglass	100	H 8
Ballinderry Wicklow	103	N 9
Ballinderry Bridge	114	M 4
Ballindine	105	F 6
Ballindrait	117	J 3
Ballineanig	92	A 11
Ballineen	89	F 12
Ballingarrane	94	F 10
Ballingarry Galway	100	H 8
Ballingarry Limerick	94	F 10
Ballingarry Tipperary	95	J 10
Ballingeary / Béal Átha an Ghaorthaidh	89	E 12
Ballingurteen	89	E 12
Ballinhassig	90	G 12
Ballinkillin	96	L 10
Ballinlea	118	M 2
Ballinleeny	94	F 10
Ballinloghig	92	B 11
Ballinlough Meath	108	K 6
Ballinlough Roscommon	106	G 6
Ballinluska	90	H 12
Ballinruan	99	F 9
Ballinskelligs Bay	88	B 12
Ballinspittle	90	G 12
Ballintober	106	G 6
Ballintogher	112	G 5
Ballintotty	100	H 9
Ballintoy	118	M 2
Ballintra Donegal	112	H 4
Ballintra near Leabgarrow	116	G 3
Ballintubber	105	E 6
Ballinunty	95	I 10
Ballinure	95	I 10
Ballinure (River)	100	H 9
Ballinvarry	96	L 10
Ballitore	102	L 8
Ballivor	108	L 7
Ballon	96	L 9
Balloo Cross Roads	115	O 4
Balloor	112	G 4
Balloughter	97	M 10
Ballure	112	H 4
Ballvengland	94	F 10
Ballyagran	94	F 10
Ballyallinan	94	F 10
Ballyalton	115	P 5
Ballyard	113	J 4
Ballybannon	102	L 9
Ballybay near Carrickmacross	108	L 5
Ballybay near Castelblayney	108	L 5
Ballybeg	95	I 11
Ballyboghil	109	N 7
Ballybogy	118	M 2
Ballyboley Forest	115	O 3
Ballyboy	101	I 8
Ballybrack Dublin	103	N 8
Ballybrack Kerry	88	B 12
Ballybrittas	101	K 8
Ballybrommel	96	L 9
Ballybrood	94	G 10
Ballybrophy	101	J 9
Ballybryan	101	K 7
Ballybunnion	93	D 10
Ballycahill	95	I 9
Ballycallan	95	J 10
Ballycanew	97	N 10
Ballycarney	97	M 10
Ballycarry	115	O 3
Ballycastle Mayo	111	D 5
Ballycastle Moyle	119	N 2
Ballycastle Bay	119	N 2
Ballyclare Newtownabbey	115	N 3
Ballyclare Roscommon	107	I 6
Ballyclerahan	95	I 10
Ballyclery	99	F 8
Ballyclogh	94	F 11
Ballycolla	101	J 9
Ballycommon	100	H 9
Ballyconneely	104	B 7
Ballyconneely Bay	104	B 7
Ballyconnell Cavan	113	J 5
Ballyconnell Sligo	112	G 4
Ballycorick	99	E 9
Ballycotton	91	H 12
Ballycotton Bay	91	H 12
Ballycrossaun	100	H 8
Ballycrovane Harbour	88	C 12
Ballycroy	110	C 5
Ballycuirke Lough	99	E 8
Ballycullane	96	L 11
Ballycullen	103	N 8
Ballycumber	101	I 8
Ballydangan	100	H 7
Ballydavid Galway	100	G 8
Ballydavid Kilmalkedar	92	A 11
Ballydavid Head	92	A 11
Ballydavis	101	K 8
Ballydehob	89	D 13
Ballydesmond	93	E 11
Ballydonegan	88	B 13
Ballydonegan Bay	88	B 13
Ballyduff Dingle	92	B 11
Ballyduff Kerry	93	D 10
Ballyduff Waterford	91	H 11
Ballyduff Wexford	97	M 10
Ballyeaston	115	O 3
Ballyeighter Loughs	99	F 9
Ballyfad	97	N 9
Ballyfair	102	L 8
Ballyfarnagh	105	F 6
Ballyfarnan	106	H 5
Ballyfasy	96	K 10
Ballyfeard	90	G 12
Ballyferis Point	115	P 4
Ballyfin	101	J 8
Ballyfinboy	100	H 8
Ballyforan	106	H 7
Ballyfore	102	K 8
Ballyfoyle	96	K 9
Ballygalley	119	O 3
Ballygalley Head	119	O 3
Ballygar	106	H 7
Ballygarrett	97	N 10
Ballygarries	105	E 6
Ballygarvan	90	G 12
Ballygawley Dungannon	114	K 4
Ballygawley Sligo	112	G 5
Ballyglass near Cornanagh	105	E 6
Ballyglass near Kilmovee	106	G 6
Ballygorman	117	K 1
Ballygowan Ards	115	O 4
Ballygowan Newry-Mourne	109	N 5
Ballygriffin	95	I 10
Ballyhack	96	L 11
Ballyhacket	102	L 9
Ballyhaght	94	G 10
Ballyhahill	93	H 10
Ballyhaise	107	K 5
Ballyhalbert	115	P 4
Ballyhale Galway	105	E 7
Ballyhale Kilkenny	96	K 10
Ballyhar	93	D 11
Ballyhaunis / Béal Átha hAmhnais	106	F 6
Ballyhean	105	E 6
Ballyhear	105	E 7
Ballyheelan	107	K 6
Ballyheerin	117	I 2
Ballyheige	93	C 10
Ballyheige Bay	93	C 10
Ballyhillin	117	J 1
Ballyhoe Bridge	118	N 2
Ballyhoe Lough	108	L 6
Ballyhoge	96	M 10
Ballyhooly	94	G 11
Ballyhornan	115	P 5
Ballyhoura Mountains	94	G 11
Ballyhuppahane	101	J 8
Ballyjamesduff	107	K 6
Ballykean	101	K 8
Ballykeefe	95	J 10
Ballykeel	115	N 4
Ballykeeran	107	I 7
Ballykelly	118	K 2
Ballykilleen	102	K 8
Ballyknockan	103	M 8
Ballylacy	97	N 9
Ballylaghnan	99	G 9
Ballylanders	94	G 10
Ballylaneen	91	J 11
Ballylesson	115	O 4
Ballylickey	89	D 12
Ballyliffin	117	J 2
Ballyline	95	J 10
Ballylintagh	118	L 2
Ballylongford	93	D 10
Ballylongford Bay	93	D 10
Ballylooby	95	I 11
Ballyloughbeg	118	M 2
Ballylynan	102	K 9
Ballymacarbry	95	I 11
Ballymacaw	96	K 11
Ballymachugh	107	K 6
Ballymack	96	K 10
Ballymackey	100	H 9
Ballymackilroy	114	K 4
Ballymacoda	91	G 12
Ballymacrevan	115	N 4
Ballymacurly	106	H 6
Ballymacward	106	G 7
Ballymadog	91	I 12
Ballymagan	117	J 2
Ballymagaraghy	118	K 2
Ballymagorry	117	J 3
Ballymakeagh	91	I 12
Ballymakeery / Baile Mhic Íre	89	E 12
Ballymakenny	109	M 6
Ballymartin	109	O 5
Ballymartle	90	G 12
Ballymena	119	N 3
Ballymoe	106	G 6
Ballymoney Ballymoney	118	M 2
Ballymoney Limavady	118	K 3
Ballymore Donegal	117	I 2
Ballymore Westmeath	107	I 7
Ballymore Eustace	103	M 8
Ballymore Lough	111	E 5
Ballymurphy	96	L 10
Ballymurragh	93	E 10
Ballymurray	106	H 7
Ballynabola	96	L 10
Ballynacallagh	88	B 13
Ballynacally	99	E 9
Ballynacarrick	116	H 3
Ballynacarriga	89	E 12
Ballynacarrigy	107	J 7
Ballynacarrow	112	G 5
Ballynaclogh	100	H 9
Ballynacorra	90	H 12
Ballynacourty	91	J 11
Ballynadrumny	102	L 7
Ballynafid	107	J 7
Ballynagaul	91	J 11
Ballynagoraher	105	D 6
Ballynagore	101	J 7
Ballynagree	90	F 12
Ballynaguilkee	95	I 11
Ballynahinch	115	O 4
Ballynahinch Lake	104	C 7
Ballynahow	88	A 12
Ballynahown Kilcummin	98	D 8
Ballynahown Westmeath	101	I 7
Ballynakill Carlow	96	L 9
Ballynakill Offaly	101	K 8
Ballynakill Westmeath	107	I 7
Ballynakill Harbour	104	B 7
Ballynakilla	88	C 13
Ballynakilly Upper	88	C 11
Ballynamallagh	117	K 3
Ballynamona	90	G 11
Ballynamult	95	I 11
Ballynana	92	A 11
Ballynare	103	M 7
Ballynashannagh	117	J 2
Ballynaskeagh	114	N 5
Ballynaskreena	93	C 10

Ballynastangford 105 E 6
Ballynastraw 97 M 10
Ballynchatty 113 K 4
Ballyneaner 118 K 3
Ballyneety 94 G 10
Ballyneill 95 J 10
Ballynoe *Cork* 90 H 11
Ballynoe *Down* 115 O 5
Ballynure 115 O 3
Ballyorgan 94 G 11
Ballypatrick 95 J 10
Ballypatrick Forest 119 N 2
Ballyporeen 95 H 11
Ballyquin 92 B 11
Ballyquintin Point 115 P 5
Ballyragget 101 J 9
Ballyrashane 118 M 2
Ballyreagh *Dungannon* 114 L 4
Ballyreagh *Fermanagh* 113 J 4
Ballyroan 101 K 9
Ballyroddy 106 H 6
Ballyroebuck 97 M 10
Ballyronan 114 M 3
Ballyroney 115 N 5
Ballyroon 88 C 13
Ballysadare 112 G 5
Ballysadare Bay 112 G 5
Ballyshannon *Donegal* 112 H 4
Ballyshannon *Kildare* 102 L 8
Ballysloe 95 J 10
Ballysteen 94 F 10
Ballyteige Bay 96 L 11
Ballytoohy 104 C 6
Ballyvaughan 99 E 8
Ballyvaughan Bay 99 E 8
Ballyvester 115 P 4
Ballyvoge / Baile Uí Bhuaigh 89 E 12
Ballyvoneen 106 G 7
Ballyvourney / Baile Bhuirne 89 E 12
Ballyvoy 119 N 2
Ballyvoyle Head 91 J 11
Ballywalter 115 P 4
Ballyward 115 N 5
Ballywilliam 96 L 10
Balnamore 118 M 2
Balrath 108 M 7
Balrothery 109 N 7
Balscaddan 109 N 7
Baltimore 89 D 13
Baltray 109 N 6
Banada 106 F 5
Banagher 101 I 8
Banagher Forest 118 L 3
Banbridge 114 N 4
Bandon River 89 F 12
Bangor *Mayo* 111 C 5
Bangor *North-Down* 115 O 4
Bangor Trail 111 C 5
Bann (River) *Lough Neagh* 115 N 5
Bann (River) *River Slaney* 97 M 10
Banna 93 C 10
Banna Strand 93 C 11
Bannow 96 L 11
Bannow Bay 96 L 11
Bansha 95 H 10
Banteer 94 F 11
Bantry / Beanntrai 89 D 12
Bantry Bay 89 C 13
Barefield 99 F 9
Barley Cove 88 C 13
Barna *Limerick* 94 H 10
Barna *Offaly* 101 I 9
Barnacahoge 105 F 6
Barnaderg 106 F 7
Barnesmore 113 H 3
Barnesmore Gap 113 I 3
Barnmeen 115 N 5
Barnycarroll 105 F 6
Baronscourt Forest 113 J 3
Barr na Trá / Barnatra 110 C 5
Barra (Lough) 117 H 3
Barrack Village 101 K 9
Barraduff 89 D 11
Barrigone 93 E 10
Barringtonsbridge 94 G 10
Barrow (River) 102 K 8
Barrow Harbour 93 C 11
Barry 107 I 7
Barry's Point 90 F 13
Batterstown 108 M 7
Baunskeha 96 K 10
Bauntlieve 99 E 9
Baurtregaum 93 C 11
Bawn Cross Roads 94 F 11
Bawnboy 113 I 5
Beagh *Galway* 105 F 7
Beagh *Roscommon* 112 H 5
Beagh (Lough) 117 I 2
Beagh (Slieve) 113 K 4
Beal 93 D 10
Béal an Átha / Ballina 111 E 5
Béal an Átha Mhóir / Ballinamore 107 I 5
Béal an Mhuirthead / Belmullet 110 C 5
Béal Átha an Ghaorthaidh / Ballingeary 89 E 12
Béal Átha na Muice / Swinford 105 F 6
Béal Átha na Sluaighe / Ballinasloe 100 H 8
Béal Átha Seanaidh / Ballyshannon 112 H 4
Béal Deirg / Belderrig 111 D 5
Beal Point 93 D 10
Béal Tairbirt / Belturbet 107 J 5
Bealach Conglais / Baltinglass 102 L 9
Bealach Féich / Ballybofey 117 I 3
Bealaclugga / New Quay 99 E 8
Bealad Cross Roads 89 F 13
Bealadangan 105 D 8
Bealaha 98 D 9
Bealalaw Bridge 88 C 12
Bealanabrack 104 C 7
Bealin 107 I 7
Bealnablath 90 F 12
Beara 89 C 12
Bearna / Barna 99 E 8
Beaufort 89 D 11
Bective 108 L 7
Beehive Huts 92 A 11
Beenmore 88 B 11
Beennaskehy 90 G 11
Beenoskee 92 B 11
Beg (Lough) *Antrim* 114 N 4
Beg (Lough) *River Bann* 114 M 3
Beginish Island 88 B 12
Behy 88 C 11
Bekan 105 F 6
Belcarra 105 E 6
Belclare 105 F 7
Belcoo 113 I 5
Belderg Harbour 111 D 5
Belfarsad 104 C 6
Belfast 115 O 4
Belfast Lough 115 O 3
Belgooly 90 G 12
Belhavel Lough 112 H 5
Bellacorick 111 D 5
Belladrihid 112 G 5
Bellagarvaun 110 C 6
Bellaghy 114 M 3
Bellahy 106 F 6
Bellameeny 106 H 7
Bellamont Forest 108 K 5
Bellanaboy Bridge 111 C 5
Bellanacargy 107 K 5
Bellanagare 106 G 6
Bellanagraugh Bridge 112 F 5
Bellanaleck 113 J 5
Bellanamore 117 H 3
Bellanamullia 107 H 7
Bellananagh 107 J 6
Bellanode 114 K 5
Bellarena 118 L 2
Bellavary 105 E 6
Belleek 114 M 5
Belleek 113 H 4
Bellewstown 109 M 7
Belmont 101 I 8
Belmore Mountain 113 I 5
Beltra *Croaghmoyle* 105 D 6
Beltra *Sligo* 112 G 5
Beltra Lough 105 D 6
Belvelly 90 H 12
Belview Port 96 K 11
Belville 111 D 5
Ben Gorm 104 C 7
Benbane Head 118 M 2
Benbaun 104 C 7
Benbo 112 H 5
Benbrack 113 I 5
Benbreen 104 C 7
Benbulben 112 G 4
Benburb 114 L 4
Bencroy or Gubnaveagh 113 I 5
Bendooragh 118 M 2
Benettsbridge 96 K 10
Benmore 111 D 5
Benmore or Fair Head 119 N 2
Bennacunneen 105 D 7
Benwee Head 111 C 4
Beragh 114 K 4
Bere Haven 88 C 13
Bere Island 88 C 13
Bernish Rock 114 M 5
Berrings 90 F 12
Bertraghboy Bay 104 C 7
Bessbrook 114 M 5
Bettystown 109 N 6
Big Dog Forest 113 I 4
Big Island 100 H 8
Big Trosk 119 N 2
Bilboa 102 K 9
Bilboa (River) 95 H 10
Billis Bridge 108 K 6
Bills Rocks 104 B 6
Binevenagh 118 L 2
Binn Éadair / Howth 103 N 7
Biorra / Birr 101 I 8
Birdhill 99 G 9
Birreencorragh 105 D 6
Bishops Court 115 P 5
Black *Galway* 105 E 7
Black (River) *Longford* 107 I 6
Black Ball Head 88 B 13
Black Bull 103 M 7
Black Gap (The) 113 I 4
Black Head *Clare* 99 E 8
Black Head *Larne* 115 O 3
Black Lion 101 J 8
Black Rock 110 B 5
Blacklion 113 I 5
Blackpool 94 G 10
Blackrock *Cork* 90 G 12
Blackrock *Louth* 109 M 6
Blackrock *Rathdown* 103 N 8
Blackskull 114 N 4
Blacksod Bay 110 B 5
Blacksod Point 110 B 5
Blackstairs Mountains 96 L 10
Blackwater 97 M 10
Blackwater (River) *Cork* 89 F 11
Blackwater (River) *Lough Neagh* 114 L 4
Blackwater (River) *River Boyne* 108 L 6
Blackwater Bridge *Innfield* 102 L 7
Blackwater Bridge *Tahilla* 88 C 12
Blackwater Harbour 97 N 10
Blackwatertown 114 L 4
Blanchardstown 103 M 7
Blane Bridge 93 E 10
Blaney 113 I 4
Blarney 90 G 12
Blasket Sound 92 A 11
Bleach 99 G 8
Bleach Lake 94 F 10
Blennerville 93 C 11
Blessington 103 M 8
Bloody Foreland 116 H 2
Blue Ball 101 J 8
Blue Stack Mountains 113 H 3
Blueford 93 E 11
Boa Island 113 I 4
Boardmills 115 O 4
Boderg (Lough) 107 I 6
Bodyke 99 G 9
Bofeenaun 105 E 6
Bofin 104 B 7
Bofin (Lough) *Galway* 105 D 7
Bofin (Lough) *Roscommon* 107 I 6
Bogay 117 J 3
Boggan *Meath* 108 L 6
Boggan *Tipperary* 95 J 9
Boggaun 101 I 9
Boggeragh Mountains 89 F 11
Bohateh 99 G 8
Bohaun 105 D 6
Boheeshil 88 C 12
Boher 94 G 10
Boheraphuca 101 I 8
Boherbue 93 E 11
Bohereen 94 G 10
Boherlahan 95 I 10
Bohermeen 108 L 7
Boherquill 107 J 6
Boho 113 I 4
Bohola 105 E 6
Bola (Lough) 104 C 7
Bolea 118 L 2
Boleran 118 L 2
Boley 102 L 8
Bolinglanna 104 C 6
Boliska Lough 99 E 8
Bolton's Cross Roads 93 D 10
Bolus Head 88 A 12
Bonet 112 H 5
Boola 91 I 11
Boolakennedy 95 H 10
Boolattin 95 J 11
Boolteens 93 C 11
Boolyduff 99 E 9
Boolyglass 96 K 10
Borris 96 L 10
Borris in Ossory 101 J 9
Borrisoleigh 100 I 9
Boston 99 F 8
Bottlehill 90 G 11
Bouladuff 95 I 9
Boviel 118 L 3
Bow 99 G 9
Boyerstown 108 L 7
Boyle (River) 106 H 6
Boyne (River) 102 K 7
Brackagh 101 K 8
Brackley Lough 113 I 5
Bracklin 108 K 7
Brackloon *Mayo* 106 F 6
Brackloon *Roscommon* 106 G 6
Bracknagh *Offaly* 102 K 8
Bracknagh *Roscommon* 107 H 7
Brackwanshagh 111 E 5
Brandon Bay 92 B 11
Brandon Head 92 B 11
Brandon Hill 96 L 10
Brannock Islands 98 C 8
Brannockstown 102 L 8
Bray Head *Kerry* 88 A 12
Bray Head *Wicklow* 103 N 8
Bré / Bray 103 N 8
Breaghva 98 C 10
Breaghwy 105 E 6
Bree 96 M 10
Breenagh 117 I 3
Brickeens 105 F 6
Bricklieve Mountains 106 G 5
Bride *Cork* 89 F 12
Bride *River Blackwater* 91 I 11
Bridebridge 90 H 11
Brideswell *Ballyellis* 97 M 9
Brideswell *Ballynamona* 106 H 7
Bridge End 117 J 2
Bridgeland 103 M 9
Bridget Lough 99 G 9
Bridgetown *Cannock Chase* 96 M 11
Bridgetown *Clare* 99 G 9
Bridgetown *Donegal* 112 H 4
Briensbridge 99 G 9
Brittas *Limerick* 94 G 10
Brittas *Saggart* 103 M 8
Brittas Bay 103 N 9
Britway 90 H 11
Broad Haven 110 C 5
Broad Meadow 109 N 7
Broadford *Clare* 99 G 9
Broadford *Limerick* 94 F 10
Broadway 97 M 11
Brookeborough 113 J 5
Broomfield 108 L 5
Brosna 93 E 11
Brosna (River) 101 I 8
Broughal 101 I 8
Broughane Cross Roads 93 D 11
Brougher Mount 113 J 4
Broughshane 119 N 3
Brow Head 88 C 13
Brown Flesk 93 D 11
Brownstown 96 K 11
Brownstown Head 96 K 11
Bruckless 112 G 4
Bruff 94 G 10
Bruree 94 G 10
Bryansford 115 O 5
Buckna 119 N 3
Buckode 112 H 4
Buiriós Uí Chéin / Borrisokane 100 H 9
Bulgaden 94 G 10
Bull (The) 88 B 13
Bull Point 119 N 2
Bullaba 117 I 3
Bullaun 99 G 8
Bull's Head 92 B 11
Bun Cranncha / Buncrana 117 J 2
Bun Dobhráin / Bundoran 112 H 4
Bun na hAbhna / Bunnahowen 110 C 5
Bun na Leaca / Brinlack 116 H 2
Bunaclugga Bay 93 D 10
Bunacurry 110 C 6
Bunatrahir Bay 111 D 5
Bunaveela Lough 111 D 5
Bunaw 88 C 12
Bunbrosna 107 J 7
Bunclody 96 M 10
Bunlahy 107 J 6
Bunmahon 91 J 11
Bunnafollistran 105 E 7
Bunnaglass 99 F 8
Bunnahown 104 C 7
Bunnanaddan 112 G 5
Bunny (Lough) 99 F 8
Bunnyconnellan 111 E 5
Bunowen 105 C 6
Bunratty 99 F 9
Burnchurch 96 K 10
Burncourt 95 H 11
Burnfoot *Birdstown* 117 J 2
Burnfoot *Limavady* 118 L 3
Burnfort 90 G 11
Burr Point 115 P 4
Burren *Clare* 99 E 8
Burren *Cork* 90 F 12
Burren *Mayo* 105 E 6
Burren (The) 99 E 8
Burren Centre Kifenora 99 E 8
Burrenfadda 99 E 9
Burrishoole Abbey 105 D 6
Burrow 97 M 11
Burtown 102 L 9
Bush 118 M 2
Bush (The) *Dungannon* 114 L 4
Bush (The) *Rathcor* 109 N 6
Bushfield 100 G 9
Bushmills 118 M 2
Butler's Bridge 107 J 5
Butlerstown 90 F 13
Buttevant 94 F 11
Butts (The) 101 K 9
Bweeng 90 F 11

C

Cabragh 114 L 4
Cadamstown *Kildare* 102 L 7
Cadamstown *Offaly* 101 J 8
Caddy 114 N 3
Caggan 105 D 7
Caha Mountains 89 C 12
Caha pass 89 D 12
Caher *Clare* 99 G 9
Caher *Mayo* 105 E 7
Caher Island 104 B 6
Caher Roe's Den 96 L 10
Caheradrine 99 F 8
Caheragh 89 E 13
Caherbarnagh *Corcaigh / Cork* 89 E 11
Caherbarnagh *Kerry* 88 B 12
Caherconlish 94 G 10
Caherconnel 99 E 8
Caherconree 92 C 11
Caherdaniel 88 B 12
Caherea 99 E 9
Caherlistrane 105 E 7
Cahermore *Cork* 88 B 13
Cahermore *Galway* 99 F 8
Cahermurphy 98 D 9
Cahernahallia 95 H 10
Cahore Point 97 N 10
Caiseal / Cashel 95 I 10
Caisleán an Bharraigh / Castlebar 105 E 6
Caisleán an Chomair / Castlecomer 101 K 9
Calafort Ros Láir / Rosslare Harbour 97 M 11
Caledon 114 L 4
Calf Islands 89 D 13
Callaghansmills 99 F 9
Callainn / Callan 95 J 10
Callow *Galway* 104 B 7
Callow *Mayo* 105 E 6
Callow *Roscommon* 106 G 6
Caltra 106 G 7
Caltraghlea 100 H 7
Calverstown 102 L 8
Cam Forest 118 L 2
Camlin (River) 107 I 6
Camlough 114 M 5
Camoge 94 G 10
Camolin 97 M 10
Camowen 113 K 4
Camp 92 C 11
Campile 96 L 11
Campsey 118 K 2
Camross 101 J 8
Camus Bay 105 D 8
Canglass Point 88 B 12
Canningstown 108 K 6
Canon Island 99 E 9
Cappagh *Dungannon* 114 L 4
Cappagh *Limerick* 94 F 10
Cappagh *River* 100 G 8
Cappagh White 95 H 10
Cappaghmore 99 F 8
Cappalinnan 101 J 9
Cappamore 94 G 10
Cappanacreha 105 D 7
Cappanrush 101 J 7
Cappataggle 100 G 8
Cappeen 89 F 12
Car (Slieve) 111 D 5
Caragh (Lough) 88 C 11
Caragh (River) 89 C 12
Caragh Bridge 92 C 11
Caragh Lake 92 C 11
Carbery's Hundred Isles 89 D 13
Carbury 102 L 7
Cardy 115 P 4
Cargan 119 N 3
Carhan House 88 B 12
Cark 117 I 3
Cark Mountain 117 I 3
Carland 114 L 4
Carlanstown 108 L 6
Carlingford 109 N 5
Carlingford Lough 109 N 5
Carn 113 I 4
Carna 104 C 8
Carnageer 119 O 3
Carnaghan 117 J 2
Carnalbanagh Sheddings 119 N 3
Carnanelly 114 L 3
Carnanreagh 118 K 3
Carnaross 108 L 6
Carnaween 112 H 3
Carncastle 119 O 3
Carndonagh / Carn Domhnach 118 K 2
Carnduff 119 N 2
Carne 97 M 11
Carneatly 119 N 2
Carnew 97 M 9
Carney *Sligo* 112 G 4
Carney *Tipperary* 100 H 9
Carnlough 119 O 3
Carnlough Bay 119 O 3
Carnmore 99 F 8
Carnoneen 105 F 7
Carnowen 117 J 3
Carnsore Point 97 M 11
Carnteel 114 L 4
Carntogher 118 L 3
Carra (Lough) 105 E 6
Carracastle 106 F 6
Carragh 102 L 8
Carraholly 105 D 6
Carraig Airt / Carrigart 117 I 2
Carraig Mhachaire Rois / Carrickmacross 108 L 6
Carraig na Siúire / Carrick-on-Suir 95 J 10
Carran 99 E 8
Carrantuohill 89 C 11
Carrick *Wexford* 96 L 11
Carrick / An Charraig *Donegal* 112 G 4
Carrick-a-Rede Rope Bridge 118 M 2
Carrick-on-Shannon / Cora Droma Rúisc 107 H 6
Carrickaboy 107 K 6
Carrickashedoge 108 L 6
Carrickboy 107 I 7
Carrickfergus 115 O 3
Carrickhugh 118 K 2
Carrickmore 114 K 4
Carrickroe 114 K 4
Carrig 94 G 11
Carrig Island 93 D 10
Carrigadrohid 90 F 12
Carrigafoyle Castle 93 D 10
Carrigagulla 90 F 11
Carrigaholt 93 C 10
Carrigaholt Bay 93 C 10
Carrigahorig 100 H 8
Carrigaline 90 G 12
Carrigallen 107 J 6
Carrigan 107 J 6
Carrigan Head 112 F 4
Carriganimmy 89 E 12
Carrigans 117 J 3

Ireland 165

CORK

Buttermarket	Y 36	Langford Row	Z 29	Pembroke St	Z 39
Camden Pl.	Y 5	Lower Glanmire Rd	Y 30	Proby's Quay	Z 40
Coburg St.	Y 10	Merchant Quay		Roman St	Y 42
Corn Market St.	Y 13	Shopping		St Patrick's Quay	Y 44
Dominic St.	Y 15	Centre	Y	St Patrick's St.	Y
Eason Hill	Y 17	Merchant's Quay	Y 32	Southern Rd	Z 45
Emmet Pl.	Y 18	Newsom's Quay	Y 34	South City Link	
Gerald Griffin St	Y 21	North Main Street	YZ	Rd.	Z 46
Infirmary Rd	Z 24	North Mall	Y 35	South Main St.	Z 47
John Redmond St	Y 26	Olivier Plunkett St.	Z	Summer Hill	Y 48
Lancaster Quay	Z 28	Parnell Pl.	Z 38	Wolfe Tone St	Y 56

Carrigatogher ... 100 H 9
Carrigfadda ... 89 E 13
Carrigglass Manor ... 107 I 6
Carriggower ... 103 N 8
Carrigkerry ... 93 E 10
Carrignavar ... 90 G 12
Carrigrohane ... 90 G 12
Carrigtohill ... 90 H 12
Carrowbehy ... 106 G 6
Carrowdore ... 115 P 4
Carrowkeel Donegal ... 117 J 2
Carrowkeel Galway ... 99 G 8
Carrowkennedy ... 105 D 6
Carrowmore Galway ... 99 F 8
Carrowmore Kilmacowen .. 112 G 5
Carrowmore
near Cloonacool ... 112 F 5
Carrowmore
near Crossboyne ... 105 E 6
Carrowmore
near Killasser ... 105 E 6
Carrowmore
near Killogeary ... 111 E 5
Carrowmore Lake ... 110 C 5
Carrowmore Point ... 98 D 9
Carrowmoreknock ... 105 E 7
Carrownacon ... 105 E 6
Carrowneden ... 112 F 5
Carrownisky ... 104 C 6
Carrowntanlis ... 105 F 7
Carrowreagh
Roscommon ... 100 H 7
Carrowreagh Sligo ... 112 F 5
Carrowrory ... 107 I 7
Carry Bridge ... 113 J 5
Carrybeg ... 95 J 10
Carryduff ... 115 O 4
Casheen bay ... 98 C 8
Cashel Donegal ... 117 I 2
Cashel Mayo ... 104 C 6
Cashel
near Glennamaddy ... 106 G 7
Cashel / An Caiseal
Galway ... 104 C 7
Cashel (Rock of) ... 95 I 10
Cashelgarran ... 112 G 4
Cashelmore ... 117 I 2
Cashen River ... 93 D 10
Cashla ... 99 F 8

Cashla Bay ... 98 D 8
Cashleen ... 104 B 7
Casla / Costelloe ... 98 D 8
Casltepollard ... 107 K 6
Cassagh ... 96 L 10
Castle Carry ... 118 K 2
Castle Coole ... 113 J 4
Castle Gardens ... 90 F 13
Castle Haven ... 89 E 13
Castle Island ... 89 D 13
Castle Point ... 98 C 10
Castlebaldwin ... 112 G 5
Castlebar (River) ... 105 E 6
Castlebellingham ... 109 M 6
Castleblakeney ... 106 G 7
Castlebridge ... 97 M 10
Castlecaulfield ... 114 L 4
Castleconnell ... 99 G 9
Castleconor ... 111 E 5
Castlecor ... 94 F 11
Castlecove ... 88 B 12
Castlecuffe ... 101 J 8
Castledawson ... 114 M 3
Castlederg ... 113 J 3
Castledermot ... 102 L 9
Castlefinn ... 117 J 3
Castlefreke ... 89 F 13
Castlegal ... 112 G 4
Castlegar ... 99 E 8
Castlegregory ... 92 B 11
Castlehill Ballycroy South .. 110 C 6
Castlehill
near Rake Street ... 111 D 5
Castlejordan ... 102 K 7
Castleknock ... 103 M 7
Castlellis ... 97 M 10
Castlelyons ... 90 H 11
Castlemaine ... 93 C 11
Castlemaine Harbour ... 92 C 11
Castlemartyr ... 90 H 12
Castleplunket ... 106 G 6
Castlequin ... 88 B 12
Castlerahan ... 108 K 6
Castlerock ... 118 L 2
Castleroe ... 118 M 2
Castleshane ... 114 L 5
Chesney's Corner ... 114 M 3
Church Ballee ... 115 P 5
Church Cross ... 89 D 13
Church Hill Donegal ... 117 I 3

Castletown Limerick ... 94 F 10
Castletown Meath ... 108 L 6
Castletown near Finnea ... 107 K 6
Castletown Westmeath ... 107 J 7
Castletown Wexford ... 97 N 9
Castletown House ... 103 M 7
Castletownbere ... 88 C 13
Castletownroche ... 94 G 11
Castletownshend ... 89 E 13
Castleville ... 105 E 7
Castleward House ... 115 P 4
Castlewarren ... 96 K 9
Castlewellan ... 115 O 5
Castlewellan Forest Park ... 115 O 5
Cathair na Mart /
Westport ... 105 D 6
Cathair Saidhbhín /
Cahersiveen ... 88 B 12
Cathedral Rocks ... 104 B 6
Causeway ... 93 C 10
Causeway Head ... 118 M 2
Cavan / An Cabhán ... 107 J 6
Cavanagarvan ... 114 L 5
Cavangarden ... 112 H 4
Cé Bhréanainn / Brandon ... 92 B 11
Ceanannas / Ceanannus Mór
(Kells) ... 108 L 6
Ceann Toirc / Kanturk ... 94 F 11
Ceapach Choinn /
Cappoquin ... 91 I 11
Ceatharlach / Carlow ... 102 L 9
Ceathrú Thaidhg /
Carrowteige ... 110 C 5
Cecilstown ... 94 F 11
Celbridge ... 103 M 7
Chanonrock ... 108 M 6
Chapeltown Down ... 115 P 5
Chapeltown
near Portmagee ... 88 A 12
Chapeltown near Tralee ... 93 C 11
Charlemont ... 114 L 4
Charlestown Craigavon ... 114 M 4
Charlestown Mayo ... 106 F 6
Cheekpoint ... 96 K 11
Cherryville ... 102 L 8
Church Hill Fermanagh ... 113 I 4
Church Quarter ... 119 N 2
Church Town ... 117 J 3
Church Village ... 105 E 6
Churchstreet ... 106 G 6
Churchtown Cookstown ... 114 L 3
Churchtown Cork ... 90 H 12
Churchtown Down ... 115 P 4
Churchtown Wexford ... 96 L 11
Churchtown Point ... 114 M 3
Cill Airne / Killarney ... 89 D 11
Cill Chainnigh / Kilkenny ... 96 K 10
Cill Chaoi / Kilkee ... 98 D 9
Cill Dalua / Killaloe ... 99 G 9
Cill Dara / Kildare ... 102 L 8
Cill Mhantáin / Wicklow ... 103 N 9
Cill Mocheallóg /
Kilmallock ... 94 G 10
Cill Orglan / Killorglin ... 93 C 11
Cill Rois / Kilrush ... 93 D 10
Cill Rónáin / Kilronan ... 98 C 8
Cionn tSáile / Kinsale ... 90 G 12
City Walls ... 96 K 11
Clabby ... 113 J 4
Cladagh ... 113 I 5
Claddagh ... 106 F 7
Claddaghduff ... 104 B 7
Clady Antrim ... 115 N 4
Clady Magherafelt ... 118 M 3
Clady Strabane ... 117 J 3
Clady (River) ... 116 H 2
Clady Milltown ... 114 M 5
Claggan Donegal ... 117 J 2
Claggan Mayo ... 111 I 4
Clamper Cross ... 93 E 11
Clanabogan ... 113 J 4
Clane ... 102 L 8
Clár Chlainne Mhuiris /
Claremorris ... 105 F 6
Clara ... 103 N 9
Clara (Valle of) ... 103 N 9
Clarahill ... 101 J 8
Clare Armagh ... 114 M 5
Clare Craigavon ... 114 N 4
Clare (River) ... 105 F 7
Clare Island ... 104 B 6
Clarecastle ... 99 F 9
Clareen ... 101 I 8
Clarina ... 94 F 10
Clarinbridge ... 99 F 8
Clark's Cross Roads ... 107 J 7
Clash ... 100 H 9
Clash North ... 93 E 10
Clashmore ... 91 I 11
Claudy ... 118 K 3
Clear (Cape) ... 89 D 13
Cleggan /
An Cloigeann ... 104 B 7
Cleggan Bay ... 104 B 7
Cléire (Oileán) /
Clear Island ... 89 D 13
Cleristown ... 96 M 11
Clew Bay ... 104 C 6
Clifden Bay ... 104 B 7
Cliff ... 112 H 4
Clifferna ... 108 K 6
Cliffony ... 112 G 4
Clogga Kilkenny ... 96 K 11
Clogga Wicklow ... 97 N 9
Clogh Ballymena ... 119 N 3
Clogh Kilkenny ... 101 K 9
Clogh Laois ... 101 J 9
Clogh Wexford ... 97 M 10
Clogh Mills ... 118 N 3
Cloghan Offaly ... 101 I 8
Cloghan Westmeath ... 107 K 7
Cloghane ... 92 B 11
Cloghaneely ... 117 H 2
Clogharinka ... 102 K 7
Cloghaun ... 105 F 7
Cloghboley ... 112 G 4
Cloghbrack Cloonbur ... 105 D 7
Cloghbrack Meath ... 108 K 7
Clogheen ... 95 I 11
Clogher Dungannon ... 113 K 4
Clogher Kerry ... 93 C 11
Clogher
near Carrownacon ... 105 E 6
Clogher near Westport ... 105 D 6
Clogher Roscommon ... 107 H 6
Clogher Head Kerry ... 92 A 11
Clogher Head Louth / Lú .. 109 N 6
Cloghera ... 99 G 9
Clogherhead ... 109 N 6
Cloghjordan ... 100 H 9
Cloghmacoo ... 108 L 6
Cloghoge ... 109 M 5

Cloghroe Cork ... 90 G 12
Cloghroe Donegal ... 117 I 3
Cloghy ... 115 P 4
Cloghy Bay ... 115 P 4
Clohamon ... 96 M 10
Clohernagh ... 96 K 11
Cloich na Coillte /
Clonakilty ... 89 F 13
Clóirtheach / Clara ... 101 J 7
Clomantagh ... 95 J 9
Clonakenny ... 101 I 9
Clonakilty Bay ... 90 F 13
Clonalis House ... 106 G 6
Clonalvy ... 109 M 7
Clonard ... 108 K 7
Clonaslee ... 101 J 8
Clonavoe ... 101 K 8
Clonbern ... 106 G 7
Clonbulloge ... 102 K 8
Cloncagh ... 94 F 10
Clonco Bridge ... 100 G 8
Cloncrave ... 108 K 7
Cloncullen ... 107 I 7
Cloncurry ... 102 L 7
Clondalkin ... 103 M 8
Clondaw ... 97 M 10
Clonderalaw Bay ... 93 E 10
Clondulane ... 90 H 11
Clonea ... 95 J 11
Clonea Bay ... 91 J 11
Clonee ... 103 M 7
Cloneen ... 95 J 10
Clonegall ... 96 M 9
Clonelly ... 113 I 4
Clonevin ... 97 N 10
Clonfert ... 100 H 8
Clonfert Cross Roads ... 100 H 8
Clonkeevy ... 112 G 5
Clonleigh ... 117 J 3
Clonlost ... 107 K 7
Clonmacnoise ... 101 I 8
Clonmany ... 117 J 2
Clonmellon ... 108 K 7
Clonmore Carlow ... 103 M 9
Clonmore Tipperary ... 101 I 9
Clonmult ... 90 H 12
Clonony ... 101 I 8
Clonoulty ... 95 I 10
Clonroche ... 96 L 10
Clonsilla ... 103 M 7
Clontarf ... 103 N 7
Clontibret ... 114 L 5
Clontubbrid ... 101 J 9
Clonycavan ... 108 L 7
Clonygowan ... 101 K 8
Cloon Lake ... 88 C 12
Cloonacleigha Lake ... 112 G 5
Cloonacool ... 112 F 5
Cloonagh Lough ... 106 F 6
Cloonaghlin Lough ... 88 C 12
Cloonaghmore ... 111 D 5
Cloonboo ... 105 E 7
Cloondaff ... 105 D 6
Cloondara ... 107 I 6
Cloone ... 107 I 6
Cloone Grange ... 107 I 6
Cloonee Loughs ... 89 C 12
Clooneen ... 107 J 6
Clooney ... 116 G 3
Cloonfad Kiltullagh ... 106 F 6
Cloonfad near Old Town ... 100 H 8
Cloonfallagh ... 105 F 6
Cloonfinish ... 105 F 6
Cloonfower ... 106 G 6
Cloonfree Lough ... 106 H 6
Cloonkeen Kerry ... 89 E 12
Cloonkeen Mayo ... 105 D 6
Cloonkeen Roscommon ... 106 G 6
Cloonlara ... 99 G 9
Cloonloogh ... 106 G 6
Cloonlusk ... 94 H 10
Cloonmore ... 106 F 6
Cloonoon ... 100 H 8
Cloonteen ... 94 H 10
Cloontia ... 106 G 6
Cloonusker ... 99 G 9
Cloonyquin ... 106 H 6
Cloran ... 108 L 7
Clough ... 115 O 5
Cloverhill Cavan ... 107 J 5
Cloverhill Galway ... 106 E 7
Cloyfin ... 118 M 2
Cloyne ... 90 H 12

Clydagh ... 105 E 6
Clynacantan ... 88 A 12
Coachford ... 90 F 12
Coagh ... 114 M 4
Coalbrook ... 95 J 10
Coalisland ... 114 L 4
Coan ... 101 K 9
Cod's Head ... 88 B 13
Coill an Chollaigh /
Bailieborough ... 108 L 6
Colbinstown ... 102 L 8
Coldwood ... 99 F 8
Colebrooke ... 113 J 5
Colehill ... 107 I 7
Coleraine ... 118 L 2
Colgagh ... 112 G 5
Colgagh Lough ... 112 G 5
Colligan (River) ... 95 I 11
Collin Top ... 119 N 3
Collinstown ... 107 K 7
Collon ... 109 M 6
Collooney ... 112 G 5
Colly ... 88 C 12
Colmanstown ... 106 G 7
Comber ... 115 O 4
Comeragh Mountains ... 95 J 11
Commeen ... 117 H 3
Commons ... 95 J 10
Conay Island ... 112 G 5
Cong / Conga ... 105 E 7
Conlig ... 115 O 4
Conn (Lough) ... 111 E 5
Conna ... 90 H 11
Connagh ... 100 G 9
Connemara ... 104 C 7
Connemara
National Park ... 104 C 7
Connolly ... 99 E 9
Connonagh ... 89 E 13
Connor ... 115 N 3
Connor Pass ... 92 B 11
Convoy ... 117 I 3
Coogue ... 105 F 6
Cookstown ... 114 L 4
Coola ... 112 G 5
Coolagarry ... 106 H 7
Coolaney ... 112 G 5
Coolattin ... 97 M 9
Coolbaun ... 101 K 9
Coolbawn ... 100 H 9
Coolboy ... 97 M 9
Coolcull ... 96 L 11
Coolderry ... 101 I 8
Coole (Castle) ... 113 J 4
Coole Abbey ... 90 H 11
Coolea / Cúil Aodha ... 89 E 12
Coolearagh ... 102 L 8
Cooley Point ... 109 N 6
Coolgrange ... 96 K 10
Coolgreany ... 97 N 9
Coolkeeragh ... 117 K 2
Coolkellure ... 89 E 12
Coolmeen ... 93 E 10
Coolmore ... 112 H 4
Coolnareen ... 101 J 9
Coolrain ... 101 J 9
Coolroebeg ... 96 K 10
Coolshaghtena ... 107 H 6
Coolteige ... 106 H 6
Coomacarrea ... 88 B 12
Coomakesta Pass ... 88 B 12
Coomasaharn Lake ... 88 C 12
Coomhola ... 89 D 12
Coomhola Bridge ... 89 D 12
Coonagh ... 94 F 10
Cooraclare ... 98 D 9
Coorleagh ... 96 K 9
Coornagillagh ... 89 C 12
Cootehall ... 106 H 6
Copany ... 113 H 4
Copeland Island ... 115 P 3
Coppanagh ... 108 L 6
Cora Droma Rúisc /
Carrick-on-Shannon ... 107 H 6
Corbally
Castleconor West ... 111 E 5
Corbally Clare ... 98 D 9
Corbally Kildare ... 102 L 8
Corbay Upper ... 107 I 6
Corbet Milltown ... 115 N 4
Corcaigh / Cork ... 90 G 12
Corclogh ... 110 B 5
Corcomroe Abbey ... 99 E 8
Cordal ... 93 D 11
Cordarragh ... 105 D 6
Corduff ... 109 N 5
Cork Harbour ... 90 H 12

Ireland 167

DUBLIN

Street	Ref	No
Anne St South	JYZ	6
Brunswick St North	HX	24
Buckingham St	KX	25
Bull Alley	HZ	27
Chancery St	HY	33
Clanbrassil St	HZ	40
College Green	JY	45
College St	JY	46
Cornmarket	HY	49
Dawson St	JYZ	
Dorset St	HX	55
Duke St	JY	58
D'Olier St	JY	51
Earlsford Terrace	JZ	60
Essex Quay	HY	65
Essex St	HY	66
Fishamble St	HY	67
Fleet St	JY	68
George's Quay	KY	69
Golden Lane	HZ	70
Grafton St	JYZ	
Henrietta St	HX	75
Henry St	JX	
High St	HY	78
Ilac Centre	HJX	
Irish Life Mall Centre	JKX	
Jervis Centre	HJX	
Kevin St Upper	HZ	85
Kildare St	JKZ	87
King St South	JZ	88
Marlborough St	JX	100
Merchants Quay	HY	103
Merrion St	KZ	104
Montague St	JZ	106
Mount St Upper	KZ	112
Nicholas St	HY	118
North Great George's St	JX	119
O'Connell St	JX	
Parnell Square East	JX	126
Parnell Square North	JX	127
Parnell Square West	HJX	129
St Mary's Abbey St	HY	148
St Patrick Close	HZ	150
Stephens Green	JZ	
Stephen St	HJY	165
Tara St	KY	171
Wellington Quay	HJY	181
Werburgh St	HY	183
Westland Row	KY	186
Westmoreland St	JY	187
Wexford St	HZ	189
Whitefriar St	HZ	190
Winetavern St	HY	193
Wood Quay	HY	196

Hugh Lane Gallery . JX M4
Number Twenty-Nine . . . . KZ D

Name	Page	Ref
Deel Mayo	111	D 5
Deel Westmeath	108	K 7
Deel Bridge	111	D 5
Deele (River)	117	I 3
Deelish	89	E 12
Deenish Island	88	B 12
Delamont	115	O 4
Delgany	103	N 8
Delphi	104	C 7
Delvin	108	K 7
Delvin (River)	109	N 7
Dennet (Burn)	117	J 3
Derg	113	J 3
Derg (Lough) near Donegal	113	I 4
Derg (Lough) near Nenagh	100	H 9
Dergalt	117	J 3
Dernagree	93	E 11
Derravaragh (Lough)	107	J 7
Derreen near Ballynagoraher	105	D 6
Derreen near Cloghmore	104	C 6
Derreen near Formoyle	99	E 8
Derreen near Lahinch	98	D 9
Derreen Gardens	89	C 12
Derreendarragh	89	C 12
Derreeny	88	C 12
Derreeny Bridge	89	E 13
Derriana Lough	88	C 12
Derries	101	J 8
Derry	112	G 5
Derryadd	114	M 4
Derryanvil	114	M 4
Derrybeg	116	H 2
Derryboye	115	O 4
Derrybrien	99	G 8
Derryclare Lough	104	C 7
Derrycooly	101	I 8
Derrycraff	105	D 6
Derrydruel	116	G 3
Derryerglinna	105	D 7
Derryfadda	101	I 9
Derrygolan	101	J 8
Derrygonnelly	113	I 4
Derrygoolin	100	G 9
Derrygrogan	101	J 8
Derrykeevan	114	M 4
Derrykeighan	118	M 2
Derrylea	104	C 7
Derrylin	113	J 5
Derrylough	116	G 3
Derrymore	93	C 11
Derrymore Island	93	C 11
Derrynane	88	B 12
Derrynane House	88	B 12
Derrynasaggart Mountains	89	E 11
Derrynawilt	113	K 5
Derryneen	104	C 7
Derrynoose	114	L 5
Derryrush	104	C 7
Derrytrasna	114	M 4
Derryveagh Mountains	117	H 3
Derryvohy	105	E 6
Derryadd	114	M 4
Derrywode	106	G 6
Dervock	118	M 2
Desertmartin	114	L 3
Devenish Island	113	J 4
Devilsbit	101	I 9
Devilsmother	105	D 7
Diamond (The) Antrim	114	N 4
Diamond (The) Cookstown	114	M 4
Diamond (The) Omagh	113	J 4
Dingle Bay	92	B 11
Dingle Harbour	92	B 11
Divis	115	N 4
Doagh Newtownabbey	115	N 3
Doagh Rosguill	117	I 2
Doagh Beg / Dumhaigh Bhig	117	J 2
Doagh Isle	117	J 2
Dodder	103	M 8
Doe Castle	117	I 2
Dolla	100	H 9
Dollingstown	114	N 4
Domhnach Phádraig / Donaghpatrick	108	L 6
Donabate	109	N 7
Donacarney	109	N 6
Donadea	102	L 7
Donagh	113	J 5
Donaghadee	115	P 4
Donaghaguy	109	N 5
Donaghcloney	114	N 4
Donaghey	114	L 4
Donaghmore	114	L 4
Donaghmore Meath	109	M 7
Donard Wexford	96	L 10
Donard Wicklow	103	M 8
Donard (Slieve)	115	O 5
Donaskeagh	95	H 10
Donegal / Dún na nGall	113	H 4
Donegal Airport	116	G 2
Donegal Bay	112	G 5
Donegal Point	98	D 9
Doneraile	94	G 11
Donohill	95	H 10
Donore	109	M 6
Donoughmore	90	F 12
Doo (Lough)	99	E 9
Doo Lough	104	C 7
Dooagh	110	B 6
Doobehy	110	B 5
Doocastle	106	G 5
Dooega Head	104	B 6
Dooey Point	116	G 3
Doogary	107	J 6
Dooghbeg	104	C 6
Doogort	110	B 5
Doohooma	110	C 5
Dooish Mount	117	J 3
Doolough Point	110	C 5
Doon Galway	100	G 7
Doon Limerick	94	H 10
Doon Lough	99	F 9
Doona	110	C 5
Doonaha	93	D 10
Doonbeg	98	D 9
Doonloughan	104	B 7
Doonmanagh	92	B 11
Dooyork	110	C 5
Dorin Point	112	H 4
Dorrusawillin	107	H 5
Dough	88	C 13
Douglas	90	G 12
Douglas Bridge	113	J 3
Doulus Bay	88	A 12
Doulus Head	88	A 12
Dowdallshill	109	M 5
Dowling	96	K 10
Downhill	118	L 2
Downpatrick	115	O 5
Downpatrick Head	111	D 5
Downs (The)	107	K 7
Dowra	113	H 5
Dowth	109	M 6
Drains Bay	119	O 3
Drangan	95	J 10
Draperstown	114	L 3
Dreen	118	M 3
Dreenagh	92	C 10
Drimoleague	89	E 13
Drinagh Cork	89	E 13
Drinagh Wexford	97	M 11
Drinaghan	111	E 5
Dring	107	J 6
Dripsey	90	F 12
Dripsey (River)	90	F 11
Drishaghaun	105	D 7
Drishane Bridge	89	D 13
Droichead Átha / Drogheda	109	M 6
Droichead na Bandan / Bandon	90	F 12
Drom	101	I 9
Dromahair	112	H 5
Dromara	115	N 4
Dromcolliher	94	F 10
Dromin Limerick	94	G 10
Dromin Louth	109	M 6
Dromina	94	F 11
Dromineer	100	H 9
Dromiskin	109	M 6
Dromkeen	94	G 10
Drommahane	90	F 11
Dromod	107	I 6
Dromoland Castle	99	F 9
Dromore Banbridge	115	N 4
Dromore Omagh	113	J 4
Dromore Lake	94	F 10
Dromore West	112	F 5
Dromtrasna	93	E 10
Drones (The)	118	M 2
Drowes	112	H 4
Drum Monaghan	108	K 5
Drum Roscommon	101	H 7
Drum Sligo	112	G 5
Drum Hills	91	I 11

168 Ireland

Drum Manor Forest Park ..114 L 4	Duniry ...100 G 8	Eshnadarragh ...113 K 5	Florence Court ...113 I 5	Furnace Lough ...105 D 6	Garryduff ...118 M 2
Drumahoe ...117 K 3	Dunkellin ...99 F 8	Eshnadeelada ...113 K 5	Florence Court Forest Park ...113 I 5	Furness ...103 M 8	Garryfine ...94 F 10
Drumandoora ...99 F 8	Dunkerrin ...101 I 9	Eske ...113 H 3	Foaty Island/Fota Island ...90 H 12	Fyagh (Slieve) ...111 D 5	Garrykennedy ...100 G 9
Drumaness ...115 O 4	Dunkineely ...112 G 4	Eske (Lough) ...113 H 3	Foilycleara ...95 H 10		Garryspillane ...94 G 10
Drumanoo Head ...112 G 4	Dunkitt ...96 K 11	Esker ...99 F 8	Folk Park ...99 F 9	**G**	Garryvoe ...91 H 12
Drumatober ...100 G 8	Dunlavin ...102 L 8	Esker South ...107 I 6	Fontstown ...102 L 8	Gabriel (Mount) ...89 D 13	Gartan Lough ...117 I 3
Drumbane ...95 I 10	Dunleer ...109 M 6	Eskeragh ...111 D 5	Forbes (Lough) ...107 I 6	Gaddagh ...89 C 11	Gartree Point ...114 N 4
Drumbeg Feddyglass ...117 J 3	Dunlewy ...117 H 2	Eskragh ...113 K 4	Fordstown ...108 L 6	Gaillimh / Galway ...99 E 8	Garty Lough ...107 J 6
Drumbeg Lisburn ...115 O 4	Dunloe (Gap of) ...89 D 11	Eyeries ...88 C 12	Fore ...107 K 6	Gainestown ...107 K 7	Garvagh Coleraine ...118 L 3
Drumbo ...115 O 4	Dunloy ...118 M 2	Eyrecourt ...100 H 8	Forkill ...109 M 5	Galbally Dungannon ...114 L 4	Garvagh Rowan ...107 I 6
Drumbologe ...117 I 3	Dunluce Castle ...118 M 2		Forlorn Point ...96 M 11	Galbally Limerick ...94 H 10	Garvaghy ...114 K 4
Drumcar ...109 M 6	Dunmanus ...89 D 13	**F**	Formoyle Lonford ...107 I 7	Galbally Wexford ...96 M 10	Garvary ...113 J 4
Drumcard ...113 I 5	Dunmanus Bay ...88 C 13	Faha ...91 J 11	Formoyle Mayo ...104 C 6	Galbolie ...108 K 6	Gattabaun ...101 J 9
Drumcliff ...112 G 5	Dunmore ...109 O 5	Fahamore ...92 B 11	Formoyle near Ballivaghan ...99 E 8	Galey ...93 D 10	Gearagh (The) ...90 F 12
Drumcliff Bay ...112 G 5	Dunmore Cave ...96 K 9	Fahan ...117 J 2	Formoyle near Inagh ...99 E 9	Galgorm ...118 N 3	Gearha Bridge ...88 C 12
Drumcondra ...108 M 6	Dunmore East ...96 L 11	Fahy ...100 H 8	Formoyle (Lough) ...105 D 7	Gallarus Oratory ...92 A 11	Geashill ...101 K 8
Drumcong ...107 I 5	Dunmore Head Dunquin ...92 A 11	Fahy Lough ...110 C 5	Fort Stewart ...117 J 2	Gallion (Slieve) ...114 L 3	Geevagh ...112 H 5
Drumcree ...108 K 7	Dunmore Head near Culdaff ...118 K 2	Fair Green ...99 F 9	Forthill ...107 I 7	Galley Head ...89 F 13	George (Lough) ...99 F 9
Drumcullen ...114 M 3	Dunmore Head near Portnoo ...116 G 3	Fair Head ...88 C 13	Fota Island ...90 H 12	Galmoy ...101 J 9	Gerahies ...89 D 13
Drumduff ...113 J 4	Dunmurry ...115 N 4	Fairyhouse ...108 M 7	Foul Sound ...98 D 8	Galty Mountains ...95 H 10	Giant's Causeway ...118 M 2
Drumena Cashel ...115 O 5	Dunnamaggan ...96 K 10	Fairymount ...106 G 6	Foulksmills ...96 L 11	Galtymore Mountain ...95 H 10	Giles Quay ...109 N 6
Drumfea ...96 L 10	Dunnamanagh ...117 K 3	Fallmore ...110 B 5	Fountain Cross ...99 E 9	Galway Bay ...98 D 8	Gilford ...114 M 4
Drumfin ...112 G 5	Dunnamore ...114 L 3	Fanad ...117 I 2	Four Mile House ...106 H 6	Galways Bridge ...89 D 12	Gill (Lough) near Sligo ...112 G 5
Drumfree ...117 J 2	Dunnycove Bay ...89 F 13	Fanad Head ...117 I 2	Four Roads ...106 H 7	Gaoth Dobhair / Gweedore ...116 H 2	Gill (Lough) near Tralee ...92 C 11
Drumgoft ...103 M 9	Dunowen Head ...89 F 13	Fane River ...108 M 5	Fourknocks ...109 N 7	Gaoth Sáile / Geesala ...110 C 5	Glanaruddery Mountains ...93 D 11
Drumintee ...109 M 5	Dunree Head ...117 J 2	Fanore ...99 E 8	Foxford ...105 E 6	Gap (The) ...95 I 11	Glandore ...89 E 13
Drumkeary ...99 G 8	Dunsany ...108 M 7	Farahy ...94 G 11	Foxhall ...105 E 7	Gara (Lough) ...106 G 6	Glandore Harbour ...89 E 13
Drumkeen ...117 I 3	Dunshaughlin ...108 M 7	Fardurris Point ...98 D 8	Foyle (Lough) ...118 K 2	Garadice ...102 L 7	Glangevlin ...113 I 5
Drumkeeran ...112 H 5	Dunworly Bay ...90 F 13	Farmer's Bridge ...93 D 11	Foynes ...93 E 10	Garadice Lough ...107 I 5	Glanmire ...90 G 12
Drumlaheen Lough ...107 I 5	Durlas / Thurles ...95 I 9	Farnagh ...101 I 7	Foynes Island ...93 E 10	Garbally ...100 H 8	Glanmore Lake ...89 C 12
Drumlea ...107 I 5	Durrow ...101 J 9	Farnaght ...107 I 6	Francis' Gap ...99 G 8	Garinish Island ...88 C 12	Glanoe ...93 D 10
Drumlegagh ...113 J 4	Durrus ...89 D 13	Farnanes Cross Roads ...90 F 12	Freemount ...94 F 11	Garnavilla ...95 I 10	Glantane ...90 F 11
Drumlish ...107 I 6	Dursey Head ...88 B 13	Farnoge ...96 K 10	Frenchpark ...106 G 6	Garnish Point ...88 B 13	Glanworth ...94 G 11
Drumlosh ...101 I 7	Dursey Island ...88 B 13	Farran ...90 F 12	Freshford ...95 J 9	Garrane ...89 E 12	Glarryford ...118 M 3
Drummannon ...114 M 4	Duvillaun Beg ...110 B 5	Farran Forest Park ...90 F 12	Freynestown ...102 L 8	Garranlahan ...106 G 6	Glasdrumman ...109 O 5
Drummin ...96 L 10	Duvillaun More ...110 B 5	Farrancassidy Cross Roads ...112 H 4	Frosses ...112 H 3	Garraun Clare ...98 D 9	Glaslough ...114 L 5
Drummullin ...106 H 6	Dyan ...114 L 4	Farranfore ...93 D 11	Frower Point ...90 G 12	Garraun Galway ...100 H 8	Glasmullan ...117 J 2
Drumnakilly ...114 K 4	Dysart ...107 J 7	Fastnet Rock ...89 D 13	Fuerty ...106 H 7	Garraun (Mount) ...104 C 7	Glassan ...107 I 7
Drumone ...108 K 6	Dysert O'Dea ...99 E 9	Faughan ...118 K 3	Funshin More ...99 F 8	Garries Bridge ...89 D 12	Glasshouse Lake ...107 J 5
Drumquin ...113 J 4		Fawney ...117 K 3	Funshinagh (Lough) ...106 H 7	Garrison ...112 H 4	Glassilaun ...104 C 6
Drumraney ...107 I 7	**E**	Fea (Lough) ...114 L 3	Funshion ...94 G 11	Garristown ...109 M 7	Glastry ...115 P 4
Drumreagh ...110 B 5	Éadan Doire / Édenderry ...102 K 7	Feagarrid ...95 I 11	Furbogh ...99 E 8	Gleann Cholm Cille / Glencolumbkille ...112 F 3	
Drumshanbo ...107 H 5	Eagle (Mount) ...92 A 11	Feakle ...99 G 9	Furnace ...105 D 6	Garron Point ...119 O 2	
Drumsna ...107 H 6	Eagle Island ...110 B 5	Feale (River) ...93 D 10	Furnace ...99 E 8	Garrycloonagh ...111 E 5	Gleann Domhain / Glendowan ...117 I 3
Drumsurn ...118 L 3	Eagles Hill ...88 B 12	Fearn Hill ...113 J 4		Garrycullen ...96 L 11	
Duagh ...93 D 10	Eany ...112 H 3	Fedamore ...94 G 10			
Dually ...95 I 10	Eanymore ...112 H 3	Fee (Lough) ...104 C 7			
Dublin Bay ...103 N 7	Easky ...111 F 5	Feeagh (Lough) ...105 D 6			
Duff ...112 H 4	Easky Lough ...112 F 5	Feeard ...93 C 10			
Duffy ...102 L 7	East Ferry ...90 H 12	Feenagh ...94 F 10			
Duleek ...109 M 7	East Town ...116 H 2	Feeny ...118 K 3			
Dumha Éige / Dooega ...104 B 6	Eddy Island ...99 F 8	Feevagh ...106 H 7			
Dún Aengus ...98 C 8	Eden ...115 O 3	Fenagh ...107 I 5			
Dún A'Rí Forest Park ...108 L 6	Ederny ...113 J 4	Fenit ...92 C 11			
Dún Chaoin / Dunquin ...92 A 11	Edgeworthstown ...107 J 6	Fennagh ...96 L 9			
Dún Dealgan / Dundalk ...109 M 5	Edgeworthstown / Meathas Troim ...107 J 6	Fennor ...91 K 11			
Dún Garbhán / Dungarvan ...91 J 11	Egish (Lough) ...108 L 5	Feohanagh Kerry ...92 A 11			
Dun Laoghaire ...103 N 8	Eglinton ...118 K 2	Feohanagh Limerick ...94 F 10			
Dún Mánmhaí / Dunmanway ...89 E 12	Eglish ...114 L 4	Feohanagh (River) ...92 B 11			
Dún Mór / Dunmore ...106 F 7	Elphin ...106 H 6	Ferbane ...101 I 8			
Dún na nGall / Donegal ...113 H 4	Eleven Lane Ends ...114 M 5	Fergus (River) ...99 E 9			
Dunabrattin Head ...91 K 11	Ellistrin ...117 I 3	Fern (Lough) ...117 I 2			
Dunadry ...115 N 3	Elly Bay ...110 B 5	Ferns ...97 M 10			
Dunaff ...117 J 2	Elton ...94 G 10	Ferry Bridge ...94 F 10			
Dunaff Head ...117 J 2	Elva (Slieve) ...99 E 8	Ferrybank ...97 N 9			
Dunaghy ...118 M 2	Emlagh Point ...104 C 6	Ferrycarrig ...97 M 10			
Dunagree Point ...118 L 2	Emly ...94 G 10	Ferta ...88 B 12			
Dunamase (Rock of) ...101 K 8	Emmoo ...106 H 7	Fethard ...96 L 11			
Dunamon ...106 H 7	Emo ...101 K 8	Fews ...95 J 11			
Dunany ...109 N 6	Emo Court ...101 K 8	Feystown ...119 O 3			
Dunany Point ...109 N 6	Emyvale ...114 L 4	Fiddown ...96 K 10			
Dunbel ...96 K 10	Ennel (Lough) ...107 J 7	Fieries ...93 D 11			
Dunboyne ...103 M 7	Ennis / Inis ...99 F 9	Finavarra ...99 E 8			
Dunbrody Abbey ...96 L 11	Enniscorthy / Inis Córthaidh ...97 M 10	Finglas ...103 N 7			
Dunbulcaun Bay ...99 F 8	Enniskean ...89 F 12	Finglass ...89 C 11			
Duncannon ...96 L 11	Enniskerry ...103 N 8	Finn (Lough) ...117 H 3			
Duncormick ...96 M 11	Enniskillen ...113 J 4	Finn (River) ...117 J 3			
Dundalk Bay ...109 N 6	Ennistimon / Inis Díomáin ...99 E 9	Finnea ...107 J 6			
Dunderrow ...90 G 12	Eochaill / Youghal ...91 I 12	Finnisglin ...104 C 7			
Dunderry ...108 L 7	Erne (Lower Lough) ...113 I 4	Fintona ...113 K 4			
Dundonald ...115 O 4	Erne (River) ...107 J 6	Fintragh Bay ...112 G 4			
Dundrod ...115 N 4	Erne (Upper Lough) ...113 J 5	Finuge ...93 D 10			
Dundrum Down ...115 O 5	Erra ...107 I 6	Finvoy ...118 M 2			
Dundrum Dublin ...103 N 8	Errew Abbey ...111 E 5	Fiodh Ard / Fethard ...95 I 10			
Dundrum Tipperary ...95 H 10	Erriff (River) ...105 D 7	Fionnaithe / Finny ...105 D 7			
Dundrum Bay ...115 O 5	Erril ...101 I 9	Firkeel ...88 B 13			
Dunfanaghy ...117 I 2	Erris Head ...110 B 5	Fisherhill ...105 E 6			
Dungannon ...114 L 4	Errisbeg ...104 C 7	Five Corners ...115 N 3			
Dunganstown ...96 L 10	Errigal Mountain ...117 H 2	Fivealley ...101 I 8			
Dungarvan Harbour ...91 J 11	Errislannan ...104 B 7	Fivemilebridge ...90 G 12			
Dungiven ...118 L 3	Erril Lough ...106 F 6	Fivemiletown ...113 K 4			
Dungonnell Dam ...119 N 3	Ervey Cross Roads ...118 K 3	Flagmount Corlea ...99 G 9			
Dungourney ...90 H 12		Flagmount Kilkenny ...96 K 10			
Dunguaire Castle ...99 F 8		Flat Head ...90 G 12			
Dunhill ...91 K 11		Flesk ...89 D 11			

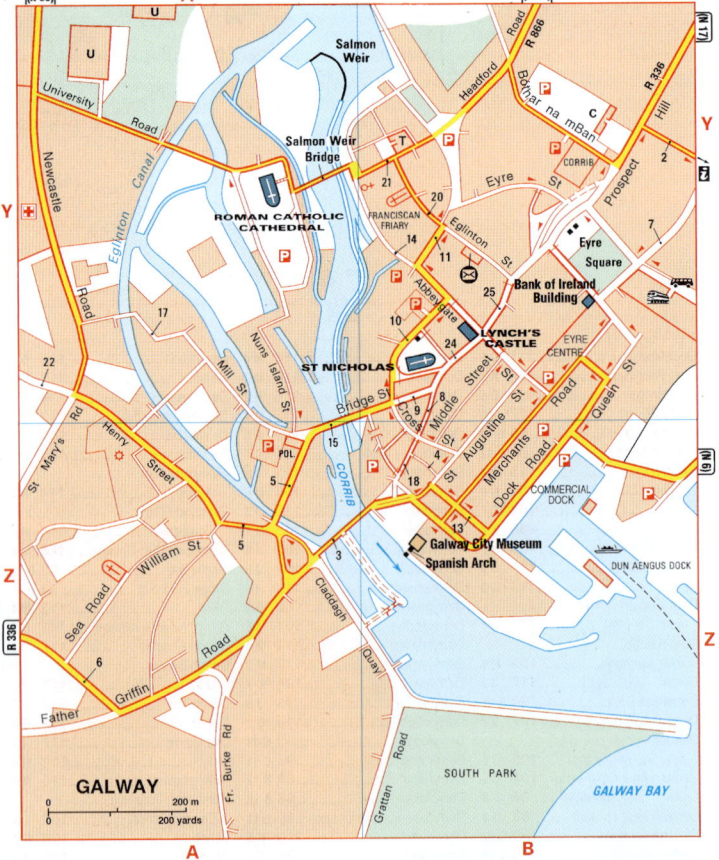

GALWAY

Bothar Ui Eithir ...BY 2	High St ...BY 8	Presentation St ...AY 17
Claddagh Bridge ...AZ 3	Main Guard St ...BY 9	Quay St ...BZ 18
Corrib Shopping Centre ...BY	Market St ...BY 10	St Francis St ...BY 20
Courthouse St ...BZ 4	Mary St ...BY 11	St Vincent's Ave. ...BY 21
Dominick St ...AZ 5	Newton Smith ...BY 14	Shantalla Rd ...AY 22
Father Griffin Ave. ...AZ 6	New Dock St ...BZ 13	Shop St ...BY 24
Forster St ...BY 7	O'Brien Bridge ...AY 15	William St ...BY 25

Gleann na Muaidhe / Glenamoy 111 C 5
Glen 117 I 2
Glen (River) *Cork* 90 F 11
Glen (River) *Donegal* 112 G 3
Glen Bay 112 F 3
Glen Head 112 F 3
Glen Lough *Donegal* 117 I 2
Glen Lough *Westmeath* 107 J 7
Glenaan 119 N 2
Glenade 112 H 4
Glenade Lough 112 H 4
Glenamoy (River) 111 D 5
Glenariff 119 N 2
Glenariff Forest Park 119 N 2
Glenariff or Waterfoot 119 N 2
Glenarm 119 O 3
Glenavy 115 N 4
Glenballyemon 119 N 2
Glenbeg Lough 88 C 12
Glenbeigh 92 C 11
Glenboy 112 H 5
Glenbridge Lodge 103 M 8
Glenbrohane 94 G 10
Glenbrook 90 G 12
Glencar 88 C 12
Glencar Lough 112 G 4
Glencloy 119 O 3
Glencolmcille Folk Village 112 F 3
Glencree 103 N 8
Glencullen 103 N 8
Glendalough *Brockagh* 103 M 8
Glendalough *Waterford* 95 J 11
Glenderry 92 C 10
Glendorragha 116 G 3
Glendovan Mountains 117 H 3
Glendree 99 F 9
Glendum 119 N 2
Glenealy 103 N 9
Gleneely *near Ballybofey* 113 I 3
Gleneely *near Cardonagh* 118 K 2
Glenelly 114 K 3
Glenelly Valley 114 K 3
Glenfarne 113 I 5
Glenflesk 89 D 11
Glengad Head 118 K 1
Glengarriff (River) 89 D 12
Glengarriff Harbour 89 D 12
Glengesh Pass 112 G 3
Glengormley 115 O 3
Glenhead 118 K 3
Glenhull 114 K 3
Glenicmurrin Lough 98 D 8
Glenmacnass 103 M 8
Glenmalur 103 M 9
Glenmore *Clare* 99 E 9
Glenmore *Kilkenny* 96 K 10
Glennagevlagh 105 D 7
Glennamaddy 106 G 7
Glennascaul 99 F 8
Glenoe 115 O 3
Glenshane Pass 118 L 3
Glenshesk 119 N 2
Glentaisie 119 N 2
Glentane 106 G 7
Glenties 116 H 3
Glentogher 118 K 2
Glentrasna 105 D 7
Glenvale 118 M 3
Glenvar / Gleann Bhairr 117 J 2
Glenveagh National Park 117 I 2
Glenville 90 G 11
Glin 93 E 10
Glin Castle 93 E 10
Glinsce / Glinsk 104 C 7
Glinsk *Donegal* 117 I 2
Glinsk *Mayo* 111 D 5
Glounthaune 90 G 12
Glyde (River) 108 M 6
Glynn *Carlow* 96 L 10
Glynn *Larne* 115 O 3
Gneevgullia 93 E 11
Gob an Choire / Achill Sound 104 C 6
Gobbins (The) 115 O 3
Gokane Point 89 E 13
Gola Island / Gabhla 116 G 2
Golagh Lough 113 H 4
Golam Head 98 C 8
Golden 95 I 10
Golden Vale 95 H 10
Goleen 88 C 13
Goold's Cross 95 I 10
Goresbridge 96 K 10
Gorey / Guaire 97 N 9
Gormanston 109 N 7
Gort an Choirce / Gortahork 117 H 2
Gortaclare 113 K 4
Gortahill 113 I 5
Gortaleam 106 F 7
Gortarevan 100 H 8
Gortaroo 91 I 12
Gortaway 117 J 2
Gorteen 106 G 6
Gorteen Bridge 101 J 8
Gorteeny 100 G 8
Gortgarriff 88 C 12
Gortgarrigan 112 H 5
Gortin 113 K 3
Gortin Glen Forest Park 113 K 3
Gortletteragh 107 I 6
Gortmore *near Ballycastle* 111 D 5
Gortmore *near Bangor* 111 C 5
Gortmullan 113 J 5
Gortnadeeve 106 G 7
Gortnahoo 95 J 9
Gortnasillagh 106 G 6
Gortree 117 J 3
Gortymadden 100 G 8
Gorumna Island 98 C 8
Gosford Forest Park 114 M 5
Gougane Barra Forest Park 89 D 12
Gougane Barra Lake 89 E 12
Gouladoo 89 C 13
Gowla 104 C 7
Gowlaun 104 C 7
Gowlin 96 L 10
Gowna (Lough) 107 J 6
Gowran 96 K 10
Gracehill 118 N 3
Graffy 116 H 3
Gráig na Manach / Graiguenamanagh 96 L 10
Graigue 102 L 9
Graigue Hill 96 L 9
Graigue More 96 M 10
Graigues 88 B 12
Granabeg 103 M 8
Gránard / Granard 107 J 6
Grand Canal 101 I 8
Graney 102 L 9
Graney (Lough) 99 G 9
Graney (River) 99 G 9
Grange *Kildare* 102 K 7
Grange *Kilkenny* 96 K 10
Grange *Louth* 109 N 5
Grange *Sligo* 112 G 4
Grange *Waterford* 91 I 12
Grange (River) 106 F 7
Grange Con 102 L 9
Grangebellew 109 M 6
Grangeford 102 L 9
Grangegeeth 108 M 6
Granias Gap 117 K 2
Grannagh 99 F 8
Gransha 115 O 3
Granville 114 L 4
Greagh 107 I 6
Great Blasket Island 92 A 11
Great Island 90 H 12
Great Newtown Head 96 K 11
Great Skellig 88 A 12
Great Sugar Loaf 103 N 8
Greatman's Bay 98 D 8
Greenan 103 N 9
Greenanstown 109 N 7
Greencastle *Donegal* 118 L 2
Greencastle *Newry-Mourne* 109 N 5
Greencastle *Omagh* 114 K 3
Greenfield 105 E 7
Greenisland 115 O 3
Greenore 109 N 5
Greenore Point 97 N 11
Gregans Castle 99 E 8
Gregory's Sound 98 D 8
Grenagh 90 G 11
Grey Abbey 115 P 4
Grey Point 115 O 3
Greysteel 118 K 2
Greystone 114 L 4
Grianan of Aileach 117 J 2
Grogan 101 I 8
Groomsport 115 P 3
Gubaveeny 113 I 5
Gubbaroe Point 113 I 4
Gulladoo Lough 107 J 6
Gulladuff 118 M 3
Gullion (Slieve) 109 M 5
Gur (Lough) 94 G 10
Gurteen *Cappalusk* 99 G 7
Gurteen *Leitrim* 112 H 5
Gusserane 96 L 11
Gwebarra Bridge 116 H 3
Gweebarra 116 H 3
Gweebarra Bay 116 G 3
Gweestin 93 D 11
Gweestion 105 E 6
Gyleen 90 H 12

H

Hacketstown 103 M 9
Hags Head 98 D 9
Hamiltonsbawn 114 M 4
Hand Cross Roads (The) 99 E 9
Hannahstown 115 N 4
Hare Island 89 D 13
Harristown 96 K 10
Harrow (The) 97 M 10
Healy Pass 89 C 12
Helen's Bay 115 O 3
Helvick Head 91 J 11
Herbertstown 94 G 10
High Island 104 B 7
Highwood 112 H 5
Hill Street 107 H 6
Hillsborough 115 N 4
Hilltown *Harristown* 96 L 11
Hilltown *Newry and Mourne* 115 N 5
Hind 106 H 7
Hog's Head 88 B 12
Holeopen Bay West 90 G 13
Hollyford 95 H 10
Hollyfort 97 M 9
Hollymount 105 E 7
Hollywood 103 M 8
Holy Cross 95 I 10
Holy Island 99 G 9
Holycross 94 G 10
Holywell 113 I 5
Holywell Hill 117 J 2
Holywood 115 O 4
Hook Head 96 L 11
Hore Abbey 95 I 10
Horn Head 117 I 2
Horse and Jockey 95 I 10
Horse Island 89 D 13
Horseleap 101 J 7
Hospital 94 G 10
Hugginstown 96 K 10
Hungry Hill 88 C 12
Hurlers Cross 99 F 9
Hurley 109 M 7
Hyne (Lough) 89 E 13

I

Ilen 89 E 13
Illaunstookagh 92 C 11
Illauntannig 92 B 11
Illies 117 J 2
Illnacullin 89 D 12
Inagh 99 E 9
Inagh (Lough) 104 C 7
Inch 92 C 11
Inch *Donegal* 117 J 2
Inch *near Whitegate* 90 H 12
Inch *near Youghal* 91 I 12
Inch *Tipperary* 95 H 9
Inch *Wexford* 97 N 9
Inch Abbey 115 O 4
Inch Island 117 J 2
Inchagoill 105 E 7
Inchamore Bridge 108 L 7
Inchbeg 96 J 9
Inchcleraun 107 H 7
Inchee Bridge 89 D 12
Inchicronan Lough 99 F 9
Inchigeelagh 89 E 12
Inchiquin 105 E 7
Inchiquin Lough *Clare* 99 E 9
Inchiquin Lough *Kerry* 89 D 12
Inchmore 107 I 7
Inchnamuck 95 H 11
Inchydoney Island 90 F 13
Indreabhán / Inveran 98 D 8
Inis / Ennis 99 F 9
Inis Bó Finne / Inishbofin 117 H 2
Inis Meáin / Inishmaan 98 D 8
Inis Mór / Inishmore 98 C 8
Inis Oírr / Inisheer 98 D 8
Inishannon 90 G 12
Inishbarra 98 C 8
Inishbiggle 110 C 6
Inishbofin 104 B 7
Inishcarra 90 G 12
Inishcarra Reservoir 90 F 12
Inishcrone 111 E 5

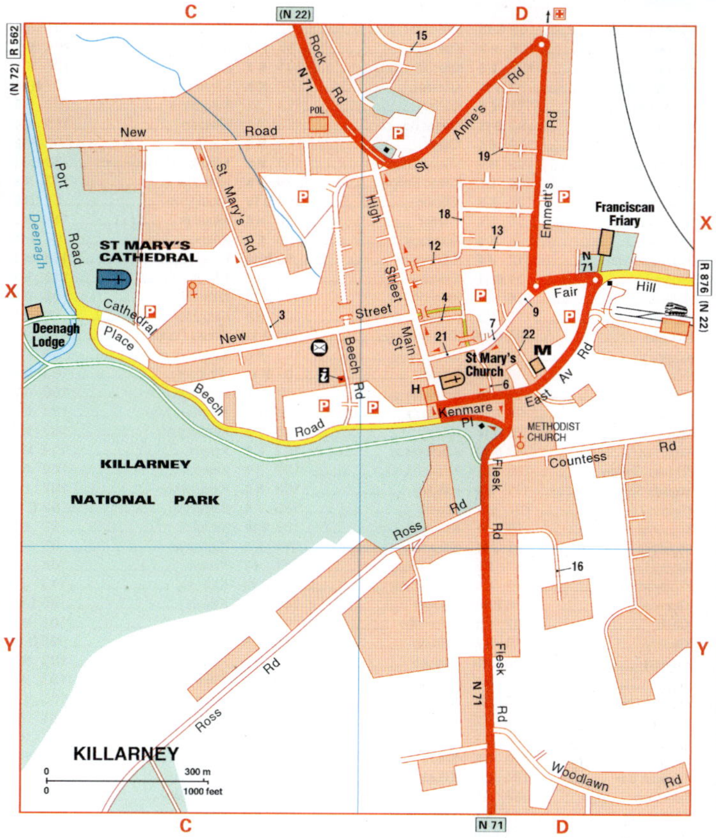

KILLARNEY
ST MARY'S CATHEDRAL
Franciscan Friary
KILLARNEY NATIONAL PARK
Deenagh Lodge
St Mary's Church
METHODIST CHURCH
Deenagh
New Road
Port Road
St Mary's Rd
Cathedral Place
New Street
High Street
Main St
Beech Rd
Beech Road
Rock Rd
St Anne's Rd
Emmett's Rd
Fair Hill
East Av Rd
Kenmare Pl.
Countess Rd
Ross Rd
Flesk Rd
Woodlawn Rd
N 71
N 22
N 72
R 562
R 876
C
D
X
Y
300 m
1000 feet

Bohereencael DX 4
Bohereen Na Goun CX 3
Brewery Lane DX 6
College Square DX 7
College St DX 9
Green Lawn CX 10
Hillard's Lane DX 12
Mangerton DX 13
Marian Terrace DX 15
Muckross Drive DXY 16
O'Connell's Terrace DX 18
O'Sullivan's Pl. DX 19
Plunkett St. DX 21
St Anthony's Pl. DX 22

Inishdoorus 105 D 7
Inishfarnard 88 B 12
Inishfree Bay 116 G 2
Inishfree Upper 116 G 3
Inishglora 110 B 5
Inishkea North 110 B 5
Inishkea South 110 B 5
Inishmaine Island 105 E 7
Inishmicatreer 105 E 7
Inishmurray 112 G 4
Inishnabro 92 A 11
Inishnee 104 C 7
Inishowen 117 J 2
Inishowen Head 118 L 2
Inishshark 104 B 7
Inishtooskert 92 A 11
Inishtrahull 118 K 1
Inishtrahull Sound 118 K 1
Inishturk 104 B 6
Inishvickillane 92 A 11
Inistioge 96 K 10
Innfield 102 L 7
Innisfree 112 G 5
Inniskeen 108 M 5
Inny (River) 107 J 6
Inver *Donegal* 112 H 4
Inver *Mayo* 110 C 5
Inver Bay 112 H 4
Ireland's Eye 103 N 7
Irish Agricultural Museum 97 M 11
Irishtown 105 F 7
Iron (Lough) 107 J 7
Iron Mountains 113 I 5
Irvinestown 113 J 4
Island Lake 106 F 6
Island Reavy (Lough) 115 N 5
Islandmore 115 P 4
Iveragh 88 B 12

J

J. F. Kennedy Park 96 L 11
Jamestown *Clooneteem* 107 H 6
Jamestown *Laois* 101 K 8
Japanese Gardens 102 L 8
Jerpoint Abbey 96 K 10
Jerrettspass 114 M 5
Johnstown *Kildare* 103 M 8
Johnstown *Kilkenny* 101 J 9
Johnstown *Meath* 108 M 7
Johnstown *near Arklow* 103 N 9
Johnstown *near Coolgreany* 97 N 9
Johnstown Bridge 107 I 6
Johnstownbridge 102 L 7
Jonesborough 109 M 5
Joyce 105 D 7
Julianstown 109 N 6

K

Kanturk Castle 94 F 11
Katesbridge 115 N 5
Keadew 107 H 5
Keady 114 L 5
Keady Mountain 118 L 2
Kealduff 89 C 12
Kealkill 89 D 12
Kearney 115 P 4
Kearney Point 115 P 4
Keeagh 99 E 8
Keel 110 B 6
Keel (Lough) 117 I 2
Keel Lough 110 B 6
Keeloges 106 G 7
Keem Strand 110 B 6
Keenagh *Longford* 107 I 7
Keenagh *Mayo* 111 D 5
Keeraunnagark 98 D 8
Keereen 91 I 11
Keimaneigh (The pass of) 89 E 12
Kells *Ballymena* 115 N 3
Kells *Kerry* 88 B 12
Kells *Kilkenny* 96 K 10
Kells (Ceanannus Mor) / Ceanannas *Meath* 108 L 6
Kells Bay 88 B 11
Kells Priory 96 K 10
Kellysgrove 100 H 8
Kenmare River 88 B 12
Kentstown 108 M 7
Kerry (Ring of) 88 B 12
Kerry Head 92 C 10
Kesh *Fermanagh* 113 I 4
Kesh *Toomour* 106 G 5
Keshcarrigan 107 I 5
Key (Lough) 106 H 5
Kid Island 110 C 5
Kilbaha 93 C 10
Kilbaha Bay 93 C 10
Kilbane 99 G 9
Kilbarry 89 E 12
Kilbeacanty 99 F 8
Kilbeggan 101 J 7
Kilbeheny 94 H 11
Kilbennan 105 F 7
Kilberry *Bert* 108 L 6
Kilberry *Kildare* 102 K 8
Kilbreedy 94 F 10
Kilbrickan 105 D 7
Kilbricken 101 J 9
Kilbride *near Blessington* 103 M 8
Kilbride *near Ratoath* 103 M 7
Kilbride *near Trim* 108 L 7
Kilbride *near Wicklow* 103 N 9
Kilbrien 95 J 11
Kilbrin 94 F 11
Kilbrittain 90 F 12
Kilcaimin 99 F 8
Kilcar 112 G 4
Kilcarn 108 L 7
Kilcatherine Point 88 B 12
Kilcavan 101 J 8
Kilchreest 99 G 8
Kilclaran 99 G 9
Kilclief 115 P 5
Kilcloher 93 C 10
Kilconfert 101 J 8
Kilclooney 116 G 3
Kilcock 102 L 7
Kilcogy 107 J 6
Kilcolgan 99 F 8
Kilcolman *Cashel* 90 F 12
Kilcolman *Dunmoylan East* 93 E 10
Kilcoltrim 96 L 10
Kilcomin 101 I 9
Kilcommon *near Caher* 95 I 10
Kilcommon *near Milestone* 95 H 9
Kilcon 111 E 5
Kilconly *Galway* 105 F 7
Kilconly *Kerry* 93 D 10
Kilcoo 115 N 5
Kilcoole 103 N 8
Kilcormac 101 I 8
Kilcornan 94 F 10
Kilcotty 97 M 10
Kilcredan 91 I 12
Kilcredaun Point 93 C 10

170 Ireland

Kilcrohane	89 C 13	Killenagh	97 N 10
Kilcrow	100 H 8	Killenaule	95 I 10
Kilcullen	102 L 8	Killeshil	101 K 8
Kilcummin Kerry	92 B 11	Killeshin	102 K 9
Kilcummin Mayo	111 E 5	Killeter	113 I 3
Kilcummin Farmhill	93 D 11	Killeter Forest	113 I 3
Kilcurly	109 M 5	Killevy	109 M 5
Kilcurry	109 M 5	Killevy Churches	109 M 5
Kildalkey	108 L 7	Killilan Bridge	99 G 8
Kildangan	102 K 8	Killimer	93 D 10
Kildavin	96 L 9	Killimor	100 H 8
Kilderry	96 K 9	Killinaboy	99 E 9
Kildoney Point	112 H 4	Killinaspick	96 K 10
Kildorrery	94 G 11	Killinchy	115 O 4
Kildress	114 L 4	Killincooly	97 N 10
Kildrum	115 N 3	Killiney Dublin	103 N 8
Kilfeakle	95 H 10	Killiney Kerry	92 B 11
Kilfearagh	98 D 10	Killiney Bay	103 N 8
Kilfenora	99 E 9	Killinick	97 M 11
Kilfinnane	94 G 10	Killinierin	97 N 9
Kilfinny	94 F 10	Killinkere	108 K 6
Kilflyn	93 D 10	Killinny	99 F 8
Kilgarvan	89 D 12	Killinthomas	102 K 8
Kilglass Galway	106 G 7	Killinure Lough	107 I 7
Kilglass Sligo	111 E 5	Killiskey	103 N 8
Kilglass Lough	107 H 6	Killkelly	105 F 6
Kilgobnet Kerry	89 C 11	Killmuckbridge	97 N 10
Kilgobnet Waterford	91 J 11	Killogeary	111 E 5
Kilgory Lough	99 F 9	Killogeenaghan	101 I 7
Kilgowan	102 L 8	Killonecaha	88 B 12
Kiljames	96 K 10	Killoran	100 G 8
Kilkea	102 L 9	Killoscobe	106 G 7
Kilkeary	100 H 9	Killough	115 P 5
Kilkeasy	96 K 10	Killough	103 N 8
Kilkeel	109 N 5	Killowen	109 N 5
Kilkeeran High Crosses	95 J 10	Killucan	108 K 7
Kilkenny West	107 I 7	Killukin	107 H 6
Kilkerrin	106 G 7	Killurin	96 M 10
Kilkieran / Cill Chiaráin	104 C 8	Killurly	88 B 12
Kilkieran Bay	104 C 7	Killusty	95 J 10
Kilkieran	96 K 9	Killwaughter	115 O 3
Kilkinamurry	115 N 5	Killyclogher	113 K 4
Kilkinlea	93 E 10	Killyclug	117 I 3
Kilkishen	99 F 9	Killycolpy	114 M 4
Kill Cavan	108 K 5	Killygar	107 J 5
Kill Waterford	91 J 11	Killygordon	117 I 3
Killabunane	89 D 12	Killykeen Forest Park	107 J 5
Killaclug	94 H 11	Killylea	114 L 4
Killacolla	94 F 10	Killyleagh	115 P 4
Killadangan	105 D 6	Killyon	101 I 8
Killadeas	113 I 4	Kilmacanoge	103 N 8
Killadoon	104 C 6	Kilmacduagh Monastery	99 F 8
Killadysert	99 E 9	Kilmacoo	103 N 9
Killafeen	99 F 8	Kilmacow	96 K 11
Killag	96 M 11	Kilmacrenan	117 I 2
Killagan Bridge	118 M 2	Kilmacteige	111 F 5
Killaghteen	93 E 10	Kilmacthomas	95 J 11
Killahy	95 J 9	Kilmactranny	106 H 5
Killakee	103 N 8	Kilmacurragh	103 N 9
Killala	111 E 5	Kilmaganny	96 K 10
Killala Bay	111 E 5	Kilmaine	105 E 7
Killallon	108 K 6	Kilmainham Wood	108 L 6
Killaloo	118 K 3	Kilmakilloge Harbour	88 C 12
Killamery	95 J 10	Kilmaley	99 E 9
Killane	102 K 8	Kilmalkedar	92 B 11
Killanena	99 F 9	Kilmanagh	95 J 10
Killann	96 L 10	Kilmeadan	96 K 11
Killard	98 D 9	Kilmeage	102 L 8
Killard Point	115 P 5	Kilmeedy	94 F 10
Killarga	112 H 5	Kilmeelickin	105 D 7
Killarney National Park	89 D 11	Kilmeena	105 D 6
Killarone	105 E 7	Kilmessan	108 M 7
Killary Harbour	104 C 7	Kilmichael		
Killashandra	107 J 5	near Castletownbere	88 B 13
Killashee	107 I 6	Kilmichael near Macroom	89 E 12
Killasser	105 F 6	Kilmichael Point	97 N 9
Killavally Mayo	105 D 6	Kilmihil	98 E 9
Killavally Westmeath	101 J 7	Kilmona	90 G 12
Killavil	106 G 5	Kilmoon	89 D 13
Killavullen	94 G 11	Kilmore Armagh	114 M 4
Killea Donegal	117 J 3	Kilmore Clare	99 G 9
Killea Tipperary	101 I 9	Kilmore Down	115 O 4
Killeagh	91 H 12	Kilmore Mayo	105 E 6
Killealy	115 N 3	Kilmore Roscommon	107 H 6
Killeany	98 D 8	Kilmore Wexford	96 M 11
Killedmond	96 L 10	Kilmore Quay	96 M 11
Killeedy	93 E 10	Kilmorna	93 D 10
Killeen Ardamullivan	99 F 9	Kilmorony	102 L 9
Killeen Armagh	114 M 5	Kilmovee	106 F 6
Killeen Dungannon	114 M 4	Kilmurry Cork	90 F 12
Killeenaran	99 F 8	Kilmurry Limerick	94 G 10
Killeeneenmore	99 F 8	Kilmurry near Kilkishen	99 F 9
Killeenleagh Bridge	88 B 12	Kilmurry near Milltown	98 D 9
Killeevan	113 K 5	Kilmurry Wicklow	102 L 9
Killeglan	106 H 7	Kilmurry Mac Mahon	93 E 10
Killeigh	101 J 8	Kilmurvy	98 C 8
Killen	113 J 3	Kilmyshall	96 M 10

Kilnagross	107 I 6	Knockaunnaglashy	92 C 11
Kilnalag	106 G 6	Knockboy near Dungarvan	95 I 11
Kilnaleck	107 K 6	Knockboy near Waterford	96 K 11
Kilnamanagh	97 M 10	Knockboy (Mount)	89 D 12
Kilnamona	99 E 9	Knockbrack	117 I 3
Kilntown	115 N 4	Knockbrandon	97 M 9
Kilpatrick	96 F 12	Knockbride	108 L 6
Kilpeacan Cross Roads	88 B 12	Knockbridge	109 M 6
Kilpedder	103 N 8	Knockbrit	95 I 10
Kilquigguin	97 M 9	Knockcloghrim	114 M 3
Kilraghts	118 M 2	Knockcroghery	106 H 7
Kilrane	97 M 11	Knockdrin	107 K 7
Kilrea	118 M 3	Knockerry	98 D 10
Kilreekill	100 G 8	Knockferry	105 E 7
Kilroghter	99 E 8	Knocklayd	119 N 2
Kilross Donegal	117 I 3	Knocklofty	95 I 10
Kilross Tipperary	94 H 10	Knocklomena	89 C 12
Kilruddery	103 N 8	Knocklong	94 G 10
Kilsallagh Galway	106 G 7	Knockmealdown	95 I 11
Kilsallagh Mayo	104 C 6	Knockmealdown		
Kilsallaghan	103 N 7	Mountains	95 H 11
Kilsally	114 M 4	Knockmore	104 B 6
Kilsaran	109 M 6	Knockmore (Mount)	104 C 6
Kilshanchoe	102 L 7	Knockmourne	90 H 11
Kilshannig	92 B 11	Knockmoy Abbey	106 G 7
Kilshanny	99 E 9	Knocknaboul Cross	93 E 11
Kilsheelan	95 J 10	Knocknacarry	119 N 2
Kilskeer	108 L 6	Knocknacree	102 L 9
Kilskeery	113 J 4	Knocknadobar	88 B 12
Kiltealy	96 L 10	Knocknagantee	88 C 12
Kilteely	94 G 10	Knocknagashel	93 D 11
Kiltegan	103 M 9	Knocknagree	93 E 11
Kilternan	103 N 8	Knocknahilan	90 F 12
Kiltimagh	105 E 6	Knocknalina	110 C 5
Kiltober	101 J 7	Knocknalower	110 C 5
Kiltoom	107 H 7	Knockowen	89 C 12
Kiltormer	100 H 8	Knockraha	90 G 12
Kiltullagh	99 G 8	Knocks Cork	89 F 12
Kiltyclogher	113 H 4	Knocks Fermanagh	113 J 5
Kilvine	105 F 7	Knocks Laois	101 J 8
Kilworth	94 H 11	Knockshanahullion	95 H 11
Kilworth Mountains	94 H 11	Knockskagh	89 F 12
Kinale (Lough)	107 J 6	Knocktopher	96 K 10
Kinard	93 E 10	Knocktown	96 M 11
Kinawley	113 J 5	Knockundervaul	93 D 10
Kincasslagh	116 G 2	Knockvicar	106 H 5
Kindrohid	117 J 2	Knowth	108 M 6
Kindrum	117 I 2	Kylemore	100 H 8
Kingarrow	117 H 3	Kylemore Abbey	104 C 7
Kings River	95 J 10	Kylemore Lough	104 C 7
Kingscourt	108 L 6		
Kingsland	106 G 6	**L**	
Kingsmill	114 M 4		
Kingstown	104 B 7	Laban	99 F 8
Kinlough	112 H 4	Labasheeda	93 E 10
Kinnadoohy	104 C 6	Lack	113 J 4
Kinnagoe Bay	118 K 2	Lackagh	102 K 8
Kinnegad	108 K 7	Lackan Carlow	96 K 9
Kinnitty	101 I 8	Lackan Wicklow	103 M 8
Kinsale (Old Head of)	90 G 12	Lackan bay	111 E 5
Kinsale Harbour	90 G 12	Lackareagh	89 F 12
Kinsalebeg	91 I 12	Laconnell	116 G 3
Kinsaley	103 N 7	Ladies View	89 D 12
Kinvarra		Lady's Island Lake	97 M 11
near Camus Bay	105 D 7	Ladysbridge	90 H 12
Kinvarra		Ladywell	96 K 10
near Kinvarra Bay	99 F 8	Laffansbridge	95 I 10
Kinvarra Bay	99 F 8	Lag	117 K 2
Kippure	103 N 8	Lagan (River)	115 N 4
Kircubbin	115 P 4	Lagan Valley	115 N 4
Kirkhills	118 M 2	Lagavara	118 M 2
Kirkistown	115 P 4	Lagganstown	95 I 10
Kishkeam	93 E 11	Laghey Corner	114 L 4
Kitconnell	100 G 8	Laghtnafrankee	95 J 11
Knappagh	105 D 6	Laghy	113 H 4
Knappogue Castle	99 F 9	Lahardaun	111 E 5
Knight's Town	88 B 12	Lakyle	93 E 10
Knock Clare	93 E 10	Lambay Island	109 N 7
Knock Mayo	105 F 6	Lambeg	115 N 4

Knock Tipperary	101 I 9	Lamb's Head	88 B 12
Knockaderry	94 F 10	Lanesborough	107 I 6
Knockadoon Head	91 I 12	Laney (River)	89 F 12
Knockainy	94 G 10	Laracor	108 L 7
Knockalla Mount	117 J 2	Laragh Kildare	102 L 7
Knockalongy	112 F 5	Laragh Monaghan	108 L 5
Knockalough	99 E 9	Laragh Wicklow	103 N 8
Knockanaffrin	95 J 11	Largan Mayo	111 D 5
Knockananna	103 M 9	Largan Sligo	111 F 5
Knockanefune	93 E 11	Largy	112 G 4
Knockanevin	94 G 11	Largydonnell	112 H 4
Knockanillaun	111 E 5	Larne	115 O 3
Knockanimpaha	93 E 10	Larne Lough	115 O 3
Knockanure	93 D 10	Lattin	94 H 10
Knockaunalour	90 G 11	Lauragh	88 C 12
Knockaunavoher	94 G 10	Laune (River)	93 C 11
		Laurelvale	114 M 4
		Laurencetown	100 H 8
		Lavagh	112 F 5
		Lavagh More	117 H 3
		Lawrencetown	114 N 4
		Leabgarrow	116 G 3
		League (Sliabh)	112 F 4
		League Point	89 D 13
		Leamaneh Castle	99 E 9
		Leamlara	90 H 12
		Leamore Strand	103 N 8
		Leane (Lough)	89 D 11
		Leannan (River)	117 I 2
		Leap	89 E 13
		Leap (The)		
		near Enniscorthy	96 M 10
		Leap (The) near New Ross	96 L 10
		Lecale Peninsula	115 O 5
		Lecarrow Leitrim	112 H 5
		Lecarrow Roscommon	107 H 7
		Leckanarainey	112 H 4
		Leckanvy	105 C 6
		Leckaun	112 H 5

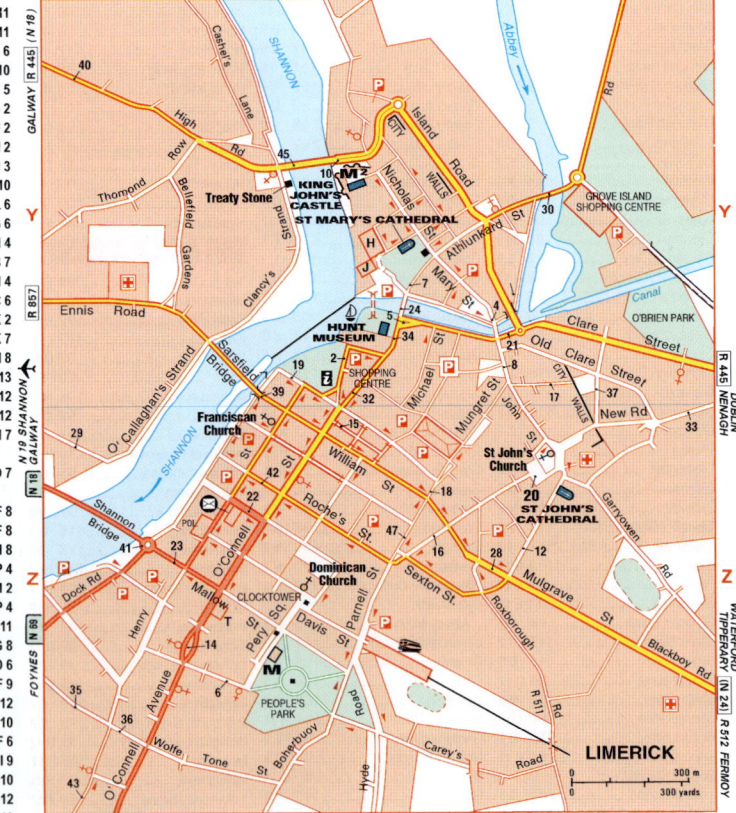

LIMERICK

Arthur Quay	Y 2	Honan's Quay	Y 19	St Gerard St	Z 36
Arthur Quay Shopping Centre	Y	John Square	Z 20	St Lelia St	YZ 37
Baal's Bridge	Y 4	Lock Quay	Y 21	Sarfield St	Y 39
Bank Pl.	Y 5	Lower Cecil St	Z 22	Sexton St North	Y 40
Barrington St	Z 6	Lower Mallow St	Z 23	Shannonside Roundabout	Z 41
Bridge St	Y 7	Mathew Bridge	Y 24	Shannon St	Z 42
Broad St	Y 8	Newtown Mahon	Y 28	South Circular Rd	Z 43
Castle St	Y 10	North Circular Rd	Y 29	The Crescent	Z 14
Cathedral Pl.	Y 12	O'Connell St	Z	Thomond Bridge	Y 45
Charlotte's Quay	Y 13	O'Dwyer Bridge	Y 30	Wickham St	Z 47
Cruises St	Y 15	Patrick St	YZ 32	William St	Z
Gerald Griffen St	Y 16	Penniwell Rd	Y 33		
Grattan St	Y 17	Roches St	Z		
Grove Island Shopping Centre	Y	Rutland St	Y 34		
High St	Z 18	St Alphonsus St	Y 35	Limerick Museum	Y M²

Leckavrea Mountain 105 D7
Leckemy 118 K2
Lee 93 C11
Lee (River) 90 G12
Lee Reservoir 90 F12
Leek Point 93 C10
Leenane 104 C7
Legan or Lenamore 107 J7
Legananny Dolmen 115 N5
Leggah 107 J6
Legoniel 115 O4
Lehardan 117 J2
Leighlinbridge 96 L9
Leinster (Mount) 96 L10
Leitir Mealláin / Lettermullan 98 C8
Leitir Mhic an Bhaird / Lettermacaward 116 H3
Leitrim *Banbridge* 115 O5
Leitrim *Creegh* 98 D9
Leitrim *Leitrim* 107 H6
Leixlip 103 M7
Lemanaghan 101 I8
Lemybrien 91 J11
Lenadoon Point 111 E5
Lenan Head 117 J2
Lene (Lough) 107 K7
Lerrig 93 C10
Leslie Hill 114 L5
Letterbarra 112 H3
Letterbreen 113 I5
Lettercallow 98 C8
Lettercraffroe Lough 105 D7
Letterfinish 88 C12
Letterfrack 104 C7
Letterkelly 99 E9
Letterkenny / Leitir Ceanainn 117 I3
Letterleague 117 I3
Lettermore 98 D8
Lettermore Island 98 C8
Levally 106 F7
Levally Lough 105 E6
Licketstown 96 K11
Liffey (River) 102 M8
Lifford 117 J3
Light House Island 115 P3
Limavady 118 L2
Limerick / Luimneach 94 G10
Limerick Junction 95 H10
Lios Dúin Bhearna / Lisdoonvarna 99 E8
Lios Mór / Lismore 91 I11
Lios Póil / Lispole 92 B11
Lios Tuathail / Listowel 93 D10
Lisacul 106 G6
Lisbane 115 O4
Lisbellaw 113 J5
Lisburn 115 N4
Liscannor 98 D9
Liscannor Bay 98 D9
Liscarney 105 D6
Liscarroll 94 F11
Liscolman 118 M2
Liscooly 117 J3
Lisdoart 114 K4
Lisdowney 101 J9
Lisduff *Cavan* 108 K6
Lisduff *Leitrim* 107 I6
Lisduff *Offaly* 101 I8
Lisgarode 100 H9
Lisgoold 90 H12
Lislea *Magherafelt* 118 M3
Lislea *Newry-Mourne* 114 M5
Lismacaffry 107 J6
Lismoghry 117 J3
Lismoyle 106 H7
Lisnacree 109 N5
Lisnageer 108 K5
Lisnagleer 114 L4
Lisnagry 94 G9
Lisnagunogue 118 M2
Lisnamuck 118 L3
Lisnarrick 113 I4
Lisnaskea 113 J5
Lisnavagh 102 L9
Lispatrick 90 G13
Lisroe 99 E9
Lisronagh 95 I10
Lisryan 107 J6
Lissadell House 112 G4
Lissalway 106 G6
Lissamona 89 D13
Lissatinnig Bridge 88 C12
Lissavaird 89 F13
Lisselton 93 D10
Lissinagroagh 112 H5
Lissiniska 112 H4
Lissycasey 99 E9
Listellick 93 C11
Listerlin 96 K10
Listooder 115 O4
Lisvarrinane 94 H10
Little Bray 103 N8
Little Island 90 G12
Little Skellig 88 A12
Littleton 95 I10
Lixnaw 93 D10
Loanends 115 N4
Lobinstown 108 M6
Loch Garman / Wexford 97 M10
Loghill 93 E10
Lombardstown 94 F11
Londonderry 117 K3
Lonehort Point 88 C13
Long Island 89 D13
Longford 101 I8
Longhill 101 K9
Longwood 108 L7
Loo Bridge 89 D12
Loobagh 94 G10
Loop Head 92 C10
Lorrha 100 H8
Loskeran 91 J11
Losset *Cavan* 107 J6
Losset *Donegal* 117 I2
Lough Bradan Forest 113 J4
Lough Gowna 107 J6
Lough Key Forest Park 106 H6
Lough Navar Forest 113 I4
Loughanavally 107 J7
Loughanillaunmore 98 D8
Loughanure 116 H2
Loughbrickland 114 N5
Lougher 92 C11
Loughermore 118 K3
Loughfad Hill 113 I4
Loughgall 114 M4
Loughglinn 106 G6
Loughguile 119 N2
Loughinisland 115 O4
Loughlinstown 103 N8
Loughmoe 101 I9
Loughmorne 108 L5
Loughros More Bay 116 G3
Loughros Point 116 G3
Loughsalt Mount 117 I2
Loughshinny 109 N7
Louisburgh 104 C6
Loup (The) 114 M3
Louth 108 M6
Lower Ballinderry 114 N4
Lower Lake 103 N8
Lowertown 89 D13
Lowerymore 113 I3
Lowtown 115 N5
Lucan 103 M7
Luggacurren 101 K9
Lugnaquillia Mountain 103 M9
Luimneach / Limerick 94 G10
Lukeswell 96 K10
Lullymore 102 L8
Lurgan *Craigavon* 114 N4
Lurgan *Frenchpark* 106 G6
Lurganboy *Donegal* 117 J2
Lurganboy *Leitrim* 112 H5
Lusk 109 N7
Lyle 115 N3
Lyracrumpane 93 D10
Lyre 90 F11
Lyrenaglogh 95 H11

M

Maas 116 G3
Mac Gregor's Corner 119 N3
Mac Laughlins Corner 118 M3
Mac Mahon's Town 114 K4
Mac Swyne's Bay 112 G4
Mace 105 D6
Mace Head 104 C8
Macgillycuddy's Reeks 89 C12
Machugh (Lough) 116 G3
Mackan 113 J5
Macnean Lower (Lough) 113 I5
Macnean Upper (Lough) 113 I5
Macosquin 118 L2
Macroom/ Maigh Chromtha 89 F12
Maddan 114 L5
Maddockstown 96 K10
Maganey 102 L9
Magee (Island) 115 O3
Maghaberry 115 N4
Maghanlawaun 89 C12
Maghera *Clare* 99 F9
Maghera *Donegal* 116 G3
Maghera *Down* 115 O5
Maghera *Magherafelt* 118 L3
Magherabane 117 J2
Magherafelt 114 M3
Magheragall 115 N4
Magheralin 114 N4
Magheramason 117 J3
Magheramorne 115 O3
Magheraveely 113 K5
Maghery *near Dungannon* 114 M4
Maghery *near Dunglow* 116 G3
Magilligan 118 L2
Magilligan Point 118 L2
Magilligan Strand 118 L2
Maguiresbridge 113 J5
Mahee Island 115 P4
Mahon 95 J11
Mahon (Lough) 90 G12
Mahoonagh 93 E10
Maigh Chromtha / Macroom 89 F12
Maigh Cuilinn / Moycullen 105 E7
Maigh Nuad / Maynooth 103 M7
Maigue (River) 94 F10
Main 118 N3
Maine (River) 93 C11
Mainham 102 L8
Mainistir Fhear Maí / Fermoy 90 H11
Mainistir na Búille / Boyle 106 H6
Mainistir na Corann / Midleton 90 H12
Máistir Gaoithe / Mastergeehy 88 B12
Mal Bay 98 D9
Mala / Mallow 94 G11
Málainn Bhig / Malin Beg 112 F3
Malin 118 K2
Malin Bay 112 F3
Malin Head 117 J1
Malin More 112 F3
Mallusk 115 N3
Mamore (Gap of) 117 J2
Manger 112 H4
Mangerton Mountain 89 D12
Mannin Bay 104 B7
Mannin Lake 105 F6
Manorcunningham 117 J3
Manselstown 95 I9
Mansfieldstown 109 M6
Manulla 105 E6
Manulla (River) 105 E6
Maothail / Mohill 107 I6
Marble Arch Caves 113 I5
Marble Hill 117 I2
Mardyke 95 J10
Markethill 114 M5
Marshalstown 96 M10
Martin 90 G12
Martinstown *Emlygrennan* 94 G10
Martinstown *Grennanstown* 108 L7
Martinstown *South Somerset* 119 N3
Mask (Lough) 105 D7
Massford 115 N4
Masshill 112 F5
Masterstown 95 I10
Matehy 90 G12
Matrix (Castle) 94 F10
Mattock (River) 108 M6
Mauherslieve 95 H9
Maum 105 D7
Maumakeogh 111 D5
Maumeen Lough 104 B7
Maumtrasna 105 D7
Maumturk Mountains 104 C7
Mauricesmills 99 E9
Mayo 105 E6
Mayo (Plains of) 105 E6
Mayobridge 114 N5
Mazetown 115 N4
Mealagh 89 D12
Meanus 94 G10
Meathas Troim / Edgeworthstown 107 J6
Meela (Lough) 116 G3
Meelick 100 H8
Meelin 93 E11
Meenaclady 116 H2
Meenacross 116 G3
Meenanarwa 117 H3
Meenaneary / Mín na Aoire 112 G3
Meenatotan 116 H3
Meenavean 112 F3
Meencorwick 116 H3
Meenglass 113 I3
Meenlaragh 117 H2
Meenreagh 113 I3
Meentullynagarn 112 G3
Meenybraddan 112 H3
Meeting of the Waters 103 N9
Mellifont Abbey 109 M6
Melmore Head 117 I2
Melvin (Lough) 112 H4
Menlough 106 G7
Mew Island 115 P3
Michelstown Caves 95 H11
Middletown 116 H2
Middletown *Armagh* 114 L5
Midfield 105 F6
Mile 117 J2
Milebush 115 O3
Milehouse 96 M10
Milemill 102 L8
Milestone 95 H9
Milford *Armagh* 114 L5
Milford *Cork* 94 F10
Mill Town 114 L5
Millbay 115 O3
Millbrook *Derry* 118 K3
Millbrook *Larne* 115 O3
Millbrook *Oldcastle* 108 K6
Milleen 93 E11
Millford 117 I2
Millisle 115 P4
Millroad 96 M11
Millstreet *Cork* 89 E11
Millstreet *Waterford* 91 I11
Milltown *Armagh* 114 L5
Milltown *Ballymoney* 118 M2
Milltown *Banbridge* 114 N5
Milltown *Cavan* 107 J5
Milltown *Craigavon* 114 M4
Milltown *Dublin* 103 M8
Milltown *Kildare* 102 L8
Milltown *near Dingle* 92 B11
Milltown *near Mount Bellew* 106 G7
Milltown *near Tralee* 93 C11
Milltown *near Tuam* 105 F7
Milltown *Omagh* 114 K4
Milltown *Wexford* 97 M10
Milltownpass 107 K7
Minane Bridge 90 G12
Minard Head 92 B11
Mine Head 91 J12
Minerstown 115 O5
Minterburn 114 L4
Mizen Head 88 C13
Moanmore 98 D9
Modelligo 91 I11
Modreeny 100 H9
Mogeely 90 H12
Moglass 95 I10
Moher (Cliffs of) 98 D9
Moher Lough 105 D6
Mohil 96 K9
Móinteach Mílic / Mountmellick 101 K8
Moira 115 N4
Moll's Gap 89 D12
Monard 95 H10
Monaseed 97 M9
Monaster 94 G10
Monasteraden 106 G6
Monasteranenagh Abbey 94 G10
Monasterboice 109 M6
Monasterevin 102 K8
Monavullagh Mountains 95 J11
Mondello Park 102 L8
Monea 113 I4
Moneen *Clare* 93 C10
Moneen *Galway* 105 F7
Money Point 93 D10
Moneydig 118 M3
Moneygall 101 I9
Moneyglass 114 M3
Moneygold 112 G4
Moneylahan 112 G4
Moneymore 114 L3
Moneyneany 118 L3
Moneyreagh 115 O4
Monilea 107 K7
Monivea 106 F7
Monkstown *Cork* 90 G12
Monkstown *Newtownabbey* 115 O3
Monroe 107 J7
Montpelier 99 G9
Mooncoin 96 K11
Moone 102 L9
Moord 91 I12
Moore Bay 98 C9
Moorfields 115 N3
More (Island) 105 D6
Morenane 94 F10
Morley's Bridge 89 D12
Morningstar 94 G10
Mornington 109 N6
Mosney 109 N7
Moss-Side 118 M2
Mossley 115 O3
Mothel 95 J11
Mothe Stone 103 N9
Mount Falcon 111 E5
Mount Garret 96 L10
Mount Hamilton or Sperrin 114 K3
Mount Melleray Monastery 95 I11
Mount Norris 114 M5
Mount Nugent 107 K6
Mount Stewart Gardens 115 P4
Mount Talbot 106 H7
Mount Temple 107 I7
Mount Uniacke 91 H12
Mount Usher Gardens 103 N8
Mountbolus 101 J8
Mountcastle 117 J3
Mountcharles 112 H4
Mountcollins 93 E11
Mountfield 114 K4
Mounthenry 105 E7
Mountjoy *Dungannon* 114 M4
Mountjoy *Omagh* 113 J4
Mountrath 101 J8
Mountrivers Bridge 98 D9
Mountshannon 100 G9
Mourne (Lough) *near Ballybofey* 113 I3
Mourne (Lough) *near Carrickfergus* 115 O3
Mourne Beg 113 I3
Mourne Mountains 109 N5
Mourne River 113 J3
Moveen 98 C10
Moville / Bun an Phobail 118 K2
Mowhan 114 M5
Moy 114 L4
Moy (River) 111 E5
Moyagh 117 J3
Moyallan 114 M4
Moyard 104 B7
Moyarget 118 N2
Moyasta 98 D9
Moydow 107 I7
Moygashel 114 L4
Moyglass 99 G8
Moylough *Galway* 106 G7
Moylough *Sligo* 106 F6
Moynalty 108 L6
Moynalvy 108 L7
Moyne *Roscommon* 106 G6
Moyne *Tipperary* 107 J6
Moyne *Wicklow* 103 M9
Moyne Abbey 111 E5
Moyrus 104 C7
Moyteoge Head 110 B6
Moyvally 102 L7
Moyvore 107 J7
Moyvoughly 107 I7
Muck (Isle of) 115 O3
Muckamore 115 N3
Muckanagh Lough 99 F9
Muckish Mountain 117 H2
Mucklon 102 L7
Muckno Lake 108 L5
Muckros Head 112 G4
Muckross 89 D11
Muff 117 K2
Muggort's Bay 91 J11
Muinchille / Cootehill 108 K5
Muine Bheag / Bagenalstown 96 L9
Muineachán / Monaghan 114 L5
Muing 111 D5
Muingnabo 111 C5
Mulhuddart 103 M7
Mulkear 94 G10
Mullach Íde / Malahide 103 N7
Mullagh *Cavan* 108 L6
Mullagh *Galway* 100 G8
Mullagh *Mayo* 104 C6
Mullagh *Meath* 103 M7
Mullaghanattin 88 C12
Mullaghanish 89 E12
Mullaghareirk Mountains 93 E10
Mullaghash 118 K3
Mullaghbane 109 M5
Mullaghboy 115 O3
Mullaghcarn 113 K3
Mullaghcleevaun 103 M8
Mullaghclogha 114 K3
Mullaghmore *Cliffony North* 112 G4
Mullaghmore *Magherafelt* 118 L3
Mullaghmore Head 112 G4
Mullaghroe 106 G6
Mullan *Coleraine* 118 L2
Mullan *Figullar* 114 L4
Mullany'sCross 111 F5
Mullartown 109 O5
Mullen 106 G6
Mullenbeg 96 K10
Mullet Peninsula 110 B5
Mullinahone 95 J10
Mullinasole 112 H4
Mullinavat 96 K10
Mulroy Bay 117 I2
Multeen 95 H10
Multyfarnham 107 J7
Mungret 94 F10
Muntervary or Sheep's Head 88 C13
Murley 113 K4
Murlough Bay 119 N2
Murntown 97 M11
Murreagh 92 A11
Murrisk 105 D6
Murroe 94 G10
Murrogh 99 E8
Musheramore 89 F11
Mussenden Temple 118 L2
Mutton Island 98 D9
Mweelrea Mountains 104 C7
Mweenish Island 104 C8
Myshall 96 L9

N

Na Cealla Beaga / Killybegs 112 G4
Na Clocha Liatha / Greystones 103 N8
Na Dúnaibh / Downies 117 I2
Na Sceirí / Skerries 109 N7
Nacorra (Lough) 105 D6
Nacung (Lough) 117 H2
Nad 90 F11
Nafooey (Lough) 105 D7
Nagles Mountains 90 G11
Nalughraman (Lough) 116 G3
Naminn (Lough) 117 J2
Namona (Lough) 88 B12
Nanny 108 M7
Narin 116 G3
Narraghmore 102 L8
Narrow Water Castle 109 N5
Naul 109 N7
Neagh (Lough) 114 M4
Neale 105 E7
Nealstown 101 I9
Neidín / Kenmare 89 D12
Nenagh 100 H9
Nephin 111 D5
Nephin (Glen) 105 D6
Nephin Beg 111 D5
Nephin Beg Range 111 C5
New Birmingham 95 J10
New Buildings 117 J3
New Inn *Cavan* 108 K6
New Inn *Galway* 100 G8
New Kildimo 94 F10
New Quay / Bealaclugga 99 E8
New Twopothouse Village 94 G11
Newbawn 96 L10
Newbliss 113 K5
Newbridge *Fingal* 109 N7
Newbridge *Limerick* 94 F10
Newbridge *near Tuomard* 106 G7
Newbridge / An Droichead Nua 102 L8
Newcastle *Down* 115 O5
Newcastle *Dublin* 103 M8
Newcastle *Galway* 99 F7
Newcastle *Tipperary* 95 I11
Newcastle *Wicklow* 103 N8
Newcestown 90 F12
Newchapel 95 I10
Newferry 114 M3
Newgrange 109 M6

Newinn 95 I 10
Newmarket *Cork* 93 F 11
Newmarket *Kilkenny* 96 K 10
Newmarket on Fergus 99 F 9
Newmills *Donegal* 117 I 3
Newmills *Dungannon* 114 L 4
Newport *Tipperary* 100 G 9
Newport Bay 105 C 6
Newport Trench 114 M 4
Newry 114 M 5
Newtown *Cork* 94 G 11
Newtown *Galway* 99 F 8
Newtown *Kildare* 102 L 7
Newtown *Laois* 101 K 9
Newtown *Limerick* 94 G 10
Newtown *near Knock* 101 I 9
Newtown *near Nenagh* 100 H 9
Newtown *Offaly* 100 H 8
Newtown *Roscommon* 100 H 7
Newtown *Tipperary* 95 H 10
Newtown *Waterford* 95 J 11
Newtown *Wexford* 96 M 11
Newtown Cashel 107 I 7
Newtown Cloghans 111 E 5
Newtown-Crommelin 119 N 3
Newtown Cunningham 117 J 3
Newtown Forbes 107 I 6
Newtown Gore 107 I 5
Newtown Mount Kennedy 103 N 8
Newtown Sandes 93 D 10
Newtownabbey 115 O 4
Newtownards 115 O 4
Newtownbreda 115 O 4
Newtownbutler 113 J 5
Newtownhamilton 114 M 5
Newtownlow 101 J 7
Newtownlynch 99 E 8
Newtownshandrum 94 F 10
Newtownstewart 113 J 3
Nier 95 J 11
Ninemilehouse 95 J 10
Nobber 108 L 6
Nohaval 90 G 12
Nore 101 J 9
Nore (River) 96 K 10
North Channel 119 O 2
North Ring 90 F 13
North Sound 98 C 8
Nose of Howth 103 N 7
Noughaval *Doora* 99 F 9
Noughaval *Noughaval* 99 E 8
Nowen Hill 89 E 12
Nuns Quarter 115 O 4
Nurney *Carlow* 96 L 9
Nurney *Kildare* 102 L 8
Nutt's Corner 115 N 4

O

Oaghley 93 D 10
Oatfield 99 F 9
Oatquarter 98 C 8
O'Brien's Tower 98 D 9
O'Flynn (Lough) 106 G 6
Oghil *Clare* 100 H 8
Oghil *Galway* 98 C 8
Ogonnelloe 99 G 9
O'Grady (Lough) 99 G 9
Oileán Ciarraí / Castleisland 93 D 11
Oilgate 97 M 10
Oily 112 G 4
Old Court 89 E 13
Old Head *Ballymackean* 90 G 13
Old Head *Louisburgh* 104 C 6
Old Kilcullen 102 L 8
Old Kildimo 94 F 10
Old Ross 96 L 10
Old Town *Donegal* 117 I 3
Old Town *Laois* 101 J 9
Old Town *Roscommon* 100 H 8
Old Town *Wexford* 96 L 10
Old Twopothouse 94 G 11
Oldleighlin 96 K 9
Oldmill Bridge 93 E 10
Oldtown *Dublin* 109 N 7
Oldtown *Roscommon* 101 I 7
Omagh 113 K 4
Omeath 109 N 5
Omey Island 104 B 7
Onaght 98 C 8
Oola 94 H 10
Oorid Lough 105 D 7
Oranmore 99 F 8
Oriel (Mount) 108 M 6
Oristown 108 L 6
Oritor 114 L 4
Ossian's Grave 119 N 2
Ougther (Lough) 107 J 6
Oulart 97 M 10
Ovens 90 G 12
Owel (Lough) 107 J 7
Owenascaul 92 B 11
Owenator 116 H 3
Owenavorragh 97 M 10
Owenbeagh 117 H 3
Owenbeg 111 F 5
Owenbeg (River) 112 G 5
Owenboliska 99 E 8
Owenboy 90 G 12
Owenbristy 99 F 8
Owencarrow 117 I 2
Owendalulleegh 99 G 8
Owenea 116 G 3
Owengarve *Clew Bay* 105 D 6
Owengarve *River Moy* 106 F 5
Owenglin 104 C 7
Oweniny 111 D 5
Owenkillew *Glenelly* 114 K 3
Owenkillew *Lough Swilly* 117 J 2
Owenmore Bridge 105 D 6
Owennacurra 90 H 12
Owenreagh Hill 117 J 3
Owenriff 105 D 7
Owentaraglin 93 E 11
Owentocker 116 H 3
Owenur (River) 106 H 6
Ower 105 E 7
Owning 95 J 10
Owroe Bridge 88 B 12
Owvane 89 D 12
Oysterhaven 90 G 12

P

Palace 96 L 10
Palatine 102 L 9
Pallas 101 J 8
Pallas Cross 100 I 9
Pallas Green 94 G 10
Pallaskenry 94 F 10
Paps (The) 89 E 11
Park *Bellavary* 105 E 6
Park *Derry* 118 K 3
Parke's Castle 112 H 5
Parkgate 115 N 3
Parkmore 99 F 8
Parkmore Point 92 A 11
Parknasilla 88 C 12
Parteen 99 G 9
Partry 105 E 6
Partry Mountains 105 D 7
Passage 106 H 7
Passage East 96 L 11
Passage West 90 G 12
Patrickswell 94 F 10
Patterson's Spade Mill 115 N 3
Paulstown 96 K 9
Peake 90 F 12
Peatlands 114 M 4
Peterswell 99 F 8
Pettigoe 113 I 4
Phoenix Park 103 M 7
Piercetown 97 M 11
Pigeons (The) 107 I 7
Pike 100 H 8
Pike (The) *near Boola* 91 I 11
Pike (The) *near Lamybrien* 91 J 11
Pike (The) *Tipperary* 100 H 8
Pike Corner 108 L 7
Pike of Rush Hall 101 J 9
Piltown 95 K 10
Pluck 117 J 3
Plumbridge 113 K 3
Pollagh 101 I 8
Pollan Bay 117 J 2
Pollatomish 111 C 5
Pollnalaght 113 J 4
Pollshask 106 G 7
Pomeroy 114 L 4
Pontoon 105 E 6
Port 116 F 3
Port Ballintrae 118 M 2
Port Durlainne / Porturlin 111 C 5
Port Láirge / Waterford 96 K 11
Port Laoise / Portlaoise 101 K 8
Port Omna / Portumna 100 H 8
Portacloy 111 C 5
Portadown 114 M 4
Portaferry 115 P 4
Portaleen 118 K 2
Portavogie 115 P 4
Portbradden 118 M 2
Portglenone 118 M 3
Portland 100 H 8
Portlaw 96 K 11
Portmagee 88 A 12
Portmagee Channel 88 A 12
Portmarnock 103 N 7
Portmuck 115 O 3
Portnablagh 117 I 2
Portnoo 116 G 3
Portrane 109 N 7
Portroe 100 G 9
Portrush 118 M 2
Portsalon 117 J 2
Portstewart 118 L 2
Poulaphouca Reservoir 103 M 8
Poulnamucky 95 I 10
Poulnasherry Bay 98 D 10
Power Head 90 H 12
Power's Cross 100 H 8
Powerscourt Demesne 103 N 8
Powerstown 96 K 10
Poyntz Pass 114 M 5
Priesthaggard 96 L 11
Prosperous 102 L 8
Puckaun 100 H 9
Puffin Island 88 A 12
Punchestown 103 M 8

Q

Quarrytown 119 N 3
Querrin 93 D 10
Quigley's Point 118 K 2
Quilty 98 D 9
Quin 99 F 9
Quoile 115 O 4

R

Rabbit Islands 89 E 13
Race End 117 I 2
Raffrey 115 O 4
Raghly 112 G 5
Raghtin More 117 J 2
Rahan 101 J 8
Rahanagh 93 E 10
Rahara 106 H 7
Raharney 108 K 7
Raheen 96 L 10
Raigh 105 D 7
Railyard 101 K 9
Rake Street 111 D 5
Ram Head 91 I 12
Ramor (Lough) 108 K 6
Ramore Head 118 M 2
Rams Island 114 N 4
Ramsgrange 96 L 11
Randalstown 114 N 3
Rapemills 101 I 8
Raphoe 117 J 3
Rasharkin 118 M 3
Rashedoge 117 I 3
Rath 101 I 8
Ráth Caola / Rathkeale 94 F 10
Ráth Droma / Rathdrum 103 N 9
Rathangan 102 L 8
Rathaspick 107 J 7
Rathbrit 95 I 10
Rathcabban 100 H 8
Rathconrath 107 J 7
Rathcool 89 F 11
Rathcoole 103 M 8
Rathcor 109 N 6
Rathcore 102 L 7
Rathcormack *near Fermoy* 90 H 11
Rathcormack *near Sligo* 112 G 5
Rathcroghan 106 H 6
Rathdangan 103 M 9
Rathdowney 101 J 9
Rathduff 90 G 11
Rathedan 96 L 9
Rathfeigh 108 M 7
Rathfriland 115 N 5
Rathfylane 96 L 10
Rathgarogue 96 L 10
Rathgormuck 95 J 11
Rathkeevin 95 I 10
Rathkenny 108 M 6
Rathlackan 111 E 5
Rathlee 111 E 5
Rathlin Island 119 N 2
Rathlin O'Birne Island 112 F 4
Rathlin Sound 119 N 2
Rathmelton 117 J 2
Rathmines 103 N 8
Rathmolyon 108 L 7
Rathmore 89 E 11
Rathmullan 117 J 2
Rathnew 103 N 9
Rathnure 96 L 10
Rathoma 111 E 5
Rathowen 107 J 7
Rathvilla 101 K 8
Rathvilly 102 L 9
Ratoath 108 M 7
Raven Point (The) 97 M 10
Ravensdale 109 M 5
Ray *near Dunfanaghy* 117 I 2
Ray *near Rathmillan* 117 J 2
Ray (River) 117 H 2
Rea (Lough) 99 G 8
Reaghstown 108 M 6
Reanagowan Cross Roads 93 D 11
Reananeree / Rae na nDoiri 89 E 12
Reanascreena 89 E 13
Rear Cross 95 H 9
Red Bay 119 N 2
Redcastle 118 K 2
Redcross 103 N 9
Redgate 97 M 10
Redhills 107 K 5
Ree (Lough) 107 I 7
Reelan 117 H 3
Reen 89 D 12
Reens 94 F 10
Reevanagh 96 K 9
Relaghbeg 108 L 6
Rerrin 88 C 13
Rhode 101 K 7
Richhill 114 M 4
Ridge 96 K 9
Ridge Point 110 C 5
Rine (River) 99 F 9
Rineanna Point 99 F 9
Ringabella Bay 90 H 12
Ringarogy Island 89 D 13
Ringaskiddy 90 H 12
Ringboy 115 P 4
Ringfad Point 115 P 5
Ringsend 118 L 2
Ringstown 101 J 8
Ringville / An Rinn 91 J 11
Rinmore Point 117 I 2
Rinn (River) 107 I 6
Rinn Lough 107 I 6
Rinneen *Clare* 98 D 9
Rinneen *Cork* 89 E 13
Rinroe Point 110 C 5
Rinville 99 F 8
Rinvyle 104 C 7
Rinvyle Castle 104 B 7
Rinvyle Point 104 B 7
River 110 B 6
Riverchapel 97 N 10
Riverstick 90 G 12
Riverstown *Cork* 90 G 12
Riverstown *Sligo* 112 G 5
Riverstown *Tipperary* 101 I 8
Riverville 93 D 11
Roadford 98 D 8
Roaninish 116 G 3
Roaringwater Bay 89 D 13
Robe 105 E 6
Robert's Head 90 H 12
Robertstown 102 L 8
Robinstown 108 L 7
Roche's Point 90 H 12
Rochestown 96 K 11
Rochfortbridge 101 K 7
Rock (The) 114 L 4
Rock Island 98 C 8
Rockabill 109 N 7
Rockchapel 93 E 11
Rockcorry 108 K 5
Rockhill 94 F 10
Rockmills 94 G 11
Rodeen 107 H 6
Roe 118 L 3
Roe Valley 118 L 2
Roney Point 97 N 10
Rooaun 100 H 8
Roonagh Quay 104 C 6
Roonah Lough 104 C 6
Roosky *Leitrim* 112 H 4
Roosky *Mayo* 106 F 6
Roosky *Roscommon* 107 I 6
Ropefield 112 G 5
Ros an Mhil / Rossaveel 98 D 8
Ros Comáin / Roscommon 106 H 7
Ros Cré / Roscrea 101 I 9
Ros Láir / Rosslare 97 M 11
Ros Mhic Thriúin / New Ross 96 L 10
Rosapenna 117 I 2
Rosbercon 96 L 10
Rosegreen 95 I 10
Rosenallis 101 J 8
Rosguill 117 I 2
Roskeeragh Point 112 F 4
Rosmuck 105 D 7
Rosmult 95 I 9
Rosnakill 117 I 2
Ross *Lough Leane* 89 D 11
Ross *Lough Sheelin* 107 K 6
Ross Abbey 105 E 7
Ross Lake 105 E 7
Ross Port 111 C 5
Ross West 105 E 6
Rossan Point 112 F 3
Rossbeg 116 G 3
Rossbeigh Creek 92 C 11
Rossbrin 89 D 13
Rosscahill 105 E 7
Rosscarbery 89 E 13
Rosscarbery Bay 89 E 13
Rosscor 113 H 4
Rossdohan Island 88 C 12
Rosserk Abbey 111 E 5
Rosses (The) 116 G 2
Rosses Bay 116 G 2
Rosses Point 112 G 5
Rossgeir 117 J 3
Rossglass 115 O 5
Rossinver 112 H 4
Rosslare Bay 97 M 11
Rosslare Point 97 M 11
Rosslea 113 K 5
Rossmore *Cork* 89 F 12
Rossmore *Laois* 102 K 9
Rossmore Forest Park 114 L 5
Rossmore Island 88 C 12
Rossnowlagh 112 H 4
Rostellan 90 H 12
Rostrevor 109 N 5
Rosturk 105 C 6
Rough Point 92 B 11
Roughty 89 D 12
Roundfort 105 E 7
Roundstone 104 C 7
Roundwood 103 N 8
Roury 89 E 13
Rousky 114 K 3
Rowallane Gardens 115 O 4
Rower (The) 96 L 10
Royal Canal 107 I 7
Royaloak 96 L 9
Ruan 99 F 9
Rubane 115 P 4
Rue Point 119 N 2
Runabay Head 119 N 2
Runnabackan 106 H 6
Rushen (Slieve) 113 J 5
Russborough House 103 M 8
Rutland Island 116 G 3
Ryefield 108 K 6
Ryehill 106 F 7
Rylane Cross 90 F 12

S

Saddle Head 110 B 5
Saggart 103 M 8
St. Finan's Bay 88 A 12
St. John's Lough 107 I 5
St. John's Point 115 P 5
St. John's Point 112 G 4
St. Johnstown 117 J 3
St. Macdara's Island 104 C 8
St. Margaret's 103 N 7
St. Mochta's House 108 M 6
St. Mullin's 96 L 10
Saintfield 115 O 4
Saleen *Cork* 90 H 12
Saleen *Kerry* 93 D 10
Salia 104 C 6
Sallahig 88 B 12
Sallins 102 M 8
Sally Gap 103 N 8
Sallybrook 90 G 12
Sallypark 100 H 9
Salrock 104 C 7
Saltee Islands 96 M 11
Salthill 99 E 8
Sandholes 114 L 4
Sandyford 103 N 8
Santry 103 N 7
Saul 115 O 4
Sawel Mountain 118 K 3
Scalp Mountain 117 J 2
Scardaun *Mayo* 105 E 7
Scardaun *Roscommon* 106 H 7
Scarnagh 97 N 9
Scarriff / An Scairbh 99 G 9
Scarriff Island 88 B 12
Scartaglin 93 D 11
Scarva 114 M 5
Scattery Island 93 D 10
Schull / Skull 89 D 13
Scolban (Lough) 113 H 4
Scotch Town 114 K 3
Scotshouse 113 K 5
Scotstown 114 K 5
Scrabo Hill 115 O 4
Scramoge 107 H 6
Screeb Cross 105 D 7
Screen 97 M 10
Screggan 101 J 8
Scribbagh 113 H 4
Scullogue Gap 96 L 10
Scur (Lough) 107 I 5
Seaforde 115 O 5
Seapatrick 114 N 4
Seefin 95 J 11
Seskinore 113 K 4
Seskinryan 96 L 9
Seven Heads 90 F 13
Seven Hogs or Magharee Islands (The) 92 B 11
Shalwy 112 G 4
Shanacashel 88 C 11
Shanagarry 90 H 12
Shanaglish 99 F 8
Shanagolden 93 E 10
Shanahoe 101 J 9
Shanballard 99 G 7
Shanbally *Cork* 90 G 12
Shanbally *Galway* 106 G 7
Shanballymore 94 G 11
Shanco 114 L 4
Shanes Castle 114 N 3
Shankill 103 N 8
Shanlaragh 89 E 12
Shanlis 108 M 6
Shannagh (Lough) 115 N 5
Shannakea 93 E 10
Shannawona 105 D 7
Shannon 99 F 9
Shannon (River) 100 H 8
Shannon Airport 99 F 9
Shannon Harbour 101 I 8
Shannonbridge 100 H 8
Shanragh 101 K 9
Shantonagh 108 L 5
Sharavogue 101 I 8
Sheddings (The) 119 N 3
Sheeanamore 103 M 9
Sheeaun 99 G 9
Sheeffry Hills 105 C 6
Sheehan's Point 88 B 12
Sheelin (Lough) 107 K 6
Sheep Haven 117 I 2
Sheever (Lough) 107 K 7
Shehy Mountains 89 D 12
Shercock 108 L 6
Sherkin Island 89 D 13
Sherky Island 88 C 12
Sheskin 111 D 5
Sheskinapoll 117 J 3
Shillelagh 97 M 9
Shinrone 101 I 9
Shiven 106 G 7
Shoptown 115 N 3
Shot Head 89 C 13
Shranamanragh Bridge 110 C 5
Shrule 105 E 7
Silent Valley 109 O 5
Sillan (Lough) 108 L 5
Silver Bridge 108 M 5
Silver Strand 104 C 6
Silvermine Mountains 100 H 9
Silvermines 100 H 9
Sinking 106 F 7
Sion Mills 113 J 3
Six Crosses 93 D 10
Six Road Ends 115 P 4
Six Towns (The) 114 L 3
Sixmilebridge 99 F 9
Sixmilecross 114 K 4
Skannive (Lough) 104 C 8
Skeagh 107 J 7
Skehana 101 K 9
Skehanagh 106 G 7
Skerries (The) 118 M 2
Skreen *Meath* 108 M 7
Skreen *Sligo* 112 F 5
Sky Road 104 B 7

Slade 96 L 11
Slane 108 M 6
Slane (Hill of) 108 M 6
Slaney (River) 97 M 10
Slat (Lough) 92 B 11
Slate (River) 102 L 8
Slea Head 92 A 11
Slemish Mountain 119 N 3
Sliabh na Caillighe 108 K 6
Slieve Anierin 113 I 5
Slieve Aught Mountains 99 G 8
Slieve Bernagh 99 G 9
Slieve Bloom Mountains 101 J 8
Slieve Gamph
or the Ox Mountains 111 F 5
Slieve Mish Mountains 93 C 11
Slieve Miskish
Mountains 88 C 13
Slieveanorra 119 N 2
Slievecallan 99 E 9
Slievefelim Mountains 94 H 9
Slievekimalta 100 H 9
Slievekirk 117 K 3
Slievemore *Dungannon* 114 K 4
Slievemore *Mayo* 110 B 5
Slievemurry 106 G 7
Slievenamon 95 J 10
Slieveroe 96 K 11
Slievetooey 116 G 3
Sligeach / Sligo 112 G 5
Sligo Bay 112 F 5
Sliveardagh Hills 95 J 10
Slyne Head 104 B 7
Smerwick 92 A 11
Smerwick Harbour 92 A 11
Smithborough 114 K 5
Smithstown 101 K 9
Snaght (Slieve)
Derryveagh Mts. 117 H 3
Snaght (Slieve)
Inishowen 117 J 2
Snave 89 D 12
Sneem 88 C 12
Soldierstown 115 N 4
Sord / Swords 103 N 7
South Sound 98 D 8
Spa 93 C 11
Spa (The) 115 O 4
Spanish Point *Locality* 98 D 9
Spanish Point *Mal Bay* 98 D 9
Speenoge 117 J 2
Spelga Dam 115 N 5
Sperrin Mountains 118 K 3
Spink 101 K 9
Spittaltown 101 J 7
Springfield 113 I 4
Springhill 114 M 3
Springwell Forest 118 L 2
Squires Hill 115 O 4
Sraghmore 103 N 8
Srah / An tSraith 105 E 6
Srahduggaun 111 C 6
Srahmore *near Bangor* 111 C 5
Srahmore *near Newport* 105 D 6
Srahmore *River* 105 D 6
Sráid na Cathrach /
Milltown Malbay 98 D 9
Stabannan 109 M 6
Stackallan 108 M 6
Stack's Mountains 93 D 11
Staffordstown 114 M 3
Stags (The) 89 E 13
Stags of Broad Haven 111 C 4
Staigue Stone Fort 88 B 12
Stamullin 109 N 7
Staplestown 102 L 8
Stepaside 103 N 8
Stewartstown 114 L 4
Stickstown 90 F 12
Stillorgan 103 N 8
Stone Bridge 113 K 5
Stonyford *Kilkenny* 96 K 10
Stonyford *Lisburn* 115 N 4
Stormont 115 O 4
Strabane 117 J 3
Stracashel 117 H 3
Stradbally *Kerry* 92 B 11
Stradbally *Laois* 101 K 8
Stradbally *Waterford* 91 J 11
Strade 105 E 6
Stradone 107 K 6
Stradreagh 118 L 2
Straffan 103 M 8
Stragar 112 G 3
Strahart 96 M 10
Straid *Donegal* 117 J 2
Straid *Larne* 115 O 3
Straid *Moyle* 118 M 2
Straith Salach / Recess 104 C 7
Strand 93 E 10
Strandhill 112 G 5
Strangford 115 P 4
Strangford Lough 115 P 4
Stranocum 118 M 2
Stranorlar 117 I 3
Stratford 102 L 9
Stravally 112 G 3
Streamstown 104 B 7
Streedagh Point 112 G 4
Streek Head 89 C 13
Street 107 J 6
Strokestown 106 H 6
Stroove 118 L 2
Struell Wells 115 O 5
Strule 113 J 3
Sturrakeen 95 H 10
Suck (River) 106 G 6
Suir (River) 101 I 9
Summercove 90 G 12
Summerhill 108 L 7
Suncroft 102 L 8
Sunderlin (Lough) 107 I 7
Swan 101 K 9
Swanlinbar 113 I 5
Swan's Cross Roads 114 K 5
Swatragh 118 L 3
Sweep (The) 95 J 10
Swilly (Lough) 117 J 2
Swilly (River) 117 J 2
Sybil Head 92 A 11

T

Table Mountain 103 M 8
Tacumshane 97 M 11
Tacumshin Lake 97 M 11
Taghmon 96 M 11
Taghshinny 107 I 7
Tagoat 97 M 11
Tahilla 88 C 12
Talbot Island 104 B 7
Talbotstown 102 M 9
Tallaght 103 M 8
Tallanstown 108 M 6
Tallow 91 H 11
Tallowbridge 91 H 11
Talt (Lough) 111 F 5
Tamlaght
Fermanagh 113 J 5
Tamlaght
Magherafelt 118 M 3
Tamnamore 114 M 4
Tandragee 114 M 4
Tang 107 I 7
Tangaveane 116 H 3
Tappaghan Mount 113 J 4
Tara (Hill of) 108 M 7
Tarbert 93 D 10
Tardree Forest 115 N 3
Tarker (Lough) 108 L 5
Tarmon 112 H 5
Tarsaghaunmore 111 C 5
Tassagh 114 L 5
Taughblane 115 N 4
Taur 93 E 11
Tawin 99 E 8
Tawin Island 99 E 8
Tawny 117 I 2
Tawnyinah 106 F 6
Tawnylea 112 H 5
Tay 95 J 11
Tay (Lough) 103 N 8
Taylor's Cross 101 I 8
Tearaght Island 92 A 11
Tedavnet 114 K 5
Teelin 112 G 4
Teemore 113 J 5
Teeranea 98 D 8
Teeranearagh 88 B 12
Teerelton 89 F 12
Teermaclane 99 E 9
Teernakill 105 D 7
Teeromoyle 88 B 12
Teevurcher 108 L 6
Temple (The) 115 O 4
Temple of the Winds 115 P 4
Templeboy 112 F 5
Templederry 100 H 9
Templeglentan 93 E 10
Templehouse Lake 112 G 5
Templemartin 90 F 12
Templenoe 89 C 12
Templeoran 101 J 7
Templepatrick 115 N 3
Templeshanbo 96 L 10
Templetouhy 101 I 9
Templetown 96 L 11
Tempo 113 J 4
Terenure 103 N 8
Termon 98 D 10
Termonbarry 107 I 6
Termonfeckin 109 N 6
Terryglass 100 H 8
Tevrin 107 K 7
Thomas Street 106 H 7
Thomastown *Meath* 108 L 6
Thomastown *Tipperrary* 95 H 10
Thoor Ballylee 99 F 8
Three Castle Head 88 C 13
Three Castles 96 J 9
Three Rock 103 N 8
Tiduff 92 B 11
Tievealehid 116 H 2
Tievemore 113 I 4
Tillyvoos 112 H 4
Tiltinbane 113 I 5
Timahoe 102 L 8
Timoleague 90 F 13
Timolin 102 L 9
Tinahely 103 M 9
Tinnahinch 96 L 10
Tinriland 102 L 9
Tiobraid Árann /
Tipperary 95 H 10
Tirnaneill 114 L 5
Tirneevin 99 F 8
Toames 89 F 12
Tobar an Choire /
Tubbercurry 112 F 5
Tober 101 J 7
Toberbeg 102 M 8
Toberdoney 118 M 2
Tobermore 114 L 3
Tobernadarry 105 E 7
Toberscanavan 112 G 5
Toe Head 89 E 13
Toem 95 H 10
Togher *Cork* 89 E 12
Togher *Louth* 109 N 6
Togher *Offaly* 101 K 8
Tolka 103 M 7
Tollymore Forest Park 115 O 5
Tombrack 97 M 10
Tomdarragh 103 N 8
Tomhaggard 97 M 11
Tonabrocky 99 E 8
Tonakeera Point 104 C 7
Tonyduff 108 K 6
Toomaghera 99 E 8
Toomard 106 G 7
Toombeola 104 C 7
Toome 114 M 3
Toomyvara 100 H 9
Toor 100 H 9
Tooraree 93 E 10
Tooreencahill 93 E 11
Toorlestraun 112 F 5
Toormore 89 D 13
Toormore Bay 89 D 13
Toornafulla 93 E 10
Toraigh / Tory Island 116 H 2
Torc Waterfall 89 D 11
Torneady Point 116 G 2
Torr Head 119 N 2
Tory Sound 117 H 2
Tourig (River) 91 I 11
Tower 90 G 12
Trá Lí / Tralee 93 C 11
Trá Mhór / Tramore 96 K 11
Trabane Strand 112 F 4
Tracton 90 G 12
Trafrask 89 D 12
Tragumna 89 E 13
Tralee Bay 92 C 11
Tramore Bay 96 K 11
Tranarossan Bay 117 I 2
Travara Bridge 88 C 12
Trawbreaga Bay 117 K 2
Trawenagh Bay 116 G 3
Trawmore Bay 110 C 5
Trean 105 D 7
Treantagh 117 I 2
Treehoo 107 K 5
Trien 106 G 6
Trillick 113 J 4
Tristia 110 C 5
Trory 113 J 4
Trostan 119 N 2
Truskmore 112 G 4
Trust 100 G 7
Tuaim / Tuam 105 F 7
Tuamgraney 99 G 9
Tuar Mhic Éadaigh /
Tourmakeady 105 D 7
Tubber 99 F 8
Tubbrid *Kilkenny* 95 J 9
Tubbrid *Tipperary* 95 I 11
Tulach Mhór / Tullamore 101 J 8
Tulla *near Ennis* 99 F 9
Tulla *near Gort* 99 F 8
Tullagh Point 117 J 2
Tullaghan 112 G 4
Tullaghan Bay 110 C 5
Tullaghanstown 108 L 7
Tullagher 96 K 10
Tullaghobegly 117 H 2
Tullaherin 96 K 10
Tullahought 95 J 10
Tullakeel 88 C 12
Tullamore 93 D 10
Tullaroan 95 J 10
Tullig 92 C 11
Tullig Point 93 C 10
Tullokyne 105 E 7
Tully
Lower Lough Erne 113 I 4
Tully *near Ballyshannon* 113 H 4
Tully
Upper Lough Erne 113 J 5
Tully Cross 104 C 7
Tully National Stud 102 L 8
Tullyallen 109 M 6
Tullyamalra 108 L 5
Tullycanna 96 L 11
Tullydush 117 J 2
Tullyhogue 114 L 4
Tullylease 94 F 11
Tullymacreeve 109 M 5
Tullynaha 112 H 3
Tullynally Castle 107 J 6
Tullyroan 114 M 4
Tullyvin 108 K 5
Tulrohaun 105 F 6
Tulsk 106 H 6
Turlough 105 E 6
Turloughmore 105 F 7
Turner's Rock Tunnel 89 D 12
Turreen 107 I 7
Tuskar Rock 97 N 11
Twelve Pins (The) 104 C 7
Twomileborris 95 I 9
Tylas 108 M 7
Tynagh 100 G 8
Tynan 114 L 5
Tyrella 115 O 5
Tyrellspass 101 J 7

U

Uachtar Ard /
Oughterard 105 E 7
Uaigh /
Owey Island 116 G 2
Ugga Beg (Lough) 98 D 8
Ulster American
Folk Park 113 J 4
Ulster Folk
Museum (The) 115 O 4
Union Hall 89 E 13
Unshin 112 G 5
Upper Ballinderry 115 N 4
Upper Lake 103 M 8
Upperchurch 95 H 9
Upperlands 118 M 3
Urbalreagh 117 K 1
Urglin Glebe 102 L 9
Urlaur 106 F 6
Urlaur Lough 106 F 6
Urlingford 95 J 9

V

Valencia Island 88 A 12
Valley 110 C 5
Valleymount 103 M 8
Vartry Reservoir 103 N 8
Ventry 92 A 11
Ventry Harbour 92 A 11
Vicarstown 102 K 8
Victoria Bridge 113 J 3
Villierstown 91 I 11
Virginia 108 K 6
Virginia Road 108 K 6
Vow 118 M 3

W

Waddingtown 96 M 11
Walshestown 97 M 11
Walshtown 90 H 12
Ward 103 N 7
Ward (River) 103 N 7
Waringsford 115 N 4
Waringstown 114 N 4
Warrenpoint 109 N 5
Washing Bay 114 M 4
Watch Ho.-Village 96 M 9
Waterfall 90 G 12
Waterfoot or Glenariff 119 N 2
Waterford Harbour 96 L 11
Watergrasshill 90 G 11
Waterworks 114 L 3
Wattle Bridge 113 J 5
Welchtown 117 I 3
Wellington Bridge 96 L 11
Wells Cross 114 M 4
Wesport Bay 105 C 6
West Town 116 H 2
Westcove 88 B 12
Westport House 105 D 6
Westport Quay 105 D 6
Wexford Bay 97 N 10
Wexford Harbour 97 M 10
Whale Head 117 J 2
Wheathill 113 I 5
Whiddy Island 89 D 12
White *Limerick* 93 E 10
White *Louth* 109 M 6
White Castle 118 K 2
White Hall 89 D 13
White Island 113 I 4
White Park Bay 118 M 2
White Strand 98 D 9
Whiteabbey 115 O 3
Whitechurch *Cork* 90 G 12
Whitechurch
Waterford 91 I 11
Whitecross 114 M 5
Whitegate 90 H 12
Whitehall
Roscommon 107 I 6
Whitehall
Westmeath 107 K 7
Whitehead 115 O 3
Whites Town 109 N 6
White'sCross 90 G 12
Whitesides Corner 114 M 3
Wicklow Gap 103 M 8
Wicklow Mountains 103 N 8
Wicklow Way 103 N 8
Wildfowl
and Wetlands Trust 115 O 4
Wilkinstown 108 L 6
Willbrook 99 E 9
Williamstown
Galway 106 G 6
Williamstown
Westmeath 107 I 7
Windgap 95 J 10
Windmill 102 L 7
Windy Gap *Kerry* 89 D 12
Windy Gap *Louth* 109 N 5
Windy Gap *Mayo* 105 E 6
Wolfhill 101 K 9
Womanagh 91 I 12
Woodburn 115 O 3
Woodcock Hill 99 F 9
Woodenbridge 103 N 9
Woodford (River) 99 G 8
Woodstown 96 L 11

Y

Yellow Furze 108 M 6
Yganavan (Lough) 92 C 11
Youghal 100 H 9
Youghal Bay 91 I 12

Mapping

Roads
Motorway - Service areas
Dual carriageway with motorway characteristics

Interchanges: complete, limited
Interchange numbers
International and national road network
Interregional and less congested road
Road surfaced - unsurfaced
Footpath - Waymarked footpath / Bridle path
Motorway / Road under construction
(when available: with scheduled opening date)

Road widths
Dual carriageway
4 lanes - 2 wide lanes
2 lanes - 2 narrow lanes

Distances (total and intermediate)
Toll roads on motorway
Toll-free section on motorway
in miles - en kilometers
on road

Numbering - Signs
Motorway - GB: Primary route
IRL : National primary and secondary route
Other roads
Destination on primary route network

Obstacles
Roundabout - Pass and its height above sea level (meters)
Steep hill (ascent in direction of the arrow)
IRL: Difficult or dangerous section of road
In Scotland: narrow road with passing places
Level crossing: railway passing, under road, over road
Prohibited road - Road subject to restrictions
Toll barrier - One way road (on major and regional roads)
Height limit under 15'6" IRL, 16'6" GB

Load limit (under 16 t.)

Transportation
Railway - Passenger station
Airport - Airfield
Transportation of vehicles: (seasonal services in red)
by hovercraft - by boat
by ferry (load limit in tons)
Ferry (passengers and cycles only)

Accommodation - Administration
Town plan featured in:
THE MICHELIN GUIDE
THE GREEN GUIDE
Administrative boundaries
Scottish and Welsh borders
National boundary - Customs post

Sport & Recreation Facilities
Golf course - Horse racetrack
Racing circuit - Pleasure boat harbour
Caravan and camping sites
Waymarked footpath - Country park
Safari park, zoo - Bird sanctuary, refuge
IRL: Fishing - Greyhound track
Tourist train
Funicular, cable car, chairlift

Sights
Principal sights: see THE GREEN GUIDE
Towns or places of interest, Places to stay
Religious building - Historic house, castle
Ruins - Prehistoric monument - Cave
Garden, park - Other places of interest
IRL: Fort - Celtic cross - Round Tower
Panoramic view - Viewpoint - Scenic route

Other signs
Industrial cable way
Telecommunications tower or mast - Lighthouse
Power station - Quarry
Mine - Industrial activity
Refinery - Cliff
National forest park - National park

Town plans

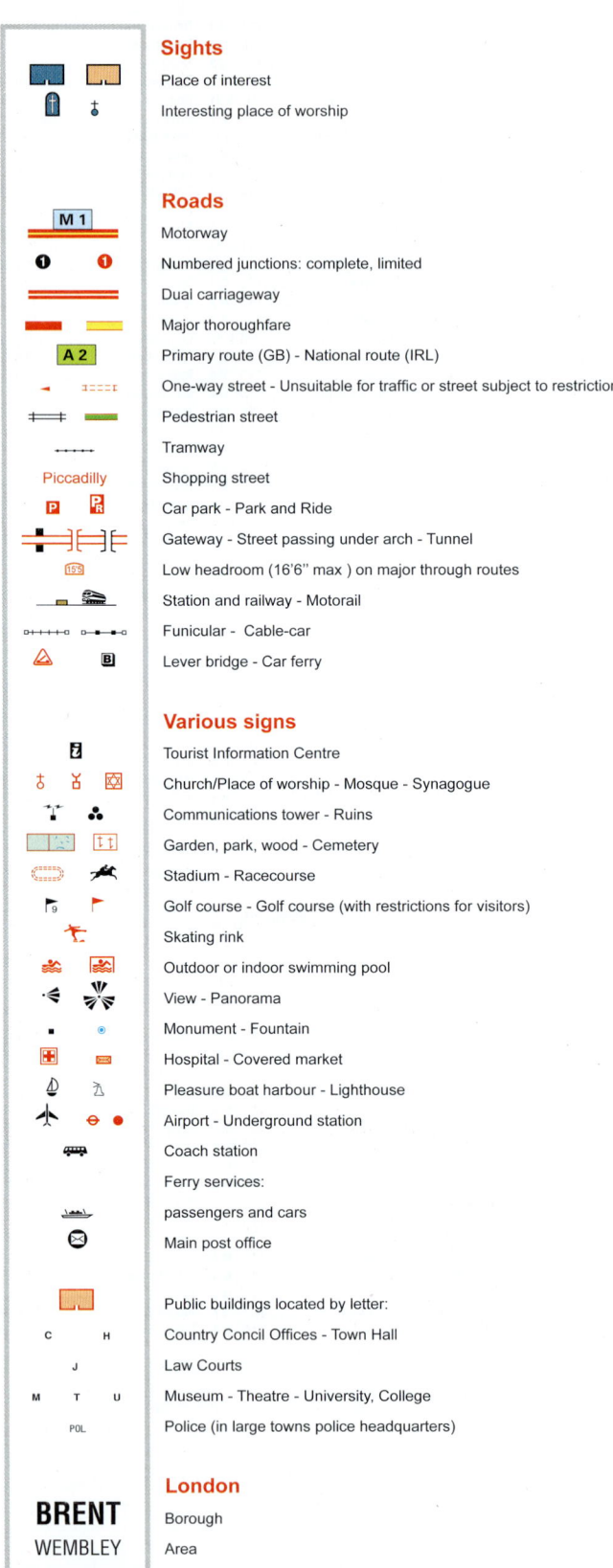

Sights
Place of interest
Interesting place of worship

Roads
Motorway
Numbered junctions: complete, limited
Dual carriageway
Major thoroughfare
Primary route (GB) - National route (IRL)
One-way street - Unsuitable for traffic or street subject to restrictions
Pedestrian street
Tramway
Shopping street
Car park - Park and Ride
Gateway - Street passing under arch - Tunnel
Low headroom (16'6" max) on major through routes
Station and railway - Motorail
Funicular - Cable-car
Lever bridge - Car ferry

Various signs
Tourist Information Centre
Church/Place of worship - Mosque - Synagogue
Communications tower - Ruins
Garden, park, wood - Cemetery
Stadium - Racecourse
Golf course - Golf course (with restrictions for visitors)
Skating rink
Outdoor or indoor swimming pool
View - Panorama
Monument - Fountain
Hospital - Covered market
Pleasure boat harbour - Lighthouse
Airport - Underground station
Coach station
Ferry services:
passengers and cars
Main post office

Public buildings located by letter:
Country Concil Offices - Town Hall
Law Courts
Museum - Theatre - University, College
Police (in large towns police headquarters)

London
Borough
Area
Borough boundary
Congestion Zone - Charge applies Monday-Friday 07.00-18.00

Cartographie

Routes
Autoroute - Aires de service
Double chaussée de type autoroutier

Échangeurs : complet, partiels
Numéros d'échangeurs
Route de liaison internationale ou nationale
Route de liaison interrégionale ou de dégagement
Route revêtue - non revêtue
Sentier - Sentier balisé/Allée cavalière
Autoroute - Route en construction
(le cas échéant : date de mise en service prévue)

Largeur des routes
Chaussées séparées
4 voies - 2 voies larges
2 voies - 2 voies étroites

Distances (totalisées et partielles)
Section à péage sur autoroute
Section libre sur autoroute
en miles - en kilomètres
sur route

Numérotation - Signalisation
Autoroute - GB : itinéraire principal (Primary route)
IRL : itinéraire principal (National primary et secondary route)
Autres routes
Localités jalonnant les itinéraires principaux

Obstacles
Rond-point - Col et sa cote d'altitude (en mètres)
Forte déclivité (flèches dans le sens de la montée)
Parcours difficile ou dangereux
En Écosse : route très étroite avec emplacements pour croisement (passing places)
Passages de la route : à niveau, supérieur, inférieur
Route interdite - Route réglementée
Barrière de péage - Route à sens unique
Hauteur limitée au dessous de 15'6" IRL, 16'6"GB

Limites de charge (au-dessous de 16 t.)

Transports
Voie ferrée - Gare
Aéroport - Aérodrome
Transport des autos: (liaison saisonnière en rouge)
par aéroglisseur - par bateau
par bac (charge maximum en tonnes)
Bac pour piétons et cycles

Hébergement - Administration
Localité possédant un plan dans :
LE GUIDE MICHELIN
LE GUIDE VERT
Limites administratives
Limite de l'Écosse et du Pays de Galles
Frontière - Douane

Sports - Loisirs
Golf - Hippodrome
Circuit automobile - Port de plaisance
Camping, caravaning
Sentier balisé - Base ou parc de loisirs
Parc animalier, zoo - Réserve d'oiseaux
IRL : Pêche - Cynodrome
Train touristique
Funiculaire, téléphérique, télésiège

Curiosités
Principales curiosités : voir LE GUIDE VERT
Localités ou sites intéressants, lieux de séjour
Édifice religieux - Château
Ruines - Monument mégalithique - Grotte
Jardin, parc - Autres curiosités
IRL: Fort - Croix celte - Tour ronde
Panorama - Point de vue - Parcours pittoresque

Signes divers
Transporteur industriel aérien
Tour ou pylône de télécommunications - Phare
Centrale électrique - Carrière
Mine - Industries
Raffinerie - Falaise
Parc forestier national - Parc national

Plans de ville

Curiosités
Bâtiment intéressant

Édifice religieux intéressant

Voirie
Autoroute

Échangeurs numérotés: complet, partiel

Double chaussée de type autoroutier

Grande voie de circulation

Itinéraire principal (GB) - Route nationale (IRL)

Sens unique - Rue réglementée ou impraticable

Rue piétonne

Tramway

Rue commerçante

Parking - Parking Relais

Porte - Passage sous voûte - Tunnel

Passage bas (inférieur à 16'6") sur les grandes voies de circulation

Gare et voie ferrée

Funiculaire - Téléphérique, télécabine

Pont mobile - Bac pour autos

Signes divers
Information touristique

Eglise/édifice religieux - Mosquée - Synagogue

Tour ou pylône de télécommunication - Ruines

Jardin, parc, bois - Cimetière

Stade - Hippodrome

Golf - Golf (réservé)

Patinoire

Piscine de plein air, couverte

Vue - Panorama

Monument - Fontaine

Hôpital - Marché couvert

Port de plaisance - Phare

Aéroport - Station de métro

Gare routière

Transport par bateau :

passagers et voitures

Bureau de poste

Bâtiment public repéré par une lettre :
Bureau de l'Administration du Comté - Hôtel de ville

Palais de justice

Musée - Théâtre - Université, grande école

Police (commissariat central)

Londres
Nom d'arrondissement (borough)

Nom de quartier (area)

Limite de «borough»

Zone à péage du centre-ville Lundi-Vendredi 7h-18h

Kartographie

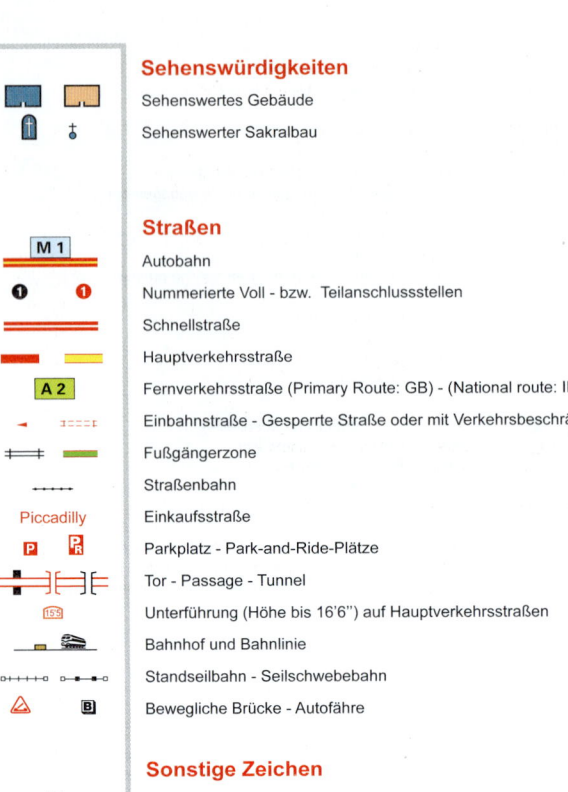

Straßen
Autobahn - Tankstelle mit Raststätte
Schnellstraße mit getrennten Fahrbahnen

Anschlussstellen: Voll- bzw. Teilanschlussstellen
Anschlussstellennummern
Internationale bzw. nationale Hauptverkehrsstraße
Überregionale Verbindungsstraße oder Umleitungsstrecke
Straße mit Belag - ohne Belag
Pfad - Ausgeschilderter Weg / Reitpfad
Autobahn - Straße im Bau
(ggf. voraussichtliches Datum der Verkehrsfreigabe)

Straßenbreiten
Getrennte Fahrbahnen
4 Fahrspuren - 2 breite Fahrspuren
2 Fahrspuren - 1 Fahrspur

Entfernungen (Gesamt- und Teilentfernungen)
Mautstrecke auf der Autobahn
Mautfreie Strecke auf der Autobahn
in Meilen - in Kilometern
Auf der Straße

Nummerierung - Wegweisung
Autobahn - GB: Empfohlene Fernverkehrsstraße (Primary route)
IRL: Empfohlene Fernverkehrsstraße (National primary und secondary route)
Sonstige Straßen
Richtungshinweis auf der empfohlenen Fernverkehrsstraße

Verkehrshindernisse
Verkehrsinsel - Pass mit Höhenangabe (in Meter)
Starke Steigung (Steigung in Pfeilrichtung)
IRL: Schwierige oder gefährliche Strecke
In Schottland: sehr schmale Straße mit Ausweichstellen (passing places)
Bahnübergänge: schienengleich, Unterführung, Überführung
Gesperrte Straße - Straße mit Verkehrsbeschränkungen
Mautstelle - Einbahnstraße (auf Hauptverbindungs- und regionalen Verbindungsstraßen)
Beschränkung der Durchfahrtshöhe bis 15'6'' IRL, 16'6' GB

Höchstbelastung (angegeben, wenn unter 16 t)

Verkehrsmittel
Bahnlinie - Bahnhof
Flughafen - Flugplatz
Autotransport: (rotes Zeichen: saisonbedingte Verbindung)
per Hovercraft - per Schiff
per Fähre (Höchstbelastung in t)
Fähre für Personen und Fahrräder

Unterkunft - Verwaltung
Orte mit Stadtplan im:
MICHELIN-FÜHRER
GRÜNEN REISEFÜHRER
Verwaltungshauptstadt
Grenze von Schottland und Wales
Staatsgrenze - Zoll

Sport - Freizeit
Golfplatz - Pferderennbahn
Rennstrecke - Yachthafen
Campingplatz
Ausgeschilderter Weg - Freizeitanlage
Tierpark, Zoo - Vogelschutzgebiet
IRL: Angeln - Windhundrennen
Museumseisenbahn
Standseilbahn, Seilbahn, Sessellift

Sehenswürdigkeiten
Hauptsehenswürdigkeiten: siehe GRÜNER REISEFÜHRER
Sehenswerte Orte, Ferienorte
Sakral-Bau - Schloss, Burg
Ruine - Vorgeschichtliches Steindenkmal - Höhle
Garten, Park - Sonstige Sehenswürdigkeit
IRL: Fort, Festung - Keltisches Kreuz - Rundturm
Rundblick - Aussichtspunkt - Landschaftlich schöne Strecke

Sonstige Zeichen
Industrieschwebebahn
Funk-, Sendeturm - Leuchtturm
Kraftwerk - Steinbruch
Bergwerk - Industrieanlagen
Raffinerie - Klippen
Waldschutzgebiet - Nationalpark

Stadtpläne

Sehenswürdigkeiten
Sehenswertes Gebäude

Sehenswerter Sakralbau

Straßen
Autobahn

Nummerierte Voll- bzw. Teilanschlussstellen

Schnellstraße

Hauptverkehrsstraße

Fernverkehrsstraße (Primary Route: GB) - (National route: IRL)

Einbahnstraße - Gesperrte Straße oder mit Verkehrsbeschränkungen

Fußgängerzone

Straßenbahn

Einkaufsstraße

Parkplatz - Park-and-Ride-Plätze

Tor - Passage - Tunnel

Unterführung (Höhe bis 16'6'') auf Hauptverkehrsstraßen

Bahnhof und Bahnlinie

Standseilbahn - Seilschwebebahn

Bewegliche Brücke - Autofähre

Sonstige Zeichen
Informationsstelle

Kirche/Gebetshaus - Moschee - Synagoge

Funk-, Fernsehturm - Ruine

Garten, Park, Wäldchen - Friedhof

Stadion - Pferderennbahn

Golfplatz - Golfplatz (Zutritt bedingt erlaubt)

Eisbahn

Freibad - Hallenbad

Aussicht - Rundblick

Denkmal - Brunnen

Krankenhaus - Markthalle

Yachthafen - Leuchtturm

Flughafen - U-Bahnstation

Autobusbahnhof

Schiffsverbindungen:

Autofähre

Hauptpostamt

Öffentliches Gebäude, durch einen Buchstaben gekennzeichnet:

Sitz der Grafschaftsverwaltung - Rathaus

Gerichtsgebäude

Museum - Theater - Universität, Hochschule

Polizei (in größeren Städten Polizeipräsidium)

London
Name des Verwaltungsbezirks (borough)

Name des Stadtteils (area)

Grenze des «borough»

Gebührenpflichtiger Innenstadtbereich (Mo-Fr 7-18.00 Uhr)

Kaarten

Wegen
Autosnelweg - Serviceplaatsen
Gescheiden rijbanen van het type autosnelweg

Aansluitingen: volledig, gedeeltelijk
Afritnummers
Internationale of nationale verbindingsweg
Interregionale verbindingsweg
Verharde weg - Onverharde weg
Pad - Bewegwijzerd wandelpad / Ruiterpad
Autosnelweg in aanleg - weg in aanleg
(indien bekend: datum openstelling)

Breedte van de wegen
Gescheiden rijbanen
4 rijstroken - 2 brede rijstroken
2 rijstroken - 2 smalle rijstroken

Afstanden (totaal en gedeeltelijk)
Gedeelte met tol op autosnelwegen
Tolvrij gedeelte op autosnelwegen
in mijlen - in kilometers
op andere wegen

Wegnummers - Bewegwijzering
Autosnelweg - GB: Hoofdweg (Primary route)
IRL: Hoofdweg (National primary en secondary route)
Andere wegen
Plaatsen langs een autosnelweg of Primary route met bewegwijzering

Hindernissen
Rotonde - Bergpas en hoogte boven de zeespiegel (in meters)
Steile helling (pijlen in de richting van de helling)
IRL: Moeilijk of gevaarlijk traject
In Schotland: smalle weg met uitwijkplaatsen
Wegovergangen: gelijkvloers, overheen, onderdoor
Verboden weg - Beperkt opengestelde weg
Tol - Weg met eenrichtingverkeer (op hoofd- en secundaire wegen)
Vrije hoogte indien lager dan 15' 6" IRL, 16'6" GB

Maximum draagvermogen (indien minder dan 16 t)

Vervoer
Spoorweg - Reizigersstation
Luchthaven - Vliegveld
Vervoer van auto's: (tijdens het seizoen: rood teken)
per hovercraft - per boot
per veerpont (maximum draagvermogen in t.)
Veerpont voor voetgangers en fietsers

Verblijf - Administratie
Plaats met een plattegrond in:
DE MICHELIN GIDS
DE GROENE GIDS
Administratieve grenzen
Grens van Schotland en Wales
Staatsgrens - Douanekantoor

Sport - Recreatie
Golfterrein - Renbaan
Autocircuit - Jachthaven
Kampeerterrein (tent, caravan)
Sentiero segnalato - Recreatiepark
Safaripark, dierentuin - Vogelreservaat
IRL: Vissen - Hondenrenbaan
Toeristentreintje
Kabelspoor, kabelbaan, stoeltjeslift

Bezienswaardigheden
Belangrijkste bezienswaardigheden: zie DE GROENE GIDS
Interessante steden of plaatsen, vakantieoorden
Kerkelijk gebouw - Kasteel
Ruïne - Megaliet - Grot
Tuin, park - Andere bezienswaardigheden
IRL: Fort - Keltisch kruis - Ronde toren
Panorama - Uitzichtpunt - Schilderachtig traject

Diverse tekens
Kabelvrachtvervoer
Telecommunicatietoren of -mast - Vuurtoren
Elektriciteitscentrale - Steengroeve
Mijn - Industrie
Raffinaderij - Klif
Staatsbos - Nationaal park

Plattegronden

Bezienswaardigheden
Interessant gebouw
Interessant kerkelijk gebouw

Wegen
Autosnelweg
Knooppunt / aansluiting: volledig, gedeeltelijk
Weg met gescheiden rijbanen
Hoofdverkeersweg
Hoofdweg (GB) - National route (IRL)
Eenrichtingverkeer - Onbegaanbare straat, beperkt toegankelijk
Voetgangersgebied
Tramlijn
Winkelstraat
Parkeerplaats - P & R
Poort - Onderdoorgang - Tunnel
Vrije hoogte (onder 16'6") op de grote verkeerswegen
Station, spoorweg
Kabelspoor - Tandradbaan
Beweegbare brug - Auto-veerpont

Overige tekens
Informatie voor toeristen
Kerk/kerkelijk gebouw - Moskee - Synagoge
Telecommunicatietoren of -mast - Ruïne
Tuin, park, bos - Begraafplaats
Stadion - Renbaan
Golfterrein - Golfterrein (beperkt toegankelijk voor bezoekers)
IJsbaan
Zwembad: openlucht, overdekt
Uitzicht - Panorama
Gedenkteken, standbeeld - Fontein
Ziekenhuis - Overdekte markt
Jachthaven - Vuurtoren
Luchthaven - Metrostation
Busstation
Vervoer per boot:
passagiers en auto's
Postkantoor

Openbaar gebouw, aangegeven met een letter:
Administratiekantoor van het graafschap - Stadhuis
Gerechtsgebouw
Museum - Schouwburg - Universiteit, hogeschool
Politie (in grote steden, hoofdbureau)

Londen
Naam van het arrondissement (borough)
Naam van de wijk (area)
Grens van de «borough» - van de «area»
Tolgebied van het stadscentrum, maandag-vrijdag 7-18.00 u.

Cartografia

Strade
Autostrada - Aree di servizio
Doppia carreggiata di tipo autostradale

Svincoli: completo, parziale
Svincoli numerati
Strada di collegamento internazionale o nazionale
Strada di collegamento interregionale o di disimpegno
Strada rivestita - non rivestita
Sentiero - Sentiero segnalato / Pista per cavalli
Autostrada, strada in costruzione
(data di apertura prevista)

Larghezza delle strade
Carreggiate separate
4 corsie - 2 corsie larghe
2 corsie - 2 corsie strette

Distanze (totali e parziali)
Tratto a pedaggio su autostrada
Tratto esente da pedaggio su autostrada
in migla - in chilometri
su strada

Numerazione - Segnaletica
Autostrada - GB: itinerario principale (Strada «Primary»)
IRL: itinerario principale (Strada «National primary» e «Secondary»)
Altre Strade
Località delimitante gli itinerari principali

Ostacoli
Rotonda - Passo ed altitudine (in metri)
Forte pendenza (salita nel senso della freccia)
IRL: Percorso difficile o pericoloso
In Scozia: Strada molto stretta con incrocio
Passaggi della strada: a livello, cavalcavia, sottopassaggio
Strada vietata - Strada a circolazione regolamentata
Casello - Strada a senso unico (su collegamenti principali e regionali) Hauteur Lir
altezza inferiore a 15'6" IRL, 16'6"GB

Limite di portata (inferiore a 16 t.)

Trasporti
Ferrovia - Stazione viaggiatori
Aeroporto - Aerodromo
Trasporto auto: (stagionale in rosso)
su idrovolante - su traghetto
su chiatta (carico massimo in t.)
Traghetto per pedoni e biciclette

Risorse alberghiere - Amministrazione
Località con pianta nella:
GUIDA MICHELIN
GUIDA VERDE
Confini amministrativi
Confine di Scozia e Galles
Frontiera - Dogana

Sport - Divertimento
Golf - Ippodromo
Circuito Automobilistico - Porto turistico
Campeggi, caravaning
Sentiero segnalato - Area o parco per attività ricreative
Parco con animali, zoo - Riserva ornitologica
IRL: Pesca - Cinodromo
Trenino turistico
Funicolare, funivia, seggiovia

Mete e luoghi d'interesse
Principali luoghi d'interesse, vedere LA GUIDA VERDE
Località o siti interessanti, luoghi di soggiorno
Edificio religioso - Castello
Rovine - Monumento megalitico - Grotta
Giardino, parco - Altri luoghi d'interesse
IRL: Forte - Croce celtica - Torre rotonda
Panorama - Vista - Percorso pittoresco

Simboli vari
Teleferica industriale
Torre o pilone per telecomunicazioni - Faro
Centrale elettrica - Cava
Miniera - Industrie
Raffineria - Falesia
Parco forestale nazionale - Parco nazionale

Piante di città

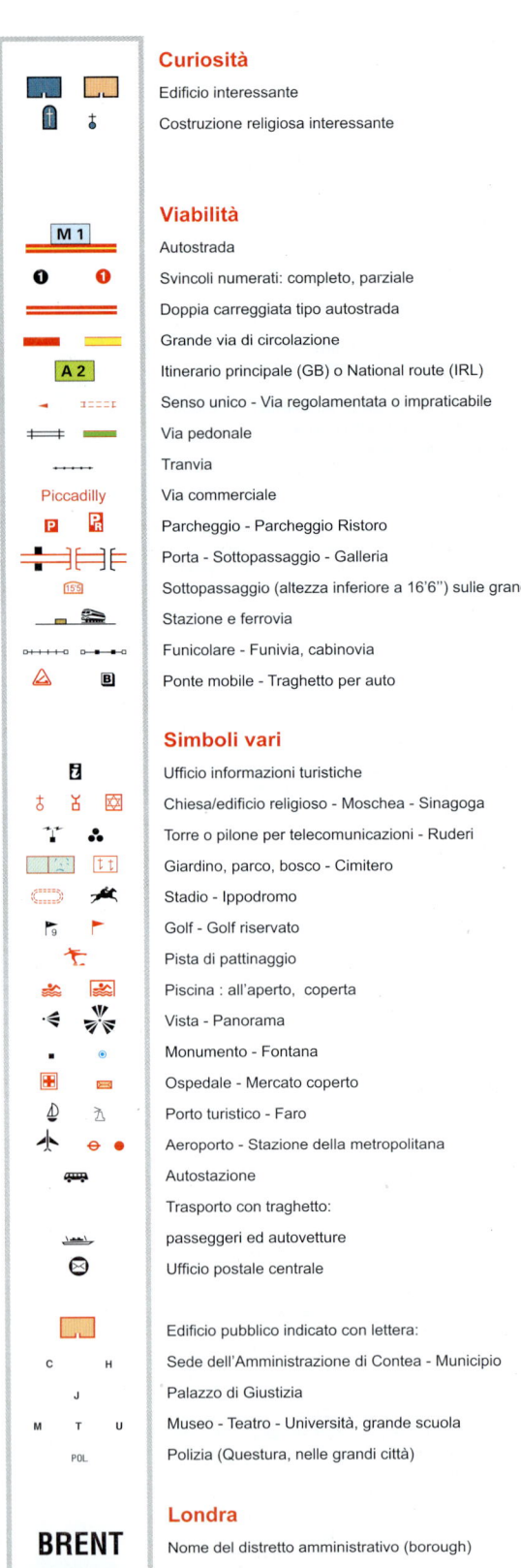

Curiosità
Edificio interessante

Costruzione religiosa interessante

Viabilità
Autostrada

Svincoli numerati: completo, parziale

Doppia carreggiata tipo autostrada

Grande via di circolazione

Itinerario principale (GB) o National route (IRL)

Senso unico - Via regolamentata o impraticabile

Via pedonale

Tranvia

Via commerciale

Parcheggio - Parcheggio Ristoro

Porta - Sottopassaggio - Galleria

Sottopassaggio (altezza inferiore a 16'6'') sulle grandi vie di circolazione

Stazione e ferrovia

Funicolare - Funivia, cabinovia

Ponte mobile - Traghetto per auto

Simboli vari
Ufficio informazioni turistiche

Chiesa/edificio religioso - Moschea - Sinagoga

Torre o pilone per telecomunicazioni - Ruderi

Giardino, parco, bosco - Cimitero

Stadio - Ippodromo

Golf - Golf riservato

Pista di pattinaggio

Piscina : all'aperto, coperta

Vista - Panorama

Monumento - Fontana

Ospedale - Mercato coperto

Porto turistico - Faro

Aeroporto - Stazione della metropolitana

Autostazione

Trasporto con traghetto:

passeggeri ed autovetture

Ufficio postale centrale

Edificio pubblico indicato con lettera:
Sede dell'Amministrazione di Contea - Municipio

Palazzo di Giustizia

Museo - Teatro - Università, grande scuola

Polizia (Questura, nelle grandi città)

Londra
Nome del distretto amministrativo (borough)

Nome del quartiere (area)

Limite del «borough»

Area con circolazione a pagameto Lunedi-Venerdi 07.00-18.00

Cartografía

Carreteras
Autopista - Áreas de servicio
Autovía

Enlaces: completo, parciales
Números de los accesos
Carretera de comunicación internacional o nacional
Carretera de comunicación interregional o alternativo
Carretera asfaltada - sin asfaltar
Sendero - Sendero señalizado / Camino de caballos
Autopista, carretera en construcción
(en su caso: fecha prevista de entrada en servicio)

Ancho de las carreteras
Calzadas separadas
Cuatro carriles - Dos carriles anchos
Dos carriles - Dos carriles estrechos

Distancias (totales y parciales)
Tramo de peaje en autopista
Tramo libre en autopista
en millas - en kilómetros
en carretera

Numeración - Señalización
Autopista - GB: Vía principal (Primary route)
IRL: Vía principal (National primary et secondary route)
Otras carreteras
Localidad en itinerario principal

Obstáculos
Rotonda - Puerto y su altitud (en métros)
Pendiente Pronunciada (las flechas indican el sentido del ascenso)
IRL: Recorrido difícil o peligroso
En escocia: carretera muy estrecha con ensanchamientos para poder cruzarse
Pasos de la carretera: a nivel, superior, inferior
Tramo prohibido - Carretera restringida
Barrera de peaje - Carretera de sentido único
Altura limitada (15'6'' IRL, 16'6''GB)

Limite de carga (inferior a 16 t)

Transportes
Línea férrea - Estación de viajeros
Aeropuerto - Aeródromo
Transporte de coches: (Enlace de temporada: signo rojo)
por overcraft - por barco
por barcaza (carga máxima en toneladas)
Barcaza para el paso de peatones y vehículos dos ruedas

Alojamiento - Administración
Localidad con plano en:
LA GUÍA MICHELIN
LA GUÍA VERDE
Limites administrativos
Limites de Escocia y del País de Gales
Frontera - Puesto de aduanas

Deportes - Ocio
Golf - Hipódromo
Circuito de velocidad - Puerto deportivo
Camping, caravaning
Sendero señalizado - Parque de ocio
Reserva de animales, zoo - Reserva de pájaros
IRL: Pêche - Cynodrome
Tren turístico
Funicular, Teleférico, telesilla

Curiosidades
Principales curiosidades: ver LA GUÍA VERDE
Localidad o lugar interesante, lugar para quedarse
Edificio religioso - Castillo
Ruinas - Monumento megalítico - Cueva
Jardín, parque - Curiosidades diversas
IRL: Fortaleza - Cruz celta - Torre redonda
Vista panorámica - Vista parcial - Recorrido pintoresco

Signos diversos
Transportador industrial aéreo
Emisor de Radiodifusión - Faro
Central eléctrica - Cantera
Mina - Industrias
Refinería - Acantilado
Parque forestal nacional - Parque nacional

Planos de ciudades

Curiosidades
Edificio interesante
Edificio religioso interesante

Vías de circulación
Autopista
Número del acceso: completo, parcial
Autovía
Vía importante de circulación
Itinerario principal (GB) - National route (IRL)
Sentido único - Calle reglamentada o impracticable
Calle peatonal
Tranvía
Calle comercial
Aparcamiento - Aparcamientos «P+R»
Puerta - Pasaje cubierto - Túnel
Paso a baja altura (inferior a 16'6'') en grandes itinerarios
Estación y línea férrea
Funicular - Teleférico, telecabina
Puente móvil - Barcaza para coches

Signos diversos
Oficina de Información de Turismo
Iglesia/edificio religioso - Mezquita - Sinagoga
Torreta o poste de telecomunicación - Ruinas
Jardín, parque, bosque - Cementerio
Estadio - Hipódromo
Golf - Golf (sólo para socios)
Pista de patinaje
Piscina al aire libre, cubierta
Vista - Panorama
Monumento - Fuente
Hospital - Mercado cubierto
Puerto deportivo - Faro
Aeropuerto - Boca de metro
Estación de autobuses
Transporte por barco:
pasajeros y vehículos
Oficina de correos

Edificio público localizado con letra:
Oficina de Administración del Concado - Ayuntamiento
Palacio de justicia
Museo - Teatro - Universidad, Escuela Superior
Policía (en las grandes ciudades: Jefatura)

Londres
Nombre del distrito (borough)
Nombre del barrio (area)
Limite del «borough» - del «area»
Zona de peaje del centro de la ciudad. Lu-vi 7-18.00

Eochair

Bóithre
Mótarbhealach - Limistéar seirbhíse
Carrbhealach dúbailte le saintréithe mótarbhealaigh
Acomhail mótarbhealaigh : iomlán - teoranta
Vimhreacha ceangail
Líonra idirnáisiúnta agus náisiúnta bóithre
Bóthar idir-réigiúnach nach bhfuil chomh plódaithe
Bóthar nuadheisithe - gan réitiú
Cosán - Conair mharcáilte / Cosán marcaíochta
Mótarbhealach, bóthar á dhéanamh
(an dáta oscailte sceidealta, mas eol)

Leithead bóithre
Carrshlí dhéach
4 lána - 2 leathanlána
2 lána - 2 chunglána

Fad bóthar (iomlán agus meánfhad)
Bhóithre dola ar an mótarbhealach
Saor ó dhola ar an mótarbhealach
i milte - i gcilméadair
ar an mbóthar

Aicmiú oifigiúil bóithre
Mótarshlí - GB : Príomhbhealach
IRL: Bóithre eile

Príomhbóithre agus fobhóithre náisiúnta
Ceann scríbe ar ghréasán bóithre príomha

Constaicí
Timpeall - Bearnas agus a airde os cionn leibhéal na mara (i méadair)
Fána ghéar (suas treo an gha)
IRL: Bealach deacair nó baolach
Bóthar cúng le hionaid phasála (in Albain)
Crosaire comhréidh:
iarnród ag dul, faoi bhóthar, os cionn bóthair
Bóthar toirmeasctha - Bóthar faoi theorannú
Bacainn dola - Bóthar aonslí (Ar phríomhbóithre agus ar bhóithre réigiúnacha)
Teorainneacha airde (faoi 15'6" IRL , 16'6" GB)
Teorann Mheáchain (faoi 16t)

Iompar
Leithead caighdeánach - Stáisiún paisinéirí
Aerfort - Aerpháirc
Longsheirbhísí : (Seirbhísí séasúracha: dearg)
Árthach foluaineach - Bád
Fartha (uas - ulach : tonnaí méadracha)
Coisithe agus lucht rothar

Lóistín - Riarachán
Plean baile san:
GUIDE MICHELIN EOLAÍ UAINE

Teorainneacha riaracháin
Teorainn na hAlban agus teorainn na Breataine Bige
Teorann idirnáisiúnta - Custam

Áiseanna Spóirt agus Súgartha
Machaire Gailf - Ráschúrsa
Timpeall rásaíochta - Cuan bád aeraíochta
Láthair champa , láthair charbhán
Conair mharcáilte - Páirc thuaithe
Zú - Tearmannéan mara
IRL: Lascaireacht - Ráschúrsa con Larnród thraein ghaile
Traein cábla
Carr cábla , cathaoir cábla

Amhairc
Príomhradharcanna: féach AN EOLAÍ UAINE
Bailte nó áiteanna inspéise,baill lóistín
Foirgneamh Eaglasta - Caisleán
Fothrach - Leacht meigilíteach - Pluais
Páirc, Gáirdíní - Ionaid eile spéisiúla
IRL: Dunfort - Cros Cheilteach - Cloigtheach
Lánléargas - Cothrom Radhairc - Bealach Aoibhinn

Comharthaí Eile
Cáblashlí thionsclaíoch
Crann teileachumarsáide - Teach solais
Stáisiún Giniúna - Cairéal - Mianach
Tionsclaíocht - Scaglann - Aill
Páirc Fhoraoise Naisiúnta - Páirc Naisiúnta

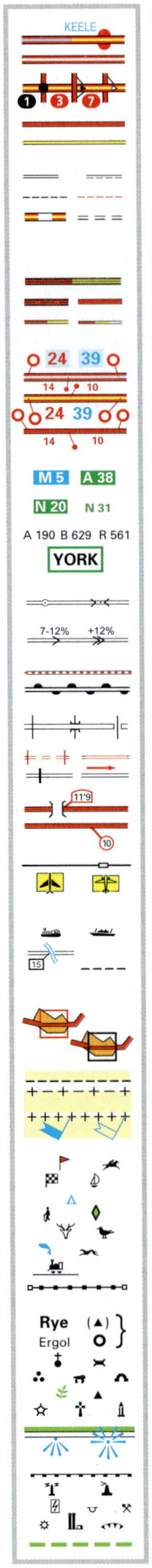

Allwedd

Ffyrdd
Traffordd - Mannau gwasanaeth
Ffordd ddeuol â nodweddion traffordd
Cyfnewidfeyd: wedi'i chwblhau - cyfyngedig
Rhifau'r cyffyrdd
Ffordd ar rwydwaith rhyngwladol a chenedlaethol
Ffordd rhyngranbarthol a llai prysur
Ffordd ac wyneb iddi - heb wyneb
Llwybr troed - Llwybr troed ag arwyddion / Llwybr ceffyl
Traffordd - ffordd yn cael ei hadeiladu
(Os cyfodi yr achos: dyddiad agor disgwyliedig)

Ffyrdd
ffordd ddeuol
4 lôn - 2 lôn lydan
2 lôn - 2 lôn gul

Pellter (cyfanswm a'r rhyng-bellter)
Tollffyrdd ar y draffordd
Rhan di-doll ar y draffordd
mewn miltiroedd - mewn kilometrau
ar y ffordd

Dosbarthiad ffyrdd swyddogol
Traffordd - GB : Prif ffordd
IRL : Prif ffordd genedlaethol a ffordd eilradd

Ffyrdd eraill
Cylchfan ar rwydwaith y prif ffrydd

Rhwystrau
Cylchfan - Bwlch a'i uchder uwchlaw lefel y môr (mewn metrau)
Rhiw serth (esgyn gyda'r saeth)
IRL: Darn anodd neu beryglus o ffordd
Yn yr Alban : ffordd gul â mannau pasio

Croesfan rheilffordd : croesfan rheilffordd, o dan y ffordd, dros y ffordd
Ffordd waharddedig - Ffordd a chyfyngiadau arni
Rhwystr Toll - Unffordd
(Ar brif ffordd a ffyrdd rhanbarthol)
Terfyn uchder (llai na 15'6" IRL, 16'6" GB)
Terfyn pwysau (llai na 16t)

Cludiant
Lled safonol - Gorsaf deithwyr
Maes awyr - Maes glanio
Llongau ceir:
(Gwasanaethau tymhorol: mewn coch)
Ilong hofran - llong
Fferi (llwyth uchaf: mewn tunelli metrig)
Teithwyr ar droed neu feic yn unig

Llety - Gweinyddiaeth
Tref y dangosir ei chynllun yn:
THE MICHELIN GUIDE

THE GREEN GUIDE
Ffiniau gweinyddol
Ffin Cymru, ffin yr Alban
Ffin ryngwladol - Tollau

Cyfleusterau Chwaraeon a Hamdden
Cwrs golf - Rasio Ceffylau
Rasio Cerbydau - Harbwr cychod pleser
Leoedd i wersylla
Llwybr troed ag arwyddion - Parc gwlad
Parc saffari, sw - Gwarchodfa natur
IRL: Pysgota - Maes rasio milgwn
Trên twristiaid
Rhaffordd, car cêbl, cadair esgyn

Golygfeydd
Gweler Llyfr Michelin
Trefi new fannau o ddiddordeb , mannau i aros
Adeilag eglwysig - Castell
Adfeilion - Heneb fegalithig - Ogof
Gerddi, parc - Mannau eraill o ddiddordeb
IRL: Caer - Croes Geltaidd - twr crwn
Panorama - Golygfan - Ffordd dygfeydd

Symbolau eraill
Lein gêbl ddiwydiannol
Mast telathrebu - Goleudy
Gorsaf bwer - Chwarel - Mwyngloddio
Gweithgarwch diwydiannol - Purfa - Clogwyn
Parc Coedwig Cenedlaethol - Parc Cenedlaethol

Comnarthai ar phleanna bailte

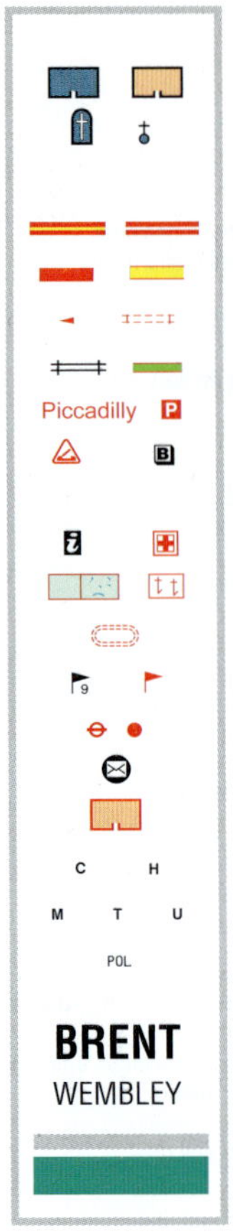

Ionaid inspéise
Ionad inspéise agus
Ionad inspéise adhartha

Bóithre
Mótarbhealach, carrbhealach dúbailte le saintréithe mótarbhealaigh
Priomh-thrébhealach
Bóthar aonslí - Sráid: neamhoiriúnach do thrácht, ach í stáit speisialta
Sráid: coisithe
Sráid siopadóireacha - Carrchlós
Droichead starrmhaidí - Bád fartha feithiclí

Comharthaí Éagsúla
Ionad eolais turasóireachta - Ospidéal
Gairdín, páirc, coill - Reilig
Staidiam
Galfchúrsa - Galfchúrsa (sainrialacha do chuairteoiri)
Stáisiún traenach faoi thalamh
Príomhoifig phoist le poste restante
Foirgneamh poiblí curtha in iúl le litir thagartha:
Oifigí rialtais áitiúil - Halla baile
Músaem - Amharclann - Ollscoil, Coláiste
Póitíní (ceanncheathrú)

Londain
Buirg
Limistéar
Teorainn bhuirge - Teorainn limistéir
Táille Ceantar Brú Thráchta i bhfeidhm Luan go haoine 07.00-18.00

Symbolau ar gynlluniau'r trefi

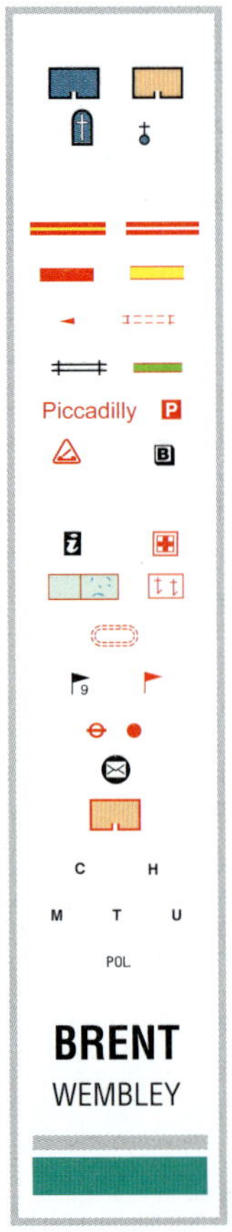

Golygfeydd
Man diddorol
Lle diddorol o addoliad

Ffyrdd
Traffordd, ffordd ddeuol
Prif ffordd drwodd
Unffordd - Stryd : Anaddas i draffig, cyfyngedig
Stryd: Cerddwr
Stryd siopa - Parc ceir
Pont liferi - Fferi geir

Arwyddion amrywiol
Canolfan croeso - Ysbyty
Gardd, parc, coedwig - Mynwent
Stadiwm
Cwrs golff - Cwrs golff (â chyfyngiadau i ymwelwyr)
Gorsaf danddaearol
Prif swyddfa bost gyda poste restante
Adeilad cyhoeddus a ddynodir gan lythyren:
Swyddfeydd llywodraeth leol - Neuadd y Dref
Amgueddfa - Theatr - Prifysgol, Coleg
Yr Heddlu (pencadlys)

Llundain
Bwrdeistref
Ardal
Ffin Bwrdeistref - Ffin yr Ardal
Parth Tagfeydd - Codir tâl Llun-Gwener 07.00-18.00